中国社会科学院登峰项目计划

中国民主发展丛书

主　编：房　宁

执行主编：周少来

乡村民主治理

Rural Democratic Governance

理念与路径

赵秀玲　著

中国社会科学出版社

图书在版编目(CIP)数据

乡村民主治理：理念与路径／赵秀玲著．—北京：中国社会科学出版社，2019.3

（中国民主发展丛书）

ISBN 978－7－5203－3694－9

Ⅰ.①乡…　Ⅱ.①赵…　Ⅲ.①农村—群众自治—研究—中国　Ⅳ.①D638

中国版本图书馆CIP数据核字（2018）第284710号

出 版 人　赵剑英
责任编辑　王　琪
责任校对　刘　娟
责任印制　王　超

出　　版　中国社会科学出版社
社　　址　北京鼓楼西大街甲158号
邮　　编　100720
网　　址　http://www.csspw.cn
发 行 部　010－84083685
门 市 部　010－84029450
经　　销　新华书店及其他书店

印　　刷　北京明恒达印务有限公司
装　　订　廊坊市广阳区广增装订厂
版　　次　2019年3月第1版
印　　次　2019年3月第1次印刷

开　　本　710×1000　1/16
印　　张　21.5
字　　数　321千字
定　　价　85.00元

凡购买中国社会科学出版社图书，如有质量问题请与本社营销中心联系调换
电话：010－84083683

总序　构建中国特色民主发展理论

伟大的时代需要伟大的理论，中国特色的现代化实践呼唤和催生中国特色的民主发展理论。

新中国成立后特别是改革开放以来，历经一次次艰难探索和实践创新，中国的工业化、现代化建设终于取得了历史性突破，中国正在步入以工业化、城市化为主要特征的全面小康社会。在这一进程中，中国的社会结构、利益关系、生活方式、思想文化等都处于巨大的变动之中，并深刻地影响着中国的政治制度与体制，从根本上推动着中国的政治发展。一方面，经济社会的持续发展，在客观上对政治制度与体制提出了新的要求；另一方面，政治制度与体制，通过不断的改革，适应着经济社会发展的需要，并成为经济社会发展的必要保障。

中国迎来了实现全面建成小康和中华民族复兴的伟大时代。崛起的中国需要世界眼光、需要发展战略，崛起的中国同样需要智力支持、需要新的知识创新。正是时代与国家的需求，为包括政治学在内的社会科学提供了前所未有的巨大动力，同时也呼唤着中国政治学者加快构建有中国特色的民主发展理论。

理论探索：一代有一代之胜

不同的时代有不同的学问，从内容到方法都会有所区别。改革开放以来，中国政治学得到了恢复和发展，政治学界陆续介绍了大量西方政治学说，也对马克思主义政治理论和中国传统政治思想作了很多研究整理工作，这些都给政治学研究提供了丰富的滋养。然而，现在的问题是，中国政治学界在各式各样的理论面前，没有自己的经验系统，缺乏足够的判断和鉴别能力。因此，与西方政治学尤其是几十年前美国学者所做的一样，中国的政治学也要经历一个“经验主义”阶段，即以实证研究、经验性研究为主，系统研究总结本土社会实践和经验的发展时期。这也就是说，当代政治学者应当深入开展调查研究，全面系统深入地了解国情，更加注重现实问题的认识与解决。只有以调研、个案为基础，从点滴做起，像拼图一样，拼出一张中国政治发展的“地图”，中国特色民主发展理论的构建才有可能实现。

对于如何从经验层面推进中国本土政治学的研究，我们的体会是要注重“两个层次”和“一个视野”。其中，“两个层次”指的是顶层的政治实践和基层的政治实践，“一个视野”指的是政治研究的国际比较。顶层政治一般是指一国的意识形态、基本政治制度和政治发展战略，也就是我们常说的理论、路线、方针和政策，这里最核心的就是研究中国特色社会主义民主政治发展道路。对于普通政治研究者来说，研究顶层政治面临难以避免的障碍，存在社会学里所讲的“到场”问题。在无法“到场”的情况下，我们研究顶层政治主要是通过对重大政治事件的观察分析和对重要政治文献的文本解读、语言分析，以此帮助理解和认识中国政治的宏观发展。相比顶层政治，基层政治研究比较容易“到场”。政治学者可以通过现场观察、深度访谈、问卷调查等研究方法，对某些具有典型意义的基层政治实践进行全景式的扫描和分析，进行社会发展、政治进程的“场景再现”，这对于我们了解某一政治实践的具体发生机制、运行过程都十分有益。同时，由于在中国政治场景中，基层政治很大程度上能够映射出国家层面的政治问题，因此，基层政治研究做好了，也有助于我们加深对顶层政治的认识与理解。

此外，我们正在走中国特色社会主义发展道路，但这并不意味着中国的一切都是独有的，中国的发展需要参考和借鉴世界其他国家的经验教训，比较政治研究可以为更好地理解中国政治提供有益启示。毕竟，中国的事情有时在中国还真看不清，走出国门看看却能获得很多启发。

实践创新：为有源头活水来

政治科学本质上是经验科学，它有理论但不是空洞的，是从调查研究、从经验总结中逐渐升华而来的，一定走过“实践—经验—理论”的全过程，非此就谈不上理论创新。因此，中国特色民主发展理论的构建，必然要以改革开放以来的丰富实践经验为基础，进行系统的研究和总结，同时参照分析与我国历史起点相近、发展环境相似的那些国家和地区的政治发展进程。如果舍弃了这一“源头活水”，那么就不可能产生真正为中国所需要的、反映时代精神的政治理论。

作为中国社会科学院唯一专职政治学研究的学术机构，政治学研究所历来高度重视本土政治学的建构工作，尤其是重视研究提炼中国特色民主发展理论。近十多年来，紧紧围绕这一主题，政治学研究所密切跟踪中国民主政治的发展进程，不断总结来自顶层和基层的政治实践经验，对中国的民主政治理论进行了深入探索，可以说在决策咨询和学术成果产出等多个方面都作出了一定的成绩。

在关注顶层政治实践方面，政治学研究所充分利用落实中央交办任务的有利契机，总结中国民主政治建设经验，不断强化咨政建言意识，通过高质量的对策研究成果，积极服务于党和政府决策。比如，2004—2005年，受国务院新闻办公室委托，专门组织研究力量，在大量专题调研基础上，广泛听取中央和国务院各部委意见，完成《中国的民主政治建设》白皮书的撰写工作，提出了衡量民主的客观标准，即“关键要看最广大人民的意愿是否得到了充分反映，最广大人民当家作主的权利是否得到了充分实现，最广大人民的合法权益是否得到了充分保障”。此外，按照中央要求，分别于2005—2006年、2007—2008年组织撰写了有关“中国民主政治重大理论研究”“政治学领域重大理论问题研究”等主题的系列文章，进一步深入总结我国政治发展进程中的民主创新经验。

在跟踪基层政治实践方面，政治学研究所倡导经验性研究方式，提出“行万里路、读万卷书”，大力提倡深入生活、深入基层、深入干部群众开展调查研究，全面系统了解国情、党情、民情、世情，关注重大现实问题的解决，不断总结实践经验，进一步推进理论探索和学术研究。例如，政治学研究所以2006年参加院重大调研“科学发展观在浙江的实践”为契机，在接下来的几年时间里，以浙江为样本，建立了一个省市县镇四级层面上的国情认知模式，开展了持续性、多层次的调查研究。2008—2009年，政治学研究所又参加了中组部交办的“中国国家吏治改革的目标与途径研究”重大调研项目，先后在中央部委和全国18个省市自治区开展了调研活动，对我国政治体制的关键部分即党政领导体制和干部选拔制度进行了比较系统的调查研究。2013年以来，政治学研究所牵头进行了“公民政治参与度调查”“政治认同与政治稳定问题调查”“中国人民主观的经验性调查”等多项全国范围的大规模调查，为总结我国社会主义民主政治建设经验提供了大量的基础性数据。另外，自我院哲学社会科学创新工程实施以来，政治学研究所加大实地调查研究力度，调研密度、频次、人数、时长等不断提高，全所科研人员由此对地方层面的治理实践有了更切身、更准确的认识和把握。

在借鉴国外政治发展经验方面，政治学研究所注重对工业化时代以来的各国政治发展状况与进程的调研。自2008年起，政治学研究所牵头成立“亚洲政治发展比较研究”课题组，在六年多的时间里，完成了对韩国、日本、印度尼西亚、泰国、新加坡、伊朗、越南、菲律宾、印度以及我国台湾地区政治发展经验的比较研究，基本理清了亚洲主要国家工业化过程中政治发展的内在规律，初步完成了对这些国家政治转型的动力学研究。目前，正在考虑将这项研究延伸到欧美等地区，希望对全世界20个左右不同类型的国家进行系统考察研究，深入探索工业化、现代化条件下的政治状况与政治发展规律等问题。

正是由于扎扎实实的调研带来了宝贵的“源头活水”，政治学研究所的科研产出得以显著提升，对中国政治发展进程的思考不断走向深入和成熟，近几年来陆续出版了《民主的中国经验》、《中国的民主道路》、《自由 威权 多元——东亚政治发展研究报告》、《民主与发展——亚洲工业化时代的民主政治研究》、《东亚民主生成的历史逻辑》、《中国政治参与报告》（2013—2016）《中国基层治理发展报告》（2015—2016）等一系列著作，为构建中国特色民主发展理论打下了坚实基础。

未来构建：吾将上下而求索

西方谚语有云，罗马城不是一天建成的。政治理论的构建，也不可能毕其功于一役。未来前路漫漫，政治学研究所将继续深入探究中国特色社会主义民主政治，有序推进中国特色民主发展理论的构建工作。

回顾改革开放近四十年来的政治发展历程，可以将中国特色社会主义民主政治建设的主要内容，归结为党内民主、人大民主、协商民主、基层民主和治理民主等五个方面。这其中，“党内民主是党的生命”已经成为全党共识，党内民主的核心内容是尊重党员主体地位，保障党员的民主权利，将党员的知情权、参与权、选举权、监督权落到实处。人大民主事关人民主权的制度落实，是广大人民参与国家权力和公共决策的根本渠道，是最重要、最主要的民主实现形式，同时也是未来我国民主发展的根本任务。协商民主是符合中国国情的民主实现形式，能够比较有效地克服选举民主的一些缺陷，广泛、多层、制度化的协商民主创新，将极大地提升中国民主的品质和内涵。基层民主直接关系到广大人民群众的切身政治权利，是发展社会主义民主政治的基础性工程，一直以来也是我国民主政治建设的重中之重。治理民主以治理为核心，在治理中吸纳公民参与，在公民参与中提升治理品质，其实践形式具有条件性和多样性，目的是在公共生活的各个领域实现民主的价值。

从上述五个方面出发，在以往国内外大量调研和不断思考基础上，我们考虑正式推出“中国民主发展丛书”。丛书涉及的主题包括但不限于：民主社会的理论构建、中国的协商民主与国家治理、地方政府创新与民主治理、基层民主与乡村社会治理、基层民主与社会组织参与等等。

我们完全有理由相信，从本土政治学研究的基础性工作做起，从全面观察和厘清当代中国政治发展的基本事实入手，不断探索民主发展的经验和规律，逐步深化对中国民主发展的认识和理解，继续推进中国特色的民主发展实践，中国特色民主发展理论终会呈现在世界面前。

房　宁

2017 年 3 月

目　录

导论　研究的缘起、意义与方法*

一　乡村治理研究亟待深化与超越

改革开放至今四十年，乡村治理成效显著，尤其是村民自治以来的乡村民主治理更是如此。它真正撬动了几千年已经固化的中国乡村大地这一坚硬板块，注入了一股清新的活力。但另外，由于中国广大乡村的历史及现实复杂性，关于中国乡村民主治理所面临的问题不是减少了，而是增多了，而问题的许多方面较之前不是简化了，而是变得愈加复杂。迄今为止，包括民主治理在内的中国乡村治理研究虽然成果累累，但在观念、方法与路径选择中，仍存在不少误区、盲点以及模糊认识。具体说来，当下的乡村治理研究在以下方面亟待深化与超越：第一，由更多的个案研究尤其是碎片化研究，向宏观、系统的整体研究推进。第二，由过于注重实证调研和对策研究，向理论提升和思想深化转变。第三，由单一、狭窄的学科研讨，向跨学科、综合性研究推进。第四，由过于功利的经济至上尤其是 GDP 追求，向均衡和文化领域发展。第五，由偏于“西化”的研究理论与方法，向具有中国特色的乡村民主治理的理论与方法转换。第六，由就乡村治理谈乡村治理，向诸如国家治理、人民幸福和人类未来健全发展等更广大的领域迈进。总之，本书拟在以往研究成果的基础上，主要从科学全面发展的角度，在理念与路径上有所推进，着重思考 21 世纪以来乡村民主治理的向度问题。

---

* 本书是在中国社会科学院 A 类重大课题结项成果的基础上修改而成。课题名称为“科学发展观视野下的乡村治理研究”（项目编号：YZD2011－16）。

二 乡村治理之成败关系重大

如果从乡村治理研究这一局部看，它所取得的成果可用汗牛充栋来形容，这从每年发表的论著可得证明。但是，站在整个国家发展和全球化进程看，乡村治理研究显然还不是显学，而是一个逐渐被都市文化研究超越甚至覆盖的研究领域。这是可以理解的，一方面，城镇化已成为一股世界潮流，大批农民工像潮水般涌向都市，农村在不断消失和凋零中似乎已渐失其合法性理由，研究者当然多是逐浪而行，更加关注快速崛起的都市；另一方面，不少研究者虽“身”在乡村治理，但“心”却在都市治理，即习惯于用“去乡村”的都市化理念研究乡村，这就带来乡村治理的无根虚浮状态。当研究者都不相信“乡村”具有独特价值魅力，对之失去兴趣，那么，乡村治理就会变成空中楼阁，甚至成为一句不实的空话。因此，要研究乡村治理，最重要的是为其正名，要认识到乡村治理的重要性。

我们认为，对于乡村治理的重要性无论怎么强调都不为过，目前它至少有以下方面值得重视：第一，中国目前虽然正处在“城镇化”这一翻天覆地的变革中，但万不可将“城镇化”理解为“去乡村化”，否则中国乃至世界将失去未来，因为农村和农业文明是中国文化乃至世界文化的根脉所在，没有乡村作为支撑的都市文明必然变成沙上建塔与空中楼阁。第二，对比都市文明，如果从功利角度看，农业文明是落后保守甚至是愚昧迷信的，但站在人性、人情、人生尤其是幸福角度看，它自有其不可代替的作用，它的大地情怀，熟人社会所带来的自然、真诚、淳朴，既可治愈“都市病”又可保障人类社会的健康可持续发展。第三，“城镇化”给农民工带来的最大问题，不是权益受到侵害，也不是将亲人尤其是孩子留在乡村，而是精神的迷失、心理的失衡、价值的缺位，从而带来整体乡村甚至都市道德的失落、人性的异化。还有留守妇女、老人、孩子的问题，这已成为整体乡村和国家之痛。如果我们的乡村治理研究不关注这一群体的精神和心理，那所有的研究就会大打折扣，再好的国家治理研究也会落空。从某种程度上说，农村脱贫既要重视物质，更应重视精神，而后者远比前者来得重要和长远。第四，改革开放以来，乡村治理获得长足发展，这在以村民自治为动力源的推动下表现得尤为突出。然而，进入21世纪后，乡村治理的“民主”维度受到一定的抑制，最突出的例子是村委会主任由村党支部书记“一肩挑”，农村不少“第一书记”由上级直接委派。这虽然有助于治理贫困村、涣散村，但也带来“民主治理”的弱化。因此，如何在坚持党的领导与政府统筹安排的前提下，不影响“民主治理”乡村这一方向，这是需要给予高度重视的。

三　“乡村民主治理”大政方针未变

其实，我们党和国家领导人一直高度重视农村与农民问题，并强调要实行乡村民主治理。然而，具体到实施过程中，许多地方就会走偏和变样，甚至出现相反的错误理解。这在学术研究中也有非常明显的表现。如果回顾一下党和国家领导人的一些论述，包括学术研究在内的乡村治理恐怕就会获得新的理论支点与方法论启示。

毛泽东一直重视农民问题，也重视农民的民主权利。他说：“农民在全国总人口中大约占百分之八十，是现时中国国民经济的主要力量。”① 他还表示：“新民主主义的政治，实质上就是授权给农民。新三民主义，真三民主义，实质上就是农民革命主义。大众文化，实质上就是提高农民文化。抗日战争，实质上就是农民战争。”② 显然，在20世纪三四十年代，毛泽东认为，农民关系到中国革命与中国共产党的前途与命运，这是任何一个阶层所不能代替的。

改革开放之初，彭真委员长在第六届全国人民代表大会第一次会议上说：居委会和村委会“作为人民群众自我教育、自我管理、自我服务的组织，办理公共事务和公益事业，调解民间纠纷，协助维护社会治

① 毛泽东：《中国革命和中国共产党》，《毛泽东选集》第2卷，人民出版社2009年版，第642页。

② 毛泽东：《新民主主义论》，《毛泽东选集》第2卷，人民出版社2009年版，第692页。

安。这些工作中有许多由它们来做比政权机关来做更适当、更有效”。后来，他在《通过群众自治实行基层民主》中进一步强调了实行村民自治的重要性、长期性和艰巨性。[①] 这样的乡村民主治理理念，可谓目标明确、思路明晰、态度坚决，对其长期性和艰巨性也给予了高度重视和特别强调。

当历史跨过半个多世纪，进入新时期尤其是21世纪第二个十年，国家主席习近平同样重视农民和乡村问题，并将之视为治国理政之本。早在2006年，时任浙江省委书记的习近平提出：“民主精神的培育、民主素质的锻炼、民主实践的操作，都是在基层产生、在基层发展、在基层得到检验的。……人民群众的素质觉悟越高，民主素养越好，基层民主机制越健全，社会就越和谐稳定。”[②] 他在2014年考察兰考县时对当地干部说：“乡村处在贯彻执行党的路线方针政策的末端，是中国共产党执政大厦的地基，在座各位可以说是这个地基中的钢筋，位子不高但责任重大。现在，农村发展和管理对基层干部素质和能力提出了更高要求，大家要多思考如何把基层干部当好。”[③] 他还有这样的表述：“农村不能成为荒芜的农村、留守的农村、记忆的故园。”他又说：“中国要强，农业必须强；中国要美，农村必须美；中国要富，农民必须富。”[④] 他还说：“任何时候都不能忽视农业、忘记农民、淡漠农村。”[⑤] 值得强调的是，在党的十九大报告中，他特别提出“实施乡村振兴战略”[⑥]，这对于确立乡村民主治理的本体性地位，无疑具有重要价值意义。很显

① 《彭真文选（1941—1990）》，人民出版社1991年版，第477、608—611页。

② 鲍洪俊：《习近平：基层民主越健全，社会就越和谐》，《人民日报》2006年9月25日第10版。

③ 《习近平总书记在河北、兰考两地调研指导党的群众路线教育实践活动报道集》，人民出版社2014年版，第16页。

④ 中共中央宣传部：《习近平总书记系列重要讲话读本》，学习出版社、人民出版社2014年版，第68—70页。

⑤ 《习近平在吉林省长春市、延边朝鲜族自治州农村考察时讲话》，2015年7月18日，新华网（http：//news. xinhuanet. com/politics/2015 - 07/18/c_ 1115967338. htm）。

⑥ 习近平：《决胜全面建成小康社会　夺取新时代中国特色社会主义伟大胜利——在中国共产党第十九次全国代表大会上的报告（2017年10月18日）》，人民出版社2017年版，第32页。

然，尽管经历了中华人民共和国成立、改革开放，又进入了21世纪的新的历史时期，其间的世界局势、国情、农村实际等发生了翻天覆地的变化，但从党和国家领导人的角度看，对于乡村和农民的高度重视并没有变，同样强调其根本性、关键性和目的性作用。

基于此，在乡村民主治理上，问题的关键可能不是我们没有大政方针和顶层设计，而是如何理解和阐释，尤其要对之进行创造性的丰富、发展和设计，使之不至于被忽略、误读和误解。关于此，乡村民主治理研究者责任重大，因为它是乡村民主治理实践得以实现的中介和桥梁。

四　主要内容及研究方法

面对繁复多样的乡村治理，本书不打算面面俱到地进行探讨，而是在强调问题意识的基础上，紧紧抓住一些重要和重大问题。一方面，通过历史学、系统论等研究方法，有历史感地穿越时空，进行演进规律的把握，从而达到综合分析的目的，以避免碎片化、历史虚无主义的研究误区；另一方面，运用马克思主义的紧抓主要矛盾的方法，对21世纪以来乡村治理中最重要的几大领域和问题进行考察，从而起到“提纲挈领”和“纲举目张”之效。

基于此，本书在回顾21世纪以来中国乡村治理研究的基础上，主要集中探讨十大问题：（1）城乡均衡发展理念下的乡村治理；（2）乡村治理中的精英参与；（3）文化建设与乡村治理方式转变；（4）乡村协商民主的条件与实现方式；（5）社会组织培育与乡村社会治理；（6）公共产品供给与乡村治理；（7）互联网与乡村治理历史性变革；（8）考评制度与乡村治理优化；（9）智库建设与乡村治理；（10）制度创新与乡村治理。

表面看来，以上这十大问题并没有必然的联系，但它们却有着内在的关联性，是乡村治理中不可或缺的部分，也是研究中相对薄弱的领域和环节。通过对新时期尤其是21世纪以来中国乡村治理研究状况进行梳理和概括，以往研究的强弱和长短就比较分明，尤其是对于其研究局限和困境的分析，将有助于本书的开拓与创新。另外几章主要探讨的是城乡关系、精英参与、文化软实力、协商民主、社会组织发展、公共产品供给、互联网使用、制度创新，它们都是目前国家重视、学界“热议”的重要问题，那么，它们与乡村治理有着怎样的复杂关系？需要化解哪些矛盾冲突？又要找到怎样的密钥？这既是一个现实问题，又是一个理论问题，不仅对乡村治理，就是对整个国家治理来说也具有不可忽略的价值意义。考评体系建设与智库建设两章是乡村治理研究比较薄弱的领域，然而它们又是不可偏废的核心问题，因为没有科学有效的考评与智库建设，所有的乡村治理就会走向形式甚至细枝末节，也不可能有正确的方向。而事实上，目前的乡村治理最缺乏的还是考评体系和智库建设这两个方面。通过这一探讨，本书希望能抛砖引玉，为今后这方面的研究打开一个通道，提供某些有益的启示。

为了使研究更加科学有效，本书立足于文献资料，尤其重视田野调查、深度访谈、会议座谈研讨，从而获得了乡村民主治理的现场感和在场感，也获取了大量第一手资料。近年来，笔者曾多次赴全国各地进行实地调研，先后去过浙江（杭州、温州、绍兴、义乌、浦江、台州、宁波）、湖南（岳阳、花垣）、山东（寿光、诸城、烟台、威海）、广东（广州、清远）、四川（成都）、云南（开远）、陕西（商洛）、福建（福州、龙岩、厦门）、江苏（徐州）、安徽（涡阳）、广西（合寨）以及重庆等地。在与当地干部群众交流的过程中，我们真切了解到他们最为关心的实际问题，也理解了他们的忧虑和向往，并获得了丰富的一手资料，这些都为我们开展研究打下了扎实基础。

本书力避形式主义的概念套用，尤其克服简单地用西方理论来剪裁丰富多彩的中国乡村现实，而是以马克思主义的辩证思维作为指导方针，借鉴和吸收社会学、法学、经济学、人类学和文化学的研究方法，丰富政治学研究，力求做到实证研究与规范研究、定量分析与定性研究、宏观研究与微观研究、正式制度研究与非正式制度研究相结合。

总之，笔者很少用一个理论为模板，去套用研究对象和获得固定不变的结论，而是考虑具体的语境和事实，动态地活用理论与方法，这就不至于让各种理论与方法的局限成为研究的束缚，也不会让研究对象的局限变成研究者的局限。当然，要真正做到活学活用并非易事，但这样的理论与方法自觉却是非常必要的，也会为自己的探索创新打开一个全新的天地。

五　研究的突破点及创新点

（1）突破对中国“城市（或城镇）化”发展道路的片面理解，尤其要克服中国的现代化就是“去乡村化”的错误看法，而是确立城乡关系均衡、科学、和谐、互补、双赢发展的理念。在此基础上，中国乡村治理不是简单模仿都市，而是要创造自己的特色。本书从“均衡”和“科学发展”角度研讨中国“城镇”和“乡村”的比例关系，研究纯粹乡村、城乡接合部及都市的功能及转换机制，研究国家、政府和村委会等应建立和实行怎样的制度，以便使“乡村”更好地发挥其独特优势，提高自我发展能力。中国“乡村”不是“都市”和“现代化”的对立面，更不是现代性的异化力量，而是不能被简单拔除的中国发展之“根系”。问题的关键是，在“都市（或城镇）化”过程中，如何科学保存、发展和再造中国乡土文化的优秀传统。

（2）中国乡村治理及其研究将主要由过去的强调“经济发展”，转向经济、政治、文化和社会发展并重，尤其应凸显“文化软实力”在乡村治理中不可替代的作用。在以往的中国乡村治理研究中，也有“文化建设”内容，但比较而言，“经济”被放在更显要位置。本书强调，要从文化发展的战略高度对中国乡村进行治理。要建立健全乡村文化生态保护机制，对乡村生态文化、民间文化、诚信道德等建立相应的保护制度和法规。更重要的是，要用“文化”眼光对乡村治理进行制度设计，改变以往在“经济发展”为中心模式下的乡村治理理念、规则、方式和方法。要改变以生态环境换取经济增长的传统发展理念，多用“文化”的维度来思考乡村民主治理。

（3）随着乡村治理不断取得进步，治理危机也接踵而至，这包括乡村干部贿选、宗族势力控制村政、黑金势力猖獗等腐败问题。就目前情况看，我们虽有一系列避免乡村治理危机的措施，如防范干部腐败等的法律规章，但往往很难扼制这些腐败现象。究其因大致有以下几个方面：一是对乡村腐败等的危害性重视不够。二是一些乡村腐败成为潜规则，我们的制度缺乏针对性和有效性。三是乡村腐败往往更隐蔽，法律尤其是监督机制难以发挥作用。本书将突破乡村腐败研究过于注重个案、微观、显性的不足，从乡村民主治理创新角度，全面、系统和深入地探讨乡村各种危机产生的根源、特点、规律、危害，有针对性地建立行之有效的防护机制，寻找相应的解决危机的策略，包括应对乡村腐败的有力措施，以促进乡村的有序、和谐、健康发展。

（4）学界一直强调提高“村民”素质，但具体怎样提高、有何目标和依据，往往众说纷纭。本书提出，在乡村治理中，要实现由“村民”到“公民”的转变和提升，这是中国乡村治理的目的和必由之路，也是真正提高村民素质的关键所在。基于此，我们拟从公民的权利和义务视角，探讨国家和村民在乡村治理中各自扮演的角色。如探讨“村民”如何从小农经济下的“私我”逐渐变成有“公心”的“大我”，即处理好个人、家庭、社会、国家、人类的关系。时下的人们普遍认为，现在的“村民”离“公民”太远，甚至于二者风马牛不相及。其实，传统“农民”也有“公民”因素，而多年的村民自治也在逐渐培育村民的“公民意识”，进入新时代，也是传统“农民”向现代“公民”转换的最佳时机。

（5）乡村公共产品供给是近年来学界关注的重点，但研究者往往对其进行一般性、技术性的理解，没有在乡村治理主体、性质和运行机制的构建中思考问题。本书提出，应建立国家政府、基层自治组织、第三部门组成的多元、互动供给机制。就政府层面来说，“服务型政府”的一个重要方面就是要加大对乡村公共产品的供给，为乡村提供高效优质服务。在供给内容、方式和目标的选择上，与提供物质性公共产品、让农民自我选择相比，培育村民的选择与治理能力、公民意识等精神产品更为重要。因此，不能将“服务型政府”简单理解成物质“惠民”，而应赋予其更丰富、形而上的精神性，并建立一整套相应的制度作为保证。

（6）以往对于乡村经济精英的政治参与，学界多肯定其经济意义，而对其政治参与动机、治理方式给予政治的影响，则缺乏系统和深入的探究，尤其对它的负面作用估计不足。本书从政治、经济、文化以及观念、心理等层面，对经济精英的政治参与和乡村治理的复杂关系进行研究，提出以下看法：让经济精英成为村干部，虽有利于改变村庄传统的治理主体结构，但局限性也不可忽视。如经济治理思维，易导致村庄治理趋于短期行为和功利主义，从而使乡村治理缺乏长远眼光，尤其缺乏文化眼光和现代意识。

（7）如何理解“村民自治”，尤其是怎样处理“村民自治”与“政府参与”的关系，一直是学界争议的焦点，对它的理解也有非此即彼的简单化倾向。本书提出：在21世纪，一方面，政府要更新观念，改变以往所认为的“农民素质不高、不能自治”的错误观念，充分相信农民的智慧和创造力。因此，在村民自治中，要转变以往重“民主”轻“自治”的发展理路，努力培育自治组织和广大农民的自主性、自治能力。另一方面，又不能只强调“村民自治”精神，而将政府参与视为对村民自治的干扰和异化。其实，以“村民自治”为主要内容的中国乡村民主治理，不能照搬西方理念和标准，而应有中国的特色和性质，即不能忽视党的领导和政府的作用。因此，在重视“自治”的前提下，要探讨政府参与的范围、原则、方法、路径和限度，以及二者的互动机制。政府参与应遵循有限、服务、监督、有效和“以民为本”等原则。

（8）“互联网”发展迅速惊人，它已成为引领世界发展的巨大引擎。对于中国乡村治理也是如此，“互联网”以不可想象的规模、速度、动能产生巨大影响。这表现在党和国家对于“互联网”的高度重视，表现在全国各地产生的各种以“互联网”推进乡村治理的创新模式，还表现在“互联网＋”与“互联网思维”之于乡村治理的深度影响。当然，如何避免以互联网进行乡村治理时存在的负面影响，是需要进一步思考和不断创新的更重要方面。

（9）制度创新在乡村治理中始终扮演着重要角色，但与实践创新相比，对于制度创新的研究明显不足，这主要表现为经验性和政策性阐释过多、宏观性和学理性探讨较少。研究滞后于实践，更不能对未来的乡村治理起引领作用。本书从制度创新与乡村民主治理的关系角度，系统探讨制度创新的意义、现状、特点、动力机制，思考其原则、配套制度机制、创新实施机制和风险防范机制等。特别值得强调的是，要重视乡村制度创新与非正式制度（习惯、习俗和日常行为模式等）之间的关系，探求如何使正式制度与非正式制度保持良性互动的创新机制。

（10）考评体系建设在乡村民主治理中意义重大，它具有方向盘和指南针作用。以往，学界对此不够重视，研讨力度也不大，即使有研究往往也给人模糊笼统之感，严重影响乡村民主治理的广度和深度。本书在系统分析考评体系的三大历史转型（从经济到民生服务、从行政考评到民主测评、从一元到多元）的基础上，指出考评体系建设对于乡村民主治理的重要作用，也分析其存在的明显缺失，并给予建设性意见。针对乡村治理考评过于随意、重复性强和碎片化等问题，本书强调应以科学发展观为指导，建立系统、科学、优化的制度机制，增加“软评价”考核标准，避免简单化和形式主义考评方式、标准。

（11）乡村智库是一个新事物，它的快速发展主要是近几年的事情。然而，目前对于它的研究还比较薄弱。乡村治理如不装上智库这个大脑，它是很难获得快速、高效、健康发展的。本书对乡村智库进行了分门别类式研究，对其价值意义也给予了充分肯定。但更重要的是，本书指出了当前乡村智库的局限，也提出了构建现代乡村智库的思路：第一，突破过于重视经济的局限，加强关于政治、道德、文化的乡村智库建设。第二，超越现在的业余性、经验性和随意性，突破低水平束缚，建设具有专业性、理论性和科学性的现代高水平乡村智库。第三，突破现在零散甚至孤立的状态，构建多方联动、统筹兼顾、协调共进的乡村智库战略格局。总之，应从“智力”和“智慧”两方面确立现代化乡村智库的发展目标，以便整体提升乡村民主治理的水平。

第一章　回顾与展望：21 世纪中国乡村治理研究

中国的农业文明历史悠久，在世界上都具有代表性。因此，乡村治理历来为统治者所重视，而研究乡村治理的著述则多不胜数。尤其是20 世纪 90 年代以来，“治理”与“善治”理论被引入中国，特别是用于乡村研究中，于是，“乡村治理研究”获得了飞速发展，所取得的成果有目共睹。但这些研究有其明显的不足，需要进行反思和研讨。因为任何研究都有局限，都有不易发现的盲点，而学术整体的观念偏向有时更为重要，需要从“他者”角度进行补充和修正。

一　开阔的研究视域

以往的乡村治理研究，往往将重点放在乡、村、里、甲，后来是人民公社和大队。改革开放以来，村民自治成为研究重点，而村民自治研究又集中在民主选举，其他方面的研究则比较薄弱，这在改革开放相当长一段时间内没有太大的改观。因之，表面看来村民自治研究成果累累，但站在乡村治理研究的整体观之却显得比较单一。20 世纪 90 年代特别是进入 21 世纪以来，村民自治研究有了新开拓，这主要表现在由以往单一的重视民主选举，向重视民主决策、民主管理和民主监督转变，由原来的村民自治向乡村治理转变，并出现细化和深化的显著特点。

21 世纪乡村治理研究的一个显著特点是将“村”与“乡镇”“县”“市”等联系起来，这就打破了以往研究的单一化、孤立化、简单化。

应该说，研究“村治”，探讨村民自治中的民主选举，这当然无可厚非，因为它们也是乡村治理的重要方面。不过，乡村治理内容毕竟丰富多彩，它与乡镇、县、市等其他层级关系密切，不能不给予高度重视。当然，以往也有研究村与乡镇等的关系，但乡镇等层级显然得不到重视，只是将其作为“村治”的宾语进行审视的。21世纪开始，乡村治理研究突破了这一局限，除了研究“村”，更将“村”置于更大的范围，从而展示其关联性与内在张力。

其一，乡镇成为学者关注的重点和焦点，在这方面出现了不少有价值的成果。这包括李凡等的《创新与发展：乡镇长选举制度改革》（东方出版社2000年版）、马戎等的《中国乡镇组织变迁研究》（华夏出版社2000年版）、史卫民的《公选与直选：乡镇人大选举制度研究》（中国社会科学出版社2000年版）、黄卫平和邹树彬的《乡镇长选举方式改革：案例研究》（社会科学文献出版社2003年版）、朱宇的《中国乡域治理结构：回顾与前瞻》（黑龙江人民出版社2006年版）、王勇兵的《党内民主制度的一个重大创新：四川平县乡镇党委班子公推直选案例研究》（北京大学出版社2007年版）、吴毅的《小镇喧嚣：一个乡镇政治运作的演绎与阐释》（生活·读书·新知三联书店2007年版）、史卫民和潘小娟的《乡镇改革：乡镇选举、体制创新与乡镇治理研究》（中国社会科学出版社2008年版）、吴理财的《从“管治”到“服务”——乡镇政府职能转变研究》（中国社会科学出版社2009年版）、王艳成的《城镇化进程中乡镇政府职能研究》（人民出版社2010年版）、赵树凯的《乡镇治理与政府制度化》（商务印书馆2010年版）、吴理财的《改革与重建——中国乡镇制度研究》（高等教育出版社2010年版）、马得勇的《中国乡镇治理创新：10省市24乡镇的比较研究》（南开大学出版社2014年版）、王振亚的《利益视角下的乡镇政府行为方式研究：以西部欠发达地区若干乡镇为例》（中国社会科学出版社2015年版）、杨勇文的《当前乡镇治理存在的三个根本问题及应对之策》（《领导科学》2016年第10期）、赵晨等的《提升乡镇治理能力的困境与对策》（《中州大学学报》2017年第6期）等。总之，乡镇研究成为新的重点，且经历了由开始的重视“选举”到后来的强调“治理”

的变化，这与基层政府治理的重要转型是密切相关的。

其二，从高层级“下乡”的角度研究乡村治理。最有代表性的是徐勇，他先后写成多篇有关“下乡”的论文，它们分别是《“政党下乡”：现代国家对乡土的整合》（《学术月刊》2007 年第 8 期）、《“行政下乡”：动员、任务与命令》（《华中师范大学学报》2007 年第 5 期）、《政权下乡：现代国家对乡土社会的整合》（《贵州社会科学》2007 年第 11 期）、《“政策下乡”及对乡土社会的政策整合》（《当代世界与社会主义》2008 年第 1 期）、《“法律下乡”：乡土社会的双重法律制度整合》（《东南学术》2008 年第 3 期）、《服务下乡：国家对乡土社会的服务性渗透》（《东南学术》2009 年第 1 期）、《宣传下乡：党对乡村的动员与整合》（《中共党史研究》2010 年第 10 期）。另外，还有黄晓龙的《“支部下乡”：建国初期共产党对乡村社会的整合——以鄂东 C 村为分析对象》（2008 年华中师范大学硕士学位论文），胡宜的《送医下乡：现代中国的疾病政治》（社会科学文献出版社 2011 年版），陈靖的《村社理性：资本下乡与村庄发展——基于皖北 T 镇两个村庄的对比》（《中国农业大学学报》2011 年第 3 期）、张良的《“资本下乡”背景下的乡村治理公共性重构》（《中国农村观察》2016 年第 3 期）、夏志强和谭毅的《“治理下乡”：关于我国乡镇治理现代化的思考》（《长春理工大学学报》2018 年第 3 期）等。这些成果从不同角度、侧面分别探讨了乡村外部力量对乡村治理的推力。

其三，从城乡统筹角度审视乡村治理。统筹城乡理念的提出为乡村治理研究提供了机遇，因此这方面的研究成果呈加速度增长，这是站在更高层次研究城乡关系，是对乡村治理研究的重大突破。这些成果包括：刘传江、郑凌云的《城镇化与城乡可持续发展》（华中科技大学出版社 2004 年版）、陈明生的《马克思主义经典作家论城乡统筹发展》（《当代经济研究》2005 年第 3 期）、孙成军的《中共三代领导集体关于城乡统筹发展的探索及经验启示》（《东北师范大学学报》2006 年第 3 期）、厉以宁的《走向城乡一体化：建国 60 年城乡体制的变革》（《北京大学学报》2009 年第 6 期）、葛丹东的《城乡统筹发展中的乡村规划新方向》（《浙江大学学报》2010 年第 3 期）、袁岳驷的《统筹城乡背景下新型城市化发展研究——以全国统筹城乡综合配套改革试验区成都为例》（《西南财经大学学报》2011 年第 9 期）、王习明的《城乡统筹进程中的乡村治理变革研究》（人民出版社 2012 年版）、叶裕民的《中国统筹城乡发展的系统架构与实施路径》（《城市规划学刊》2013 年第 1 期）、肖金成和党国英的《城镇化战略》（学习出版社 2014 年版）、栾峰等的《城乡统筹背景下的乡村基本公共服务设施配置研究》（《上海城市规划》2014 年第 6 期）、刘君的《城乡统筹背景下美丽乡村建设的实践与探索》（《江南论坛》2014 年第 7 期）、廖冲绪和胡燕的《统筹城乡发展中乡村治理的重构》（《贵州社会科学》2015 年第 6 期）、毕国华等的《城乡统筹视角下农村居民点整治分区与模式——以重庆市两江新区为例》（《西南大学学报》2016 年第 6 期）、赵星的《城乡统筹背景下村镇建设规划管理的实践与思考》（《科学技术创新》2017 年第 36 期）等。

民主选举只是村民自治的一个方面，村民自治只是“村治”的一个侧面，“村治”也只是乡村治理的一个层面，只有兼顾乡村治理的各个方面，尤其是在探讨村民自治和“村治”的基础上，进入“村”与乡镇等其他层级的关系研究中，乡村治理研究才能获得更大的动能和结构性变化。

二　研究理念的变化

理论的重要性不管怎么强调都不为过，因为它虽然来自社会实践，但又反过来具有指导实践之功，成为实践主体所拥有的“武器”力量。就如马克思所言：“理论一经掌握群众，也会变成物质力量。理论只要说服人，就能掌握群众；而理论只要彻底，就能说服人。”[①] 这在学术研究中也不例外，因为理论可直接改变人们的价值观与思维方式，可为学者提供一种独特的眼光与思考的深度，使其具有穿越性和穿透力。有

① ［德］马克思：《〈黑格尔法哲学批判〉导言》，载中共中央马克思恩格斯列宁斯大林著作编译局编《马克思恩格斯选集》第 1 卷，人民出版社 1995 年版，第 9 页。

趣的是，21 世纪各种理论纷至沓来，这成为乡村治理研究的巨大推手和影响力量。

1. 治理和善治的理论

长期以来，“管治”和“管理”成为乡村研究的关键词，然而进入 21 世纪，这一状况有所改变，即开始重视“治理”和“善治”。于是，一时间乡村“治理”与“善治”成为学界广泛使用的概念用语。这一关键词的根本变化，反映的是人们的观念之变、思维方式之变，也使乡村治理获得质的变化和飞跃。概括起来，主要是指研究者清醒看到了政府功能的根本转变，即由原来的行政干预命令变为更重服务角色与协商功能，其现代思想意识得以较大的提升。较早将“治理”理论引入乡村治理的是徐勇，他在《Governance：治理的阐释》（《政治学研究》1997 年第 1 期）中谈到“治理”一词。而将“治理”和“善治”合而论之的是俞可平的《治理和善治引论》（《马克思主义与现实》1999 年第 5 期）。随后，从治理和善治角度，以此理论研究乡村治理的著述越来越多。仅以“善治”为例，较有代表性的有：赵秀玲的《村务公开与中国乡村“善治”》（《发展论坛》2001 年第 9 期），刘峰的《走向乡村善治：改善我国乡村治理之多维理论考察》（《湖北社会科学》2006 年第 9 期），郭伟等的《乡村善治：国家权力与基层社会组织的合力推进》（《中国延安干部学院学报》2009 年第 5 期），王银、沈丽丽的《乡村善治构架下的村民自治》（《山西师范大学学报》2010 年第 5 期），黄毅、洪巧玲的《乡村从治理到善治的思考》（《吉林农业》2011 年第 4 期），汪小红的《农村社区权力关系结构：一种善治的话语分析》（《社会主义研究》2012 年第 2 期），张国磊、张燕妮的《善治理论下小城镇政府建设困境与对策研究》（《南方论刊》2013 年第 6 期），吉青的《善治视域下多元合作乡村治理模式》（《山东行政学院学报》2014 年第 1 期）、张颖的《“善治”视域下的乡村治理——以祝温村为例》（《绍兴文理学院学报》2015 年第 6 期）、肖滨等的《以扩大民主实现乡村“善治”——基于广东省下围村实施村民代表议事制度的研究》（《中共浙江省委党校学报》2016 年第 5 期）、张伟军的《多元复合治理体系与乡村善治——基于历史与现实的双重视角》（《山西农业大学学报》2018 年第 6 期）等。有人还直言“治理”和“善治”对自己的巨大作用：“本书的分析框架为治理和善治。”① 显然，治理和善治理论成为 21 世纪乡村治理研究的重要维度。

2. 新公共服务理论

如果说，新公共管理理论强调政府应向企业学习，从而打破以往的行政管理模式，那么，新公共服务理论则强调政府是服务者，而不是掌舵人；强调人的公民身份和现代意识，而不是异化者。基于新公共服务理论的超越性与现代性，它得到中国学界的极大肯定，这在乡村治理研究中有较为明显的表现。比较突出的成果有：王佃利、吴永功的《新公共服务理论视角下的农村公共品供给审视》（《山东农业大学学报》2009 年第 3 期），俞娇丽的《新公共服务理论视域下农村公共文化服务体系的构建》（《重庆电子工程职业学院学报》2009 年第 5 期），石义堂、李守红的《从“新公共服务”视角看西部农村教育管理改革——以教师“末位淘汰制”为例》（《当代教育与文化》2010 年第 1 期），吉鹏的《新公共服务视角下乡镇政府绩效外部评价的路径解析》（《厦门特区党校学报》2010 年第 4 期），刘莹的《新公共服务理论视角下新型农村社会养老保险制度建设研究——以康平县为例》（《辽宁大学学报》2012 年第 4 期），尹江的《新公共服务理论视角下的农村公共物品供给路径探讨》（《商》2013 年第 3 期），丁宏媛的《新公共服务视角下乡镇政府职能转变研究——以河北省 C 镇为例》（《陕西师范大学学报》2013 年第 6 期），扈红英、张俊桥的《新公共服务视角下农村公共服务制度与农村基层组织建设研究——以河北省为例》（《河北科技大学学报》2014 年第 3 期），廖娟的《新公共服务理论视域下美丽乡村建设研究》（广西大学 2015 年硕士学位论文），崔伟达的《新公共服务理论视角下西藏农牧民培训现状及问题研究》（西藏大学 2017 年硕士学位论文），李林颖、陈庆娟的《新公共服务理论视角下的美丽乡村建设工作研究——以广西 E 县为例》（《现代商贸工业》2018 年第 23 期）等。这些对于乡村治理的研究显然得助于新公共服务理论的视角。

① 王习明：《城乡统筹进程中的乡村治理变革研究》，人民出版社 2012 年版，第 4 页。

3. 协商民主理论

民主政治协商制度早已成为我国的国家制度，具有举足轻重的作用，但“协商民主”理论被用于乡村治理研究，却是近几年的事。早在20世纪八九十年代，西方的“协商民主”理论得以生成和发展，但将之引入中国还是21世纪前后的事情，在2007年前后开始引起中国政府及学界的高度关注与肯定。何包钢等人将“协商民意测验”用于浙江温岭泽国镇的实验，他说：美国斯坦福大学的费什金教授已在许多国家运用并发展了“协商民意测验”。温岭泽国镇则在多年运用“民主恳谈会”的基础上，引入了“协商民意测验”，尝试实行一种政治实验，即通过中西结合实现参与式的重大公共事务决策。① 与此同时，协商民主理论成为乡村治理研究的理论，并形成不少研究成果。最有代表性的有：何包钢、王春光的《中国乡村协商民主：个案研究》（《社会科学研究》2007年第5期），邱国良、戴利朝的《困境与出路：协商民主与村级选举制度的完善——以江西省若干村选举为研究对象》（《求实》2007年第11期），吴兴智的《协商民主与中国乡村治理》（《湖北社会科学》2010年第10期），陈奕敏主编的《从民主恳谈到参与式预算》，（世界知识出版社2012年版），杨生利的《协商民主与中国乡村治理的路径探析》（西南财经大学2013年硕士学位论文），宁有才、王彩云的《推进基层协商民主的动力分析》（《山东社会科学》2013年第10期），杨竣凯的《当代中国基层协商民主建设研究》（《吉林大学学报》2014年第5期），潘建荣的《协商民主视角下的“一事一议”村务制度研究》（湖南师范大学2014年硕士学位论文），尹崟的《中国农村基层协商民主研究》（吉林大学2015年博士学位论文），陈家刚主编的《协商与协商民主》（中央文献出版社2015年版），韩福国主编的《基层协商民主》（中央文献出版社2015年版），程彬的《基层民主协商制度研究》（上海人民出版社2015年版），王洪树主编的《社会协商对话制度》（中央文献出版社2015年版），赵秀玲的《协商民主与中国农村治

① 何包钢等：《协商民主：理论、方法和实践》，中国社会科学出版社2008年版，第85页。

理现代化》[《清华大学学报（哲学社会科学版）》2016年第1期]，郎友兴的《村落共同体、农民道义与中国乡村协商民主》（《浙江社会科学》2016年第9期）、《民主恳谈——中国基层协商民主的温岭实践》（复旦大学出版社2017年版）等。不可否认，这些成果得益于协商民主理论的指导和引导。

4. 博弈理论

“博弈”一词在中国家喻户晓，也成为人们的口头禅。但是作为一种理论学说，博弈论和博弈理论却主要来源于西方，如1944年冯·诺依曼和摩根斯坦的《博弈论与经济行为》、20世纪50年代约翰·纳什的《非合作博弈》，以及之后的博弈论研究，逐渐形成较为成熟的“博弈理论”。这种博弈理论注重的是在作为理性的主体之间所展开的相互作用、竞争以及均衡的状态。以往，在乡村治理研究中，主要探讨的是国家和政府对于乡村社会尤其是农民的管控，以及在这一情形下广大乡村包括村民所产生的反应，这样的研究往往是单向度的，是不平衡当然也是不对等的。然而，近些年，博弈理论的引入，使得乡村治理研究出现新面貌，其最大变化是将国家、政府与广大乡村作为“博弈”的双方，以审视其权利演变、运作、转化，于是由原来的“静观”变成“互动”。有学者这样认为：“当我们运用博弈论解读村民上访这一乡村政治中的社会现象时便会发现，原来复杂的村民上访现象在博弈论的分析模型下是容易得到理解的，并且可以发现其中蕴藏着的理性和逻辑。同时也不难发现，通过上访过程中各参与主体间的博弈生存，必然会导致新时期乡村社会中利益、权威与乡村秩序的冲突与整合，从而促进当前国家、农民与集体关系的重新建构。”① 在博弈与乡村治理研究中，还有一些著述值得一提，这包括吴毅的《缺失治理资源的乡村权威与税费征收中的干群博弈》（《中国农村观察》2002年第7期），郭云南、刘梅芳的《利益博弈下的乡村治理——透视村民自治的新视角》（《社会》2003年第2期），宋刚的《乡村自治与国家控制博弈关系的再思考》（《阿坝师范高等专科学校学报》2004年第3期），冯新光的《多

① 郑欣：《乡村政治中的博弈生存》，中国社会科学出版社2005年版，第9页。

重博弈：村庄权力互动关系分析的新视角》（《中共南京市委党校南京市行政学院学报》2006 年第 1 期），卢福营的《村民自治与阶层博弈》（《华中师范大学学报》2006 年第 7 期），朱静的《乡村精英政治参与的“智猪博弈”过程分析》（《安徽农业科学》2007 年第 5 期），黄辉祥的《乡村博弈：国家整合的内在紧张——基于现代国家建构理论的尝试性解释》（《东南学术》2008 年第 5 期），陶学荣、陶叡的《走向乡村善治——乡村治理中的博弈分析》（中国社会科学出版社 2011 年版），王俊霞等的《村治选举博弈与土地流转关联性分析》（《西北农林科技大学学报》2014 年第 1 期），崔照忠、刘仁忠的《三类农业产业化模式经营主体间博弈分析及最优选择》（《中国人口资源与环境》2014 年第 7 期），王果和周煜川的《演化博弈视角下农民合作经济组织参与乡村治理研究》（《江西社会科学》2016 年第 10 期），穆程林的《基层组织选举：村民自治场域中的权力博弈》（山东师范大学 2017 年硕士学位论文）等。用“博弈”理论进行乡村治理研究，它有助于克服以往的单一向度和简单化理解，而进入多元互动、相互作用的张力结构中，这在村民维权过程中表现得尤为突出。

值得补充说明的是，除了以上理论外，还有其他理论也不可忽略，像社会资本理论、国家与社会理论、制度变迁理论等都是如此。如有学者采用帕特南的“社会资本理论”，探讨它对村民交往的深刻影响，他认为：“对广大村民来说，不管他们的交往圈子有多大，但是在生活中能够获得情感或经济方面支持的也只有从亲属和本家族成员那里。”“因村民之间的亲属关系往往以特殊主义为基础，缺乏能够在更广的范围内扩展的普遍主义精神，这也是和现代社会不相容的。因此，村民在行政村范围内的交往将重点放在亲属交往而不是更广的村民交往上，将在一定程度上影响村民之间跨亲属社团的形成，从而影响社会资本的建构。”① 这种研究富有启发性。当然，并不是说一个学者引入了新理论，就标志着其学术研究的水平高，因为理论只是视点、价值观和眼光。但不可讳言，由于新理论的运用，乡村治理研究出现了新向度、新拓展和

---

① 胡荣：《社会资本与地方治理》，社会科学文献出版社 2009 年版，第 142、150 页。

新见解，新世纪乡村治理研究别开生面，并获得新的突破性进展。

三 研究方法的突破

从世界范围看，在许多重要重大场合，新方法往往起到很大甚至革命的作用。像中国古代的造纸方法，现代的影印技术、电子传媒及互联网的产生和运用都很能说明问题。21 世纪中国乡村治理也是如此，由于新方法的引入，许多学者获得了新的理解与突破，也大大提升了研究的能力水平。

1. 跨学科研究有所增强

应该说，在较长时间内，乡村治理研究受到各个学科的重视，像政治学、经济学、社会学、法学、文学、历史学等都有自己的视野和成果，从而共同推动了乡村治理研究不断走向深入。但也有一个问题不容忽略，那就是学科分割、隔膜、对立，从而造成某些困惑、盲目与狭隘，也导致分解力、离心力和破坏力。21 世纪以来，这种状况有所好转，跨学科研究开始引起学者注意，并产生了一些有价值的成果。如蒋旭峰的《抗争与合作：乡村治理中的传播模式》（浙江大学出版社 2011 年版）一书，将传播学与经济、法律、科技、公共管理、宗教等多学科相结合，探讨乡村治理中的“抗争”与“合作”，给人带来研究方法的启迪。也有学者这样谈自己的研究方法：“本书在对乡村治理模式的分析中，运用比较分析方法，借鉴日本、韩国、美国、德国等乡村治理的经验及启示，对掌握的资料进行归纳、分析等统计分析，作为支撑理论的重要依据，同时，运用社会学研究方法与政治学、经济学、历史学、人类学等研究方法结合起来，对乡村社会传统治理结构、模式及其发展变迁问题进行多角度、多学科的综合性研究，并进行理论的提升。”①这一看法虽是作者自现，但从书中关于“乡村治理中的博弈分析”，不难看出作者具有跨学科研究的理论自觉。史卫民和郑建君等用计量统计

---

① 陶学荣、陶叡：《走向乡村善治——乡村治理中的博弈分析》，中国社会科学出版社 2011 年版，第 19 页。

的方法研究乡村治理，是将统计学与政治学研究相结合，对于单一的政治学视角也有突破意义。何包钢的《协商民主：理论、方法和实践》（中国社会科学出版社 2008 年版）一书也有跨学科研究的特点，它将政治学、社会学、经济学等相结合，比单一的学科研究更有助于深化乡村治理和协商民主的关系研究。在此书中，经济学的财政预算和社会学的统计分析都得到了很好运用，从而使其协商民主政治学探讨更有分量和深度。还有毛丹的《村庄大转型——浙江乡村社会的发育》（浙江大学出版社 2008 年版）也是如此，其书的框架结构即主要是由村庄经济、村庄政治和村庄社会三个维度组成，从而形成了学科间的跨越。值得一提的是，2005 年 7 月 12—14 日，西南政法大学与江西行政学院在江西省南昌市召开第二届“中国农村宗族与乡村治理学术研讨会”，其宗旨非常明确，那就是：“本届会议延续了 2001 年会议‘主题集中、多学科对话’的特点，参加研讨会的学者分别来自史学、政治学、人类学、社会学、经济学等多个学科，进行了跨学科的交流和借鉴，以推进宗族与乡村治理研究的进一步深化。”① 由此可见，21 世纪以来，跨学科的乡村治理研究已形成一种明显的趋势。

2. 田野式调研兴旺

20 世纪 30 年代，费孝通曾到广西大瑶山进行实地考察，于是写成《江村经济》一书。后来的《乡土中国》一书也是建立在实地调研的基础上。但不可否认的是，改革开放以来较长一段时间内，观念式研究和书斋式研究更加突出，对于田野调研有所忽略，这就影响了对于中国问题的研究和中国立场的确立。乡村治理研究也有这样的特点：对于村民自治也有一些重视实地考察和基于一手资料的研究，但西化的倾向和学院派研究仍为主流。21 世纪开始状况有所改观，不少学者走出书斋，直接到乡村调研，有的还以村庄为试点，直接参与和指导乡村治理，从而形成学术研究的深入基层和直接地气。如“华东师范大学农村问题研

① 刘春春、肖唐镖：《会议综述之一——多元对话　学术传承》，载肖唐镖主编《当代中国农村宗族与乡村治理——跨学科的研究与对话》第 2 辑，中国社会科学出版社 2008 年版，第 1 页。

究中心”在乡村建立考察和调研点，从而形成研究与学术的互动与共赢。何包钢用协商民主理论直接参与指导浙江温岭泽国镇的“财务预算”。值得重视的是21世纪以来“村治书系”的出版，这包括由华中师范大学出版社出版的系列丛书：张厚安、徐勇、项继权等2000年著《中国农村村级治理——22个村的调查与比较》，徐勇、吴毅2001年主编《乡土中国的民主选举——农村村民委员会选举研究文集》，何包钢、郎友兴2002年著《寻找民主与权威的平衡——浙江省村民自治选举经验研究》，项继权2002年著《集体经济背景下的乡村治理——南街、向高和方安泉村村治实证研究》，徐勇、项继权2003年主编《村民自治进程中的乡村关系》，徐勇、徐增阳2007年主编《乡土民主的成长——村民自治20年研究集萃》，等等。除了书名标示的“22个村的调查与比较”外，有作者也在书中表示：“我们已得到各种文献资料，并且得到了浙江各地党政干部及广大村民的支持和配合，有效地实施问卷调查与进行各种访谈。”[①] 于建嵘曾以一本《岳村政治》闻名，这让人想到费孝通的《江村经济》，有趣的是，这也是一本基于田野调研的学术著作。作为于建嵘的博士生导师，徐勇在为此书作序时写道：“或许是受以上两点希望的影响，本书作者确定论文选题后，没有急于下笔，而是走出书斋，沿着毛泽东20年代写作《湖南农民运动考察报告》时走过的路线进行广泛的农村考察，并最终选择了湖南省第一个农民协会发源地的村庄作为调查点，进行了为期一年多的调查，为写作论文做了较为充分的准备。”[②] 当然，通过田野调研进行乡村治理研究的著述还有很多，在此难以尽叙。不过，它确实表明研究的转变，即有从“学院派”向“田野式”调研回归的倾向。

3. 微观式研究明显增多

21世纪中国乡村治理有一个突出变化，那就是越来越重视“微观性”，即治理单位缩小、治理内容日常化、关注事物变小，有一种“微

---

① 何包钢、郎友兴：《寻找民主与权威的平衡——浙江省村民自治选举经验研究》，华中师范大学出版社2002年版，第2页。

② 于建嵘：《岳村政治——转型期中国乡村政治结构的变迁》，商务印书馆2001年版，第4页。

治理”的倾向。如原来比较重视行政村，21 世纪以来开始让村民小组成为独立治理单位。[①] 基于此，乡村治理研究也呈现出“微观研究”的态势，具体问题研究、点击式探讨、小事和微末事得到关注。更有甚者，不少乡村治理研究还有袖珍化趋向。如一般而言，以县、乡镇为研究对象就比较微观了，但近些年以“村”为个案的研究有所增加，所针对的往往是乡村治理中的某一时间、事件、问题，而切入点则是某村、某事、某组织等。这类著述可分为三个阶段。

一是 21 世纪初（2000—2004 年），此时的微观研究并不突出，文章也并不多见。

二是从 2005—2009 年，此时微观研究明显增加，这包括郭巍青、黄岩的《日常生活中的权力和政治——以下塘村修祠为例》（《开放时代》2005 年第 4 期），贺雪峰、董磊明的《村民组与农民行动的单位——安徽肥西县小井村调查》（《中国农史》2005 年第 4 期），王习明的《乡村治理与老人福利互动模式研究——河南安阳吕村调查》（《中州学刊》2006 年第 3 期），谭华的《关于乡村传播研究中“民族志”方法的一些思考——以一个土家村落的田野工作经验为例》（《湖北民族学院学报》2006 年第 10 期），汪萍的《乡村治理中的农民动员问题探讨——以河北定州翟城村为例》（《理论月刊》2006 年第 12 期），卢福营、戴冰洁的《“老板治村”：乡村治理的新尝试——浙江省金村治理的调查与分析》（《中共宁波市委党校学报》2007 年第 8 期），陈晓莉的《村民自治中的乡村政治人——以陕北 S 村为例》（《学习与探索》2007 年第 9 期），陈伯峰的《村庄纠纷解决：主体与治权——皖北葛塘村调查》（《中共四川省委党校学报》2007 年第 10 期），尹利民、黄成华的《“招投标”：基层民主推进的可能性路径——基于渡头村的调查分析及启示》（《调研世界》2008 年第 4 期），贺雪峰的《论农民理性化的表现与原因——以河南省汝南县宋庄村的调查为例》（《湛江师范学院学报》2008 年第 4 期），蒋涛涌的《徽州文化视野下的乡村治理——以绩溪宅坦村为例》（《合肥工业大学学报》2008 年第 8 期），伍

① 参见赵秀玲《“微自治”与中国基层民主治理》，《政治学研究》2014 年第 5 期。

军的《乡村治理过程中农民组织化的必要性分析——以湖北麟村为个案》（《湖湘三农论坛》2008 年第10 期），周尚君的《乡村治理的法律规则及其限度——兼以云南德宏某村“村规民约”为参照》（《甘肃政法学院学报》2008 年第 11 期），邱国良的《政治信任：乡村治理的社会基础——以仲村“5·13”事件为个案》（《社会主义研究》2009 年第6 期），陈晓莉的《乡村治理精英转型问题探讨——以苏村党支部为例》（《华南农业大学学报》2009 年第10 期）。

三是2010 年至今，可称为繁荣期。微观研究成为声势，仅数年间就出现大量成果，这包括文永辉的《民族习惯、权威和法律——一个水族村支书的乡村治理》（《原生态民族文化学刊》2010 年第 3 期），瞿谋的《乡村精英在低保分配中的行动逻辑——以湖北省 J 村为例》（《改革开放》2010 年第 7 期），刘效敏、王义的《社会组织参与乡村治理的效能分析——以青岛莱西市东庄头村老年协会为例》（《青岛职业技术学院学报》2010 年第 8 期），张书军的《“能人治村”：乡村治理的新道路——以山东省 X 村为分析对象》（《学理论》2010 年第 11 期），陈锋的《论基层民主政权的“嵌入式治理”——基于鲁中东村的实地调研》（《青年研究》2011 年第 2 期），李浩昇的《锲入、限度和走向：乡村治理结构中的基督教组织——基于苏北 S 村的个案研究》（《中国农村观察》2011 年第 3 期），赵晓峰的《农村纠纷调解中的村治逻辑——对浙东先锋村的政治人类学考察》（《江西师范大学学报》2011 年第 4 期），徐晓辉、瞿谋的《制度空间与建构行动：灾后财富分配中的乡村精英——以四川省 S 村为例》（《贵州社会科学》2011 年第 4 期），胡涤非等的《社会资本与乡村治理——以广东省惠州市 P 村为例》（《科学经济社会》2011 年第 6 期），李志农、乔文红的《传统村落公共文化空间与民族地区乡村治理——云南迪庆藏族自治州德钦县奔子栏村“拉斯节”为例》（《学术探索》2011 年第 8 期），李若、魏伟的《村委会在乡村治理中的作用——基于苏南 C 村的个案研究》（《北京农业》2011 年第 11 期），郑欣、朱玲的《乡村治理视角下的政治传播效果研究——以“两会”信息在淮安市 H 村的传播为例》（《西南民族大学学报》2012 年第 2 期），王瑞珍的《乡村治理视野下 NGO 的功能及限度——以山西省永济市蒲州农民协会为例》（《山西农业大学学报》2012 年第 3 期），林辉煌的《土地流转与乡村治理的阶层基础——以江汉平原曙光村为考察对象》（《中州学刊》2012 年第 3 期），肖飞的《乡村治理：要把村民自治真正激活起来——江西省 D 村的调查与思考》(《中国乡村发现》2012 年第 5 期)，杨懿的《“权势精英”乡村治理结构研究——以凯里市 A 村为例》（《经营管理者》2012 年第 6 期)，李祖佩、曹晋的《精英俘获与基层治理：基于我国中部某村的实证考察》(《探索》2012 年第 10 期)，张芳山等的《“后乡村精英”时代乡村治理的潜在风险与对策研究——以 A 村为例》（《中共福建省委党校学报》2012 年第 11 期)，刘悦的《土地流转、阶层分化与乡村治理转型——基于湖北省京山 J 村的调查》（《南京农业大学学报》2013 年第 3 期)，王建军的《治理善治视角下乡村治理的价值选择——以辽西北 x 村为例》(《吉林省教育学院学报》2013 年第 4 期)，姜裕富的《熟人社会、跨村任职与乡村治理——基于常山县跨村任村党组织书记的研究》（《湖北社会科学》2013 年第 4 期)，陈开炳的《乡村治理模式变革与农村社会发展——以浙东 DT 村为例》（《行政与法》2013 年第 6 期)，李梅的《自主治理视角下的乡村治理机制探索——以成都市村民议事会制度为例》(参见赵秀玲主编《走向基层治理现代化——以成都为个案分析》，广东人民出版社 2014 年版)，汪静等的《农村基层工作人员满意度调查研究——以某村为例》（《佳木斯职业学院学报》2015 年第 7 期)，等等。

如果说 21 世纪之初，微观角度的乡村治理研究还不突出，到第一个十年才开始发动，并形成一定的趋势，那么到第二个十年则实现了飞跃。微观式乡村治理研究的最大优点在于：贴近基层，比较实用，技术性强，富有指导意义，这是许多学院派研究的理论先行所无法比拟的。

总的来说，乡村治理研究有多种方法，但长期以来有各自为政的局限，导致研究的单一化、形式化与表面化。进入 21 世纪后，乡村治理研究除了继承传统方法外，在跨学科研究、田野调研和微观研究方面有所突破。跨学科研究具有宏观视野与综合性质，田野调研注重实际和根底扎实，微观研究能透视事物肌理，有助于乡村治理研究的跨越、深化与突破。

值得注意的是，除了国内还有国外对于中国乡村治理的研究。这主要包括两个阶段：第一，关于村民自治选举的研究，美国欧博文（Kevien J. O'Brien）的《当代中国的村民、选举和公民》、史天健（Shi，Tianjian）的《中国的乡村民主》、戴慕珍（Jean Oi）的《当代中国的国家与农民》等可为代表。美国约翰·詹姆斯·肯尼迪的《中国农村基层民主的面貌——关于村民委员会选举的一项实证研究》。第二，关于乡村治理的考察，较有代表性的有：芬兰琳达·雅克布森的《地方治理：村镇直选》、日本田原史起的《中国农村的政治参与》、荷兰彭轲的《人类学视角下中国农村的政治结构、机构与经济发展》、澳大利亚格雷姆·史密斯的《乡镇政府"空壳化"问题研究——一种内部运行的视角》、德国雷内·特拉培尔的《中国农村渐渐的小规模农业生产——乡镇、县政府在土地改革中的作用》、美国欧博文和李连江的《中国乡村中的选择性政策执行》等。从这两个阶段看，开始是关注村民自治选举，后来转向重视乡村治理，从而使研究更具动态性和发展性。日本学者田原史起认为，村干部作为一个政治角色，除了以前的"代理人"和"当家人"角色外，还"应该负有现代意识的、发展村经济的'经营者'的责任。只要能够成功地完成作为'经营者'的任务，也就自然而然地能够扮演好作为'代理人'和'当家人'的角色。反之，如果失败了或者歪曲了'经营者'的本来任务（如不是致力于发展村经济，而是中饱私囊），则'代理人'和'当家人'这两重任务也就会同时宣告失败。而且，近年来的研究还发现：在村干部行为的这种多样性的背后，已超越了单纯的个人道德和意图，它与市场经济的发展、地区间的差异的扩大，特别是以村干部为管理主体的土地等集体财产的多寡等经济要素有密切的关系"①。这一概括不局限于一个学科，而是通过跨学科研究，深化了对于乡村干部的研究。但其也有明显的问题，那就是研究观念先行，有概念堆积之弊，与中国农村实际比较隔

---

①　吕增奎主编：《民主的长征：海外学者论中国政治发展》，中央编译出版社 2011 年版，第 215 页。

膜，是一种外在于研究对象的研究。

四 困境及其瓶颈

在看到中国乡村治理研究取得巨大成就时，也不能忽略其问题与局限。关于此，目前虽有不少研究成果，但最大的不足是缺乏更为自觉的理性意识，也没有切实可行的具体方式方法，尤其难以突破具有悖论式的认识。因此，以更宏阔的眼光、更科学的方法、更具现实性的方案来看待当前的乡村治理，将有助于走出困境，实现跨越式的发展目标。

1. 过于倚重西方理论

毋庸讳言，在中国乡村治理研究中，西方理论具有重要意义，这既表现在可拓展视域，又表现在能提供有价值的参照系，还体现在可改变既成的观念、思维和方法，就像在航天工业的发展、医学技术的突破以及新媒体的创新方面西方理论所起到的作用一样。但这并不等于说，西方理论对中国乡村治理研究完全适用，甚至可以照搬照套。这是因为：首先，西方理论有其自身的历史语境，而中国则有自己的国情，很难想象世界上有哪一个国家能像中国这样，有着广大、复杂、多样的乡村。面对差异性很大的中国广大乡村，我们不可能不加选择的取舍和套用西方理念。其次，当前在向中国介绍和翻译西方理论的过程中，由于受到各方面的限制和制约，出现不少较差或拙劣译本，这就不可避免地影响到对于西方原理论的接受程度。如果是真正的专家学者，且有深厚的外语功底，他的译本还是可信的；然而，现在的许多外国理论译本大可存疑。最后，由于语言和文化的差异，导致了翻译本身的局限，甚至从根本上说的不可译，这就很容易造成误解、误读甚至形成过度阐释的情况。因此，多多借鉴西方理论以研讨中国乡村治理，本来无可厚非，有条件者当可直接阅读原著，无条件的也可间接借鉴和吸收。但必须有这样的理性自觉：不能将西方理论当成范本，更不能对之顶礼膜拜，而是要保持研究者的主体性、批判精神和有选择性地借鉴与汲取，这就有助于克服各种各样的形式主义，避免简单地将西方理论作为先验正确的标准对待。

因此，中国乡村治理研究更多取法西方理论，对于中国传统的理论资源却多有忽略，这就形成相当程度的西方化倾向。更重要的是，许多学者尚处于学习、运用、借鉴和吸收西方理论的初级阶段，于是被西方理论所左右、征用，甚至“唯西方理论马首是瞻”成为一种风尚。这就导致乡村治理在中西方理论的融通、再造方面明显不足，真正的突破和创造性转换也就变得愈加困难。因此，如何改变当下中国乡村治理研究对西方的理论崇拜，创新自己的理论，这是今后较长时间的重要目标和根本任务。还有，要克服对于理论的盲目崇拜，避免在乡村治理研究中套用各种理论范式，设置复杂的概念和标准，以凸显研究的所谓理论高度和思想的深刻性。这是因为真正的理论往往不是简单的、表面化的，而是有内涵的、自然而然存在的。以毛泽东的文章为例，他很少用西方的理论来套用，也不见对于西方哲人的大量引用，甚至从不以西方各种流行理论为标准，而是在坚持马克思主义理论方法的前提下，进行创造性发挥，有着强烈的主体性、科学性和批判力量。最重要的是，毛泽东的文章充满生活的智慧、人生哲学，其语言也是鲜活的，犹如日常生活语言本身一样生动形象。因此，未来的乡村治理研究应从这里出发，走出当下对于理论尤其是西方理论的盲目崇拜情结。

2. 受制于观念尤其是既成观念

“观念”如同旗帜也像大脑，它在学术研究中不可或缺。因此，有什么观念就会有什么样的研究。这也是为什么学者们那么重视观念，并向西方学习各种理念的原因。但问题是，人们往往很少对观念进行深入思考，尤其是看不到观念的负面作用。目前，乡村治理研究的观念有以下几个方面的局限。

一是在中西文化的关系问题上，学界形成一种“西方”优势意识，而对于中国本土则多有忽略甚至不以为然，这就造成简单将“西方”与“优秀”“正确”画等号，而将中国传统文化视为“落后”和“保守”的代名词。站在世界近代化进程尤其是科技发展和现代性的角度观之，这不无道理。但站在文化、艺术、人生智慧等角度衡量，恐怕就会得出新的结论。以对于“农民”的认识为例，从现代“公民”角度看，农民确实有保守落后的一面，甚至常有私心和狭隘性，这是农村现代化进程中需要不断提高的方面；不过，从农民的质朴、诚信、勤劳与智慧而言，这往往又是城市市民所缺乏的。因此，一味地按西方标准和城市文化要求，让农民上楼和变成城市市民，这既不正确又是一种形式主义理路。

二是顺势思维多、逆势思维少，这就造成研究者缺乏足够的反思能力和批判意识。目前中国乡村治理研究具有明显的滞后性，这包括：滞后于村民的社会实践，滞后于党和国家的方针政策，滞后于理论研究的最新成果，滞后于快速发展的时代。因此，许多研究往往跟在政策、制度创新、流行理论和时代车轮后面简单解释，缺乏阐释能力、前瞻性和指导价值。这种情况要归因于研究者思维方式的落后，因为缺乏主体性和逆向思维，那就很难解释横亘于我们这个时代面前的重大转型，及与其相关的诸多重要、重大和关键问题。如在中国城镇化进程中，乡村治理研究基本上是顺势而为，直接加入由“乡村”变“城镇”的巨大声势中，至于它给中国乡村治理带来哪些负面影响甚至危害，研究者的反思性远远不够。因为他们一直相信进化论思想，更看重不断向前、速度神话和新的就是好的，而对过去的、历史的以及缓慢闲适的等，都看成保守落后的和应被淘汰的。这也是为什么“去乡村化”的拆迁运动成为不少乡村治理者的追求，也是其信守的理念。当然，从时代性和发展性的角度看，历史不可能停滞不前更不会倒退，不过，在历史进程中也需要反思，更需要批判意识，尤其不能没有前瞻性的逆向反思。乡村治理研究也应如是观：必须保持清醒头脑，进行智慧的选择与理性的判断，这样才不至于失误和迷失方向。这包括：在乡村治理中，哪些应被历史淘汰，哪些应该珍惜和有所保留，都要给予认真区别对待，否则就像村庄的加速度消失与农村生态环境的急剧恶化一样，未来是很难补救的。

三是经济至上观念的深刻影响，尤其是文化维度的缺乏导致乡村治理失衡。发展经济一直是乡村治理的重点，这一发展思路无疑是正确的，这在乡村治理前期更是如此。但不能让乡村治理及其研究变为“经济至上”，否则就会走向历史的反面，甚至形成难以治愈的顽疾。长期以来，在乡村治理的各个方面都存在着理论和实践的双重困境，即对于

“经济”指标过于功利化的追求，但对于乡村治理的其他方面，诸如政治、道德、文化、教育、理想、信仰等则多有忽略。当前，我们必须看到乡村治理及其研究中存在的“经济至上”观念至少有以下危害：第一，强化了村干部的腐败；第二，加重了农民的私心；第三，导致了农村群体性事件频发；第四，过于强调经济精英作用；第五，农村文化较为缺乏；第六，乡村缺乏活力与动力；第七，乡风民情受到一定程度的异化；第八，农村环境生态堪忧；第九，农村精英的大量流失；第十，乡村价值体系受到负面影响。所有这些都与乡村治理的理念有关，都与“经济至上”的观念有关。近些年，党和国家逐渐走出“经济至上”的误区，学界也开始有所改变，即开始给予乡村文化、环保、教育、卫生、公共产品、社会组织以重视。但也应该承认，“经济至上”的理念并未得到根本转变，对文化等多方面的理解还停留在表面，未能从文化精神高度看待乡村治理问题，这就需要进行观念调整和更新。以文化下乡和新农村文化建设为例，不少研究者只将“文化”理解成文艺演出、娱乐活动、农村书屋建立，乡村文化也就很难有丰富的内涵和较高的层次。

四是忽略甚至缺乏人类命运维度的思考，必然导致研究视野的狭窄与方向的模糊不明。由于近现代以来的落后、被动、挨打，中国一直处于追赶西方尤其崇尚西方文化的进程中，于是我们思考、解决问题主要以西方尤其是以美国为参照。这就导致必然的结果：一方面，我们目标明确，紧赶直追；另一方面，我们急功近利、视野有限，将西方尤其是美国的局限变成自己的局限，特别是难以站在人类健全发展的角度进行考量。因为西方尤其是美国文化尽管有其优点，但其问题也是非常突出和明显的，很难代表人类的幸福与希望。在乡村治理研究中，这样的思路和追问尚未形成趋势，更没达成共识。如不将人类命运和幸福作为最后目的和目标，而将西方尤其是美国为前进引擎，这就必然导致迷失方向，在价值观、衡量标准、前进路径上出现偏差。以中国的城镇化为例，站在西方尤其是美国文化的角度观之，中国应加快城镇化步伐，并将更多更快“消灭”乡村作为治理方向，从而向以美国为代表的西方国家学习，建立以城市金融为支撑的商业帝国；问题是，中国是一个有着悠久历史、建基于农业文明的古国，其文化传统与价值体系都与乡土中国直接相关。如果将乡村之根挖掉，以城镇化取代广大乡村，这既不可行也是有害的。其直接恶果有二：基于农业文明的中国文化大厦会轰然倒塌；世界文化也会因农业文明的快速消失而变得单一、肤浅和薄弱。因为世界文明和人类文化一定是多种多样、丰富多彩、相互补充的，商业文明与农业文明是一个事物的两面，缺一不可，任何偏向都会导致人类的美好和幸福成为一个奢望。中国现代化当然需要城镇化，从而改变农业文明的整体结构，但这并不意味着一定要"去农村化"，让广大农村快速消失，而是在保持农业文明的基础上建立我们的城镇化。有了这样的人类命运关怀和幸福期许，中国乡村治理就会获得新的理念和路径：首先，以美国为代表的西方文化不是我们的发展目标，我们只能学习其先进经验与智慧，避免其局限和问题。美国等西方国家存在的最大问题是，将人类带入一个充满激烈竞争的欲望追求中，从而丧失了人类幸福生活所本应有的优雅、闲适和诗意。农业文化传统正可修正和医治美国这种功利主义与忙碌紧张的现代病。其次，以都市甚至大城市及超级都市为追求目标，将商业资本看得神乎其神，必然忽略甚至无视乡土文明的价值。因为乡土文明中包含许多优质基因，这主要表现在：与天地自然和谐相处，淳朴、勤劳、诚实、知足、闲适、感恩、超然的生活态度与人生智慧，熟人社会的情感联系与互帮互助，等等。最后，都市文明固然有其优势，但远离大自然后的紧张、焦虑甚至压抑，都会对长寿、幸福感产生压力和冲击，其结果可能是毁灭性的。因此，都市病是离不开乡土文化滋润和治疗的。最典型的例子是，由于长期以来中国乡村治理是以西方为标准，所以过于强调经济发展、竞争性、自由和自治的绝对价值，但对生态环保、长寿健康、幸福指数有所忽略，在不少地方甚至根本不予重视，这就导致乡村治理的根本偏向和战略失误。更有甚者，有的地方的乡村治理出现了以健康换经济发展、以生态换利益、以短期行为取代长期发展、以竭泽而渔和饮鸩止渴方式代替可持续科学发展等现象。这样的治理理念和方式现在虽有好转，但并没得到根本转变，它依然存在于人们的思维定式中。因此，乡村治理的关键是，在学习、借鉴西方优长的同时，对其存在的局限要有所超越，将人类命运共同体作为更高目标和精神旨归。

总之，观念之于乡村治理非常重要，而正确的观念尤其如此，因此应避免受到错误观念的不良影响。当然，即使是好的观念也要注意其潜在的风险，因为观念如同别的事物一样都有自身的惯性，也会在乡村治理中形成路径依赖，所以缺乏更新的观念就极易成为教条，反过来成为一种阻力甚至破坏力量。在新时代，我们尤其要注意创新观念，以科学发展观和人类命运共同体思想为指导，从而使乡村治理建立在开放、多元、协同发展的基础上，既有中国立场与方法，又着眼于人类命运和长远发展目标。

3. 个案研究有泛滥之势

在乡村治理研究中，注重个案、珍视史料、强调微观、重视细读，这是非常重要的，也是值得提倡的。因为这可以将学术研究建立于扎实可靠的基础上，还可以通过以点代面、由小见大达到解剖“麻雀”之效。但是，如果整个乡村治理研究进入“个案”研究，甚至沉溺于“微观”和“袖珍”研究而不能自拔，那又是有局限甚至是危险的。早在费孝通写作《江村经济》时，就存在这样的问题。费孝通的导师为此书所做的“序言”中既有赞扬也有委婉的批评，从而显示了“微观社会学”研究方法的局限与不足。1963 年，弗里德曼说：他不认为以费孝通为代表的微型农村社区研究能达到认识整个中国的目的，因为这种研究局限于个别的农村区域，忽略了农村之上的城市区域和文明社会的历史传统，即忽略了中国社会的异质性。他甚至认为这是人类学最大的方法论谬误。他提出现代人类学研究应该结合具有时间维度的历史学和纳入宏观区域分析的社会学。[①] 又如吴毅指出：要回答个案研究的代表性和普遍性，就要从“量”的研究和“质”的研究两个路径来寻找答案。前者是属于科学—实证的范畴，只要在此路径下进行个案研究，同时又期望以此探讨代表性和普遍性，都会遇到一个方法论的难题。然而，希望以个案研究追求代表性和普遍性的努力从未

---

① 王富伟：《个案研究的意义和限度——基于知识的增长》，《社会学研究》2012 年第 5 期。

成功过。[1] 后来，连费孝通本人也在晚年对于他自己的《江村经济》以及“微观社会学”的研究方法进行了反思，他说：“在实践中我不能不怀疑像《江村经济》一样的村一级‘微观社会学’调查，社会学和历史学结合的田野工作是否切实可行？同时我是赞同马老师所说的话，要读这部历史得有历史学者和考古学者从文字和实物中得来的有关情况的知识作为补充。至少我认为今后在微型社区里进行田野工作的社会人类学者应当尽可能地注重历史背景，最好的办法是和历史学者合作，使社区研究，不论是研究哪层次的社区都须具有时间发展的观点，而不只是为将来留下一点历史资料。真正的‘活历史’是前因后果中联起来的一个动态的巨流。”[2] 由此可见，个案研究确有它的局限。那么，为什么在近几年的乡村治理研究中，仍有那么多学者尤其是大家云集于“微观社会学”研究呢？除了研究者看重其优势外，可能忽略了其局限，尤其是它所包含的狭窄的视野、非典型性和代表性、与历史背景和社会变动相分离的状况等。这就提醒我们，在乡村治理研究中，微观社会学的个案研究在发挥其长处时，一定要有整体、系统、宏观、发展的历史眼光，这样才不会沉溺于资料、琐碎、个案的研究中。因为学术研究就如同现实生活一样，“管窥蠡测”“一叶知秋”固然有其价值和意义，但也要防止“一斑窥豹”“盲人摸象”“只见树木而不见森林”的局限和错误。乡村治理研究中的不少“微观社会学”个案研究就要注意这样的倾向性。

不过，对于这样的注重个案和微观研究，近年来学界也有警醒和突破，最有代表性的是对“微观”问题的“宏观”研究大量出现。如对于乡村“微自治”“微治理”，研究者并没有进行碎片化研究，而是进行了历史的、学理的、理论的甚至是跨学科研究，从而打破了个案和微观式研究的局限。肖立辉的《“微自治”的有效性与有限性》（《中国社会报》2014年7月28日）、赵秀玲的《微自治与中国基层民主治理》

---

① 吴毅：《何以个案、为何叙述——对经典农村研究方法质疑的反思》，《探索与争鸣》2007年第4期。

② 费孝通：《重读〈江村经济·导言〉》，《北京大学学报》1996年第4期。

（《政治学研究》2014年第6期）、谢正富的《集体行为理论视角下的“微自治”有效性分析》（《云南行政学院学报》2015年第6期）、刘成良的《微自治：乡村治理转型的实践与反思》（《学习与探索》2016年第3期）、李永萍的《基层小微治理的运行基石与实践机制——以湖北省秭归县“幸福村落建设”为例》（《南京农业大学学报》2016年第5期）、包先康的《农村社区微治理研究基本问题论纲》（《北京社会科学》2018年第1期）等，都是如此。这些文章属于宏观研究，有问题意识，在充分肯定“微自治”和“微治理”的价值意义时，也对其存在的问题进行了分析和总结。

当然，目前中国乡村治理研究还有其他不足，这突出表现为：公共话题研究有余，有个性的研究不足；外部研究多于内部研究，对于乡村治理的结构性机制有所忽视；对于中国乡土历史文化资源的研究较为薄弱；等等。其实，中国乡村社会的情况异常复杂，中国乡村治理也是千头万绪，尤其是在国内外形势瞬息万变的情况下，乡村治理研究就显得特别重要和急迫。因此，我们既要重视以往的优秀研究成果，又要看到成就后面的隐忧，更要确立新的发展理念。只有这样，才能获得发展的正确路径。

第二章　城乡均衡发展理念下的乡村治理

中国乡村治理及其研究并不能只着眼于“乡村”本身，而应将之放在更大的背景下进行审视，其中最重要也是最直接的是它与城市的关系。因此，以怎样的城乡关系看待乡村，从何种角度透视乡村，以及用什么观念进行选择，恐怕是最基本的立场和态度，有时其重要性远超出乡村治理及其研究本身。通过梳理马克思主义城乡关系理论，有助于我们思考中国的城镇化道路，尤其是借助“城中村”的细致分析，确立理论基点、思维方法和路径，以纠偏在乡村治理及其研究中的一些错误认识。

一　马克思主义城乡统筹理论

城乡关系历来为人所重视，也是容易让人困惑的问题，这在中国显得尤为突出。作为世界农业文明大国，中国有着广大的农村，而且城乡的二元对立绝非朝夕可变。因此，直到改革开放四十年的今天，我们仍不能说已经处理好了城乡关系，相反，其焦点、难点仍影响着我们的现代化进程。其实，马克思主义城乡统筹理论对此已确立了一些基本认识，可供我们思考和借鉴。

（一）城镇化发展的总体思路

尽管马克思生活的时代城市发展还远不像今天这样日新月异，但城市的出现却使他对于城乡关系有了新的认知。马克思在谈到城乡差异时曾说："城市本身表明了人口、生产工具、资本、享乐和需求的集中，而在乡村所看到的却是完全相反的情况：孤立和分散。"① 马克思在此虽没有直接给城乡优劣下定义，但城乡天平显然是有所倾斜的，即城市处于优势地位。恩格斯对城市显然充满希望和向往，他说："像伦敦这样的城市，就是逛上几个钟头也看不到它的尽头，而且也遇不到表明快接近开阔的田野的些许征象，——这样的城市是一个非常特别的东西。这种大规模的集中，250 万人这样聚集在一个地方，使这 250 万人的力量增加了 100 倍。"② 列宁认为城市比农村有优越性："城市优于乡村（无论在经济、政治、精神的及其他一切方面）是有了商品生产和资本主义的一切国家（包括俄国在内）的一般的必然的现象，只有伤感的浪漫主义者才会为这种现象悲痛。……如果城市的优势是必然的，那末，只有把居民吸引到城市去，才能削弱（正如历史所证明的，也确实在削弱）这种优势的片面性。如果城市必然使自己跃居特权地位，使乡村变成从属的、落后的、无助的、闭塞的，那末，只有农村居民流入城市，只有农业人口和非农业人口混合和融合起来，才能提高乡村居民，使其摆脱孤立无援的地位。因此，最新理论在回答浪漫主义者的反动的怨言和牢骚时指出，正是农业人口和非农业人口的生活条件接近才创造了消灭城乡对立的条件。"③ 斯大林则预言："不仅大城市不会毁灭，并且还要出现新的大城市。"④ 看来，马克思等人对于城镇化的发展之路比较清晰，即要通过乡村向城市转化，克服和消灭乡村的落后状态。因此，无论从哪个角度讲，由农村向城市发展和迈进都是一条必由之路，也是中国通向现代化进程的不二选择。

（二）城乡一体化的融合观

大约在五百年前，英国空想社会主义者莫尔就撰写了《乌托邦》一书，其中有这样的看法：社会不存在工农业、农民和市民之分，农村成

① 《马克思恩格斯全集》第 3 卷，人民出版社 1972 年版，第 57 页。
② 《马克思恩格斯全集》第 2 卷，人民出版社 1957 年版，第 303 页。
③ 《列宁全集》第 2 卷，人民出版社 1959 年版，第 192 页。
④ 《斯大林选集》（下），人民出版社 1979 年版，第 558 页。

熟的庄稼由城市居民收割，村民可直接到城市取用工业用品。在城乡之间无隔阂，物品也是共享和通用的。此时，莫尔已构造了城乡一体化的原型，尽管它不是以现实而是以空想为基础的。恩格斯较早和较好地谈到了城乡融合思想："通过消除旧的分工，通过产业教育、变换工种、所有人共同享受大家创造出来的福利，通过城乡的融合，使社会全体成员的才能得到全面发展。"① 在此，"城乡的融合"非常明确与理性，代表了马克思和恩格斯的城乡一体化观念。列宁则提到"电气化"和"城乡连接"的问题："我们必须让农民看到，电气化将把城乡连接起来，在电气化这种现代最高技术的基础上组织工业生产，就能消灭城乡间的悬殊现象，提高农村的文化水平，甚至消除穷乡僻壤那种落后、愚昧、粗野、贫困、疾病丛生的状态。"② 毛泽东继承和发展了马克思等人的城乡理论，早在1949年，他就提出"城乡互动"的概念，在七届二中全会上又提出"城乡必须兼顾"的理论。③ 后来，毛泽东又强调"工业与农业同时并举，逐步建立现代化的工业与现代化的农业"④。刘少奇提出"城乡一体"："要有城乡一体的观点。过去我们只有乡村，现在加上城市。""'单打一'的做法必须改变，否则就要犯错误。"⑤ 周恩来辩证看待城乡关系："在中国，城乡关系是一种非常重要的关系。""无论什么时候都不能取消或忽视乡村这个广大的农业基础。城市与乡村、工业与农业都是辩证的两方面，决不能取消或忽视任何一方面。"⑥ 很明显，马克思主义者在莫尔空想的基础上，确立了基于现实的"城乡"连接、融合、一体化观念，也改变了孤立地看待城乡尤其是城市至上的错误认识。这种辩证思维为城乡之间的有机联系与共同发展指明了方向。

（三）城乡统筹与城市反哺乡村

邓小平早有城市"反哺"农村的思想，他说："确立以农业为基

---

① 《马克思恩格斯选集》第1卷，人民出版社1972年版，第243页。

② 《列宁全集》第30卷，人民出版社1957年版，第303页。

③ 《毛泽东选集》第4卷，人民出版社1991年版，第1427页。

④ 《毛泽东著作专题摘编（上）》，中央文献出版社2003年版，第957页。

⑤ 《刘少奇选集》上卷，人民出版社1981年版，第419页。

⑥ 《周恩来选集》下卷，人民出版社1984年版，第8页。

础、为农业服务的思想。工业支援农业，促进农业现代化，是工业的重大任务。工业区、工业城市要带动附近农村，帮助农村发展小型工业，搞好农业生产，并且把这一点纳入自己的计划。”① 这里，邓小平没用“反哺”这一概念，但精神旨趣是明确的。2003 年，党的十六大报告以国家正式文件形式提出“统筹城乡”：“统筹城乡经济社会发展，建设现代农业，发展农村经济，增加农业收入，是全面建设小康社会的重大任务。”2005 年，在浙江任省委书记的习近平强调“统筹城乡发展”，高度重视“城市反哺农村”，他表示：“统筹城乡发展，就是要突破城乡二元结构，把城市与乡村作为一个整体来筹划，通过工业支持农业、城市反哺农村，着力形成以工促农、以城带乡的发展机制，实现城乡互补、互促共进、协商发展和共同繁荣。这是落实科学发展观的必然要求。”② 真正进行系统阐述并以国家文件形式将城乡一体化、城乡融合、城市反哺农村等进行规范，是在 2012 年党的十八大报告中。胡锦涛说：“推动城乡发展一体化。解决好农业农村农民问题是全党工作重中之重，城乡发展一体化是解决‘三农’问题的根本途径。要加大统筹城乡发展力度，增强农村发展活力，逐步缩小城乡差距，促进城乡共同繁荣。坚持工业反哺农业、城市支持农村和多予少取放活方针，加大强农惠农富农政策力度，让广大农民平等参与现代化进程、共同分享现代化成果。……加快完善城乡发展一体化体制机制，着力在城乡规划、基础设施、公共服务等方面推进一体化，促进城乡要素平等交换和公共资源均衡配置，形成以工促农、以城带乡、工农互惠、城乡一体的新型工农、城乡关系。”③ 于是，城乡统筹发展理论和城市反哺乡村思想在中国具有了明确定位。

综上，从马克思和恩格斯到中国的马克思主义者，他们对于城乡统

---

① 《邓小平文选》第 2 卷，人民出版社 1994 年版，第 28 页。

② 胡国华：《做客中央台：习近平谈浙江统筹城乡发展》，2005 年 3 月 5 日，中广网（http：//www. cnr. cn/news/200503050023. html）。

③ 胡锦涛：《坚定不移沿着中国特色社会主义道路前进 为全面建成小康社会而奋斗——在中国共产党第十八次全国代表大会上的报告》（2012 年 11 月 8 日），人民出版社 2012 年版，第 23—24 页。

筹发展多有论述，也确定了基本内涵与方向，这是中国实行乡村治理健康发展的稳固基石。

二　中国乡村治理面临的困局

应该承认，近现代以来，中国城市化建设成效显著，尤其是改革开放以来，其突飞猛进的发展速度令人赞叹。这是任何人都不能否认的事实。不过，毋庸讳言，当下中国乡村治理却面临不少问题，这在城乡关系中表现得最为突出，在国家领导、地方领导尤其是广大农村干部的差异性理解上也有表现。特别是自党的十六大以来"城镇化"被作为我国现代化发展的战略目标后，这一问题就愈加明显。因为与国家对于城镇化的理解和布局不同，不少地方尤其是广大农村很难理解其真义，在乡村治理研究中也是多有误解。就目前情况看，中国的城镇化道路有三个突出问题值得注意。

（一）以西方城镇化标准衡量中国发展

西方城镇化发展道路有其历史要求与现实需要，这就决定了其城乡关系的简单和便于选择。中国有着数千年的农业文明，而中国传统文化的根本在农业文明，中国人口众多，且多数为农民，这就决定了中国的城乡关系和城镇化道路不能以西方为标准，也不可能建基于完全的城镇化的愿景。对此，朱镕基早就有所警觉，他说："中国的城镇化不能照搬别国的模式，必须从自己的国情出发，走有中国特色的城镇化道路。"① 不过，在实际操作和学术导向上，长期以来我们一直没有摆脱"西方化"的模式：有的学者唯西方城镇化理论是从，对于中国乡村并无好感；有的地方则实行"合村""撤村"，让分散的尤其是山上的村庄到山下集中居住，并将之简单地理解为"新农村建设"。如有一些乡村建立"万人村"，逼迫农民"上楼"，遭到农民抵制。一场让农民"上

---

① 朱镕基：《关于制定国民经济和社会发展第十个五年计划建议的说明》（2000 年 10 月 9 日），《人民日报（海外版）》2000 年 10 月 20 日第 1 版。

楼”的行动，在全国十多个省市进行，这些地方将农民的宅基地复垦，用增加的耕地换取城镇化建设用地指标。中央农村工作领导小组副组长陈锡文指出，在和平时期大规模的村庄撤并运动中这种情况“古今中外，史无前例”[①]，其担忧不言而喻。然而有学者则称，我国目前城镇化率与国际相比，还比较低。据初步测算，若城镇化率继续按照每年1%的速度提高，那么到2030年，大约将有70%的人住在城里。[②] 这一预计和认识显然是忽略中国国情，尤其是不顾广大农村的历史文化传承和不可代替的价值的。在高度密集化的城镇中，生存成本的高昂、资源的有限、管理的困难、突发事件的威胁、远离土地和生人社会的孤独，都会成为城镇尤其是大城市难以逾越的障碍。因此，在中国城镇化的过程中，一定不能简单化，更不能不加考量地让西方标准成为我们的指南。

（二）去乡村化倾向明显

在中国城镇化过程中，城乡人口比例与以往相比发生了很大变化，城市人口快速增长。据国家统计局统计，1978年我国城镇人口所占总人口比率为17.92%，2000年为36.22%，2011年首次突破50%，2013年上升到53.73%，2014年占54.77%。另有报道称，2015年中国超过千万人口的大城市数量惊人，多达15个，除了北京、上海、广州、深圳外，还有武汉、成都、重庆、天津、杭州、西安、常州、汕头、南京、济南和哈尔滨。[③] 这一方面是好事，说明中国的城镇化快速发展，中国经济和人民生活水平的提高；但另一方面也包含着巨大的隐忧，那就是农村人口的加速减少、村庄的快速消亡，以及在此背后的“去乡村化”观念。据统计，我国近十年间约有90万个村庄消失，每天平均80—100个。[④] 尤其是一些古村落被毫不珍惜地夷为平地，从此永

---

① 阿源：《村庄撤并不能缺试错预案》，《瞭望》2010年第45期。

② 蒋彦鑫：《国务院首次明确提出城镇化路径》，2013年6月27日，中国日报网（http://caijing.chinadaily.com.cn/2013-06/27/content_16671176.htm）。

③ 《2015年中国千万人口超大城市数量惊人》，2015年5月26日，中国报告网（http://free.chinabaogao.com/gonggongfuwu/201505/052620U442015.html）。

④ 贾莉丽：《正在消失的村庄》，《民主与法制时报》2014年1月6日第11版。

远地从中国农村大地上消失了。应该承认，在中国城镇化过程中，将那些不适合发展也无保护价值的村庄变为城镇，这无可厚非，也是大势所趋；但如果不加选择、毫无规划和考量地随意“去乡村化”，那是极其危险也是相当可怕的。因为在中国未来的城乡关系中，不能缺少乡村这一极，尤其不能失去乡村文化的独特价值和魅力。概括起来，“去乡村化”最大的问题有以下方面：

一是破坏乡村生态环境，使乡村成为城镇化的垃圾场。由于对乡村生态环境的重要性认识不足，所以许多城乡垃圾被堆放于城市四周，有的直接倒入和排放进江河，于是乡村环境变得不可收拾。有研究者指出，农村污染有内源污染和外源污染两个方面：从内源上说，农村生活方式和生产方式与以往不同，于是告别了过去低耗、环保的状态，生活垃圾和污染化学品成灾；从外源上说，城镇化导致的城镇垃圾呈几何量增多，城市垃圾、污染企业开始“上山下乡”，被直接投入乡村。[①] 恩格斯认为：“只有通过城市和乡村的融合，现在的空气、水和土地的污染才能排除，只有通过这种融合，才能使目前城市中病弱群众的粪便不致引起疾病，而被用做植物的肥料。”[②] 这是从保护乡村环境尤其是将乡村作为城市污染的消解方式来谈的，绝不是像我们现在所做的“去乡村化”——用城乡垃圾将乡村污染掉。因为没有对于乡村环境生态的珍视与保护，城市污染就无法排除，甚至反过来污染都市，让城市窒息和消亡。

二是让乡村成为空壳，失去它的主体性。在城镇化过程中，中国农村面临着一个巨大的隐患是“空心化”：年轻人离开乡村，老年人留守村庄；乡村失去对于精英的吸引力，使其影响力下降；村庄人口日益减少，其生机活力不再；许多村庄被清除，乡村变得荒凉起来。如果将以往的乡村比成中国的灵魂，那么现在的许多乡村则失去了光彩。如果不将乡村建成中国现代化发展不可缺少的一极，而将之视为城镇化的羁绊，欲铲除而后快，那么中国乡村的“空心化”就不可避免。没有农

① 练洪洋：《农村污染是真正的“乡愁”》，《广州日报》2015 年 4 月 16 日第 F02 版。

② 《马克思恩格斯选集》第 3 卷，人民出版社 2012 年版，第 684 页。

民做主的乡村，就不是真正意义上的乡村，尤其不是真正“中国”意义上的乡村。我们若不能以敬畏之心和珍视之意对待乡村，城镇化道路必是死路一条，并成为我们子孙后代永难治愈的一个顽疾。因此，在城镇化道路上，我们一定不能陷入二元对立思维，以城镇化削平甚至掘掉“乡村”这一中国传统文明之根。问题的关键是，对于村庄的消亡，许多人没有清醒的认识，更没有站在全方位和战略高度来看待“乡村现代化”这一问题。在一份调查中，有85.9%的受访者认为，周围村庄正在消失。当被问到“村落消失到底是好事还是坏事”时，16.5%的人认为是好事，33%的人认为是坏事，50.5%的人回答“不好说”。[①] 由此可见，乡村“空心化”以及村庄的消失至今并未引起国人足够的重视。

三是导致乡土文化的消失与断流。乡村作为文化的符码，它一定是与城镇互相依存和互为作用的。乡村文化中有众多的价值内容，诸如建筑、戏曲、工艺、风俗、方言、饮食，可谓应有尽有。也正是它们构建了乡村文化的丰富多彩和光辉灿烂。然而，在城镇化道路上，却有不少地方不加珍惜，甚至对之弃如敝屣，于是许多流传了千年百代的技艺和民间文化永远消亡了。家住广东东莞企石镇江边村的残疾人黄雪义夫妇是有名的编织匠，他们默默坚守着手艺近60年，其工艺品被外国人看中，并因此销往国外；但因无人承传，他们也快编不动了，这门手艺也就快要消失了。[②] 四川德阳的潮扇，目前完整掌握其制作流程者不过20人，当老艺人去世，这个曾经辉煌的手艺也就灭绝了。[③] 还有换锅底、裁缝、耍皮影戏、弹匠、竹篾匠、开铁匠铺、修伞、剃头、做七彩面人、纺线、打土坯、缝虎头鞋、锔盆、磨剪子、造秤、磨刀、制作年画等乡村手艺，也面临着失传的危险。当与乡村文化息息相关的这些手艺

---

① 孙震等：《85.9%受访者发现周围村庄正在消失》，《中国青年报》2015年8月27日第7版。

② 唐建丰：《竹编手艺消失前先为孙女备嫁妆》，原载《羊城晚报》2013年8月6日，凤凰网（http：//news. ifeng. com/gundong/detail_ 2013_ 08/06/28322601_ 0. shtml）。

③ 叶淑惠：《拿什么拯救你　濒临失传的民间手工艺》，2014年11月10日，中国文明网（http：//www. wenming. cn/wmpl_ pd/yczl/201411/t20141110_ 2280479. shtml）。

永远消失后，广大乡村以及与之相关的农业文明也就漂浮起来，甚至就会成为永远的记忆了。习近平总书记指出：“全面建设小康社会，不能丢了农村这一头。”“建设美丽乡村不是‘涂脂抹粉’。”“不能大拆大建，特别是古村落要保护好。”① 这些论述都是正确的也是立足长远的，但却难以挡住乡村文化的加速度消失。这是一个值得深思的重大问题。

在世界的巨变面前，在城镇化道路上，中国广大乡村一定要经过一次改变和更新，甚至是火之洗礼与凤凰涅槃，这是现代化的必经之路。但是，应该改变什么、抛弃什么，哪些东西不能丢失，应该作为中国传统文化的基因和密码传承下来，这是需要研究和思考的。如果我们不顾及于此，尤其缺乏前瞻性的战略设计，那么未来再想回来寻找乡村文化的精华，就为时已晚。

（三）“城中村”的尴尬处境

所谓“城中村”，是指在中国现代化进程中，由于城镇化不断扩建所形成的乡村留存，有的就在城市内部甚至处于繁华区，有的则在“城乡接合部”。如直到20世纪初，南京市主城区内还有71个，广州市老八区则有138个，深圳市内更是多达1000多个，北京市中心城区八区也有200多个。② 近些年，“城中村”虽不像以往那样突出，但仍是一个普遍问题和现象，一直困扰着城乡社会发展，也影响着乡村治理。如2014年，北京开展为期4个月的专项整治“城中村”活动，60个“城中村”上了重点名单。③ 在其他一些地方，“城中村”也成为一个棘手问题。总之，“城中村”似乎已成为中国城镇化过程中的一个“顽疾”，这既是当下存在的一个现实问题，也与对城乡关系的理解偏向有关。

---

① 《习近平的“三农梦”》，2015年12月27日，中国新闻网（http：//www. chinanews. com/gn/2015/12－27/7690028. shtml）。

② 张京祥、赵伟：《二元规制环境中城中村发展及其意义的分析》，《城市规划》2007年第31卷第1期。

③ 王嘉宁：《北京60个“城中村”上重点名单　年底前整治完成》，2014年9月10日，中国新闻网（http：//www. chinanews. com/sh/2014/09－10/6575766. shtml）。

有一种观点认为，“城中村”有其特殊性、合理性，也有一定的价值，这对于破解“城中村”困局有一定帮助。如有学者指出：“从某种意义上说，城中村的存在在一定程度上解决了城市政府忽略的社会问题，是城市正常运行所不可忽略的重要部分。”① 这是一种基于现实视角的价值判断，有助于从正面看待“城中村”，但却不能站在更高的视点，更不能为当下的“城中村”指出真正的出路。

另一看法更为流行，也成为当下影响中国“城中村”治理的主要观点，即将“城中村”视为城镇化过程中的障碍甚至毒瘤，必欲清除而后快。这不论是在基层治理还是学者研究中都具有代表性。这是一种强调都市优势和西方现代性价值观的维度。有人这样理解广东珠海的吉大村：“在芬芳田野里憩息了数百年的旧村落并不能迅速地融入现代城市中，乡村的慢节奏、对土地的感情以及可炫耀的劳动技能在现代都市里都无立足之地，现代的市场机制在这里变得扭曲，内外的困境使得村民思想趋于封闭保守，盲目的趋利行为损害了公共环境和公共利益，许多村民缺少协作精神和法制观念。”② “‘城中村’往往是外来人口的聚集地，村民往往热衷于收租而疏于管理，使不法分子有空可钻。许多‘城中村’沦为‘黄、赌、毒、抢’，‘假冒伪劣’藏身之地及火灾的高发区，成为名副其实的城市‘肿瘤’和政府管理盲区，给城市治安和社会稳定带来很大压力，成为政府管理的一大隐患。”③ 还有人写道：“它嘈杂、混乱、肮脏、阴郁和不名誉。”“从2006年起到2010年，深圳城中村开始大规模改造，政府计划以推倒重来、局部改造和综合治理三种方式，彻底杀死这些‘不良生物’，由此为深圳城市化的进程，画一个‘完美’句号。”④ 这显然是强化“城中村”负面性的一种认识。有了这

---

① 林春梅、王敏锋：《“城中村”路在何方——对杭州市城中村改造的再思考》，载《和谐城市规划——2007中国城市规划年会论文集》，黑龙江科学技术出版社2007年版，第2332页。

② 李晴、常青：《城中村改造实验——以珠海吉大村为例》，《城市规划》2002年第11期。

③ 陈瑞莲等：《破解城乡二元结构：基于广东的实证分析》，社会科学文献出版社2008年版，第270页。

④ 朱大可：《村史、城史、国史——一部田野调查报告的诞生》，载陈文定主编《未来没有城中村——一座先锋城市的拆迁造富神话》，中国民主法制出版社2011年版，“序言”第6页。

样的观念，“城中村”当然处于被清理或消灭之列。因此，有人直言：“要‘消灭’‘城中村’，最关键的是将其融入到城市一元化的规制环境中来，而不是将其在空间上简单地‘抹去’。也就是说，逐步实现‘二元规制’环境向‘一元化规制’环境的变迁，才是解决问题的根本。”①这种一元化思维方式直接导致对于城乡关系的单面理解，即没有“乡村”参与的城市化建设。

清除和“抹去”“城中村”，必然带来严重后果，这主要包括三个方面：一是城镇化的过度和畸形发展，因为没有乡村的参与，所谓的城市也就好似没有眼睛、窗户和灵魂。二是割断了城乡联系，从而使城市与乡村孤立起来。恩格斯认为，只有“把城市和农村生活方式的优点结合起来，避免二者的片面性和缺点”②，才能“通过城乡的融合，使社会全体成员的才能得到全面发展”③。作为城乡联系的纽带和桥梁，“城中村”一旦被铲除，尤其是没有了主体地位和价值的认定，“城中村”就会成为一个异类，为城镇化和现代化所不容。这样，城乡关系也就失去了边界，失去了固定的内涵，城市向乡村的扩张与吞并也就没有止期。这就带来城市和乡村的双重困境：城市变得像一个暴殄天物的怪兽，无往而不胜；乡村就如同被吞噬的食物，越来越快地被消耗。更重要的是，关系失衡的城乡发展一定是异化的，缺乏可持续性。三是影响和制约着乡村治理。乡村治理一方面需要内生力，另一方面也离不开城市的“反哺”。如果没有“城中村”这一中间地带，广大乡村只能成为城市的役使者，就如同土地绿洲被沙漠无情蚕食一样，二者不可能成为平等、互助、参照发展的主体。即使有所谓的城市“反哺”农村，也极容易变成大打折扣的简单施舍。乡村治理本身也是如此，当乡村精英甚至农村劳动力都纷纷涌入都市，将乡村弃如草芥，所谓的村民自治和新农村建设就会变成一句空话。

---

①　朱大可：《村史、城史、国史——一部田野调查报告的诞生》，载陈文定主编《未来没有城中村——一座先锋城市的拆迁造富神话》，中国民主法制出版社 2011 年版，“序言”第 6 页。

②　《马克思恩格斯选集》第 1 卷，人民出版社 1995 年版，第 240 页。

③　同上书，第 243 页。

总之，在城乡关系中，“城中村”仿佛是一个闸门，也是一道堤坝，它将河流、江海内外分开。这除了应该看到“城中村”本身的重要性外，还要看到它所形成的城乡关系生态，以及二者各有特点、互为联系，又互不可缺的价值存在。否则，就会造成“江河泛滥或海水倒灌农田村舍”似的危险。事实上，当下的“城中村”就面临着这样的困局。

三　统筹城乡关系与乡村治理构想

乡村治理是当下中国社会现代化的重要一环，也是国家发展战略优先考虑的谋篇布局。然而，如无城乡统筹关系的背景，而只是一味沉溺于乡村治理，甚至为乡村治理而进行乡村治理，那就难免走入误区。当然，即使有统筹城乡关系的背景，如不能正确理解其内在精神，尤其不能理解中国城乡统筹的特殊性和细部的具体问题，那也会流于形式，产生错误的理解。最突出的例子是，党和国家在城乡统筹一体化发展中已确立了基调和大政方针，但具体到地方尤其是广大乡村，肢解、误解、背离中央精神的并非个案。加上不少学者远离农村现场，观念化地诠释有关政策，这就势必导致盲目和偏颇的情况时有发生。要走出这些误区，必须确立正确的立场、理论、方法和路径，并根据广大农村的具体情况，不断做出创新性调整。

（一）确立城镇化发展道路的整体目标

对于包括广大农村在内的中国现代化道路，至今已形成共识，少有人会提出异议。但让中国走城镇化之路却并非众口一词，甚至还能听到不同意见。我们认为，从整体上推进中国城镇化发展，这无疑是个正确选择，也是一条必由之路。因为站在世界发展态势和中国广大农村贫困落后的状况下审视，中国必须改变广大农村和农民在总体格局中的高比率，否则以贫困落后乡村为主的中国现代化建设，就是一句空话。据国家统计局的数据，2014 年，中国城市人口已突破 54.77%，但农村人口仍占 45% 强，而农村贫困人口则高达 7017 万人。而且这个贫困人口还是以年人均收入2300元为标准的。[①] 因此，习近平总书记提出，再过五年，即到2020年，中国要实现7000多万贫困人口的全部脱贫。[②] 可以说，城镇化道路就是要改变中国长期以来以农村社会为主体的结构形态，有人认为："在由农业社会向现代产业社会过渡的过程中地域社会的社会变动，无非是在农业社会中形成的共同体的解体过程。"[③] 这就为中国尤其是广大农村的现代化发展确立了一个总体构想，即将占较大比例的中国广大农村转变成城镇，让农村贫困人口从根本上脱贫。

（二）划清城乡边界与范畴

确立城镇化发展这一根本目标，尤其是强调城乡统筹一体化发展，并不是无视城乡边界，更不是将城乡混为一谈，甚至消除城乡特性及其差异，从而走向完全的"去乡村"的城镇化之路。如这样理解，那就走向了误区甚至是歧途。我们认为，城镇化发展道路已经确定，但一些具体的问题也必须得到澄清和解决，以避免产生困惑与矛盾。这主要包括以下几个方面。

一是确立城乡比例结构及其规模。既然不能不顾中国农业文明历史，也不能忽略马克思主义城乡辩证关系之论述，又不能不考虑城乡文化对于人类的不同功能；那么，城乡到底应有怎样的比例，尤其是对于中国特殊的国情而言，应掌握怎样的城乡平衡，这恐怕是需要深入研究的重大课题。没有合理的城乡比例平衡作为基础，中国社会一定会像饮食荤素有失搭配一样，走进错误甚至畸形发展的误区。同理，在城镇之间，特大城市、大城市、中等城市、小城市以及乡镇应有怎样的发展比例，也需要进行科学研究，尤其是特大城市发展有着极大的隐患与危险，需要慎之又慎！在乡村尤其是农村规模上，不可按一个模式，尤其

---

① 《统计局：2014年农村贫困人口7017万　同比减1232万》，2015年2月26日，人民网（http://society.people.com.cn/n/2015/0226/c1008-26599639.html）。

② 《习近平：未来5年让中国7000多万贫困人口全部脱贫》，2015年10月16日，人民网（http://politics.people.com.cn/n/2015/1016/c1001-27706133.html）。

③ ［日］富永健一：《社会学原理》，严立贤等译，社会科学文献出版社1992年版，第273页。

不能像有的地方那样，以新农村建设为借口，完全打破农村生态，实行所谓的“万人村”和逼迫村民上楼。没有符合农村生态的村庄与村民，乡村治理就永难突破模式化。因此，应站在战略高度，科学理性地研究城乡比例结构及其规模，这样城乡统筹一体化发展才不至于被误读和误解。

二是为城市、乡村及“城中村”发展正名。按时下很多人对于中国城镇化发展道路的理解，那就是不断发展城镇，自觉不自觉地“去乡村化”，尤其是要消灭“城中村”。这就将中国的复杂问题简单化了，不少人认为，将“城中村”和乡村消除之时，城镇化似乎也就变成了现实。问题的关键是，中国的问题以及城乡关系远非这么简单，必须站在科学发展的视角对之进行选择。尽管在总体趋势上说，缩减乡村、治理“城中村”和发展城镇，这是中国未来很长一段时间的战略目标；但是，并不能因此无视“乡村”和“城中村”的价值，而且后者的意义将会是深远的，不可代替的。以乡村的价值为例，站在舒适、财富增加、现代性的角度看，城市无异于人间天堂；但是，从高成本、高消耗、人性虚伪、欲望膨胀、安全隐患、生命力减退等角度看，“城市病”无疑是悬于人类头顶的一把利剑，它急需用乡土文化进行调适与补充。这也是乡村治理关涉人类发展及其命运的原因所在。“城中村”也是如此，它不仅在中国是一个不可忽略的客观存在，在西方一些国家也不乏其例，因之，应对其给予高度重视，以审慎和科学态度研究其价值，以便为“城中村”发展注入活力，尤其是确立其存在与发展的合理性和可持续性。

三是让城乡进入辩证、科学发展轨道。当然，为城、乡和“城中村”正名，划定其边界范畴，并不等于说它们之间毫不搭界，可以各行其是，而是要在城乡共在、共通、共融、共赢的理念下进行，尤其是要在城镇发展过程中显出乡村的价值优势及其魅力。

第一，在“城”中留“村”，有助于净化都市，也是乡村治理的一种特别方式。一般人总认为，在都市中留有村庄既不合理也不代表未来方向，所以这样的“城中村”无疑成为都市的眼中钉。也是在此意义上，“城”中之“村”疏于管理，也成为城市发展中的“毒瘤”。有报道称，在北京北五环内有一个哨子营村，它被北大燕园、电子计算中心、国际关系学院包围着，是名副其实的“城中村”。这个村平房挨着平房，路窄得只能容一人通过。在北京大军经济观察研究中心主任仲大军看来，对于城中村，就是要拆迁和开发式改造，而拆迁则为改造的第一步。① 其实，完全可以让“城”与“村”并存，令“村”成为“城”的重要组成部分，以克服城市存在的弊端。一方面，“城”中之“村”可在与城市保持协调时，仍不失乡村治理的特点，从而实现“城中之村治”。另一方面，还可通过“城”中之“村”，为都市注入乡村文化。显然，这种将“乡村”特质融进都市的做法才是最健全的，也是最适合人类生存的。

第二，加强城乡接合部的“城中村”建设，使其成为城乡治理的转换器。在不少人看来，城乡接合部的“城中村”是脏、乱、差的典型，它对城乡治理的负面作用很大。其实，城乡接合部的“城中村”既有城市特点，也有乡土性，这是单一的城与乡所不具有的。更重要的是，城乡接合部的“城中村”是城市和乡村的过渡地带，是充满城乡复杂性的集合体，也是一个不可或缺的缓冲地带，以及城乡彼此融通交流的载体。有学者指出：“在城市规划和管理上，要为流动人口在城市落脚提供可能性……对他们来说，真正现实的落脚点是城郊接合部的棚户区。但正如我们在每一个有点规模的城市都可以看到的，在摊大饼的城市发展模式中，这些棚户区正在成为拆迁改造的对象。一位经济学家说过一段很好的话：棚户区对于城市来说是成本最小的城市化途径，对于进入城市的‘外来人’来说，是学习城市生活方式、行为和价值观念的很好场所。而从更现实的意义上说，是他们几乎唯一的落脚之地。然而现实却是，在许多地方，在城市日益变得美轮美奂的同时，外地人的落脚之地却在消失。这也就意味着那几级可以将流动人口与城市连接起来的阶梯正在坍塌。”② 在此，孙立平虽没有赋予“城中村”以更为内

---

① 赵喜斌：《三个城中村的改造困境》，2015 年 7 月 15 日，人民网（http：//bj. people. com. cn/n/2015/0715/c82840 - 25595129. html）。

② 孙立平：《重建社会——转型社会的秩序再造》，社会科学文献出版社 2009 年版，第 149 页。

在和本质的价值认定，但其表述颇有启示意义。未来应确立这样的理念：作为城乡接合部的“城中村”，它是一个特殊地带和形式，应将之建成城市与乡村交融、转换、再造的一个政治、社会和文化场域，以便既能吸取城乡优长又能避其短处。如果打个比方，那就是用城乡接合部的“城中村”这面镜子来折射城市和乡村的实况，以及二者相互交融创造的形态。而这既是乡村治理的一部分，又可为远离都市的乡村治理提供一个特殊的参照系。

第三，建立城乡密切联系的通道，乡村治理即可获得都市反哺。如果片面理解城乡关系，过于强调城镇化发展，就必然忽略甚至否定乡村尤其是“城中村”的价值。而将城乡看成一个整体，并肯定其各自不可或缺的独特意义，那么城市、城中村、乡村也就变为一个完整的系统，并成为一个具有结构性的互动关系。从这一角度观之，乡村治理再也不只是从城市出发考虑问题，也不会简单将“城中村”看成累赘甚至“毒瘤”，更不会产生“去乡村化”倾向，而是与城市、城中村有着密不可分的关系。一方面，乡村治理需要城市反哺，这不仅包括为农村提供公共产品，也包括为乡村输送人才，还包括支持乡村提升内生力。以乡村精英的缺乏为例，目前国家虽采取一系列措施，诸如让大学生当村官、领导干部下乡进村做第一书记，但这些都不是长久之计。其根本出路还在于，提升乡村魅力，尤其是能将更多的社会精英吸引到乡村，这样乡村治理才能获得更大动力。如我国台湾地区有不少文化精英主动到农村社区，投身于乡村治理，并做出巨大贡献。与台湾相比，中国大陆将乡村作为发展空间的精英还不多见，而主动到乡村做志愿者更未形成风气，这就需要在治理方式与理念上有所推动。另一方面，乡村治理离不开城乡接合部的“城中村”这个通道。直接让都市反哺乡村是必要的，但它们毕竟有较大落差，有时衔接不畅；但通过城乡接合部的“城中村”，许多问题就会迎刃而解。这是因为城乡接合部的“城中村”不仅与乡村相距不远，而且在生活习俗、道德风尚、文化价值以及语言交流上都无多少障碍，因此来自都市的反哺就可通过城乡接合部的“城中村”进行转换。有人这样比喻城乡关系：“100 多年前城市规划学的奠基人霍华德（英国人），他曾讲道，‘城市和农村必须像夫妇那样结合，才能诞生出新的本领。’所以，城市和农村建设要形成互补协调非常重要，据此，我们要坚持符合生态文明观的村镇建设和规划原则。”①如将城乡关系理解为夫妻，那么，城乡接合部的“城中村”似可比为媒婆或传递人，也有着不可忽略的作用。

时下中国乡村治理的最大问题是：不少人孤立看待乡村治理，全力探讨乡村治理的有关内容，所以视野比较狭窄；即使有人将乡村治理置于城乡关系中探讨，但因过于推崇城镇化，忽略甚至否定乡村尤其是“城中村”的价值，观念上容易走进误区。基于此，我们认为，中国乡村治理既要注重乡村的内在性探讨，又要站在统筹城乡、城乡均衡互动发展的视角，充分显示乡村和“城中村”的独特价值。只有在合理的关系中，中国乡村治理才能获得它的广度、深度和厚度，也才能避免一叶障目的风险和错误。

① 仇保兴：《关于重庆城乡统筹规划建设的思考与建议》，《新重庆》2010年第4期。

第三章　乡村民主治理中的精英参与

中国乡村民主治理离不开精英的参与，自古及今概莫能外。但如何理解精英，怎样看待精英在乡村民主治理中的地位和作用，其政治参与的方式如何。另外，应如何看待近些年出现的“富人治村”现象，尤其是对乡村精英与人民群众的政治参与，应如何进行区分和辩证理解。还有，未来中国乡村民主治理的精英参与应有怎样的发展路径。这些都是当下必须面对、思考和解决的重大问题。因为“精英”是中国乡村民主治理的主体，要真正实现乡村民主治理的突破性进展，必须对精英参与进行有针对性的深入思考。

一　从乡绅政治到富人治村

探讨当下中国的乡村治理，不能仅停留于当下。同理，研究当前的精英参与乡村治理，也不能没有历史眼光，而只着眼于现时。事实上，自古以来，乡村精英都是基层治理与国家治理的重中之重，也成为其基石和关键所在，只是因时空变化及各种复杂原因，古今乡村精英有着不同的演进与历史变化罢了。

（一）传统乡里社会的乡绅政治

就中国古代政治体制而言，皇权有着无上的权威，从而形成“溥天之下，莫非王土；率土之滨，莫非王臣”的局面。不过，这一表述是整体性的，尤其是针对县以上权力而言的；实际上，面对广大而复杂的中国乡土社会，皇权有时也是有限度的，它很难到达权力的神经末梢——

广大农村，这就容易形成人们常说的“土皇帝”，因为皇权力所不及或鞭长莫及，广大乡村才会出现“土皇帝”。换言之，中国古代皇权有时不是以直接而是以间接的方式渗透到乡村社会的，其中的桥梁或纽带就是乡绅。

“绅”字在《论语》中多有出现，如《乡党篇》曰：“疾，君视之，东首，加朝服拖绅”，钱穆注：“拖，曳也。绅，大带。卧病不能着衣束带，故加朝服于身，又引大带于上”[①]。按《辞海》解释，所谓“绅”，是指“古代士大夫束在衣外的大带”，并“引申以指束绅的人士”[②]。由此可见，“乡绅”就是指在乡村社会中“束绅的人”，是指那些有知识、权力和威望的乡村名流。具体说来，大致可包括四大类：一是乡里官，他们直接参与乡里社会的领导，有实权和影响力。据《歙潭渡黄氏先德录》载，明代万历年间，安徽歙县的知县张涛访得潭渡乡绅黄时耀“言行足为一乡师表”，于是举荐他为一邑之乡约正。另有清代的王凤生为知县时，“每一乡之中用印启，请公正绅士一人为乡耆，总司其事”[③]。这些乡绅直接被委任为乡里官，管理乡里有关事宜。二是乡村地主绅士。在乡村社会中，有些绅士虽不曾为官任职，而是居住于乡里，然而，他们并不完全游离于乡村政治之外，而是以各种方式对乡里政治产生影响，有的还会起到决定性作用。如有的是靠其德声文名，也有的是靠宗族势力在乡村社会取得举足轻重的地位和权威。如宋初婺源县大地主王德聪，被时人称为“长者”，也是有儒学教养的“名士”，据载“里有辩讼者，得其一言则平”，知县称其“匹夫而化乡人者，吾与汪君（指汪廷美，与王德聪同县的名士——笔者注）、王君见之”[④]。三是离退休官员。由于中国古代有祖先崇拜的文化传统，也由于叶落归根、光宗耀祖之思想，再加上科举制度、私塾体制在乡村社会的影响，因此，不少在外做官的人晚年都要回归故里，这就带来乡村社会精英的聚集与兴旺。这些官僚虽已解甲归田，但其政治、文化与道德之影响力

① 钱穆：《论语新解》，生活·读书·新知三联书店2002年版，第265页。

② 辞海编辑委员会：《辞海》，上海辞书出版社1979年版，第1160页。

③ 王凤生：《保甲事宜》，载徐栋辑《保甲书》卷1《成规上》。

④ 弘治：《徽州府志》卷9《人物三·孝友·宋》。

尚在，也就不可避免对乡里社会产生较大影响。如明穆宗隆庆时内阁首辅李春芳致仕回乡后，孝亲养老，关心民瘼，倡行教化，颇受乡里尊重。[①] 万历"四十二年（1614年）甲寅设忠义营，李待问以郎中归里，倡议立营，以捍乡土。兵食出自乡之门摊炉煽银一百七十两"[②]。四是暂居乡里的官员。在中国古代有一个独特现象，自汉代以后，如遇父母丧，为官者须辞官回籍，以尽孝道，被称为丁忧守制。守制时间短则几个月，长达数年之久（因情势而定）。如曾国藩两度回乡为父母守孝。

在中国古代乡村社会，当然也存在乡绅横行乡里的情况，从而导致乡里社会的混乱无序。不过，也应该看到，由于乡绅的存在，乡里社会受益良多，其政治、经济、社会、文化、道德等得以较好的维系。究其因大致有以下四个方面：

其一，率先垂范。作为乡村精英，绅士的表率作用对乡村治理至为重要，明代要求："凡郡县有一善政及一切禁令，士夫皆当率先遵行，以为百姓之望。"[③] 因此，不少乡绅往往以身体力行影响乡里政治及其风俗。如云南布政司使陈敬亭退休后居于乡里，他"性简素居，尝不枉费"[④]，于是成为一时楷模。

其二，上通下达，排难解纷。在封建时代，国家政权止于县级，县之下为各种乡里组织，负责劝课农桑，催办赋役、钱粮，宣讲教化和维护治安。乡绅作为一乡之望，多有政治能力和人脉，能上通县官，下接民众，是国家与基层社会的中介和桥梁，有助于乡村政治稳定与社会发展，所谓"官与民疏，士与民近，民之信官，不若信士。朝廷之法纪不能尽谕于民，而士易解析，谕之士，使转谕于民，则道易明，而教易行。境有良士，所以辅官教化也……博采周谘，唯士是赖"[⑤]。如宋末

① 《明史》卷193《列传·李春芳》载："春芳归，父母尚无恙，晨夕置酒食为乐，乡里艳之"；（明）王锡爵撰：《太师李文定公传》载："间或婆娑里社从三老问年穰匮"，亲订《乡约事宜》，"回（乡里）风俗之一端。"

② 乾隆：《佛山忠义乡志》卷三，《乡事志》。（明）王锡爵撰：《太师李文定公传》载："间或婆娑里社从三老问年穰匮"。

③ （明）何良俊：《四友斋丛说》卷16《史十二》。

④ 《陆文定公集》卷6《云南布政司使陈公墓志铭》。

⑤ （清）汪辉祖：《学治臆说》卷上《礼士》。

元初安徽歙县“处士”黄孝则善处纠纷，“有讼者，必先质公，正其曲直。或相问责而退，或望庐而返”①。到20世纪40年代，华北有个侯家营村，萧惠升为村副兼校董事，他“在县城上小学，后又进入东北一所大学，毕业后即在县政府得到一职位。据说他精通法律，故在形成诉讼前极力调解争端……他朋友众多，联系也广，常常乐于借此为村民办事”。还有，在1940年被举荐为村副的孔子明，“因为受过教育而极受村民尊敬，他经常引经据典，而且，因为他在奉天经商多年，故口才极佳，他非常热心于担任公职。他不仅在多种契约中担任中保人，而且还是一个很有手腕的调解人”②。由此可见，乡绅的威力和作用之大。

其三，积善成瑞，惠施乡里。乡绅财大气粗，在为乡里发展做贡献时具有不可忽略的实力和底气。据载，汉代王丹于“哀、平时，仕州郡。王莽时，连征不至。家累千金，隐居养志，好施周急。每岁农时，辄载酒肴于田间，候勤者而劳之”③。“在万历末年至崇祯末年，举凡有关佛山的公共营造，无不与李待问的名字联系在一起”，李待问家底殷实可观。④ 可以说，乐善好施的乡绅往往成为乡村的慈善家。

其四，为文化积淀和发展做出贡献。不少乡绅特别重视乡里文化建设，这为乡村治理提供了深厚的文化底蕴。如《兰溪县志》的编撰者就是两名退休官员：一是举人，二是贡生。⑤ 明代李升问和李待问兄弟，值“里中崇正社学倾圮”，“独任饰新，一时改观”⑥。作为基层的文化名片，县志和社学得到乡绅高度重视，这是具有长久性和可持续性的战略举措，对于乡村治理意义重大。

---

① 弘治：《徽州府志》卷9《人物传·隐逸》；《新安文献志》卷89《行实·遗逸·处士黄公则行状》。

② ［美］杜赞奇：《文化、权力与国家——1990—1942年的华北农村》，王福明译，江苏人民出版社1994年版，第170页。

③ 《后汉书》卷27《王丹传》。

④ 罗一星：《明末佛山的社会矛盾与新兴士绅集团的全面整顿》，《广东社会科学》1992年第5期。

⑤ 张仲礼：《中国绅士——关于其在19世纪中国社会中的作用的研究》，李荣昌译，上海社会科学出版社1991年版，第64页。

⑥ 罗一星：《明末佛山的社会矛盾与新兴士绅集团的全面整顿》，《广东社会科学》1992年第5期。

在乡绅政治中，德治不孤、能力超群、文化驱力强大成为积极的正能量。正是乡绅的存在，使得远离政治中心的乡村得以较好的维护，这是中国古代精英参与乡村治理非常重要的价值取向，也是值得今天学习和借鉴的方面。另外，中国古代乡绅赖以生存的乡里社会具有两面性：一是通过科举制度将乡村精英输送出去，使之得到进一步发展和提升；二是通过祖先崇拜等将社会精英吸引回来，使之老有所居和老有所用。换言之，乡绅政治是一个环形结构，它得到了较好的循环与流动，也成为一个巨大的蓄水池，使农村社会周而复始和生生不息。这种蓄存和运用乡村精英的方式显示了中国传统文化中蕴含的非凡智慧。不过，由于它相对自足和封闭，其优劣成败往往取决于乡绅的素质与品性。也就是说，良绅是乡村治理之福，而劣绅则成为乡村治理之祸。而后者长期以来成为中国乡里的毒瘤，有时很难根治。就如毛泽东所言："中国革命的形势只是这样：不是帝国主义、军阀的基础——土豪劣绅、贪官污吏镇压住农民，便是革命势力的基础——农民起来镇压住土豪劣绅、贪官污吏。"① 从对"土豪劣绅、贪官污吏"一词的使用，可见毛泽东对恶劣乡绅的定位及其反感，也说明传统中国乡绅政治中巨大的负能量。

（二）村民自治下的乡村精英参选

与中国传统乡里制度不同，村民自治以来实行村干部竞选，这从根本上改变了乡绅政治的生态。早在20世纪40年代，《晋西北村选暂行条例》中就使用了"竞选"一词，规定："凡本村各抗日党派、群众团体及公民自由组合，均有提出村长与村代表候选名单，在不妨害选举秩序下自由竞选之权。""村选举委员会、村公所及其上级政府，在村选中，不得提出任何候选人名单。"《陕甘宁边区各级参议会选举条例的解释及其实施》中还规定："顺便谈谈竞选问题，竞是争的意思，各党派、各团体想自己提的候选人当选，都向选民宣传，要求选举他的人。竞选的好处：摆出许多货色（候选人）叫人民选择，可以提高人民对政治的认识及兴味，可以促起政治的改进，可以使民主更加发扬。"

---

① 《毛泽东文集》第1卷，人民出版社1993年版，第38页。

“怎么竞法？拿什么东西来竞？不是靠枪靠势力，而是靠自己的主张。”同时，我们党还将办校、教育妇女、兴修水利、加强自卫作为竞选目标。[①] 不过，在更大范围实行村民竞选还是改革开放后的事情。村委会直选始于20世纪80年代，到90年代末《村组法》正式实行时已制度化、常态化。与此相关的是，不少村党支部和乡镇政府也在村委会选举的影响下，实行了“公推直选”，这为乡镇精英的产生提供了可靠保障。如1998年，四川在全省33139个村进行公推直选村党支部书记和委员，其数量占全部村党支部的60.2%。[②] 2007年，四川省已在许多地区推行“公推直选”，选出村社区党组织领导班子。具体包括：第一，通过组织推荐、党员群众联合推荐和个人自荐等方式，选出党组织书记候选人初步人选；第二，组织党员和群众代表对候选人初步人选进行民主测评，选出候选人预备人选；第三，经乡镇街道党委审批后确定两名正式候选人，交党员大会直接选举。在直选中，则采取竞聘演讲形式，候选人向全体党员群众介绍任期工作目标和措施，解答有关问题，再由党员在充分听取候选人陈述后进行选择。到2010年，四川省乡镇党委书记（民族地区除外）原则上通过公推直选产生。此外，在1996—1999年，四川省还广泛开展直选乡镇长试点工作，绵阳、遂宁、眉山等地最有代表性。[③] 时至2005年前后，村党支部、乡镇竞选在全国开始普及推广，如在2005年10月，全国已有13个省217个乡镇开展了“公推直选”的试点。[④] 可以说，“公推直选”在改革开放后较长一段时间里，对于乡村精英的选拔具有重要作用。

参加竞选的乡村干部一般都从德、能、勤、绩、廉等方面来要求自己，并发表演说，以获取选民信任。这在村民自治相当长一段时间内还

---

① 韩延龙、常兆儒主编：《中国新民主主义革命时期根据地法制文献选编》第1卷，中国社会科学出版社1981年版，第330—331、240页。

② 《中国农村基层民主政治建设年鉴》编委会编：《2001年中国农村基层民主政治建设年鉴》，中国社会科学出版社2002年版，第415—416页。

③ 史卫民、潘小娟：《中国基层民主政治建设发展报告》，中国社会科学出版社2008年版，第334—335页。

④ 俞可平：《中国地方政府创新案例研究报告（2005—2006）》，北京大学出版社2007年版，第13页。

是有效的，因为那时的乡村精英没有大量流失，人们的思想观念和审美趣味变化不大，尤其是对于乡村干部的人品声望比较看重，所以通过竞选的乡村干部整体而言是向全能型发展，有时甚至出现德、勤、廉先于或重于能、绩的状况。这对于中国古代乡绅政治和人民公社时期的精英政治既有继承又有发展。然而，近些年，乡村干部竞选过程中的功利化倾向有所加强，而用“钱”开道也变得愈加明显和突出。这反映了乡村干部竞选的价值取向及其偏向。不过，整体而言，20 世纪 80 年代以来的乡村干部竞选机制不容否定：它从根本上改变了乡村社会的精英结构，民主与自治的因素得到加强，一些德才兼备的精英被选拔出来，这是村民自治能够不断走向深入的前提和基础。

（三）乡村治理中的“富人治村”

中国乡绅政治和村民自治的早期还是德治为先，而 20 世纪 90 年代以来，经济实力越来越成为影响村干部当选的主要因素，“富人治村”开始出现，并逐渐形成一种非常突出的社会政治现象。进入 21 世纪，“富人治村”已成大势所趋，且有愈演愈烈之势。这一方面是由于乡村有一部分人先富起来；另一方面乡村治理中的经济指标甚至经济至上观念逐渐左右了选举考核标准。这种富人治村状况当然有其必要性和意义，但也存在不容忽略的误区和危险。

其实，早在村民自治初期甚至很长一段时间，乡村经济一直被置于重要位置，这是必要也是必需的。因为没有经济作为支撑的村民自治既不可能也不可持续，更不要说实现农村现代化了，而经历了“大跃进”和“文革”的中国乡村，其经济已近崩溃的边缘。所以，1989 年有人统计：“目前全国村级组织确确实实有 20% 左右陷入瘫痪状态。在这些村，集体经济分光吃尽，群众生活十分贫寒，有的连温饱问题仍未解决。”① 而在 90 年代的村民自治达标活动中，经济发展往往被作为重要的衡量指标，如 1991 年福建省民政厅下发的《福建省村民自治达标村评价标准》中，总分为 1000 分，而“发展集体经济和带领群众治穷致

---

① 士弓：《水可载舟，亦可覆舟》，《乡镇论坛》1989 年第 8 期。

富”占 120 分，其他的村级组织建设为 140 分，干部团结和为村民服务为 60 分，民主管理和村务公开为 140 分，村规民约为 60 分，村委会与其他组织关系为 60 分，公民义务为 120 分，公共事务为 100 分，维稳治安为 100 分，精神文明为 100 分。[①] 从这个数据比例看，90 年代尽管比较重视经济，但在乡村治理中也只占 12% 的比重，而村级组织建设、民主管理和村务公开分别占到 14%，公民义务、公共事务、维持稳定和精神文明的比值也较高，分别占到 12% 或 10%。然而，进入 21 世纪，经济发展和富人治村开始被置于较高位置，而且这一情况在全国较为普遍。如在 2005 年浙江义乌市新当选的 761 名村委会主任中，“经商”和“办厂”的多达 531 人，占总数的 69.99%。在新当选的 1545 名村委会成员中，“经商”和“办厂”的有 768 名，占总数的 49.7%。[②] 另据统计，2009 年，浙江省有 2/3 的村两委书记和主任由企业家、工商户、养殖户等富人担任，有的资产多达千万或上亿元[③]四川寻乌村干部的 70% 都是致富能手。[④] 更有甚者，有的地方还明文规定，在村干部选举中，经济实力达不到一定标准就无资格参选。由此可见，富人治村在乡村治理中已成为一个无法回避的现实问题。

就目前学界来说，对于富人治村基本有两种相左的意见：一是极力反对，认为它对于中国乡村治理有害无利，应加以限制和取缔；二是极力赞赏，认为它代表了乡村治理的方向，应给予鼓励和推进。如有人认为：“就乡村直选层次而言，‘富人参政’目前依然值得肯定。”“‘富人’当选‘村官’应该是‘多赢’之举。对于村民而言，‘富人参政’能够带来最直接的经济效益。”“对于地方政府而言，‘富人参政’简直就是治疗乡镇政府财政入不敷出问题的良药，政府主管官员们自然乐得让富人们竞选村官。因此，‘富人参政’是村民、富人以及地方政府各

---

① 参见赵秀玲《中国村民自治通论》，中国社会科学出版社 2004 年版，第 165—167 页。

② 杨宏生：《探寻义乌农村富人的“治村冲动”》，《中国商报》2005 年 4 月 19 日。

③ 商意盈等：《富人治村，一个值得关注的新现象》，《新华每日电讯》2009 年 9 月 12 日第 1 版。

④ 《弘扬脱贫攻坚精神　推动农村物质文明和精神文明协调发展——寻乌扶贫调研报告》，载中国社会科学院政治学研究所“百县调研”南江组编《四川省南江县调研资料汇编》，内部资料，2018 年 6 月，第 30 页。

方经过理性计算的行为，各方均从中获得了利益。”[①] 这显然是一种功利性的乡村治理思路，它虽然对于乡村经济发展有一定的促进作用，但却忽略了富人治村所隐含的风险。

1. 富人治村的腐败问题

一般人总认为，既然已经是富人了，他们财大气粗，对于钱就不那么看重了。所以，让富人治村也就不会出现贪污腐败。其实，这是一种错误认识。我们不能说所有富人都会贪腐，有不少人确实将自己的资产用于乡村建设，并为乡村治理做出了巨大贡献。不过，也确实存在问题的另一面，即有不少富人靠重金拉票，一旦当选则变本加厉地进行贪腐。他们不仅要将自己竞选的投入捞回来，还会将村干部一职作为生财之道，有的甚至无所不用其极。有研究表明：“从目前检察机关的数据来看，近年来‘富人村官’的腐败犯罪确实有上升的趋势。以前我们一直说，因为是‘穷人治村’，所以贪污腐败的情况令人担忧，但是现在‘富人治村’了，问题似乎仍然比较严重，而且腐败又多了新的领域。除了先前的贪污、截用款项外，豪赌、充当自己非法交易保护伞等新的情况也不断出现。”[②] 看来，腐败不是因为有钱或无钱，而要看有无相应的规范制度，以及制度的执行情况，还与村干部的思想素质和品位境界直接相关。

2. 富人治村的思维方式

一般意义上说，富人治村有助于乡村经济发展，但有时也不尽然，因为过于重视经济而忽略其他，或者处处以经济思维进行乡村治理，就会给经济发展带来损失，更不用说经济思维对于乡村政治的负面影响了。马克思深刻指出：“资本害怕没有利润或利润太少，就象自然界害怕真空一样。一旦有适当的利润，资本就胆大起来。如果有 10% 利润，它就保证到处被使用；有 20% 的利润，它就活跃起来；有 50% 的利润，它就铤而走险；为了 100% 的利润，它就敢践踏一切人间法律；有

---

① 毛飞：《“富人参政”应分层次评价》，2004 年 2 月 20 日，和讯网（http：//opinion.hexun.com/2004－02－20/100858998.html）。

② 袁华明：《“富人治村”：边走边看》，《观察与思考》2005 年第 8 期。

300%的利润，它就敢犯任何罪行，甚至冒绞首的危险。”[①] 富人治村也可做如是观，资本既有可能成为积极的筹码，也可能成为短期利益的考量甚至是政治失语的盲区。因为政治思维有时是要超越甚至牺牲经济利益的。这也是政治家与商人的本质区别。

3. 富人治村的名不符实

由于有些富人不是自己愿当村干部，有的直接就是被“干部化”的，加上富人村里或村外有企业要做，他们很难将更多时间、精力用于乡村治理。于是就出现“名义”村长、心猿意马式村干部以及村干部的代理人现象。如有村委会主任常年不在村里，有的在村里的时间屈指可数，于是村公章交由父母和家人代管和代盖。为获取好处，其父母和家人往往以公章为诱饵，只有给他们“意思意思”才能盖章成功。[②] 2004 年，浙江乐清市出台《外出村两委主要干部委托代理制度》规定：村两委书记如因私连续外出时间超过 3 个月以上一年以下的，可实行正职委托副职代理职务的制度。[③] 这一规定无疑为“富人治村”开了后门。即是说，即使长年或三个月以上不在村中，作为村支书和村委会主任也是合规的。可见，有的“富人治村”其实是徒有虚名，甚至是挂着羊头卖狗肉。在村干部唱着“空城计”的乡村治理中，你还能指望他所治下的乡村有真正的发展吗？

4. 富人治村易伤及民主与自治

乡村治理一个更重要的目标是民主与自治，是广大干部群众通过政治参与提升自己的现代意识与水平。有学者认为：“‘自治’意味着人类自觉思考、自我反省和自我决定的能力，它包括在私人和公共生活中思考、判断、选择和根据不同可能的行动路线行动的能力。”[④] 而富人治村的实际情况又如何呢？由于不少富人将经商的“专断”甚至“专

① 《〈资本论〉大纲》第 1 卷，人民出版社 1985 年版，第 587 页。

② 余红举：《村主任不在村里，公章留给父母保管使用》，2011 年 9 月 26 日，江西新闻网（http：//jiangxi. jxnews. com. cn/system/2011/09/26/011781471. shtml）。

③ 袁华明：《“富人治村”：边走边看》，《观察与思考》2005 年第 8 期。

④ ［美］戴维·赫尔德：《民主的模式》，燕继荣等译，中央编译出版社 1998 年版，第 380 页。

制”用于乡村治理，所以导致基层民主和自治意识薄弱，从而引起各种矛盾甚至是群体性事件频发。以浙江省宁波市的甬村为例，对于富人村支书龚某，“村主任表示，他在处理两委关系上，如何打交道，就要学会龚的老婆是如何忍耐的”，其他干部“尽管有众多不满，但在公共场合甚至私下场合都是失声的”，“其他的都是大多数沉默的村民，他们构成一个村庄中的政治阶层”①。让这样的“富人治村”，是很难培育平等观念和公民意识的。

从中国乡村精英的历史发展看，有一个突出现象是：自古及今在民主制度和自治精神上有不断加强的趋势，但也有弱化道德与文化维度、强化经济作用与功能的特点。从积极方面说，经济精英对于乡村经济发展有一定的促进作用，这对于解决乡村贫困无疑具有重要作用，也反映了乡村治理从“务虚”走向“求实”的巨大变化。不过，经济至上倾向带来的最大问题是对于功利主义和实用理性的追求，以及乡村政治和文化的弱化，从而限制了乡村治理向纵深推进和发展。因为没有政治、道德和文化作为支撑，乡村治理就很难获得可持续发展的动力。

二　城镇化进程中乡村精英流失探源

现在的中国城乡发生了巨变，一个明显的特征是，都市一天天生长甚至膨胀起来，而乡村处于日渐萎缩并不断消亡状态。据统计，2000—2010 年，我国自然村由 363 万个锐减到 271 万个，10 年时间减少 90 多万个，平均每天消失 80—100 个，其中包括大量传统古村落。② 究其原因，人们大多将之归为城镇化以及与城镇化相关的农民工进城。毫无疑问，这确实是农村精英流失和缺失的一个重要原因，但不是全部更不是最主要的原因。不弄清这一问题，许多方面就无法得到根本解决。我们

---

① 桂华、刘燕舞：《村庄政治分层：理解“富人治村”的视角——基于浙江甬村的政治学分析》，载周晓虹、谢曙光主编《中国研究》（总第 10 期），社会科学文献出版社 2011 年版。

② 《每天消失 1.6 个　抢救濒危中国传统古村落迫在眉睫》，2017 年 12 月 11 日，央广网（http：//news. cnr. cn/dj/20171211/t20171211_ 524057300. shtml）。

认为，农民工进城导致的乡村精英流失是果，而不是因，根本原因主要有以下方面。

（一）城乡二元对立的观念

如果将视野放开，我们发现，在“城镇化”提出之前的近现代，就存在着城乡二元对立的观念，这也是为什么鲁迅等人一直在批判乡村的落后和保守，晏阳初、梁漱溟、卢作孚等人到农村开展乡村建设运动。而到了改革开放前后，知青返城、农民工进城已成大势所趋，近些年农民工离乡背井到城市谋生的也越来越多。可以说，只要城乡二元对立的观念一天得不到解决，农村精英的流失就不可避免。事实上，当下城乡差异的确很大，这不仅仅表现在物质层面，更表现在精神层面。

1. 城乡收入的巨大差异

改革开放以来，城乡收入差距一直很大，不要说改革开放之初，就是近些年也一直停留在 3∶1 的水平，即城市居民收入大约是农村居民收入的三倍。国家统计局数据显示，截至 2015 年年底，城镇居民人均可支配收入为 31790.3 元，而农村居民只有 10772 元，[①] 前者是后者的近 3 倍。另据统计，2011 年我国农村贫困人口为 1.28 亿人，到 2014 年年底仍有 7017 万人在贫困标准线以下，这个贫困标准线为年纯收入 2800 元。[②] 而据国家统计局发布的《2014 年全国农民工监测调查报告》，2014 年各行业农民工人均月收入有所差异，在东部地区务工的农民工月均收入 2966 元，在中部地区务工的农民工月均收入 2761 元，在西部地区务工的农民工月均收入 2797 元，整个农民工人均月收入 2864 元。[③] 由此可见，贫困地区的农民外出打工与留居家乡，收入差距竟有

---

① 国家统计局编：《中国统计年鉴 2016》“城乡居民人均收入”，国家统计局网站（http：//www.stats.gov.cn/tjsj/ndsj/2016/indexch.htm）。

② 《2015 年中国贫困线标准：农民年人均纯收入 2800 元》，2015 年 12 月 16 日，中金网（http：//www.ciliba.com/c4efr1x51216n431482978.html）。

③ 国家统计局：《2014 年全国农民工监测调查报告》，2015 年 4 月 29 日，国家统计局网站（http：//www.stats.gov.cn/tjsj/zxfb/201504/t20150429_797821.html）。

12 倍之多，即在外一个月能挣在家一年的收入。2017 年农民工月均收入 3485 元，比 2014 年增加数百元，这比待在家中收入得更多。[①] 有位女农民工在北京做家政服务，2009 年的月薪是 1700 元，到 2014 年年底，月薪达到 7000 元。[②] 从这一角度可以理解，为什么广大农村包括不少老年人都纷纷背井离乡外出打工，因为在城里打工赚到的钱是他们在农村做梦也想不到的。当然，这还不包括进城经商、发财致富的农民工，如将其与包括贫困农民在内的广大农村居民进行比较，城市的吸引力就更大了，甚至会让他们产生着迷的向往。安徽省庐江县乐桥镇塘拐村是个只有 2000 多人的偏僻村，到 2007 年就有百万富翁 21 人。于是村民纷纷仿效他们外出创业。[③] 有人会说，农民工进城打工很辛苦，但殊不知待在农村会更苦，问题的关键不是苦不苦，而是在农村再苦，极有限的耕地和资源也无法让农民赚钱。城市像个巨大吸盘，它成为改变农民贫困甚至发财致富的驱动力。

2. 城乡公共产品供给极不平衡

公共产品供给是衡量一个社会、地区乃至社区享受权益水平的标志。因此，近些年广大农村公共产品供给受到了党和国家的高度重视，一些省、市、地也加大了向农村投放公共产品的力度。如成都市自 2009 年开始，将村级公共服务和社会管理经费纳入财政预算并建立增长机制，从最初每村 20 万元，上调到 40 万元，仅 2015 年的村级公共服务和社会管理专项资金就达到 10 亿元，多年来已实施 123805 个公共服务项目，产生了较大反响。[④] 又如，作为湖南省级贫困县的花垣县在“十二五”期间，实现了城乡基本养老保险全覆盖，100% 的乡镇通班车，100% 的村子通水泥路，73% 的村庄通客运班车，93% 的村子完成农网改造，80% 的村庄通自来水，并率先在全省对建档立卡贫困户和城

① 国家统计局：《2017 年农民工监测调查报告》，2018 年 4 月 27 日，国家统计局网站（http：//www. stats. gov. cn/tjsj/zxfb/201804/t20180427_ 1596389. html）。

② ［英］吉密欧：《一个中国农民工的故事》，何黎译，《金融时报》2015 年 5 月 15 日。

③ 《安徽庐江仅 2000 多人偏僻小村走出 21 位百万富翁》，2005 年 4 月 4 日，人民网（http：//society. people. com. cn/GB/1062/3292543. html）。

④ 蒋君芳：《“村公资金”拨付七年　看农村新变化》，《四川日报》2015 年 10 月 16 日第 6 版。

乡低保子女实行15年免费教育，普遍建立乡镇文化站、村农家书屋，广播电视覆盖率达96%。[①] 不过，就全国范围看，至今的城乡公共产品供给仍处于极不平衡状态。据统计，中国财政每年用于农村发展的各类支出只占总支出的10%—15%；城市初中生的人均教育经费是农村的近8倍；中国80%的公共卫生资源集中在城市，城市每千人拥有3.5张病床和5名以上卫生技术人员，而农村每千人仅有1张和1名，4亿城市人口享受的公共医疗卫生投入是9亿农村人口的5倍；城市社会保障率为88%以上，而农村覆盖率只有3.3%，城乡社保率比例为22∶1，城乡人均社保费比率为24∶1。[②] 这是一张相差悬殊的对照表，它将中国乡村公共产品供给的弱势地位显示出来。另以云南开远市为例，在2011年该市实行城乡统筹发展前，城乡居民的41项权利（分为政治、经济、社会、其他权利）中，共有2项平等，占4.88%；有39项不平等，占95.12%。实施城乡统筹后，这一状况虽有很大改观，但仍有10余项权利平等问题并未得到解决。[③] 需要指出的是，上述这些极为悬殊的差别不是发生在20世纪八九十年代，也不是在21世纪初，而是进入21世纪后的第二个十年，即实行城乡统筹发展后较长一段时间后。因此，在这样的城乡二元对立中，农村精英的流失就变得再自然不过了。

3. 农民在城市面前有失尊严

在改革开放前，城乡二元对立也是存在的，当时也存在城市居民对农民的优越感。不过，由于那时的城市并不发达，数量也不多，城乡间的交流也很有限，二者处于相当分离的状态，加之知青上山下乡运动的影响，农民的尊严还能保存，至少没受到严重破坏和消解。改革开放后，尤其是进入21世纪以来，广大农村不断被城镇化蚕食，农民工也纷纷进城打工，在城乡强烈的对比、交流甚至冲突中，农民的劣势地位突显出来。最典型的是农民工的工资极低并不断遭受拖欠，索薪难成为

---

① 材料数据来自2017年6月笔者在湖南花垣县的调研。

② 参见颜德如、岳强《城乡基本公共服务均等化的实现路径探析》，《学习与探索》2014年第2期。

③ 开远市统筹城乡发展理论研究会：《城乡差别及开远情况改变对比表》，2011年8月笔者在开远市调研座谈，资料由当地政府提供。

一个难解的社会问题；“城中村”被视为脏、乱、差的代名词，必欲清除而后快，像被流动沙漠吞噬的农田，“城中村”面临着不断消失的命运，还有更多的村庄不断被变成“城中村”；进城农民工面临各种公共服务缺失的困境，像孩子上学难、买房难、工作条件恶劣、缺乏安全感和归宿感等，不一而足。总之，一面是在中国城镇化过程中，广大农民尤其是进城农民工所付出的辛勤劳作；另一面是在这些发展和便利面前，他们的辛酸屈从甚至绝望，这是在城镇化过程中，进城农民工缺少尊严感的表征。

所以，应从城乡二元对立观念的角度认识当下乡村精英的流失和缺失问题。一是随着农村物质环境尤其是生态环境的变化，广大农民再也不安于农村，而是要寻找新的发展与希望，城市便成为其追求目标；二是城市日益增长的物质财富及其欲望，像焰火一样吸引着广大农民进城打工，于是他们成为一批又一批背井离乡之人，也成为游走于城乡之间的孤独过客。从此方面说，如果严重的城乡二元对立关系得不到根本解决，中国农村精英的流失和缺失问题就在所难免。

（二）政策滞后和实施不力

从正面看，20 世纪 80 年代中国实行的改革开放尤其是乡村变革成效显著，也是举世瞩目的；但是，站在改革开放 40 年的今天进行反思，它也存在不少问题。关于农民工尤其是乡村精英的流失问题就是一例。由于我们有些政策滞后，也由于在政策实施过程中的随意性和漏洞，还由于管理和引导不善，致使农民工流动失序和乡村精英缺失。

1. 政策滞后导致前瞻性和有效性缺乏

各级政府的政策尤其是国家政策，它们在国家社会政治生活中起到关键性作用，因此有无良性、优化、前瞻性、有效性的有关政策、法律规定，对于国家发展至为重要。应该说，改革开放以来的所有成就都离不开国家和各级政府出台的一系列方针政策以及实施，也是在此意义上，凡有国家大法出台，紧随其后的就是各省、市、地、县甚至基层的有关实施办法产生。但也毋庸讳言，我们有不少法律条文与制度规定往往滞后于社会实践，有时又在一定程度上落后于实践创新，从而造成一些不良影响。以村民自治为例，中国第一个村委会成立于1980年，是由广西宜州市合寨村几个农民靠按血印和冒杀头危险实现的，但“村民自治”的提法却始见于1982年我国修改和颁布的《宪法》第111条，《村民委员会组织法》则在1988年才开始试行，修改稿于1998年才正式颁布实施。在这个近于马拉松长跑式的法规制定和修改过程中，一方面说明党和国家的高度重视与审慎态度，另一方面也说明其产生的难度，当然也反映了政策之于实践的滞后，它远没起到国家重大决策的前瞻性、战略性和设计性作用。另如“科学发展观”和“城乡统筹发展”理念的提出，它对于中国社会发展具有里程碑作用，是纠偏改革开放片面发展的重大战略思考；不过，“科学发展观”最早是在2003年党的十六届三中全会上提出的，“统筹城乡发展”是在2003年中央农村工作会议上提出的，是改革开放进行了20多年后的事情，对于中国翻天覆地的改革来说已属于“亡羊补牢”之举。由此可见，注重政策制定的前瞻性、科学性和有效性，是少走弯路和避免失误的关键。

2. 地方政府缺乏指导性和监督不力

改革开放以来，各级政府都面临职能转变，即由行政命令变为指导与服务，这对于乡村治理来说至为重要。也是在此基础上，村民自治、服务型政府建设等方面越来越引人注目。不过，在这个过程中，也存在明显的不足，那就是有不少地方政府对于乡村治理放任自流，这就必然造成在基层治理中政府的缺位。如在村民自治选举中，由开始的“行政掌控”到后来的疏于指导和监督，于是导致一些地方贿选成风、黑社会势力猖獗；又如民工潮的出现，开始还是局部或个别现象，但后来逐渐变成一种大势所趋，并成为影响整个农村和全国的大事。然而，各级地方政府对此并未给予足够的重视，也没有及时出台具体的指导性和建设性意见，甚至少有为农民工提供相应的信息支撑，更谈不上努力为农民工进行维权。可以说，在整个民工潮中，地方各级政府没有起到应有的作用，对这一新事物也缺乏相应的研究和应对预案与措施，这是后来农民工问题多多以及乡村精英大量流失的重要原因。

要改变乡村治理中政策滞后于实践的思维定式，使政策具有前瞻性、指导性和导向性。只有让政策走在实践前面，我们才能有明确的奋斗目标和正确的发展路径，才能有前瞻性、科学性和有效性，才不至于得了局部而失去全局。当然，这个超前意识并不等于主观臆测和拍脑袋可成，也不是不接受实践的检验和修正；恰恰相反，具有前瞻性的战略设计是建立在所有成功经验的基础上，而其正确与否也要靠实践进一步检验和丰富发展。

（三）祖先崇拜意识淡化

中国古代多乡村精英，与祖先崇拜意识有一定关系。饮水思源、追根溯源、叶落归根、衣锦还乡、书香门第、子显母贵、父母在不远游、以孝悌为本等都是这一观念的表现。然而，近现代以来，随着社会逐步走向开放和倡导个性解放，祖先崇拜意识逐渐淡化，这显然与天下何处不是家、个人至上、父子冲突、独生子女现象等有关。可以说，传统文化的断裂和祖先崇拜意识的淡化，也是造成乡村精英流失甚至缺失的重要原因。

1. 从“衣锦还乡”到不愿回家

在中国古代，“衣锦还乡”是个关键词，一些成大业者和状元及第者回到家乡，一展自己的荣耀，也为父母、门庭增光加彩。如得了天下的刘邦心满意得回到家乡，唱出了著名的大风歌：“大风起兮云飞扬，威加海内兮归故乡，安得猛士兮守四方。”在这份荣耀中其实包含着刘邦的故土情结与祖先崇拜意识。然而，改革开放以来，农村发生了巨变，不说一些村落荡然无存，也不说一些村庄七零八落和面目全非，就是许多尚在的村庄也难找到儿时的记忆，加之祖先崇拜和根意识的淡化，许多离开故土的成功人士也无意于“衣锦还乡”，因为乡村对他们来说变得相当陌生，更多的只是一个记忆。有太多的农民之子已失去了与故土亲近的纽带，甚至连“衣锦还乡”的心绪都没有了。最典型的例子是从农村考上大学的学子，学成后真正愿回乡就业者较少，他们宁愿坚守在压力极大的城市，也不愿“衣锦还乡”和报效乡里。据牡丹江团市委对5000多名本籍大学生所做的《当代大学生返乡就业意愿的调查研究》，43%的大学生希望留在北上广等一线大城市就业，28%的大学生选择二级省会城市，19%的大学生选择三、四线地级城市，只有8%的大学生选择县级市，而选择农村基层的只有5%。[①] 山西栗翠田说，一些官员不愿回乡，除客观原因，还有主观的顾虑。他们长期在城里工作，与农村联系少，回村后与村民沟通交流不便，有村民对退休官员期望值过高，官员回村不落好。[②] 这既是事实又是深重的担忧。

2. 从“父母在不远游”到进城打工

中国传统乡土社会只要有父母高堂在，一般都是儿孙绕膝，于是乡村社会并不缺乏精英。然而，现代社会使得“父母在不远游”的观念彻底被打破，许多人甚至包括那些从没出过门的农民也都毫不犹豫到城市打工，于是形成难以想象的农民工进城大军。国家统计局抽样调查显示，2016年农民工总量达到2.8171亿人，其中外出农民工1.6934亿人、本地农民工1.1237亿人。其中，“80后”农民工已成农民工主体，占全国农民工总数的49.7%，比上年提高1.2个百分点；老一代农民工占全国农民工总量的50.3%。从文化层次讲，初中生占59.4%，高中生占17%，大专及以上学历占9.4%。三者合占85.8%。[③] 浙江衢州市常山县新昌乡新峰村全村共有337人，18—60岁的正常劳力有212人，留在村里的不足30人，其余全都到外面打工去了，家中只剩下老人和孩子，不少老人年过八旬。有人形象地说：“外面像个村，进村不是村，老屋没人住，荒地杂草生。”如今偏远农村几乎有60%以上成了“空心村”。[④] 看来，如今的父母再也拉不住儿女外出打工的脚步，因为儿孙自有其追求目标，这既是一种历史进步，也是乡村精英被掏空的重要原因。可见，在这样的“空心村”进行乡村治理，其困难是可想而知的。

---

① 吕博雄：《仅25%的大学生计划回乡发展　市委书记喊回家就业》，2014年3月18日，人民网（http://edu.people.com.cn/n/2014/0318/c1053-24662494.html）。

② 《引人注目的新群体：退休官员变身新乡贤》，2016年3月12日，半月谈网（http://news.xinhuanet.com/politics/2016-03/12/c_128793797.htm）。

③ 国家统计局：《2016年农民工监测调查报告》，2017年4月28日，国家统计局网站（http://www.stats.gov.cn/tjsj/zxfb/201704/t20170428_1489334.html）。

④ 董明旭：《六成以上农村成空心村　农民“离土不离乡”如何破题》，2011年9月25日，中国新闻网（http://www.chinanews.com/estate/2011/09-25/3351466.shtml）。

3. 从“叶落归根”到“定居城镇”

在中国传统社会，“叶落归根”是个不变的法则，一个人不论取得多大成就，也不管官高几品、位尊几何，一旦退休都要回归故里，成为乡土社会的一员，这在中国历史上不胜枚举。然而，当今社会则大为不同，乡村已失去了吸引力，更失掉了磁性，不要说名人退休后很少回归故里，就是那些官员对乡村也是避之唯恐不及，这是一个值得注意的重要现象。这些曾从乡村走出去的游子，一旦成为社会精英和国家栋梁，退休后不是回来发挥余热和安度晚年，而是甘愿留在都市，“叶落归根”的意识也淡漠了。另一个现象是，不少乡村精英千方百计离开农村，到城市定居，他们在职工作时被称为“走读干部”，退休后就成为“远去干部”。所谓乡村“走读干部”，是指那些家住在城里，不安心工作，常往家中跑的乡村两级干部。另如，有些地方的扶贫工作组虽名为驻村扶贫，其实大部分都在“走读”。即使住在村里，也少有人深入田间地头了解村情民意，有针对性地解决实际问题者并不多见，从而使工作处于漂浮状态。[①] 据报道：2014 年在党的群众路线活动中，全国共有 6484 名“走读干部”被查，他们脱离群众、作风漂浮、存在着严重的官僚主义作风，也造成行政的高成本和腐败现象。[②]

当传统的祖先崇拜观念再难深入人心，就不能只靠外力将乡村精英束缚在乡村大地上，其流失与缺乏就不可避免。因此，要从根本上解决问题，除了提高人们的思想水平，对于祖先崇拜也要有辩证的理解和认识：一方面要以现代思想批判其存在的封建意识，另一方面也要看到其间的乡土情结和家国情怀。这是因为一个人必须明白，“我从哪里来”“我到何处去”，他不管有怎样的发展和成就，也无论他走过多少崎岖的路，都不能忘记生养自己的根脉。

当然，改革开放以来中国乡村精英流失还有别的原因，但制度建设的缺失与观念的变化是主要的。只有理解这一点，我们才能对政策进行

---

① 材料来自笔者于 2017 年 6 月在中部 HY 县的调研访谈。

② 翟永冠、王存福：《6400 多人被查处，中央大规模整治“干部走读”》，《新华每日电讯》2014 年 10 月 13 日第 1 版。

调整，在观念上实行突破，从而使精英流失的问题能够得到根本解决。

三　乡村精英重构与再造

尽管在中国古代有凝聚乡村精英的纽带和优势，但我们却永难回到过去，当然也没有那个必要。我们应站在当下，结合中国的具体实践，尤其是中国广大农村的实际情况，在继承中国古代文化传统的基础上，推陈出新、别立新宗，从而实现乡村精英的重构与再造。未来的中国乡村精英应是一个复合性结构，他们既能连接古今中外的文化传统，又能具有现代性视野与意识，同时还应具有不断创新的精神。

（一）农民工的归宿与成长

乡村治理的主体是广大人民群众，农民工又是乡村精英的基础和核心，因此要高度重视农民工发展，尤其是其内生力的锻造。因为一切事物都是由内因决定的，是由内而外发生作用的。目前，大量农民工处于分散、无序、流失甚至浪费中，这需要进行新的整合与再造。

1. 科学合理地协调农民工流动

由于缺乏科学有效管理，作为乡村精英的最大和主体来源——农民工，长期以来处于无序甚至混乱的流动过程中，这是导致乡村精英流失的主因。其实，并非需要让全部农民工进城打工，而应视具体情况有区别对待，在进城、留乡、守村之间做出区分和选择。一是关于进城打工的农民工。由于中国社会经济的重大转型，城市确实需要农村劳动力支持，完全限制农民工进城既不现实也不合理。因此，有必要让那些有一定技能、年轻有为、思想开放的农民工进城发展，在城乡双向互动中实现共赢发展。二是关于“离土不离乡”的农民工。有些农民不一定适合远走他乡，尤其是进入都市工作和生活，如一些拖家带口的家庭，他们可在本乡打工，这既方便照顾家庭又有一定的灵活性，还可避免身在都市的孤独感与思乡念家之苦。三是返村的农民工。这适合于那些回村竞选村干部的农民工，也包括因年长等原因回村的农民工，他们在村庄的熟人社会，既有利于发挥一己之长，又可有互助合作之便利，还可有叶落归根的安适感。更重要的是，要让包括农民在内的全社会都确信农民工流动的差异性，认识到这三类流动方式的优劣长短和价值意义，并出台相应的政策文件，而不是一股脑儿地让农民大军不加选择地流向城市，从而造成浪费、失序与混乱。20世纪八九十年代，费孝通就提出农民"离土不离乡"的观念，可惜的是它并没得到有关部门和学界的高度重视。

2. 以发展现代大农业作为引擎来吸引农民安居乐业

要想用文件政策将农民束缚于乡村，不让他们流向城市，这是不可能的。因为农民在巨大的城乡二元对立尤其是收入差异中，不可能停下流动的脚步。那么，如何发挥乡村优势，让广大农民乐于在乡村生活和工作，这是党和国家及各级政府都要开动脑筋进行创新的要点。早在20世纪八九十年代，时任福建省宁德市委书记的习近平就提出，农村劳动力尤其是富余劳动力存在流动问题，应让他们中的大部分"离土不离乡"，并依靠"大农业"的发展理念，真正实现乡村治理。他认为："农村富余劳动力的开发，必须解决好方向问题。有的同志曾经提出'农民大量进城'的设想，这是错误的。……我们中国不能走这样的道路。农民进城兴办第三产业毕竟是有限的。我认为在现阶段乃至今后的一个较长时期，要让城市全部消化农村富余劳动力是不现实的，也是有害的。农村富余劳动力的转移应是符合国民经济发展需要的新的生产力的转化，必须考虑到两个实际情况：第一，农村劳动力的富余，是相对现有耕地的，如果针对大农业而言，并不是绝对富余；第二，农村基础不稳、粮食供给短缺、农民素质低以及城市吸纳力有限等原因，决定了富余劳动力的转移要受一定的空间制约。"他又说："因此，我认为农村富余劳动力转移的较好选择是：从空间说，提倡就地消化，离土不离乡，进厂不进城；从方向说，侧重于大力发展大农业，推进山海开发，鼓励富余劳动力因地制宜转移，宜农则农，宜林则林，宜渔则渔，宜牧则牧。同时，也鼓励兼业经营，如运输、饮食服务、服装加工等。"基于此，应强化各级政府的研究能力、指导功能、服务意识。所以他强调："我们很有必要对劳动力转移实行计划性指导。一是进行信息引导。由地区和县、乡劳动部门主动与省内外一些用工单位联络，搜集各种就业信息，及时向想外出的农民发布。二是指导兴办经济实体。坚持乡（镇）、村、联户、个体‘四个轮子’一起转的方针，采取集资、入股、联营等多种方式，兴办村办企业与家庭工业。三是组织富余劳动力进入流通领域。”[①] 这些建设性意见，对于农民工的未来科学发展具有指导性。贵州省黔南州提出“不离土不离乡”的“贵定模式”，即通过发展工业、特色农业和旅游业，促使农民就地和就近就业，变为产业工人，从而探索出一条符合当地实际的城镇化之路。[②] 可惜的是，习近平的意见和“贵定模式”在当时及以后很长时间内，并没得到人们的普遍认同和高度重视，有人甚至呼吁要解除“离土不离乡”的紧箍咒，[③] 有人还认为“离土不离乡”是一种“乌托邦”幻想。[④] 试想，如果从20多年前开始，农民工就能按费孝通、习近平等人的思路进行引导、调控、管理，恐怕今天乡村精英的状况就会大为不同。

3. 对农民工加强培训

目前各地虽有对于农民工的培训，但基本属于知识普及范围，像法律知识下乡、农业技术提高等，[⑤] 而很难将培训提升到政治、经济、思想、文化、道德的一体化层次，即便是农业技术提高也基本停留在传统小农业的发展水平。我们所说的农民工培训，主要是从以下角度考虑：提升农民工层次、水平、素质，尤其是提高农民工的公民意识，改变其现代经营、管理理念。如应确立下面理念举办培训班：让农民理解中国乃至世界的发展大势，将传统小农业与现代大农业经营模式区别开来，学会经营现代大农业的方式方法，培养产品营销过程中的谈判和协商能力，具备合作共赢、优化发展的新思维。总之，要将传统意义上的农民工锻造成为具有现代思想理念的现代公民。只有这样，中国广大农民才

---

① 习近平：《摆脱贫困》，福建人民出版社1992年版，第126页。

② 龚金星、汪志球：《贵定“不离土不离乡”推进城镇化发展》，《中国商报》2011年1月14日C1版。

③ 《小城镇规划学术委员会主任委员白明华教授呼吁 是废止提倡“离土不离乡”政策的时候了》，《城市规划通讯》1998年第24期。

④ 孙立平：《“离土不离乡”的乌托邦》，《经济观察报》2003年6月23日。

⑤ 如湖南花垣县十八洞村对全村青壮年劳动力开展多种技能培训，以使外出人员有一技之长，收入得到提高。材料来自笔者2017年6月在该村的调研。

能摆脱蜂拥进城的困局，在家乡获得物质和精神的双丰收，自然而然堵住乡村精英流失的漏洞。

乡村治理的关键离不开乡村精英，乡村精英的主力是农民工，农民工的培训目的是现代化程度水平。因此，让农民工在乡村留得住、能创业、多收益、有尊严，这是党和国家及各级政府应着力思考和努力的方向。再也不能停留在不加分别地让农民工进城，然后解决农民工进城后形成的双重困境：一面是城市难以承受农民工进城的重压，诸如安全、环境、住房、教育、医疗等压力；另一面是农民工的权益、尊严、心理、健康等难以保障。只要农民工得到稳定和不断发展，乡村精英的流失问题就自然解决了，乡村治理也就有了可靠保证。

（二）乡村干部队伍重建

与以往相比，中国改革开放以来的农村干部制度有了很大变化，这主要表现在，它一改过去由上级领导任命的方式，更强调民主选举和民意测评。这在村民自治活动中表现得尤其突出。但毋庸讳言，乡村干部选拔制度的这一变化，也带来一些弊端，像上级有关部门监管缺位、贿选成风、功利主义盛行，于是农村干部腐败现象严重，“小官大贪”成为一种新的乱象。如2015年8月7日，中纪委监察部网站公布了查处的165起腐败案。其中，北京昌平马池口镇的农业服务中心主任张佩山挪用公款高达8.21亿元。① 可以说，当下的乡村干部队伍已受到严重污染，纯化和强化队伍建设势在必行。

1. 在职乡村干部重塑

就目前在职的乡村干部来说，尽管整体上是好的，但存在的问题也不少，必须进行整顿和重塑，以保证其纯洁性。一是严把选人关，不许“带病”干部上岗。由于当下中国官场存在较为严重的腐败现象，所以买官卖官、选人不当并非个别现象，这就需要把住关口，绝不能让那些心术不正之人混进乡村干部队伍。因此，在选人过程中，要加强调查、

---

① 王昊魁：《严惩“小官巨贪”，反腐不会“抓大放小”》，《光明日报》2015年8月16日第8版。

审察、考核、监督，尤其是让人民群众直接参与和监督，以确保乡村干部队伍的素质水平。在村民自治选举中也是如此，要坚决将那些贿选、有问题者堵在乡村领导班子之外。比如，近几年各地的村委会换届选举强化了政府对村委会候选人的资格审查，就是对村干部人选的严格把关。① 二是坚持正确的用人导向，让不实务虚的干部靠边站。应该说，乡村治理用什么人、不用什么人、怎么用人，直接关系到乡村精英的稳定、工作态度和积极性，不少地方喜用阿谀奉承干部，就严重挫伤了乡村干部的积极性，也影响了乡村治理水平的提高。三是严格实行考察评议制度，对无能、惰政、失职、官僚主义、形式主义干部进行问责。在乡村干部中，慢慢滋长了一种严重脱离群众的倾向，有的干部官气十足、独断专行、不了解群众呼声，甚至不会与人民群众打交道，与群众少有共同语言，这就导致群众的强烈不满。各级领导部门要建立完善对于乡村干部的严格考核评议制度，不走过场，尤其是要让人民群众有发言权、监督权和罢免权。长期以来，由于乡村干部管理制度机制不健全，也不像县以上层级干部制度那样严格，许多地方即便有制度，但却规定不严，尤其对不作为、有形式主义倾向的干部缺乏有效的制约机制，从而使这些乡村干部得不到应有处置。除非乡村干部真的触犯刑法，否则一些过错往往难以追究。与此相关的是，对乡村干部的选用与考核还有个误区，即往往只看其经济业绩和能力，很难真正以德、能、勤、绩、廉作为衡量标准，这就造成当前乡村干部选用的被动局面。应该说，经济能力是一个标准，也是非常重要的标准；但如果不能将"能"理解成更广泛的能力水平，不能将"德""勤""绩""廉"作为更重要的标准，乡村干部就只能处于较低的水平。经济至上和功利主义

① 如在湖南花垣县龙潭镇土地村 2017 年的村委会换届选举中，提出不能作为村委会候选人的"九种情形"：被判刑及违反国家法律法规正要被立案侦查或违反党纪被立案侦查的；受党纪处分和组织处理，期限未满的；组织参与非法宗教活动，搞封建迷信，组织或参与聚众赌博和地下六合彩，涉黑涉恶，涉枪涉爆，涉黄涉毒，有利用宗族宗派势力干扰村（社区）工作行为的；违反计划生育政策，按有关规定不能列为提名人选的；煽动、组织或参与非法上访的；非法串联拉票、贿选、胁迫蒙蔽群众或操纵、破坏选举的；截留惠民政策资金，侵占村（社区）集体财产、拖欠村（社区）集体租金的；近 3 年内有 1 年被评为不合格党员的；有其他不宜担任村（社区）"两委"成员情形的。材料来源于笔者 2017 年 6 月在该村的调研。

治理理念所带来的弊端姑且不论，其政治眼光、人格修养、现代思想意识的匮乏所造成的损失往往更大。有学者指出："从目前检察机关的数据来看，近年来'富人村官'的腐败犯罪确实有上升的趋势。以前我们一直说，因为是'穷人治村'，所以贪污腐败的情况令人担忧，但是现在'富人治村'了，问题似乎仍然比较严重，而且腐败又多了新的领域。除了先前的贪污、截用款项外，豪赌、充当自己非法交易保护伞等新情况也在不断出现。"① "富人治村"还弱化了"民主"，有学者称："富人的绝对权威与村民的集体失语，构成村庄政治形态的一体两面，反映了基层民主的萎缩，如此一来，基层民主不仅没有在富人治村的情况下快速推进，相反可能往寡头化的方向演变。"② 可见，当下乡村干部的处境令人担忧，这不只是表现在他们的"空谈误国"上，也表现在"富人治村"的功利主义之中。四是培育本土人才，助推乡村振兴。四川南江县信托国家重点、示范中等职业学校，于2016年在全省率先创办村级后备干部人才专修班（后升格为巴中村政学院），着力培养村干部和"能人"，为每个村至少动态储备2名村级后备干部。到目前，共开展培训20期，培训80班次，党员达7500人，储备乡土人才7000多人，村级后备干部人才400多名，成果十分显著。③

2. 下乡干部的制度化与有效性

近些年，为解决农村治理困境，弥补乡村干部的不足，各级政府实行机关干部下乡担任村庄"第一书记"制度，并在全国普遍推行。以湖南花垣县为例，该县近5年先后整顿60个软弱涣散党组织，向202个村（社区）选派第一书记。④ 一般来说，这一举措是有意义的，它有助于改变乡村干部缺乏的窘境，也是乡村干部主体多元化参与的表现。不过，就目前的干部下乡来说，有以下方面需要注意：一是随意性和无

---

① 袁华明：《"富人治村"：边走边看》，《观察与思考》2005年第8期。

② 桂华：《富人治村的困境与政治后果》，《文化纵横》2011年第2期。

③ 《创新开办特色村政学院　专注培育脱贫奔康"头雁"——四川省南江县创新脱贫攻坚"领头雁"培养机制的实践案例》，参见"百县调研"南江组编《四川省南江县调研资料汇编》，2018年6月，第3—7页，内部资料，由南江县提供。

④ 数据来自2017年6月笔者在花垣县的调研。

序状态。不少地方以干部下乡的规模大和形式多著称，于是进行宣传与推广，但却忽略了其规律性、有序性和有效性。那么，干部下乡到底需要多大范围和比例，应按怎样的程序和规律实施，在交接、合作过程中应注意什么问题，干部下乡的层级关系如何，这些往往都缺乏研究和细致规定，更缺乏相应的长效制度机制，这就势必造成“干部下乡”的混乱无序。二是加重乡村负担和增加成本。从扶助支援角度说，干部下乡是有益的，但它给乡村社会和国家增加了成本、负担和压力，有时也成为一种浪费。或许有人会说，下乡干部的费用都无须乡村承担，但这也难免乡村的迎来送往和上下频繁交接，更何况下乡干部有一个适应期，他们还要处理好与当地干部的关系，这往往是短期内难以做到的。三是制约乡村治理的自主性发挥。在村干部看来，下乡干部往往不只是代表他们自己，还代表政府，所以不能不听其指挥。下乡干部往往具有一定的权威性、优越感和领导能力，所以极容易产生“唯我是从”的领导模式，这对于乡村民主和自治精神易产生较大冲击。因此，应加大研讨下乡干部制度化与有效性的途径与方法，避免干部下乡的运动式、反客为主、强行政化，在尊重乡村基层的基础上，有效发挥外援式干部的能力和水平，绝不能用“送干部”代替“种干部”。当然，如果目的明确、科学安排、考核到位，下派干部是可以发挥较大作用的。如山西省为贯彻中组部、国务院扶贫办等下发的《关于做好选派机关优秀干部到村任第一书记工作的通知》，于2015年选派9395名干部到村任“第一书记”，为期两年，其目的是整顿涣散党组织和加强扶贫工作。尤其重要的是，为保证“第一书记”下得去、待得住、干得好，山西省还制定了具体严格的考核办法，这包括：在村工作不低于全年2/3的时间，将日常考核、半年考核、民主评议、年终考核方式相结合，并将考核结果与评优分档、晋升提拔联系起来。① 这样的“送”干部下乡当村“第一书记”，目的和任务明确，具有激励机制，成效比较显著，可作为一种有效借鉴方式。当然，一旦达到整治的目的，“第一书记”还要

① 邢兆远、李建斌：《山西近万名干部进村任第一书记》，《光明日报》2015年8月11日第3版。

“放权”，以便更充分发挥村党支部与村委会的主体性和创造性。

3. 引进年轻的高层次乡村干部

目前，国家有让大学生做村官的政策和规定，但大学生村官往往都是实习、辅助、过渡性的，到期尤其是经过考试后，他们就会再离开农村。除此之外，由于农村条件所限，更难用高收入和丰厚条件引进高层次的年轻乡村干部，这就造成难以解决的困境：一方面，大学毕业生等高层次人才不愿到农村任职，即使来也是为了镀金；另一方面，乡村无权也无实力引进所需的年轻优秀人才，只能被动承受人才流失之苦。今后的乡村治理应从这两方面进行调整。一是从国家层面制定相应的刚性制度，其精神主旨为：以基层为导向，凡有志于未来发展的高层次人才都必须有在农村基层长时间工作的经历，从政人员还须有在农村担任要职的经历。同时，鼓励和激励各层次的高校毕业生到农村工作和扎根。二是给农村基层一定的自主权，大胆招聘和引进优秀年轻干部，让他们在广大农村大显身手，充分发展其主动性和创造性。如能对下乡干部实行严格的考核制度，让农村有权引进年轻有为干部，乡村干部的不安心、被抽空、流失状态就会得到根本好转。不能让乡村成为干部“走马灯”的流动场所，也不能使其成为优秀人才尤其是年轻干部的畏途，而应成为国家人才成长的实验田和培育基地。因此，国家、地方和农村基层对此都应有新的探索。

乡村干部队伍重建可谓任重道远，但根本的一条是国家要有创新性制度，要赋予广大农村一定的自主权、探索空间和政策倾斜。只有这样，才能建立有利于优秀年轻干部在广大农村大显身手的战略性制度机制，使农村干部这潭池水变得宽广深邃、流动有序并富有生机活力。

（三）形成全社会“反哺乡村”格局

在中国城镇化发展过程中，由城市反哺乡村，为乡村提供更多公共产品，现在已成为国家重要举措，这是一项相当重要的战略发展理路。不过，这种城市反哺乡村的做法更多的是国家行为和制度安排，尚未变成一种社会文化现象，尤其没能变成一种全民的参与行为。这就形成了这样的状况：一方面，党和国家在经济、政治上有大量投入；另一方面，农村所获不多，甚至有杯水车薪之感。我们认为，对于广大农村应进行多元主体的“反哺”，尤其要在整合全社会资源的基础上，加大对于广大乡村的反哺力度。

1. 民间政治“反哺”乡村

这里所说的“民间政治”主要是指两个方面：一是在外打工的私人老板回来参政；二是退休干部对于农村政治的“反哺”，这既包括回乡参政，又包括定期或不定期为乡村干部提供服务。就前者来说，一些有公心和奉献精神的商人回村参政，是有益于村庄治理的。如广东清远连州市丰阳镇畔水村的村干部原是由村中资历老的党员担任，2014 年 3 位干部和 9 名理事会成员均由商人担任，被外界称为“老板”村干部。在该村的美丽乡村建设中，政府投入的资金很少，主要由村干部以及村民筹集。仅 12 位商人村干部就捐款 20 万元，是总捐款的四成。村长成荣伟带头无偿捐款，被称为“亏本村长”。他们还建立股权制，让村民入股分红，并大力发展乡村文化事业。[①] 就后者而言，近些年城中退休干部叶落归根、回乡定居和参政者已不是个案，他们身退心坚，仍在为乡村政治发光发热，从而成为民间政治的有生力量。如江西萍乡市芦溪县原政协副主席肖而乾，退休后与老伴儿一起回老家涣山村当村干部，成为一名“副县级村干部”，竭力协助村“两委”，一干就是 20 年，被称为“当代甘祖昌”。[②] 湖南省社科院朱有志院长下乡当村支书，他将自己的从政经验、知识储备、人脉关系充分利用起来，为农村治理尽心尽力。[③] 还有从湖北黄石市工商局副局长位置退下来的张友山，于 2014 年到省级贫困村——自己的家乡田垅村担任村支书。[④] 不过，应该承认在更庞大的退休干部群体中，朱有志等人所占比例毕竟有限，可谓凤毛

---

① 材料来自 2015 年 10 月笔者在清远市连州畔水村的访谈。另见林晓琼《丰阳畔水村：“老板”村官理出美丽乡村新气象》，《南方日报》2014 年 8 月 20 日第 ZD02 版。

② 宋长春：《退而不休　善举为业——致敬“好人 365”中的“好长辈”》，2015 年 10 月 19 日，中华孝德网（http：//www. xg9961. com/xgxyh/wlfc/15226. html）。

③ 《退休干部、知识分子回乡改变乡村治理结构》，2015 年 6 月 23 日，央广网（http：//country. cnr. cn/snsp/20150623/t20150623_ 518923760. shtml）。

④ 沈洋等：《退休官员变身新乡贤》，2016 年 3 月 11 日，半月谈网（http：//www. banyuetan. org/chcontent/jrt/201639/186833. shtml）。

麟角。这就需要在观念、制度、路径、方法等方面确立“民间政治”反哺乡村的发展之路，以便让大量退休干部尤其是身在高位的领导干部退休后成为乡村政治的生力军。这是一个相当有价值的话题，是乡村干部和乡村政治发展的一个新的增长点。

2. 志愿者对于乡村的“文化反哺”

在乡村精英的流失中，文化的流失最为严重，也是最令人震惊的。这表现在传统村落的快速消亡，各种民间文化技艺的失传，失学或辍学者增多，乡风民俗的世俗化和功利化，道德和文化素质的大滑坡，等等。如有人看到了在广大农村，忤逆、荒淫、赌博现象触目惊心，原来淳朴的乡村民情一变而为礼乐崩坏、乱象杂生。① 更有文化部报道称，2015 年在河北省邯郸市成安县和江苏省宿迁市沭阳县发生了“淫秽表演”案，农民办丧事时不仅不悲伤，反而请人跳脱衣舞，乡村民俗受到严重玷污。② 然而，在乡村治理中，这一问题并未引起足够的重视，也缺乏从根本上改变这方面状况的有效资源。如不少乡村文化人退休后多投身到娱乐性歌舞、参加琴棋书画培训班，而对乡村文化精神的内核重视不够；更多的城市文化人则远离甚至逃离乡村，从而导致城市文化人反哺乡村的路径不通不畅，各级政府和学界对此也缺乏深入的研讨。其实，包括退休文化人在内的城市人都可为“文化反哺”乡村尽职尽责，有的可到乡村定居，有的可不定期到乡村服务，有的可做“反哺”乡村文化的志愿者，这样的发展空间可谓非常巨大。在这方面，我们与西方发达国家相比有较大差距。值得注意的是，近些年有些文化人已开始投身于乡村，他们以公益精神将自己的所学默默奉献给农村，从而带来了农村文化新的发展契机。像冯骥才带领他的团队所从事的全国范围内的民间文化整理和保护工作，重庆市黔江区政协退休干部张玉林办起留守儿童学校——“有容国学书院”。还有作家王兆军回乡办起了“东夷书院”，这是直接坐落于乡村社会的最基层——村

① 高胜科：《春节返乡见闻：一个病情加重的东北村庄》，2016 年 2 月 14 日，凤凰网（http：//finance. ifeng. com/a/20160214/14215458_ 0. shtml）。

② 王仪之：《农村丧事脱衣舞乱象折射乡村民俗异化》，2015 年 4 月 24 日，人民网（http：//culture. people. com. cn/n/2015/0424/c172318－26899762. html）。

和大队的“农民书院”。[①] 因此，党和国家与各级政府应制定和完善这样的制度：城市文化精英尤其是退休者到乡村进行“文化反哺”，可得到相应的物质支持与精神鼓励。因为中国文化精英是有责任担承的，也要有奉献精神和反哺意识，从而使乡村精英尤其是文化精英的缺失问题得以解决。

3. 回乡和下乡创业的“反哺”行动

在原来的城乡二元对立关系中，许多人将广大农村视为穷乡僻壤的代名词，所以千方百计离开家乡到城市打工。后来，人们逐渐认识到乡村的青山绿水本身就是资源，乡村的农、林、牧、副、渔都可产生经济效益，所以利用本地资源进行创业的人越来越多。不过，除了本地农民的创业外，乡村治理还要充分调动外来人员下乡创业的积极性，尤其是能将本地在外能人吸引回乡进行创业。这是因为：第一，在外能人见多识广，有助于提升乡村的创新能力；第二，本地在外能人对家乡有一份挥之不去的感情，可倾注全力为乡梓做出贡献；第三，农村的广阔天地大有作为，本地人回归创业会更有底气；第四，由于服务对象直接面向基层和农民，所以这种“反哺”更有价值意义，可谓一项意义重大的民生工程和希望工程。当前，下乡和回乡的创业者并不鲜见，如广西北海合浦县石湾镇周江村“90 后”的小伙子劳有跃，大学毕业后没选择在城里工作，而是主动到农村，为当地农民做电商培训，并帮助农户将农产品从网上卖出去，他一笔生意就为周大姐卖了 14 万元。劳有跃还常到田间地头与村民交流，了解他们的困难，并为其排忧解难。与劳有跃有些不同，在“90 后”大学生中，还有的愿意加盟农民合作社，专心研究更先进的种植技术。[②] 看到这些信息，就会对乡村精英和乡村治理充满信心，因为年轻人表现出一种新的价值观，他们既脚踏实地又充满梦想，这与以往的大学生有着本质差异。希望有更多有志青年加入到“反哺乡村”的伟大创业实践中，用他们的知识、勤劳、智慧和梦想，

---

① 王兆军：《回乡办书院：一个作家的“文化支农”心得》，2015 年 7 月 24 日，新华网（http：//www. xinhuanet. com/politics/2015 -07/24/c_ 128055483. htm）。

② 《90 后大学生赴农村就业调查：两大原因缓解择业压力》，2015 年 5 月 15 日，央广网（http：//finance. cnr. cn/gundong/20150515/t20150515_ 518564477. shtml）。

去成就伟业，创造更美好的明天。与此相关，党和国家及各级政府要为回乡和下乡创业的探索者提供制度安排和各种保障，以便为更多人铺路架桥和保驾护航。

如果说改革开放四十年的中国，是城市创业的乐园；那么，今天这一模式将会悄然变化，那就是在乡村创业的人会越来越多。在广大农村进行大农业发展的人会越来越多，一种基于多元化经营、科学发展、以网络平台进行销售的生态农业，将会越来越引起人们的高度重视。当然，更理想的状态是城乡一体化发展，在城乡各具优势的互通共融中，实现中国的全面、科学、可持续发展。

乡村精英的社会基础是农村广大人民群众，因此要提高乡村精英在乡村治理中的能力，就要整体地提升乡村广大人民群众的层次。要做到这一点，首先，让乡村有独特优势，能留住广大的农民工；其次，让乡村干部的工作充满尊严和自豪感；再次，让多元主体都参与乡村治理这个大事业中，尤其是在承续中国传统叶落归根等意识的基础上，让离退休人员和年轻有为的毕业生参与其中，那将是乡村精英的黄金时代和美好未来。

第四章　文化建设与乡村治理

在改革开放以来的乡村治理中，文化维度一直处于边缘化状态，即使有的地方注重文化往往也无法与经济等相提并论，更不要说表面地理解文化了。在走过经济快速发展的道路后，文化维度之于乡村治理就变得愈发重要和急迫了。这是因为：没有文化维度的乡村治理很容易出现偏颇，甚至走向南辕北辙的发展道路；文化维度比经济维度等更具内在性、长久性；文化维度有时会产生比经济维度更大的经济效益。就如马修·阿诺德所言："'文化'不是行动的敌人，而是盲目、短效行为的敌人；文化是前瞻性的，它致力于人自身的内在的转变。"① 因此，在重视经济维度、政治维度等的同时，乡村治理也不可忽略文化维度的发展及其建构。

一　文化治理乡村的历史与现状

由于中国是个有着悠久历史文化的大国，因此，文化治理一直被放在相当重要的位置。因为只有这样，国家才能长治久安，并奠基于一个更加坚实稳固的基础上。乡村治理也是如此，文化往往成为乡村社会的一个平衡器和价值旨归，它自觉不自觉地左右着人们的行为方式和思维方式。显然，历史地显示乡村治理中的文化维度，是进行当下乡村文化建设的一个重要参照。

---

① ［英］马修·阿诺德：《文化与无政府状态——论政治与社会批评》，韩敏中译，生活·读书·新知三联书店2002年版，第14页。

（一）古代乡村治理的文化政治

整体而言，中国古代治国理政具有一体化特征，我们很难将政治、经济、思想、文化分开，它是专制主义政制统治铁板一块的深深烙痕。不过，在这中间，比较松动和边缘化的是乡土中国，它往往主要不靠政治制度直接控制，而是以乡土伦理文化维系的，其突出特征是文化的规约，或者说是文化的政治化，我们可称为“文化政治”。

这种乡土“文化政治”以孝、悌、礼、义、信等为基础，被统治者加以发挥和利用，从而形成了所谓的父父、子子、夫妻、君臣等一系列道德纲常。因此，如果说国家治理还有律法为依据，那么乡村社会主要是靠文化政治进行规约和统治的。为做到这一点，有以下方面值得注意：一是将家与个人紧密连在一起，并成为一个不可分割的坚固链条。也是从此意义上说，古代家族“一荣俱荣”“一损俱损”，甚至出现“一人得道，鸡犬升天”的奇异现象。二是家规民约相当发达，并成为乡村治理的不成文法律，而在这一“亚法规”面前，国家律法甚至变得模糊和次要起来。三是重视乡里文化，尤其是将乡土文化精英奉为楷模，于是乡里三老、孝子、中第者、私塾先生、书香门第等备受重视，因为这是乡土文化根脉之所在。四是乡风民俗的教化与纯化盛行。在中国古代乡里社会有一个很重要的文化现象，那就是德高望重者不仅受人尊敬和爱戴，成为所谓的“乡贤”，而且他们还可通过贤德进入官场，成为官僚政治中的一员，于是民风淳朴自然、向善之心长存，乡土文化生态处于一种良性的发展中。远古有帝舜为典范，他在为政之前，以孝道淳厚闻名乡里，后为尧帝看重，得承帝业。近处有清代的李凤翔，他以善事父母和德高望重闻名乡里。父亲将去世，欲遗命析产，凤翔心察父亲怜幼子，父亲尚未言，他就将 1/3 的家产分给幼弟。道光初年，河水泛滥，闾里荡析，凤翔免除负债者两千余缗，并悉焚其券，还散钱济贫。后来，又遇大旱，凤翔让饥者随便采用他家的蔬菜。还有一事值得注意，有人因家穷而将马卖给屠夫，凤翔赎之以归，并以“马为常畜不可杀”为由斥责之，于是乡人感怀，再无屠马者。[1] 这样以德行影响乡里的做法，往往是现身说法，重情感力量，具有长久价值。

中国乡里作为古代专制制度的神经末梢，国家政令和统治确实难达，这样以文化德行统治的方式就能达到目的，也变得较为合理和重要。不过，它的最大问题是，容易让道德变得虚伪，许多人为了当官甚至不惜走上虚假一途，从而给乡村社会文化带来负面影响。不过，以文化政治进行乡村治理，确实抓住了要害和关键，这有助于农村社会的稳定、和谐与发展。

（二）近现代启蒙式乡村治理

由于受到西方文化的冲击，尤其是经过日本的入侵和文化中转，近现代以来中国社会文化发生了翻天覆地的变化，这在乡村社会也有突出表现。最典型的例子是五四时期鲁迅对于乡村文化的批判与讽喻，在古代具有正面意义的孝、悌、礼等，被作为负面因素彻底解构了，这在鲁迅小说《祥林嫂》和杂论《我们怎样做父亲》等作品中都有形象的表述。

这一变化在20世纪二三十年代有所强化。其典型例子是以晏阳初、梁漱溟等人为代表的乡村建设运动。有人这样谈改良风俗之必要："社会人心，偷薄玩疲，达于极点，故改良风俗非有严厉之办法，不足以资警诫，更在积重难返，已成社会重大病态，非劝说告诫所能矫正，一面发展教育，为养成新风俗之准备，一面运用自治行政之权力，加以严格之干涉，务期于最短期内根本净尽。"[2] 梁漱溟说得更明白："我看破坏乡村最重要的还在乡间风俗习惯的改变。因为风俗习惯的改变，让乡村破坏更渐渐地到了深处。""现在中国的旧社会制度也就是旧风俗习惯，已渐渐地改变崩溃，渐渐地被人否认了。""中西文化相遇后中国改变自己学西洋因而破坏了乡村。"[3] 晏阳初将中国农村问题概括为四个字：

---

① 《清史稿》卷497，《列传》284。

② 王彬之：《镇平乡村工作报告》，载乡村工作讨论会编《乡村建设实验》第2集，中华书局1935年版，第213页。

③ 《梁漱溟全集》第1卷，山东人民出版社2005年版，第603—606页。

“愚、贫、弱、私”。要解决这四个基本问题，便要注重文艺、生计、卫生和公民这四种教育。他认为，“关于文艺教育的工作，是要谋解决愚的问题的”，“关于生计教育工作，是要谋解决穷的问题的”，“关于卫生教育工作，是要谋解决弱的问题的”，“关于公民教育的工作，是要谋解决私的问题的”①。很显然，一些文化先驱早就看到了中国近代乡村积弊的原因，也试图寻找解决之道，其理路也充满西方启蒙理性的特色，这是具有里程碑意义的。不过，由于这是一种知识分子的科学和理性下乡，与农村和农民之需求相去甚远，没有像中国古代那样以乡土文化政治进行治理，所以有先天不良、文化移植的不足。还有，除了梁漱溟的本土化知识素养外，像晏阳初这样的留学生与中国乡村之间更有一道鸿沟，这就造成水土不服的情况。这是文化外援式乡村治理的问题所在。

值得肯定的是根据地、解放区的乡村治理方式。尽管解放区乡村治理者也多是来自大城市的知识分子，但他们化“洋”为“中”，注重中国气派、中国作风和中国本位，尤其是强调与广大人民群众鱼水相处、水乳交融、心心相印，所以乡村治理出现难得的盛况，并且成效显著。如人民群众成为治理主体，以平等、民主、科学的身份参与乡村治理，尤其是“实行男女平等，提高妇女在政治上、经济上、社会上的地位，实行自愿的婚姻制度，禁止买卖婚姻与童养媳”，“保育儿童，禁止对于儿童的虐待”，“抚恤老弱孤寡，救济难民，不使流连失所”，“发展民众教育，消灭文盲，提高边区成年人民之民族意识与政治文化水平”②。这样的乡村治理紧贴最底层、最贫弱、最无助的人民群众，并赋予其文化启蒙的高标，这是以往乡村治理都难以比拟的。而且，根据地、解放区充分调动本地知识精英的积极性和创造性，并用老百姓喜闻乐见的传统形式进行治理，从而产生了较好的效果。最有代表性的是乡村文化精英李鼎铭，他在乡村治理中影响甚大，还为陕北边区提出“精

---

① 《晏阳初全集》第1卷，湖南教育出版社1989年版，第247—248页。

② 韩延龙等编：《中国新民主主义革命时期根据地法制文献选编》第1卷，中国社会科学出版社1981年版，第32—33页。

兵简政”的建议，被毛主席接纳并给予高度评价。当然，由于当时根据地、解放区的乡村治理偏于革命者，这就决定了其人民群众的覆盖面有一定限制。还有，在强调集体主义的同时，相对忽略人民群众的个性，这也是根据地、解放区乡村治理的局限所在。

总之，近现代启蒙式乡村治理面对的是西方冲击下的自我调整，它打破了传统乡村文化政治的内生性、稳定性和自主性，注入了更多的西方价值观念，政治诉求也有所加强。这对于打破传统是有益的，但对于其与历史的断裂、张力甚至反拨也应给予高度重视，因为任何制度尤其是文化创新都应有历史的继承性，否则就会失去自我的根基。

（三）当代乡村治理的曲折探索

中华人民共和国成立后，中国乡村治理基本沿着根据地、解放区的发展路径前行，只是进一步强化了政治维度和文化维度，力图将现代和传统结合起来，以寻找一条适合中国乡村治理的新路。

改革开放前，乡村治理主要是实行人民公社制度，其间，既有成功的经验，也有失败的教训。改革开放后，“包产到户”和村民自治选举尤其是竞选开始在中国乡村大地上开花结果。这一历史性转向和突破的意义在于：让广大乡村真正进入自主治理的轨道，于是人的个性、积极性和创造性得到了空前的发扬，这对于以往的过于强调集体意志和政治规制是一种纠偏。不过，这种纠偏又出现了新的问题，最突出的是农村社会开始分化、精英阶层大量流失、个人私心日益滋长、道德文化出现大滑坡。近些年，党和国家开始加大对于农村公共文化产品的投放力度，也出台了一系列关于干部和“文化下乡”的规定，这对于乡村治理是有效的，它至少在某种程度上弥补了乡村精英的匮乏，改善了乡村治理的软弱状况。但是，这仍然无法解决乡村社会的根本问题——传统价值观受到现代价值观（特别是金钱至上和道德虚无主义观念）的强烈冲击后，乡村治理将何去何从。

这就是中国“文化治理”乡村的历史、现状及其复杂性和曲折性：我们一直没能找到一条理性、科学、有效和稳定的发展道路，多数情况下是在探索中前行。当然，也应该承认，无论历史走过了多少曲折，我们的乡村治理发展至今确实已走上的正轨，即确立了走“文化治理”的发展路径。

二 文化发展战略与乡村治理

通过梳理和概括中国乡村文化治理的历史与现状，其目的是总结经验、吸取教训，并在复杂性与曲折性中把握规律，尤其是要有前瞻性眼光，对于中国未来发展有战略性思考和长远设计，这是至为重要的。

（一）确立“文化政治”治理乡村的战略目标

进入21世纪，尤其是近些年，党和国家已清醒认识到“文化”的重要性，并开始摆脱“经济至上”的发展模式，这在国家治理和基层治理中都有表现，即便在乡村基层这一意识也开始明晰起来。因为包括乡村治理在内的所有治理，如无“文化软实力”作为强力支撑，即便经济再发达，那都无济于事。不过，至于怎样进行“文化”的治国理政，尤其是如何进行“文化维度”的乡村治理，这样的研究成果并不多见，即便有也多是泛泛而论和笼统言之。

笔者认为，应树立乡村治理的“文化政治”，这既是中国古代乡里政制的显著特点，也是被近现代以来乡村治理反复检验和证明过的。换言之，由于在乡村治理中，不是以国家强政治压力所进行的“文化”治理，而是以“软政治”的乡土文化为支撑，因而其政治性反而更内在、更有效和更长久，即所谓的将“文化”当“政治”来维系乡村建设。基于此，我们既要注重给乡村输送“文化”，即所谓的“文化下乡”；又要建立乡村文化制度，以避免文化的散漫、分离和流失；更要研讨和创新文化政治，使乡村文化发展进入“政治”的轨道。就乡村文化政治的建构而言，有以下几方面应该注意：一是要站在国家政治发展的高度来看待乡村文化，避免乡土文化成为国家政治发展的障碍和异化力量，如乡村宗教尤其是邪教的蔓延即是如此。二是要站在乡土政治本身来看待乡村文化，以克服乡村社会离心力的形成，像地方恶势力就是要努力克服的。三是要站在家族和家庭政治的角度来看待乡村文化，以超越宏大叙事的空疏不实，就如儒家伦理所言，一个人只有“修身、齐家”，他才能“治国、平天下”。总之，应该用现代政治文化的眼光和标准来重塑乡村文化，从而使之成为一种具有政治性的先进文化。事实上，长期以来尤其是改革开放很长一段时间里，我们不是不重视乡村文化，而是不重视其“政治性”，致使许多宗教迷信沉渣泛起，家族势力贿选成风，娱乐享受和感官刺激的性文化大行其道。

值得注意的是，在强调乡村治理中的“文化政治”时，要防止“政治文化”的强行介入。所谓“政治文化”，是指将“政治”文化化，即忽略了“文化”的特点及其根本属性，而突出了“政治”的伟力，甚至将“政治”变成一种暴力。它以暴力方式将包括“政治”在内的所有内容都文化化了，都变成一种天然正确的文化真理。另如根据地、解放区以及中华人民共和国成立后较长一段时间里，其乡村治理的最大缺憾在于“政治文化”的强行干预，这在知识青年“上山下乡”过程中表现得最为突出。因为是“政治”当头为先，于是“文化”的属性与价值也就大打折扣，有时甚至变得可有可无了。这也是为什么，“上山下乡”的知青没将文化输送到乡村，并使之成为乡村治理的动力源，反而成为被乡村改造的对象，成为迷失的一代。近些年的干部下乡尤其是大量派遣上级领导到乡村做“第一书记”也可作如是观：如何让“文化政治”的力量发挥作用，使乡村文化得以风清气正，以有益于国家政治发展；而不是用“政治文化”去统领乡村治理，从而让“政治”充当乡村文化的指挥棒，这是需要好好研究和思索的。

乡村治理确实与国家治理不同，它需要在考虑到外在的经济、政治力量时，将“文化”作为最重要的因素纳入其中，同时让乡村文化自觉不自觉地内化为人们的政治意识及其选择，即不靠政治强力即可达到治理的“文化政治”效果。反之，如果用“政治文化”去渗入乡村治理，一定会事与愿违，将乡村变成政治角力的不安定场所。

（二）解决“外援文化”的本土化问题

未来的中国乡村治理，一定离不开文化资源的整合，但如何整合并使之具有科学性，这是一个难题，也是当下缺乏研究的盲点。不论是20世纪二三十年代的乡村建设运动，还是根据地、解放区的边区改革，以及中华人民共和国成立后的知识分子“上山下乡”，包括当前的各级领导干部进村当“第一书记”等，都存在着“外援文化”对于乡村的融入问题。不解决这一问题，乡村文化建设就会变成一句空话。目前，有以下几种“外援融入难”的问题需要思考和解决。

一是外国文化对于中国乡村的融入。当年的晏阳初是留美学生，又是享誉国际的专家学者，他提出的乡村治理方案甚好，所付出的努力与心血也是有目共睹的，所以产生了国际影响。但是，其最大问题是，与中国乡村现实的“隔”，即简单地用西方理论来看待和解决中国的乡村问题。换言之，晏阳初是用西方模式来改造和建设中国乡村的。这就难免水土不服，发生“南方为橘，北方为枳”的情况。改革开放以来的村民自治也是如此，不仅是外国的就是国内的专家学者都有这样的倾向，即用西方的治理理论来比量中国的乡村现实，从而产生很大的不对等甚至偏向。因此，如何将西方理论与中国乡村现实的距离拉近，并使之融为一体，进行内在化的沟通、融入、再造，还有很长的路要走。

二是城市文化对于中国乡村的融入。不少乡村建设的外援者是属于都市的，他们与乡村文化之间有很大距离，这就决定了城乡差异所带来的隔膜。像当年的知识青年“上山下乡”就是最好的说明，他们刚开始还怀揣“广阔天地大有作为”的梦想而来，但后来很多人却想方设法回城，并形成了集体回城的高潮，在此城乡差距所带来的难以融入非常突出。近些年的大学生村官和城市干部进村当第一书记也是如此，城乡之间的难以兼容成为一个越来越突出的现象。这就为我们提出一个严峻的问题：如何才能使城市文化融入乡村文化，为乡村治理带来巨大动能，并照亮乡村文化，这是今后乡村治理应该努力的重点和发展方向。

三是知识分子与中国农民的融合。作为中国乡村的“外援者”，知识分子与农民是不同的，但他们往往不知道这一点，至少很难有真正的体会。习近平同志认为：“有少数干部不会同群众说话，在群众面前处于失语状态。其实，语言的背后是感情、是思想、是知识、是素质。不会说话是表象，本质还是严重疏离群众，或是目中无人，对群众缺乏感情。”[①] 党的领导干部是如此，知识分子更是如此。有时知识分子的动机是好的，但广大农民对他们却不领情，因为他们给的农民往往不需要，而农民需要的他们则给不了或想不到。对此，梁漱溟感叹：“我们为什么与农民应合而合不来。”“从心理上根本合不来，所谓‘号称乡村运动而乡村不动’，就因为我们在性质上天然和乡下人不能一致之处。这个问题最苦痛了！”“那么，当然抓不住他的痛痒，就抓不住他的心。”[②] 在此，梁漱溟虽没有站在自省的角度，看待知识分子的不足是造成与农民“合不来”的重要原因，而是以知识分子的价值优势批评农民的局限；但他毕竟看到了知识分子与农民的天然隔膜。早年的梁漱溟是个清心寡欲的佛教徒，后来投身教育，从事学术研究，他与农民的距离可想而知。其实，梁漱溟也提出一个重要问题，作为“外援者”要真正走近和走进农民心中，那是需要历练和跨越的一个过程。而在今天和今后，有志于乡村治理的知识分子还有许多工作要做。

四是启蒙者与被启蒙者的互动。自近现代以来，对于包括乡村精英在内的中国农民，许多启蒙者一直处于道德高位和价值优势，以同情甚至俯视的方式进行启蒙。如果从农民的落后、保守、愚昧来说，这是有意义的。不过，也正是因此，农民的价值意义遭受贬值，话语权也无形地被剥夺了。其实，农民远不像许多启蒙者所说的那样，只有负面价值，而是在不少方面优于现代知识分子启蒙者的。如勤劳、淳朴、自然、知足、快乐等人生观和价值观都是如此。如在乡绅李鼎铭身上显示的就是传统性与现代性相结合的品质和人格魅力，他关于“精兵简政”的提议与将家产全部奉献出来的精神，甚至得到了毛泽东的赞赏和敬服。梁漱溟说过：“我们与农民处于对立的地位；他们是被改造的，我们要改造他。譬如定县从贫、愚、弱、私四大病，而有所谓四大教育；很显然地贫、愚、弱、私是在农民身上，我们要用教育改造他。这怎能

---

① 习近平：《之江新语》，浙江人民出版社 2007 年版，第 146 页。

② 《梁漱溟全集》第 2 卷，山东人民出版社 2005 年版，第 581—582 页。

合而为一呢？其中最核心的一点问题，就是农民偏乎静，我们偏乎动；农民偏乎旧，我们偏乎新。”[①] 试想，如果不是以欣赏的眼光看待和改造他们，农民是不会接受这样的改造和启蒙的。更何况站在今天的角度观之，被梁漱溟所说的农民的缺点——“静”“旧”，有时则正是他们的优点，因为它对于克服和纠正现代性的追新求异、躁动不安，无疑是一服良药。因此，要真正有助于乡村治理，启蒙者要放下身价，以谦卑之心向农民学习，才会受到欢迎和接纳，农民身上的问题才会得到真正的改变。与此同时，启蒙者也会在与农民的融合互动中，得到身心的洗礼，获得新的提高与升华。

看来，乡村治理的成败不仅仅取决于广大农民，也与“外援者”本身直接相关。换言之，“外援者”只有在充分肯定农民价值的同时，由外而内地走进农民心中，并以主宾互动的方式与农民进行对话，才能共创乡村文化政治的未来。这是使“外援文化”达到本土化或者说“乡土化”的要义所在。

（三）重塑乡村“文化”内生机制

中国乡村文化建设当然离不开各式各样的外援，尤其需要对整个社会的文化资源进行整合，包括城市文化对乡村之“反哺”。不过，归根结底它还要依靠自己，从内生力出发，建立自身的文化生长机制，而外援只有通过内生力才能更好地发挥作用，即外因通过内因起作用。当前中国乡村“文化”内生机制主要有以下几方面需要重塑。

1. 整合农村文化资源，使之最大优化地为乡村治理服务

表面看来，中国广大农村的文化是比较落后的，至少与城市相比是如此。但另一方面，如将视野放开，广蓄深挖和博采众长，广大乡村又是一个巨大的蓄水池，它可形成文化的涓涓细流，以达到众望所归的局面。

其一，就本土走出去的文化名人而言，他们在外即便有再大的发展和影响，都与乡土情感相牵、难以割舍，因此让他们为家乡文化尽心尽

---

① 《梁漱溟全集》第2卷，山东人民出版社2005年版，第581页。

力，既是一种责任，又是一份荣誉，还是一个希望。尤其是退休在外的本土贤达，应建立和创新相应的制度机制，让他们多为家乡贡献自己的聪明才智，多为故土发光发热。

其二，就本土退休的乡村文化精英来说，应更有效发挥其所长，为家乡文化发展服务。就目前情况看，不少乡贤退休后多从自身角度出发，从事健身、书画、旅游、养花等活动，一般意义上说，这也是一种文化参与，它有助于乡村休闲娱乐文化的建设与发展；但从乡村公共文化建设来说，这是远远不够的，因为调解、培训、统计、指导、评估、监督等公共服务需要更多人才，这是乡村治理的大事，需要更多乡贤的参与、支持和反哺。因此，应构建适于本乡本土退休文化精英参与的乡村治理制度机制，使之成为可再次被激活的文化能量。其实，这些乡贤多愿为乡村治理发挥余热，只是目前尚缺乏这样的制度机制。当然，有的地方也做出了一些探索，如浙江临海永丰镇的乡贤会①、江苏徐州梁寨镇的村“乡贤工作室”② 等，让乡贤参与乡村治理，献计献策，取得了良好效果。但这样的例子在全国广大农村毕竟是少数。

其三，就乡村各个治理主体而言，应发挥其文化整合作用，让乡村文化达到最大优化。我们一般都是笼统谈论乡村文化的，而没有看到其中隐含的丰富性、复杂性和独特性。如乡镇文化与村庄文化就有很大区别，乡村中的学校、医院、工厂、机关又各有自己的文化，它们都直接影响乡村文化的内涵。因此，需要一种制度安排和机制规约，整合乡村不同文化资源，而不至于让有的文化流失掉，或成为整个乡村文化的离心力。如乡镇文化介乎于县级文化和村庄文化之间，其最大特点是上承下达、职责重大、更接地气，这就决定了它在乡村文化重塑中有着举足

---

① 截至 2017 年 5 月，临海永丰镇乡贤会共有会员 215 名，会内设综合、财务、对外交流、项目建设、教育、乡风建设 6 个机构，此外，还在三江、留贤等 14 个村开展了村级乡贤会试点。乡贤会成立以来，通过打造“乡贤 + 项目”“乡贤 + 治理”等乡贤反哺工程，充分发挥乡贤在筹资富民、献计献策、移风易俗等方面的作用。材料来自笔者 2017 年 5 月在浙江临海永丰镇的调研座谈。

② 2014 年以来，徐州市丰县梁寨镇选聘有影响力的乡贤 143 名，这些乡贤包括离退休干部，他们以各村乡贤工作室为平台，了解社情民意、调解矛盾纠纷、引领乡村道德风尚，成为乡村治理的重要主体之一。材料来自笔者 2017 年 4 月在江苏徐州梁寨镇的调研访谈。

轻重的作用。事实上，目前具有典型意义的乡镇文化建构在全国并不多见，而乡村文化的类同化、模式化和平庸化却比较突出。总之，只有将乡村各个文化主体以科学方式凝聚起来，在发挥各自独特优势的同时，形成更有效的合力，乡村文化才能焕发巨大的生机活力。

2. 守住乡土文化的血脉，这是乡村治理的关键所在

如果站在人类的生存和发展角度看，最不能缺乏的是阳光、空气、土地和水，而乡村则是这些元素的家园。狄德罗说过，真正的财富只有人和土地。人离开了土地就一文不值，土地离开了人也一文不值。因此，不珍惜农村而片面强调都市发展，无疑是个死胡同。同理，站在乡村社会角度看，最重要的发展动力源应是文化，而这个乡村文化的重中之重是富有特色的元素，是城市难以代替的。所以，要真正重塑乡村文化的内生机制，一定不能忽略乡村文化中这些独特的元素。其间最突出的是民间文化，这包括乡村建筑、民间戏曲、民间工艺等。以乡村医生为例，他们既与大城市里大医院的医生不同，也与中小城市和县医院的医生有别，而是乡村社会的一个独特存在，这在 20 世纪六七十年代农村出现的“赤脚医生”中得到了最好诠释。可以说，现在的乡村医生虽离不开现代医学知识，但却是一个民间性很强的职业，是乡村文化建构中不可或缺的资源。

另据报道，山东聊城阳谷县阿城镇赵店村农民赵中田，三十多年跑遍长江以北大运河沿岸数千个村庄，收集整理的大运河民俗资料达 300 多万字，在国内外产生很大反响。其内容主要包括民间歌谣、民间方言俗语、民间游戏等。其中，民间歌谣有 1600 多首，民间方言俗语有 2600 多条，民间游戏有 218 项，仅地头棋就有 40 余种。[①] 我们既为这些乡村民间文化得以保存而欣慰，也为更多的民间文化和技艺在不断流失甚至失传而伤怀。所以，我们重塑乡村文化建设的内在机制，就是要建立科学有效的制度，以有助于保住这些民间文化瑰宝，使它们成为乡村治理中的内在底气。

---

① 魏海涛：《聊城农民 34 年收集抢救 300 多万字大运河民俗文化资料》，2014 年 6 月 28 日，齐鲁网（http：//liaocheng. iqilu. com/lcgushi/2014/0628/2044014. shtml）。

3. 重视乡村文化传承人的保护和培养，这是乡村治理的希望所在

在科技日新月异、现代化大生产的冲击和影响下，许多民间技艺都用不上了，中国广大乡村的一些文化技艺更是面临失传。如站在“求新”的现代化维度看，这种流失或失传并不算什么，它是顺应时代发展和人类进步的必然结果，用不着大惊小怪，更不值得为之惋惜；但站在人类健全发展和审美现代性的角度观之，民间文化的失去及永不再来，会造成文化生态的单一化、模式化。试想，现代机器和炉火烧制的瓷器怎能与细工出慢活、用心去做的瓷器相提并论，电脑雕刻如何能与人工尤其是艺术大师所雕刻的伟大作品相媲美？所以，乡村文化发展既要跟上现代化步伐，同时又要珍视传统民间文化技艺，并将它们很好地融合在乡村治理中。这就需要建立适合保护和培养乡村文化传承人的制度机制，而不是在单向的机器制作中迷失方向，让民间文化传承人加速度减少以至消亡。

乡村文化至为重要，它既是城市文化之根，又是人类文化之源，还是乡村治理永远不能忽略的灵魂。因此，我们一定要走出过去乡村治理只重经济和维稳的观念，而将文化置于战略发展的高度；同时，也要避免这样的失误：表面和笼统地理解乡村文化，处理不好乡村文化的各种关系，尤其不能深入乡土文化的“民间”层次，从制度机制建设上思考乡土文化的重塑问题。

三　公民的文化诉求与乡村治理

在中国乡村治理中，最重要的莫过于广大人民群众这一主体，因为他们既是所有力量和智慧的源泉，又是最后目的，还是成败得失最重要的衡量标准。可以说，有什么样的村民，就有怎样的乡村治理；反之亦然，有怎样的乡村治理，就会有什么样的村民。因之，最能体现乡村治理中文化建设核心内容的，还是村民的素养与品质。就目前情况看，中国村民还处于较低的文化层次，只有将他们不断转化为公民，乡村治理才能拥有有希望的未来。

（一）农民道德文化缺位及其困局

在中国传统文化尤其是儒家文化的规约下，村民的文化程度虽然不高，有的甚至是文盲，但其道德水准还是值得称道的，这也是中国古代乡里社会比较稳定的一个重要原因。然而近现代以来，这一情况急转直下，许多村民在失去传统儒家文化精神后，新的信仰又没确立起来，于是道德处于真空中，并出现文化的荒漠化，这严重影响了乡村社会的稳定与发展。改革开放以来，这一状况有所好转，但存在的问题仍非常突出，从而影响了乡村治理走向深入。

1. 农村社会道德文化生态遭到破坏，广大农民既是受害者又是破坏者

以往，乡村社会道德文化生态自成体系，尽管也有其不完善之处，但人心思定、崇尚道德、文化及其娱乐生活丰富多样，尤其是山清水秀、风清气正者多有。然而，改革开放尤其是20世纪90年代以来，农村社会产生巨变，人们的价值观有所不同，道德文化水准明显下滑。如北京通州永乐镇熬硝营村村民白金福曾向媒体坦承："先不说别的，我本人就贿选。连买选票带吃喝，砸进去150多万元。"但他还是落选了，因为他说当选的村委会主任杜友俊投进的钱比他还多。[①] 有学者指出，由于道德失衡甚至沦丧，有的村庄矛盾重重，主要表现为：地痞流氓横行乡里，友情亲情受到严重摧残，封建迷信、赌博成风。[②] 农民聚在一起，农事、国事、天下事往往吊不起他们的"胃口"，倒是与赌博有关的事成为他们的"热闹话题"。[③] 有农民也说："现在生活水平提高了，但一些传统美德也逐渐被人遗忘；一些地方相互攀比、结婚大讲排场的现象较为普遍；精神信仰混乱，信宗教者越来越多而且带有功利性和迷

---

① 李德民：《小小村主任，引得"大款"竞折腰?》，2007年11月28日，人民网（http://finance.people.com.cn/GB/6588580.html）。

② 周少来：《大村纪事——关中某地农村的调查与思考》，《政治学研究》2008年第2期。

③ 参见仁宗《农村文化，如何根植沃土》，2006年4月19日，央视国际网（http://www.cntv.cn/program/xcdsj_new/topic/agriculture/C15616/20060419/101632.shtml）。

信色彩，邪教也有存在的市场。”[①] 据调研，四川寻乌县现在约有1/3的人认为自己有宗教信仰，其中绝大多数信佛。佛教和道教信众有1.5万多人，基督教信众为1200多人，宗教场所有96处，其中佛教有57处、道教有35处、基督教有4处。[②] 由此可见，农村社会这种道德文化“乱相”仿佛是个巨大的黑洞，将严重影响乡村治理的发展与深化。

2. 农民文化素质与水平堪忧，这成为制约乡村治理的巨大隐患

本来，与城市市民相比，中国广大农民的教育文化程度就不高，加之大量乡村精英外出打工，高成本和就业难令不少农家子弟早早辍学，更不愿上大学，于是造成农村文化整体水平偏低。据载，内蒙古青壮年多外出打工，长年在家务农的平均年龄为44岁以上，小学文化程度占55%，农村实用人才总数不足6%。[③] 这一状况还不限于个别省份，据2012年的统计，在农民工中，文盲占1.5%，小学文化程度占14.3%，初中文化程度占60%，高中文化程度占13.3%，中专及以上文化程度占10.4%。其中，外出打工的农民和本地农民工高中及以上文化程度的分别占26.5%和36.4%。外出农民工的受教育程度高于本地农民工，农民工受教育程度又明显高于非农民工。[④] 由上可见，高中以上文化程度的农民工占比只有26%多一点，即1/5强，而远低于这个数字的非农民工——本土农民的文化程度就可想而知。列宁早就说过，在一个文盲充斥的国家要建成社会主义，那是不可想象，也是不可能的。在21世纪第二个十年的中国，广大农村农民的文化水平还如此之低，那么他们靠什么进行乡村治理？经调查发现，福建和江西的一些村干部有意愿为村民维权，决策程序也合理，但因缺乏“民主训练”，文化知识水平有

---

① 参见韩延龙、刘立金《新形势下农民思想文化教育调查与思考——以农业大包干发源地凤阳为例》，2015年4月20日，中国乡村发现网（http://www.zgxcfx.com/Article/84763.html）。

② 《弘扬脱贫攻坚精神 推动农村物质文明和精神文明协调发展——寻乌扶贫调研报告》，载中国社会科学院“百县调研”南江组编《四川省南江县调研资料汇编》，2018年6月，第25页，内部资料。

③ 方玲：《内蒙古调查：关注青壮年劳动力大量流失给农业生产带来的不利影响》，2009年3月23日，温州农村经济网（http://nj.wzvcst.cn/news.asp?id=510）。

④ 《2012年中国农民工文化程度构成统计》，2013年6月5日，中商情报网（http://www.askci.com/news/201306/05/0510532790352.shtml）。

限，信息又不畅通，无法真正维护农民长远利益。[①] 也有人认为："培养交流思想的技巧应永远是民主教育一项中心的目的。""培养交流艺术是民主国家公民应视为自己必须完成的一项不容松懈的要求。"[②] 这是必然的，因为没有文化尤其是未受过良好的高等教育，广大农民就不可能有世界视野，也不能形成现代的管理能力与水平，更不可能站得高、看得远，具有前瞻性眼光。

3. 农民的公民意识淡薄，直接影响乡村治理的未来

孙中山早就强调"公心"对于国家的重要性，所以他总喜欢写"天下为公"几个字。晏阳初将"私"视为农民的四大劣根性之一，欲除之而后快。改革开放几十年来，农村经济确有较大发展，但由于过多强调"个体"，忽略了集体和公心的推行，于是人们的"私心"过度膨胀，以至于在家庭亲情间也渗入你死我活的利益考量。因此，在原来不少乡村熟人社会，那种相守相望、互帮互助、谦逊友爱、父慈子孝、兄弟姐妹友爱的氛围被打破了。这具体表现在：一是不关心集体的事，更看重自己的利益，农村许多群体性事件的发生不能不说与农民的争利直接有关。二是与生产技术有关的事，农民还有热情，至于国家政策、乡村文化、娱乐活动、民主协商、民主选举，他们往往并不用心，即便参与也是应付甚至有失原则。三是助人为乐、慈善之心和奉献精神的淡薄，这就是老百姓自己所说的"只管自家门前雪，哪管别人瓦上霜"。以村民自治选举为例，有的地方有的村民竟将选票投给劳改犯、死去多年的人、恶人、儿童，还有的选民竟为一盒烟、一瓶酒将选票卖了，这都说明这些农民的"私心"太重，根本没有"公心"和权利意识。长期以来，在村民自治选举中，富人村干部成为一种普遍现象，且有愈演愈烈之势，何以故？我们当然可从执政理念、候选人的贿选以及经济至上等角度考虑，但农民的私心过重、功利心强也不可忽略。试想，当候选人一实行经济承诺，村民就欢天喜地，甚至在有的地方村民主动请富

---

① 贺东航、朱冬亮：《关于当前新集体林权制度改革若干重大问题的探讨》，《中国社会科学内部文稿》2009 年第 1 期。

② ［美］科恩：《论民主》，聂崇信、朱秀贤译，商务印书馆 1988 年版，第 169 页。

商回来做村干部，多是功利心在做怪。这也是农民有时目光短浅、比较盲目的地方。

需要强调的是，不是所有农村的农民都是道德败坏、文化水平低下，事实上，不少地方都进行了大胆的道德文化创新，从而走出一条文化治理乡村的宽阔道路。如山东济南章丘市官庄镇吴家村就“以孝治村”，通过树孝风、开讲堂、做孝事、定孝制，形成村里人争守孝道、争做孝德人家的局面。为了更好地扩大宣传，吴家村还创办了《朝阳孝报》，请来新疆、西藏、山西等地的志愿者，效果较为显著。[①]这样的创新在全国具有示范作用。但毋庸讳言，全国乡村道德与文化乱象并非个案，而是有一股很大的势头，这是应该引起高度警觉和重视的。

（二）乡村治理实践与公民的文化提升

纵观中国乡村治理的历史，一个值得深思的现象是，乡村治理自古及今从未停止过，即使从近现代开始至今已逾百年，但广大村民的公民意识和公民文化仍未真正建立起来。导致这一情况的原因很多，但最主要的恐怕是广大人民群众没有成为治理主体，许多乡村治理缺乏广大人民群众的真正参与和实践，而停留在行政控制和知识分子的理论阐述上。根据地、解放区时期和改革开放以来是村民参与乡村治理实践最好的两个时期，但也存在公民意识不充分的缺点。因此，如何让广大村民真正成为乡村治理的主体实践者，这是提升乡村公民文化的关键所在。

1. 村民“自治锻炼”及其成长

从整体上说中国村民缺乏公民意识，但并不能否认古今转变尤其是在近现代以来的变革中，其公民意识得到了逐步提高。只是以较高标准进行衡量时，我们发现中国村民的公民意识还不能令人满意，有的地方还处于较为滞后的状态。2011 年对河南某村进行调查发现，当被问到“对村中选举是否感兴趣”时，村民的回答出人意料：非常感兴趣的占

---

① 刘晓群：《一个村庄的“以孝治村”尝试》，《济南日报》2014 年 1 月 9 日第 C3 版。

15.9%，比较感兴趣的占29.6%，不太感兴趣的占48%。[①] 从1980年村民自治到2011年，时间已过去31年，即便从1987年《村民委员会组织法》的试行算起，至2011年也过了24年，然而村民对村中选举“不太感兴趣”的竟占到半数，从中可见村民自治存在的表面化和失误，也反映了广大村民与村民自治实践存在着较大距离。

为何会出现这种情况？主要有如下原因：一是公民的意识和文化的培育并非易事，它需要更长时间的努力和积累，尤其是在有着数千年专制传统的中国更是如此。二是改革开放以来，农民生产的积极性有所提高，个性意识有所增强，但集体主义精神尤其是公益事业之心却淡漠了。对有的村民来说，只要对自己没好处，再重要的国家大事都高高挂起，似乎与己无关。既然自己不想也不能当选村干部，那么村中选举与己何干？这往往成为不少村民的内心图景。三是说明在轰轰烈烈的村民自治活动中存在着巨大的隐忧。一个是参与广度不够，另一个是没有参与深度。当村民自治不是村民自己的自觉活动，而是有着过重的行政化色彩，甚至变成一种形式主义，村民就会成为被动角色，其兴趣就不可能被调动起来。以村民自治的制度建设为例，不少法规往往都是由各级政府制定，至多吸收了知识精英参加，也会听取一些群众意见，这就导致其脱离群众和笼统空洞的情况。真正的制度建设应反过来，由村民制定，经政府和知识精英指导、监督，这样才能切中要害。也只有在这样的“立法”过程中，村民才能真正得到成长，公民的参与意识和文化水平才能有所提高。

其实，早在20世纪80年代初，时任人大常委会委员长的彭真就指出：村民委员会“作为人民群众自我教育、自我管理、自我服务的组织，办理公共事务和公益事业，调解民间纠纷，协助维护社会治安。这些工作中有许多由它们来做比由政权机关来做更适当、更有效”[②]。1987年颁布《中华人民共和国村民委员会组织法（试行）》第一条规

① 张连朋：《村民参与村务活动中的公民意识调查研究》，郑州大学，硕士学位论文（2011年），第14页。

② 《彭真文选（1941—1990）》，人民出版社1991年版，第477页。

定："为了保障农村村民实行自治，由村民群众依法办理群众自己的事情，促进农村基层社会主义民主和农村社会主义物质文明、精神文明建设的发展。"然而，在现实实践中，人民群众很难掌握话语权，也难成为真正的自治主体，这就造成村民被动地实行村民自治的状况。换言之，不少乡村的村民是"被自治"的。

马克思主义者特别重视实践的作用。马克思认为："人的思维是否具有客观的真理性，这不是一个理论的问题，而是一个实践的问题。人应该在实践中证明自己思维的真理性，即自己思维的现实性和力量，自己思维的此岸性。"① 毛泽东也说："真理只有一个，而究竟谁发现了真理，不依靠主观的夸张，而依靠客观的实践。只有千百万人民的革命实践，才是检验真理的尺度。"② 关于村民的公民参与意识和文化水平的培育也是如此，只有让他们以创造主体的身份进入乡村治理，才能更大限度发挥潜能，并在实践活动中得到锻炼和成长。

也是在此意义上，村民自治不能变成行政干预，也不能成为干部自治，更不能让自治变得有名无实，而应该让广大村民自己治理自己，并在自治过程中锻造自己的公民的文化意识。当然，在这一过程中，有的方面也可能不如人意，甚至步子会慢一点，也还会犯错，但是没关系，因为村民自治完全可通过不断调整和总结获得更大提高，并逐渐突破自己的限制。

2. 建立农民对话交流平台

除了在民主选举、民主决策、民主管理和民主监督"四个民主"上锻炼成长外，在中国乡村建立农民对话交流平台，也是提高其公民意识和水平的重要方式。如果说，前者是属于村民自治内部的，那么后者则偏于外部；如果说前者属于自足的，后者则是开放的；如果说前者可称为静态的，后者则具有动态的性质。总之，如何将广大农民用现代化的交流方式尤其是新媒体联结起来，从而赋予其更多公民的文化内容，这是乡村治理今后的发展方向，也是对"四个民主"的突破和超越。

---

① 《马克思恩格斯选集》第1卷，人民出版社2012年版，第137—138页。

② 《毛泽东选集》第2卷，人民出版社1991年版，第663页。

第一，创新农民培训平台。目前，中国广大农村也有各式各样的培训，但往往更重农业创业技术、法律知识、文艺活动等，一般说来这是必要的。但它最大的问题是涉及面较窄和起点低，对于文化内涵的理解过于表面化，参与度也并不高。未来要创新农民培训平台，应强调以下几个要点：一是从农民兴趣出发进行培训，诸如孩子培养、家庭与邻里和睦相处、夫妻相处之道、卫生医疗、理财投资等。二是带有介绍性、引导性和指导性的农民培训，可从国家和世界的高度来介绍政治、经济、社会、思想、文化等内容，以开拓农民视野，深化农民思想，提升农民境界，提高农民品位。三是培训方式要灵活多样，既可请大学教授、知名人士为农民讲座；也可创立农民大学，定期或不定期让农民参加培训；还可用广播电视甚至“手机微信”进行传播。总之，要立足农民所需，以老百姓喜闻乐见的方式进行有计划、有组织、有目的的培训，以便使农民真正融入国家与世界的发展进程，而不是游离于外。四是以免费方式进行培训，可建立国家发展资金投入制度，也可与高校、科研院所对接，还可动员志愿者，甚至在必要时可设立奖励制度，即对那些经过考试，成绩突出和优秀者进行物质与精神奖励。当然，如行之有效，更可将通过农民培训的毕业生推荐给有关用人单位，以形成更大的激励机制。

第二，搭建农民文化生活平台。20世纪七八十年代中国乡村的业余生活丰富多彩，但改革开放以来农村生活越来越单调，有的地方甚至走向低级趣味。有不少农村也有各种文艺娱乐活动平台，但往往规模较小，且多是针对退休人员或“有闲阶层”的；而普通农民往往无缘甚至也无意参与其间，如农民书屋、舞蹈队、合唱团等都是如此。如何将更多农民吸引过来，尤其是让他们远离不健康的生活方式，进入一个良性、健康、美好而有意义的生活空间，这是搭建农民文化平台不得不考虑的。如北京大兴区采育镇于2012年创办表演平台，具体做法是让村民上台表演小品，其目的是为了争“做文明有礼的北京人”，结果在两小时的表演中，百余名村民无一人提前退场。[①] 这是一种寓教于乐的农

---

① 《采育镇培训拆迁村民走向阳光新生活》，2012年9月26日，北京大兴区人民政府网站（http://www.bjdx.gov.cn/jrdx/dxxw/dxxx/2012n/455901.html）。

民文化平台建设，既丰富了农民生活，又提升了农民的审美能力和趣味。另一个例子是广东茂名高州彭村的文化生活平台建设，在村支书吴国杨的带领下，举行“好婆婆”和“好媳妇”评估活动，除了发放慰问金，还将其照片挂在“清风长廊”的显要位置。在彭村的人工湖边，吴国杨还建了一个玻璃箱和一杆“良心秤”，只要村民钓到鱼，就自觉称重并按市场价将钱投进玻璃箱。吴书记说，他这样做就是想衡量一下村民对村干部的工作是否满意（如有意见就可能将秤毁掉），他也想用这个秤称一下民风和民心。有趣的是，几年下来，秤一直保存完好，箱里的钱最多一天为3600多元，2013年投入箱子的鱼款超过16万元。面对这种情况，来彭村参观的外地外村干部感叹道：“在我们村，不要说那些百元大钞，就是装钱的箱子估计也没了。”① 这是一个很好的农村文化生活活动平台，它对于培养和提升农民的公民意识大有益处。还有央视七套推出的《乡约》节目，它将大舞台置于农村露天广场，以相亲为主，让包括农民在内的广大人民群众参与其中。这是主持人与广大人民群众展开互动的一个开放式平台，在此既有乡村风情和乡村文化的展示，又有人民群众的热情参与，还有农村不同层次不同人的互动交流，当然也是一个被注入现代理念、思维和方式的场所。可以说，央视《乡约》节目只是一个透视广大农村的窗口，其实农村还有其他很多内容也可用这种方式或其他方式展开，这是一个很有发展潜力的农村文化生活创新平台。

第三，创办农村社区报、网的传播平台。在城乡二元结构关系中，许多方面都无法避免巨大的差异性，其中文化传播方式最为明显。如城市的报、刊、网传播日新月异，其发展速度甚至超过想象，而农村则要相形见绌得多。当前要了解农民状况，主要是通过全国性报纸和网络，如《农民日报》《甘肃农民报》等，而相对于城市社区报的兴起，农村社区报还比较少见。现在的农村普遍存在着“有社区，无社区媒体”

---

① 李文才、周志坤：《“我若贪一元，罚我一万元”》，2014年9月9日，中直党建设网（http：//www. zzdjw. org. cn/n/2013/0909/c178388 －22851681 －2. html）。

的现象。① 今后，在广大农村至少应做好如下工作：一是在不同层级创办乡村报，使农民真正拥有自己的报纸。这种方式的优点在于，让农民成为办报、读报、评报的主体，让农民形成通过报纸相互交流的文化生活习惯，让农民成为离“乡村报”最近的文化知音，因为像《农民日报》这样的国家媒体毕竟离农民还比较远。在此，可参照山东省潍坊社区报的办报经验，如在奎文区，社区报的创办作为一项文化惠民举措，它让居民当主角，通过鲜活、接地气的深入报道，挖掘居民身边的正面典型，弘扬正能量，倡导新风尚。同时，真正把每份社区报办成辖区内的特色平台，充分展示百姓形象，积极反映百姓呼声，切实给居民带来更贴心的服务，进一步丰富广大人民群众的精神文化生活。另外，奎文社区报是正式发行的报纸，并免费赠给居民，不花居民一分钱，从而产生了广泛影响。② 如能在中国广大农村社区兴起让农民自己办报的新高潮，就会用“文化”这根金线从根本上将农民联结起来。二是用网络架起农民沟通的桥梁，从而使文化更自由地在乡村传播。现在有不少农民可通过网络销售自己的产品，用“手机微信”进行通话甚至浏览各种信息，但在乡村治理中，还没有形成农村文化建设的传播平台。这个平台应真正面向农民，针对乡村治理，立足于农民文化水平的提高，着力于农民的公民的文化建设。换言之，应建立农村文化信息化平台，让广大农民能在其中真正找到自己，也让他们在互动中得以提升。现在人们一直在倡导“让网络营销进农村”，其实更应强调让文化网络进入乡村。更重要的是，这个文化网络平台不是由官方或领导干部而主要应由村民自己创办。

以前，有人称中国农民是一盘散沙。今天，这种状况依然程度不同地存在着。因为除了有限的交集，农民往往各行其是，且情感联系和心灵交流也大不如前。在这一背景下，农民的道德与文化素质更难形成。通过改革开放以来的村民自治尤其是新农村建设，这一状况虽有所改变，但仍面临根本挑战。如搭建农村各式各样的文化平台，农民的道德

---

① 王君超：《农村社区报大有可为》，《光明日报》2013 年 5 月 4 日第 9 版。

② 材料来自 2014 年 10 月笔者在山东潍坊奎文区的调研访谈。

水平和公民的意识就会快速成长起来，其现代化意识也会得到很大提高。比如，若能以各种形式建起农村协商平台，让广大农民就有关事宜进行磋商，这种公民的参与意识和文化品格的锻造就会超过预期。

（三）乡村公民的文化建设应注意的问题

乡村公民的文化建设面广，面临的问题多多，有的还是非常复杂的，难以在短期内速见成效。这就要求我们对于一些重要和重大问题，给予高度重视，否则乡村公民的文化建设不仅难以完成，甚至会出现意想不到的恶果。这在中国乡村治理中，都有这样或那样的表现。因此，站在更高层次，以战略发展的眼光看待乡村公民的文化建设，就变得相当重要、必要和急迫。

一是将中国传统文化与西方现代文化结合起来，并进行文化再造，这有助于乡村公民的文化的建构。目前，许多人往往一元化地理解现代化和公民意识，即站在西方正确的角度否定中国传统的合理性，于是所谓的现代化就是西方化，即以西方的价值标准为依归，我们的现代化追求就变成否定中国传统后的向西方看齐。有学者指出："传统的人所拥有的品质使他们容忍或安于不良的现状，终身固守在现时所处的地位和境况中而不求变革。那些陈腐过时的、常常是令人难以忍受的制度就暗暗地靠着这些传统的人格性质，长久顽固地延续下去，死死抓住人们。"① 这令人想到梁漱溟对于农民"爱静守旧"的看法，这显然是西方化观念的结果。有人甚至说："中国农村现代化，实质是实现农民从传统特性的角色转变为体现现代特性的公民角色。"② 应该承认，中国农民确实在有些方面需要向西方公民学习，并实行现代性转化，但这并不等于说中国传统文化及其农民就没有"公民"因素。如"天下兴亡，匹夫有责"，"修身、齐家、治国、平天下"，"老吾老以及人之老，幼吾幼以及人之幼"等，就包含了公民性至少是公民元素，否则就无法理

---

① 殷陆君编译：《人的现代化》，四川人民出版社 1985 年版，第 67 页。

② 樊海涛：《公民意识：农民向现代公民转变的前提——基于村民自治角度的分析》，《南京理工大学学报》2009 年第 3 期。

解在中国乡村社会中存在的互帮互助、和平友爱、真诚信义。事实上，西方的“公民文化”也不是一成不变的，而是经历了一个发展过程。阿尔蒙德说过：公民文化不是一种现代文化，而是现代与传统混合的政治文化，它融合了不同历史时期政治文化的基本特征。这里既有传统部族村落自我封闭的互信，又有对统一国家和专业化中央政府机构的认同和忠诚，还有对现代复杂的政治系统和决策过程的参与意识和具体要求。[①] 2011 年前后，湖南郴州的梨树山村组织村干部群众 60 多人，听请来的专家讲《弟子规》《朱子家训》等传统经典，以培养爱祖国、讲奉献、乐助人、家和睦、人友善的现代公民。[②] 站在西方现代性角度看，这一做法是错误也有些荒唐的；但站在阿尔蒙德“公民文化”的多元混合角度看，这又是合理和值得肯定倡导的。当然，如不顾现代公民文化内容，一味从中国传统寻找资源，甚至以传统代替现代，那也是错误和不可取的。当然，对于中国传统与西方现代的选择取舍也不能用“半半哲学”，或简单将二者相加，而应进行融通和再造。

二是对于家庭文化与社会文化进行辩证理解，不能陷入顾此失彼局面，这是乡村公民的文化建设的重要维度。长期以来，我们理解“公民文化”主要是站在国家意识形态和社会属性这一大视野，这就带来这一概念的封闭性、窄化和不接地气。我们习惯于将村民自治定义成四个民主即有此不足。换言之，公民文化和公民意识往往更多的是在“社会—国家”的框架下展开，于是其意识形态的特色十分明显，也存在凌空高蹈的局限。如有学者认为：“现代化要求的公民意识内涵：（1）积极地参政意识与民主意识。这种意识的增强是农村政治现代化的基础。（2）强烈的开拓意识、竞争意识和效率观念。这是推动农村社会和经济变革的重要动力。（3）浓烈的契约意识和法治精神。懂得用契约的方式来表达自己的意志和要求，这是现代法治社会公民意识的主要内容。（4）平等和独立的人格意识。这是农民对自身实践超越的一个关

① ［美］阿尔蒙德·维巴：《公民文化——五个国家的政治态度和民主制》，徐湘林等译，东方出版社 2008 年版，第 3 页。

② 邓明、白培生：《北湖区引导村民做现代公民》，2011 年 5 月 5 日，网易新闻（http：//news. 163. com/11/0505/08/739D8NH500014AED. html）。

键环节。”[①] 这显然是一种从社会属性和国家意志的角度解释“公民文化”的，是大而言之的集中体现。其实，除了社会和国家，“家庭”对一个人文化性格之形成和发展起到关键性作用，这是一向不被乡村治理注意的。又如林语堂曾将“家庭制度”看成“恰好是个人主义的反动”，“它拉着人往后退”，从而给中国人造成“灾难性”后果。[②] 但他们往往忽略了中国“家庭”又会给人的“公民性”带来积极影响。因为家庭本身就是社会细胞，也是社会大课堂的第一站，并且一直伴随每个人的一生。家庭修养的“温、良、恭、俭、让”等也是“公民”所需的重要品格。孔子所说的“爱亲者，不敢恶于人；敬亲者，不敢慢于人”，也是家庭文化中的“公民”性体现。总之，任何国家的“公民性”都不是单面的，而是贯穿于“个人—家庭—社会—国家”的关系结构中。因此，在锻造村民公民的文化时，要避免陷入“社会—国家”的单一模式，而应从小开始，让每个农民之子都经由家庭的熏陶与培育，这是不可忽略的自然成长历程。

三是对于“公民性”还应给予正、反两面的思考，以避免思维方式偏于一极，这是乡村公民的文化建构中必须克服的盲点。我们谈到包括“公民文化”在内的现代化，往往都是从正向来思考的，于是逆向的内容都不在关注之列，甚至将其视为异己的力量，更不要说研讨在这两种趋向之间存在的模糊地带了。我们认为，对于“公民文化”“公民性”“现代性”这些概念并不能做单一理解，而应注入复杂的内容，即在张力效果和互相作用中进行思考，这样才能做到“富有个性但不张狂、奋勇前行又时有回顾、批判排斥中充满包容”。就如有人所言：“赞成参与制度可存在于政治系统中的态度，在公民文化中扮演着主要的角色，但是，诸如信任他人和一般的社会参与制度等这样的非政治态度也起同样的作用。当这些被保留的较传统的态度和参与者取向相融合的时候，便导致了一种平衡的政治文化，在这种文化中，既存在着政治的积极

① 宋圭武：《从“村民”到公民——中国农村现代化的实质》，2005年8月21日，博客中国（http：//post. blogchina. com/p/85312）。

② 林语堂：《中国人》，浙江人民出版社1988年版，第152—155页。

性、政治卷入和理性，但又为消极性、传统性和对村民价值的责任心所平衡。”① 在此，既肯定政治参与的积极的现代价值，又不否认政治参与的一般甚至消极的传统取向，因为二者是彼此依存的，后者甚至对于前者具有“平衡”和“修正”之功。应该说，这样的认识比单一地理解“公民文化”更具包容性、协调性、制约性和弹性，也是更加科学的。

归根结底，中国乡村治理的最后落脚点是在“文化维度”上，其实施效果与文化选择直接相关。这包括传统与现代、本土化与世界化、城市与乡村、古与今等多种关系的选择。其中，最根本的还在于治理主体的理性自觉与现代意识，是他们将各种文化优势和特长进行融合变通、重塑再造的能力。在此，一方面，国家和各级政府要有文化治理乡村的长远布局和战略思考，并将之制度化和常态化；另一方面，又要立足于乡村实践，尤其是以广大人民群众的主体性和文化重塑为核心目标，这样的乡村治理一定会有健康美好的未来。

① ［美］阿尔蒙德·维巴：《公民文化——五个国家的政治态度和民主制》，徐湘林等译，东方出版社2008年版，第28—29页。

第五章　乡村协商民主的条件与实现方式

如果总结近年来中国学术的关键词，“协商民主”可能为其一，它出现的频率之高、吸引力之大、学术影响之深远，都很有代表性。其中，乡村协商民主更为活跃，成为学者集中的重要研究领域。一时间，此方面的研究成果非常丰富，这对于乡村治理及其中国政治发展意义重大。但也应该承认，由于时间仓促和观念所限，不少研究者还停留在简单套用西方理论方法上，更多成果属于个案研究，难以全面把握和深入透视中国乡村社会的深刻变革，往往给人这样的感觉：协商民主之于中国乡村治理就像一个外贴的标签，有两张皮的感觉。实际上，中国乡村协商民主既具有外在性又有内在性，既是一次革新又隐含着巨大困惑，既有光明的前景又令人担忧。要处理好协商民主与乡村治理的关系，不能不考虑乡村特性，了解其复杂性与矛盾性，以现代化思维进行认知和阐释，否则就很难摆脱协商民主外在化、简单化、肤浅化的局限。

一　乡村协商民主的前提

作为一种以外援性为主的制度，协商民主在中国越来越引起人们的高度重视，且有自国家层面向各省市尤其是广大乡村推进的趋势。这就带来一个问题，以自由、民主、平等、正义、公正为价值理念，以多元化、理性、包容、规范、公共性等为基本特征的西方协商民主，[①] 在多

---

① 韩冬梅：《西方协商民主理念研究》，中国社会科学出版社 2008 年版，第 42—53 页。

大程度上能适合中国广大乡村，能成为中国乡村治理的调适和加速器？对此，许多人抱有否定甚至怀疑态度。应该看到，在缺乏现代性价值与实践的中国广大乡村，要真正与西方的协商民主实行无缝对接，那是相当困难的；但在二者之间并非没有联系，尤其是存在着双向互动的借鉴、融通和再造可能。因此，将西方协商民主的优长运用于中国乡村治理，不是没有前提和可能的。

（一）政治条件

一般人认为，“协商民主”是个西方概念，近些年它受到学界的热捧和广泛介绍，不少学者往往将之归结为20世纪八九十年代西方的一种理论思潮和学术流派。其实，协商精神在中国并不陌生，它早已成为中国政治生活的一件大事，因为民主协商一直是党和国家的制度机制。有人提到，中国的政治协商早于西方的协商民主，也包含着西方协商民主的核心价值观，是一种具有中国特色的民主形式。① 因此，民主协商早已显示协商民主的性质与精神，它是以中国共产党为领导核心的各党派和群体的共同参与。

1987年，党的十三大报告提出“社会协商”概念，这是对中华人民共和国成立以来“政治协商”的丰富与发展。报告明确指出，“建立社会协商对话制度的基本原则”，“提高领导机关活动的开放程度，重大情况让人民知道，重大问题经人民讨论。当前首先要制定关于社会协商对话制度的若干规定，明确哪些问题必须由哪些单位、哪些团体通过协商对话解决。对全国性的、地方性的、基层单位内部的重大问题的协商对话，应分别在国家、地方和基层三个不同的层次上展开。各级领导机关必须把它作为领导工作中的一件大事去做。要进一步发挥现有协商对话渠道的作用，注意开辟新的渠道。要通过各种现代化的新闻和宣传工具，增加对政务和党务活动的报道，发挥舆论监督的作用，支持群众批评工作中的缺点错误，反对官僚主义，同各种不正之风作斗争”。可

---

① 虞崇胜、王洪树：《政治协商：协商民主在中国的理论创新与实践探索》，《中国人民政协理论研究会会刊》2007年第2期。

见，“社会协商”将政治协商的内涵、范围都扩大了，也确立了多样化的协商形式。

2012年，党的十八大报告第一次提出“健全社会主义协商民主制度”，这是对“社会协商”的进一步发展和超越，具有里程碑意义。报告指出：“要完善协商民主制度和工作机制，推进协商民主广泛、多层、制度化发展。通过国家政权机关、政协组织、党派团体等渠道，就经济社会发展重大问题和涉及群众切身利益的实际问题广泛协商，广纳群言、广集民智，增进共识、增强合力。坚持和完善中国共产党领导的多党合作和政治协商制度，充分发挥人民政协作为协商民主重要渠道作用，围绕团结和民主两大主题，推进政治协商、民主监督、参政议政制度建设，更好协调关系、汇聚力量、建言献策、服务大局。加强同民主党派的政治协商。把政治协商纳入决策程序，坚持协商于决策之前和决策之中，增强民主协商实效性。深入进行专题协商、对口协商、界别协商、提案办理协商。积极开展基层民主协商。”非常明显，与党的十三大报告相比，十八大报告更强调协商民主的制度、程序建设，也指出其广泛性、多样性和高效性，尤其是提出包括农村在内的广大基层实行“民主协商”的必要性。

2013年，党的十八届三中全会召开，《关于全面深化改革若干重大问题的决定》首次强调基层协商民主的“制度化”，尤其提到“城乡社区治理”，这比十八大报告又进了一步。该决定说：“发展基层民主，畅通民主渠道，健全基层选举、议事、公开、述职、问责等机制。开展形式多样的基层民主协商，推进基层协商制度化，建立健全居民、村民监督机制，促进群众在城乡社区治理、基层公共事务和公益事业中依法自我管理、自我服务、自我教育、自我监督。”这一表述更贴近乡村治理与协商民主的实际。

与此相关，从中央到地方开始为“协商民主”建章立制。如2006年在《中共中央关于加强人民政协工作的意见》中，就有下列表述：“在中国共产党领导下进行广泛协商，体现了民主与集中的统一。人民通过选举、投票行使权利和人民内部各方面在重大决策之前进行充分协商，尽可能就共同性问题取得一致意见，是我国社会主义民主的两种重要形式。”这对于建立“协商民主”制度是有益的。2011 年，广东省出台《中共广东省政治协商规程》。2013 年，江苏省出台了《关于加强企业协商民主制度建设的指导意见》，这是全国首个推进企业协商民主的指导性文件。这些规定虽不是直接为乡村协商民主制定的，但其中显然包含相关内容和指导意见。

国家政策与乡村协商民主是包含和被包含关系：前者对后者具有重要的指导性，它规定着协商民主尤其是基层协商民主的政治方向；后者反映了中央顶层设计的具体内容。一般来说，广大农村离中央政策较远，但二者具有不可分割的关联性，只不过有的是直接的，有的是间接的。离开国家和各级政府的政策支持，乡村协商民主就会失去生成的政治条件。

（二）经济条件

中国乡村社会有个显著特点，那就是经济比较落后。所以，自古以来许多重大变革都与此有关。经济既是上层建筑的基础，又是决定社会发展的命脉，更是百姓赖以生存之所谓的“天”。因此，乡村协商民主的物质条件也要给予重视。

改革开放 40 年，中国乡村经济获得长足发展，不少地方发生翻天覆地的变化。据统计：“从 1957 年到 1978 年，全国人口增长 3 亿，非农业人口增加 4000 万，耕地面积却由于基本建设用地等原因不但没有增加，反而减少了。因此，尽管单位面积产量和粮食总产量都有了增长，1978 年全国平均每人占有的粮食大体上还只相当于 1957 年，全国农业人口平均每人全年的收入只有 70 多元，有近 1/4 的生产队社员收入在 50 元以下，平均每个生产大队的集体积累不到 1 万元，有的地方甚至不能维持简单再生产。”① 而到 2013 年，全国农村人均纯收入则达到 8896 元。②

---

① 《中共中央关于加快农业发展若干问题的决定（1979 年 9 月 28 日中国共产党第十一届三中全会第四次全体会议通过）》，载中共中央文献研究室、国务院发展研究中心编《新时期农业和农村工作重要文献选编》，中央文献出版社 1992 年版，第 26 页。

② 《2013 年农村居民人均纯收入 8896 元》，2014 年 1 月 22 日，中华人民共和国农业部网站（http：//jiuban. moa. gov. cn/fwllm/qgxxlb/xj/201401/t20140123_ 3746486. htm）。

这比35年前的1978年增长了100多倍。另外，从农村绝对贫困人口的下降看，已从1978年的2.5亿下降到2006年的2148万，绝对贫困发生率由原来的30%下降到2.3%，[①] 28年间减少2.2亿多人。到2017年年底，全国农村贫困人口降到3046万人，比2016年减少1289万人。[②] 目前，农村贫困人或绝对贫困人口就更少了，已减少2/3。[③] 可见，中国农村经济发展速度之快。科恩说："社会成员如不享有最低限度水平的物质福利，任何社会也不能指望长久维持自治。"[④] 中国乡村协商民主也是如此，由于大多数村民已脱贫，经济水平逐年提高，才有可能参与包括协商民主在内的自治活动中。

商品经济有助于乡村协商民主成长，因为在市场经济下，参与主体会形成自己的现代思想价值，诸如自由的精神、民主的意识、公正的理念、协商的方式、谈判的艺术。马克思曾表示："平等和自由不仅在以交换价值为基础的交换中受到尊重，而且交换价值的交换是一切平等和自由的生产的、现实的基础。"[⑤] "交换价值制度，或者更确切地说，货币制度，事实上是自由和平等的制度。"[⑥] 这也是为什么，改革开放尤其是市场经济发展，推动了传统农村经济结构的变动，也为乡村社会注入现代价值，这为协商民主的产生和发展培植了沃土。在这一过程中，村民提高了决策、经营、管理和沟通能力，也得到主体性、人格尊严。应该说，是商品经济大潮催生了广大乡村干部群众的协商民主意识。

还有一个影响乡村民主的经济因素值得重视，那就是经济发展所形成的利益链，它横亘于村民与村民、村民与村干部、村庄与村庄、村庄

① 王立芳《我国改革开放以来农村贫困人口数量减少2.28亿》，2007年5月27日，人民网（http://politics.people.com.cn/GB/8198/84013/84040/5856539.html）。

② 《2017年全国农村贫困人口3046万人》，2018年2月2日，中国产业信息研究网（http://www.china1baogao.com/data/20180202/4563797.html）。

③ 《我国5年减贫6853万人消除绝对贫困人口2/3以上》，2018年2月19日，新华网（http://wap.stcn.com/article/252815）。

④ ［美］科恩：《论民主》，聂崇信、朱秀贤译，商务印书馆1988年版，第110页。

⑤ 《马克思恩格斯全集》第46卷上，人民出版社1979年版，第197页。

⑥ 《马克思恩格斯全集》第31卷，人民出版社1998年版，第363页。

与乡镇之间，也包括乡镇与县级以及城市之间，这是一个复杂的经济利益网络。在改革开放之初和市场经济之前，这种经济利益关系还比较简单，人们的经济收入差别不大，然而越往后，矛盾越尖锐和越突出。还有，由于乡村利益的划分处于不断变动中，并由此影响其他方面，这就难免产生各种矛盾冲突，有的甚至变为严重的群体性事件，这在乡村征地拆迁时变得最为突出。如何解决这些日益激烈的乡村矛盾冲突，就显得至为重要。因为这不仅牵扯到乡村各方利益，更与家庭、乡村社会安全、稳定直接相关。处理好了，一切顺利；处理不好，会扩大事态甚至闹出命案。基于此，协商民主就成为解决农村利益分割、广大干部群众和平共处的有效方法。随着乡村社会日益发展，协商民主变得愈加重要和迫切。因此，在处理和解决因农村经济等问题导致的利益之争时，协商民主是一种有效方式，它既能协调各方利益，又能使村民保住面子，还能让乡村步入民主自治轨道。

需要补充说明的是，物质条件还包括其他硬件，如电视、电脑、新媒体等也会促成协商民主的产生和发展。不过，应对乡村协商民主的条件有观念上的突破，这包括经济发展，也包括基础设施、文化传播工具，还包括互联网、短信微信平台等。这是需要不断开拓和提升的全新视野。

（三）社会条件

就社会结构而言，改革开放四十年恐怕是中国历史上最具变动性、复杂性，也是最微妙的阶段之一。在这一时期，不论城乡、区域，还是组织、家庭等都发生了巨变。有学者称，以往中国仍是农业社会结构，1978 年改革开放后，中国社会结构发生了历史性变化，经济体制和社会体制改革大大加快，于是传统农业社会向工业社会、城市社会、现代社会转型，这是中国社会结构所发生的深刻变动。[①] 在整个社会结构中，乡村社会变化最大，城镇化加速了这一发展进程。这对乡村协商民主具有重大而深刻的影响。

---

① 陆学艺主编：《当代中国社会结构》，社会科学文献出版社 2012 年版，第 14 页。

以乡村社会分层为例。在中国传统乡村，农民是主体，其次是有限的村干部、乡镇干部、教师、工人、医生等；改革开放以来，随着经济能人、村干部等新阶层崛起，富人村干部、农民企业家、经商者等成为乡村社会主体。他们在给乡村社会带来活力的同时，也成为不同利益集团的代言人。于是，乡村社会的矛盾冲突在所难免。如村委会选举、利益分配、职业选择等，都会出现社会阶层的分化与导向。要避免冲突和恶性事件发生，就要引进协商制度机制，通过民主协商解决各种矛盾焦点问题。如“富人治村”是随着社会新阶层出现而出现的，某种程序上也是自然之事。但时间久了，“富人治村”的问题开始暴露出来。为解决这一问题，协商民主受到重视，如在选举前对村干部候选人进行协商，以避免有的村干部“带病”上岗。也可以说，是社会分层所导致的难解问题，推动了乡村协商民主的生成。

再以乡村土地为例。随着城镇化的快速推进，许多村庄面临拆除、搬迁、集中居住等，于是“城中村”“搬迁村”“集中居住村”等开始出现。而在城乡复杂关系中，“城中村”要面临城乡利益的博弈，也要面临生人社会的挑战，在这一艰难选择中，村庄往往要通过协商民主解决决策之争和利益诉求。“集中居住村”也是如此：新移民初来乍到，来到由多村组合成的新村，除了利益不同外，价值观也有很大差异，还有生人社会带来的挤压与隔膜。此时，最需要充分发挥“协商民主”作用，在各种关系中架起沟通与交流的桥梁，以便大家互帮互助、和谐共处、共同发展。如吴仁宝父子领导的华西村，就有新老村民差异，在体制、收入、待遇上也不均等，如无协商民主，彼此的对立与隔膜就很难解决。

中国社会结构尤其是乡村社会结构之变，从多层面推动乡村治理走向协商民主，这对乡村社会的利益、权益、价值、尊严等的协调平衡大有益处。否则，乡村社会结构就会断裂甚至崩溃，直至危及乡村社会的安全稳定。可见，中国乡村社会结构的变化，是乡村协商民主生成的助推力。

（四）思想文化条件

与经济、政治等相比，思想文化的最大特点是内在、长久、深刻，尤其是深层的思想文化更是如此。有人概括中国文化的深层结构时说：“这个概念的运用并非指中国历史从无出现变化，而是辨认中国历史上由古至今比较稳定的某些规律，它们是使‘中国’在历经变化后仍保持它自身特殊认同的因素。”[①] 当然，西方现代文化尽管不像中国传统文化那样具有超稳定的深层结构，但与政治、经济、社会等因素相比，也具有内在的统一性和持久影响力。这无疑也是中国乡村协商民主生成的一个重要条件。

近现代以来，西方各种理论与方法不断涌入，中国人的思想观念和文化价值取向也开始发生变化。其中，最具震撼力的是民主、自由、平等、科学等观念。我们很难想象，如无西方思想文化的影响，以“五四”为代表的中国现代新文化会很快形成，四十年的改革开放能结出今天的硕果。可以说，西方现代思想文化直接开启了中国思想文化的大门，而20世纪80年代的“思想解放”与“实事求是”则是中西思想文化进行对接和对话的直接结果。还有，20世纪80年代开始的村民自治活动也是如此，其发展壮大离不开改革开放，也离不开从西方引进民主和自治，也是在此过程中，广大乡村干部群众获得了关于民主和自治的理论、方法，这成为协商民主生成和发展的制导性因素。与中国乡村协商民主最直接地连在一起的，是近些年学界直接将西方的协商民主理论与方法介绍到中国，并直接指导中国乡村协商民主实践，以便提供更快捷、有效的思想文化滋养。

另外，中国传统思想文化也不可忽略。如中国文化是关于“和”“合”的文化，所以有“同舟共济”“和而不同”“和平共处”“天人合一”等思想。改革开放以来的“和谐社会与发展”主题直接与中国传统文化对接，也成为协商民主的深厚背景。还有，中国注重“诚信”“明理”，而“合情入理”往往更为重要。有人认为，“证人证言又是中

---

① 孙隆基：《中国文化的深层结构》，广西师范大学出版社2004年版，“新千年版序”。

国古老的证据”[①]。这与西方协商民主的重视“审议”与“审慎”,[②] 显然有所不同甚至差异较大。由此观之，中国古代的契约、听证、调解、商讨、问政、议政、协议等，都可成为乡村协商民主生成的历史思想和文化资源。

思想文化看不见、摸不着，但它又无时不在影响着人们的思想观念、行为方式、价值选择，这就决定了其独特价值意义。西方现代的思想文化与中国传统思想文化的差异很大，但二者又有共通处。协商民主即是如此：它看似是从现代西方引进来的，但在中国乡村的生成却离不开中国传统。这就是思想文化的特殊性、内在性和相关性。

乡村协商民主的生成是由多种因素决定的，这些因素有外在的也有内在的，有现实的也有历史的，有外国的也有中国传统的，在此我们只能分开进行归纳和阐述。其实，各种因素是一种难以分开的合力，它们以整体的方式影响着乡村协商民主的生成与发展。理解了这一点，我们就容易形成共识，并确立基本的立足点、信心和方向，就容易体会发生在广大乡村各种各样的协商民主创新，也有助于清醒认识乡村协商民主的性质、内涵及其未来发展走向。

二　乡村协商民主制度演进

或许有人认为，协商民主与中国广大乡村风马牛不相及，因此将“协商民主”这样的西方概念与中国底层社会民众联系起来，是不切实际的。其实，这是一种误解。“协商民主”并非全然是西方的，也有中国传统因素。中国乡村协商民主是在中西互动中创新发展的，有其内在发展规律，并形成丰富多样的创新模式。因此，探讨中国乡村协商民主的演进与特色，就显得相当重要，不可忽视。

当前，人们大致形成这样的共识：浙江温岭的“恳谈会”功不可

① 王少杰：《中国古代证人制度及特点》，2006 年 7 月 6 日，中国经济网（http://finance.ce.cn/law/photo/200607/06/t20060706_ 7632033.shtml）。

② 陈少艺、杜艳华：《从民主协商到协商民主——中国共产党协商民主观的新拓展》，《上海党史与党建》2013 年 4 月号。

没，它是中国乡村协商民主的开端与源头。一般来说，给浙江温岭民主恳谈会以高度评价，这是没有问题的，至于是不是开其端，那就需要进行历史追问和深入探讨，否则就会影响其历史定位，也会给研究带来困惑甚至混乱。因此，以全面、动态和发展的眼光研讨中国乡村协商民主，就有着非同寻常的价值观意义。总的来说，改革开放40年，中国乡村的协商民主发展主要经历了以下四个阶段。

（一）孕育期（20世纪八九十年代）

中国乡村协商民主在浙江温岭“恳谈会”前早就开始了，至少可追溯到改革开放之初甚至更长时间。如人民公社时期的社员议事就是一种协商，改革开放以来村民自治的许多制度创新也有协商。如村民代表会议是个决策机构，但还有议事功能，又被称作村民代表议事会，不少地方叫它“小议会”。[①] 早在1987年，广东清远市保安镇熊屋村就成立了村民理事会，与村干部共同管理村中公共事务。山东烟台牟平设“民主议事日”，这是中国首个以“民主日”命名的议事机构，具有协商的精神内涵。1996年，牟平区委下发《关于建立农村民主议事日制度的意见》，明确规定在农村实行民主议事，每年1月、7月，分别拿出一天时间，集中进行民主议事。“民主议事日”这天以村为单位，组织村两委成员、全体党员、村民代表，对全村各项工作的开展情况以及一些重大事情集中议事，并实行村务分开。各村根据实际情况，议事各有侧重：“强村突出议发展”，“乱村突出议稳定”，“弱村突出找路子”。在议事和公开的方式上，各村成立村民议事会，议事会成员以村民小组为单位推举产生。[②] 这种村民议事协商显然具有创新性，是早于浙江民主恳谈会的。当然，浙江温岭的民主恳谈会也不是突然出现，而是有一个孕育过程，并非一开始就是西方式的。可见，在20世纪较长时间里，中国农村一直在孕育协商民主，不少具有议事和协商功能的制度都在发

---

① 韦民：《说说村民代表会》，《乡镇论坛》1998年第9期。

② 李春建、宋兴洲、张玉宝：《村级管理的新创造——民主议事日》，《乡镇论坛》1996年第11期。

挥巨大作用，这是后来协商民主生长的基本前提条件。

（二）确立期（21 世纪前后）

1999 年，浙江温岭的党群、干部群众关系比较紧张，农民对政府的政策和做法非常不满，并表现出强烈的抵触情绪。为改变窘境，松门镇创办“农业农村现代化建设论坛”，让干部群众协商对话，以改变以前的干部灌输和说教方式。这是“恳谈会”的萌芽。因效果很好，温岭在全市推广这一做法，并设立村级干部群众“民主日”对话活动。到 2000 年，温岭市委将各地的协商活动统称为“民主恳谈”，这包括“民主论坛”“民情恳谈”“村民民主日”“村民主议事会”“农民讲台”“民情直通车”等。同时，温岭民主恳谈还由村、镇两级向非公有制企业和市级政府部门延伸。① 值得注意的是，与山东牟平等地的协商民主不同，浙江温岭的恳谈会具有独特性：一是参与者众。松门镇首次恳谈时，自发参与群众多达 200 人，这是山东牟平无法比拟的。二是内容、形式和范围大大拓展。以往的“民主日”主要集中在村，温岭则由村向乡镇、企业及更高的政府部门拓展。原来是对话型恳谈，后发展为决策型恳谈，很快又将之变成当地村民的日常生活方式。三是专家学者参与。温岭民主恳谈离不开专家学者引导，尤其是他们带来的西方协商民主理论与方法，使民主恳谈面目一新，有人表示：“从温岭民主恳谈试验一开始，就有大批的学者关注并提供智力支持，有些关注全局，有些干脆对部分乡镇参与试验。”② 这种说法虽有些夸大其词，但肯定浙江温岭民主恳谈所受的西方深刻影响是成立的。只是它没有看到，21 世纪前后浙江温岭的民主恳谈的复杂性，更没看出温岭民主恳谈是将“泥土里生长”出的“民主载体”③ 与西方协商民主

---

① 赵秀玲：《浙江基层民主政治建设：多元模式与跨越发展》，载房宁、贠杰主编《浙江经验与中国发展——科学发展观与和谐社会建设在浙江（政府卷）》，社会科学文献出版社 2007 年版，第 168 页。

② 倪志刚：《温岭十年：还权于民的协商式民主试验》，2010 年 6 月 8 日，网易新闻（http：//news.163.com/10/0608/01/68KD4T2P00014AED.html）。

③ 《温岭民主恳谈会泥土里生长出来的“民主载体”》，2012 年 12 月 11 日，浙江在线新闻网站（http：//zjnews.zjol.com.cn/05zjnews/system/2012/12/11/019009163.shtml）。

进行对接的结果，是对以往的大胆突破和超越。至此，中国乡村协商民主得以确立。

（三）发展期（2004—2012年）

2004年3月，温岭“民主恳谈”获第二届“中国地方政府创新奖”，这标志着温岭和中国乡村协商民主进入一个新阶段。在这一过程中，温岭以科学态度将民主恳谈制度化、规范化，并使之与人大制度、党内民主建设相结合，从而获得了快速发展。需要指出的是，西方协商民主的理念与方法对于包括温岭在内的中国农村的深刻影响。如著名学者李凡、何包钢等都直接参与浙江温岭的协商民主建设，李凡表示：“将民主体制外的恳谈搬到体制内”，这样才能保证试验的可持续性。他选择一个大家最感兴趣的话题，这就是后来的“参与式预算改革”。何包钢直接到泽国镇进行“协商民意测验”，以其国际背景和政治学理论与方法，对扁屿村进行协商民主建设指导。何包钢说：“对恳谈会本身的质量监控和评估，以作为下一步开展协商民主活动的经验凭据。为此我们设计了控制组和非控制组，同时也设计了恳谈会开始前的民意测验和恳谈会后的民意测量，然后我们试着对控制组与非控制组、恳谈会前后的民意质量进行对比分析，以便考察恳谈会的效果和存在的问题。”“总之，我们在设计上试图通过一定的制度性机制去充分地体现公正、公开、公平、广泛的代表性和平等协商民主的基本要求，使民主恳谈会朝着现代协商民主的方向发展。”① 正因为有这样的基点，温岭及全国才可能在这段时间，实现乡村协商民主的许多制度创新。

（四）跨越期（2012年至今）

党的十八大提出“健全社会主义协商民主制度”，尤其强调“基层协商民主”建设的重大意义。这是2012年开始，乡村协商民主创新在全国范围不断涌现的重要原因。与以往不同，此时的乡村协商民主又有

---

① 何包钢、王春光：《中国乡村协商民主：个案研究》，《社会学研究》2007年第3期。

了新特点：首先，更重视西方协商民主的中国化，即不简单套用西方理论与方法，而是根据中国各地的实际情况活学活用，在中西融合融通中进行大胆创新。其次，地方政府加大对乡村协商民主建设的支持力度，这在建章立制和实践探索上都有快速推进。最后，乡村协商民主创新呈加速度、高密度之发展态势，这是一个突破口，也是一次爆发期，反映了协商民主已进入新时代。

中国乡村协商民主并非始于浙江温岭民主恳谈，在它之前早有储备和酝酿。随后的温岭积极进取和创新，它与全国乡村协商民主一起，实现了快速发展与探索创新。综上所述，中国乡村协商民主在开始的二十多年，它步履蹒跚，不断寻找自己的道路；21 世纪前后，它终于破土而出，开始形成自己的面目；在 21 世纪的第一个十年，它大胆吸收、借鉴异域的理论资源，向纵深处掘进，并获得根本性突破；在 21 世纪的第二个十年，它插翅高飞，势不可当。这预示着未来中国乡村协商民主的全新发展趋势。

三 乡村协商民主范围与边界

县以上层级的协商民主往往比较统一，也相对规范。乡村协商民主则要复杂得多，层次也多，呈明显的“分层化”趋势。这就决定了乡村协商民主的范围广泛，边界多变，要使之获得更好发展，必须确定范围与边界，同时又要处理好不同层级的关系，在强调关联性和互动性的前提下，建立密切相关的联系网络。

（一）乡镇一级协商民主

在乡村协商民主中，乡镇一级意义重大，它不仅具有承前启后、相互沟通的桥梁作用，还是大脑和中枢神经。因此，建好乡镇一级也就找到了乡村治理的抓手，这也是为什么要将乡村协商民主建设的组织载体放在乡镇。一般来说，乡村协商民主应立足于村级协商民主发展，这是最为根本的可靠保证；县级协商民主代表国家方向和水平，具有明显的指导性和引领性，但要实现目标则离不开乡镇协商民主的平台建设。没有对乡镇协商民主的重视，县级和村级的协商民主建设都无法完成。早在2003年，贵州遵义龙坑镇就成立了政协联络组，2012年改成政协联络委。政协联络委下设协商议政、民主评议、社情民意三个工作组，并进行制度化和科学化建设。其具体采取“三有”“四落实”“五开展”和“六服务”四大举措。所谓“三有”，是指有健全的组织机构、规范的制度职责、翔实的工作计划。所谓“四落实”，是指落实经费、场地、人员和责任。所谓“五开展”，是指开展五项活动，它们分别是视察调研、协商议政、民主评议、民情搜集和宣传教育。所谓“六服务”，是指服务经济建设、民主事业、科学决策、政协委员、提案办理、调研视察。① 这是一个“3456工作法”，强化了镇政协联络委的功能，是乡村协商民主的制度创新。2009年，浙江海宁在12个镇、街道设立政协联络委。2010年，市委出台《关于加强市政协镇街道联络委员会工作的指导意见》，从指导思想、组织建设、工作任务、考核4大项15小项，对政协联络委工作进行规范。如对联络委实行考核，从学习、活动、调研、视察、提案、社情民意和台账等方面进行量化考核。浙江对乡镇协商民主建设如此重视和加大力度，具有探索精神和创新意识，有助于推动乡村协商民主的深入发展。

（二）村级协商民主

乡村协商民主虽离不开乡镇这一中介，但最后目的和协商主体还应落实到处，应在村级协商民主制度建设上下功夫。乡村协商民主的关键，则在于应改变原来的村干部说了算，变成“由村民自己做主”，在村民与村民、村民与村干部的民主协商中，确立村民的主体性。近些年，这一倾向开始变得愈加突出和明朗。天津宝坻区在700多个村开展协商民主，让村民进行自由、平等交流，在讨论、协商和对话中，处理和解决村务公开、民主决策、民主管理中存在的诸多问题。有资料显示，2014年1月至5月，宝坻区各村共举办民主协商议事会1118次，

① 《唱响基层协商民主的“好声音”》，《人民政协报》2014年4月17日第6版。

完成议题1833个。[①] 这从根本上解决了长期以来困扰村民的重要问题。当然，更值得肯定的是，村级协商近些年有“微自治”倾向，即将协商重点放在日常事务尤其是小事、私事上面，像家庭纠纷、邻里不和、个人私事等，往往都成为村级协商的重要内容。这也是通过协商达到“小事不出村”的乡村治理模式的典范。

（三）镇村联动协商

为清晰起见，上述分别从乡镇与村级谈论协商民主，这有助于强调二者的边界与范围。然而，在乡村治理实践中，远不能做表面的清晰划分，因为乡镇与村级协商民主既有区别又有联系。因为村与村、村级与乡镇不能决然分开，它们还有边界的重叠处，不少协商是在多元交融和联动中进行的，这恐怕是中国乡村协商民主的独特之处。

1. 村与村联动

村与村联动有两种类型：其一，在城镇化或国家拆迁过程中，有时实行合并或聚集，于是由原来的两个或多个自然村，变为一个大农村社区。在这种融合中，风俗习惯、兴趣爱好、价值观都有不同，有时甚至千差万别。要让多村做到和谐相处或形成共识，是非常困难的，由此发生矛盾、冲突甚至群体性事件，也就不足为奇了。为解决这样的难题，协商民主就成为有效方法。成都温江的瑞泉馨城很有代表性，它是由多个行政村、万名村民组成的农村社区。为解决村民的隔膜、矛盾和冲突，瑞泉馨城联合党委应运而生，这对于促进不同行政村展开民主协商，大有益处。其二，在不同的村实行协商民主，有助于解决村与村之间存在的矛盾，以及照顾双方或多方各自的利益关切。2009年，成都温江永盛镇率先建立跨村联合议事工作机制。其主要内容有：由镇政府分管领导和相关科室负责人，以及各社区议事会召集人2—3名议事会成员代表，共同组成联合议事小组。联合议事小组定期组织召开跨村联合议事会议，并邀请行政、法律、监督等方面的人列席会议。会议召集

---

① 杜洋洋：《遇事多商量 决策更科学——宝坻区推进农村基层协商民主 接地气赢民心》，《天津日报》2014年7月15日第1版。

人将议事问题提交联合议事会议讨论解决，做到统筹资源、共同推进，实现“共商共建共管共享”。其协商民主采用“八步法”，这包括：收集共性议题、公开征求意见、发挥主体性、重视联合监委会监督、进行满意度测评等。通过跨村联合议事，将单个村（社区）无法独立解决的问题进行决策联议、资金联用、项目联建、效果联监，初步实现村社区从“小治理”到区域“大治理”的转变。[①] 应该说，在广大乡村，“村与村”的边界最难划分，常出现矛盾冲突的情况，许多村庄械斗在历史上屡见不鲜，在今天也不足为奇。还有，在现代化进程中，村与村的合作及利益分配愈加凸显。因此，协商民主对于村级关系的妥善处理至为重要。

2. 乡与村的联动

与以往相比，如今的乡镇与村已不是被紧密捆绑在一起的关系，因为实行“包产到户”、开展村民自治尤其是免除农业税后，村庄不断被松绑，受制于乡镇的机会大大减少，也变得更加自由自主了。但也应该承认，乡镇与村的关系并未被割断，而是有千丝万缕的联系。以协商民主为例，乡镇与村庄各有其职、责、权、利，但因中国的特有国情、镇情和村情，乡镇与村之间的关系很难分开。如很多乡镇工作要靠村庄去做，许多行政事务须由村级承担，在城乡统筹发展中，乡镇还负有农村公共产品供给的重任。所以，面对乡村重大问题尤其是广大干部群众的普遍关切，建立乡村联动协商民主机制特别重要。如浙江嘉兴海宁以乡镇为主导建设村级协商民主机制。先在镇级建立重大事项民主协商制度，然后推进村级民主协商工作。具体程序如下：成立政协斜桥镇联络委员会，以镇村联动推动村级民主协商。具体内容分三类：表决、恳谈和通报。实施过程分五步走：选题定事、调研明事、协商议事、研究决事和结果公示。具体工作抓“五结合”：与村级组织的科学决策、民主决策相结合；与基层民主政治建设相结合；与党务、政务、村务公开相结合；与政协委员“两走进”工作相结合；与宣传政协和提高政协委

---

① 材料来自笔者2014年3月在温江区瑞泉馨城的调研。另见李娟《百姓当家作主　温江打造社会管理新格局》，《成都日报》2011年3月9日第4版。

员履职能力水平相结合。在组织方式上，镇党委建立民主协商工作领导小组，将所属政协委员编入村（社区）网格，使其联系和走访群众，参与村级民主协商工作。各村（社区）由党组织书记负责此项工作。①这种乡镇与村的联动有助于乡村协商民主的快速深入发展。

（四）多级联动协商

乡村多级联动协商是指在市、县、镇、村建立多层级的协商民主机制。如四川彭州的社会协商对话制度，以市、镇、村为基础，搭建的“三级”联动平台。村民议事会是基础，它强调会前协商、会中协商、会后协商和会后监督。镇协商会主要由乡镇干部、村民议事与协商会成员、民主党派、无党派、民族宗教人士、新社会阶层、新型职业农民和农村乡土人才代表组成。县市的协商对话联席会议主要指导镇、村及县市有关部门做好协商对话工作，从中协调和解决难点问题。这是一种上下衔接、科学规范、运行有效的基层协商民主制度，注重顶层设计，强调上下结合，注重协商民主平台建设，这在全国尚属首例。② 到2014年，彭州市还建立了镇、村（社区）、企（事）业单位三级协商对话平台，由镇协商会、村（社区）议事（协商）会和企（事）业职代会组成。在镇协商会组成成员中，基层群众占比不能低于75%，这体现了协商会成员广泛的代表性，协商民主的制度化发展，也改变了政治协商制度到县为止的传统做法，真正让协商民主制度在乡村基层社会实现无缝衔接。③

对于乡村协商民主发展而言，县市级积极推动政协委员下基层，以显示其制度优势、组织优势、思想优势、文化优势和技术优势。而乡镇

① 斜桥镇联络委：《海宁市斜桥镇推进基层协商民主的主要做法》，2013年4月8日，海宁市政协网（http：//hnszx. gov. cn/Article/201304/2013 - 04 - 08/20130408144352_ 1405. html）。

② 彭州市社会协商对话制度联席会议办公室：《关于2013年构建社会协商对话制度的工作总结》，2014年2月19日。见“基层治理与民主建设”创新组编《成都市调研资料汇编》，2014年3月，内部资料，由当地政府提供。

③ 材料来自笔者2014年3月在成都彭州市的调研座谈。另见韩轶《搭建社会协商对话平台　构建基层协商民主制度》，2014年8月27日，成都群众路线网（http：//qzlx. chengdu. cn/info. php？ tid = 33428409）。

和村级协商民主则以接乡村地气为特点，直接推进乡村协商民主的发展。最为重要的是，乡村上下各层级联动所产生的巨大合力，这是一个由多元主体参与、边界与范畴既有联系又有区别的联动机制，有利于乡村协商民主的有效开展与跨越式发展。

四 乡村协商民主创新模式

在中国乡村基层协商民主实践中，很多探索具有一般化、类同化、重复性的特点，个性和创新性明显不足，这也决定了当前乡村协商民主尚处于起步阶段，并未臻于成熟。但也要看到，其中有些是具有探索性和创新性的，应给予关注。就目前情况看，中国乡村协商民主创新主要表现在内容和形式两个方面，它们以较为鲜明的特色奠定了当下乡村民主治理的基础，也为未来发展确立了方向和基调。

（一）浙江温岭“参与式预算”恳谈模式

在乡村协商民主中，浙江温岭民主恳谈家喻户晓。其中，最有代表性、最有价值的是参与式预算的恳谈，它是将恳谈方式运用到乡镇财政预算的成功案例。有学者将公共财政看成解决社会问题的“纲”，是公共体系运转的血脉，认为实行公共参与的公共财政制度，应成为中国政治改革的优先目标，[①] 可见预算民主的重要性。

2005 年至 2006 年，温岭新河镇先后数次召开民主恳谈会，协商新河镇的预算情况。2008 年，温岭泽国镇在经历 2005 年的城建、2006 年的城镇建设预选、2007 年的旧城改造项目的民主恳谈后，又开始了财政预算的民主恳谈。因此，新河与泽国两镇成为温岭参与式预算恳谈的代表。由于两镇的具体情况不同，其预算恳谈也有差异，最突出的是泽国镇更强调民意，所以采取随机抽取协商参与者的方式，这对于强化协商民主的广泛性、丰富性和公正性是有益的。而新河镇则更注重恳谈内

---

① 郑永年：《联合早报：中国公共财政制度改革的意义》，2006 年 9 月 21 日，新华网（http：//news. xinhuanet. com/world/2006 －09/21/content_ 5120103. htm）。

容和程序的细化与监督，从而有助于参与的制度化、程序化和规范化，也更有利于民众加强对政府的监督。如在2005年7月举行的“财政预算恳谈会”上，镇政府下发了《新河镇2005年财政预算（说明）》，将每项预算支出的具体用途都做了细化规定，也更加透明，既方便代表质询提问，又可有效防止政府腐败。① 可见，新河镇民主恳谈在程序细化上做出了更多努力。而泽国镇预算民主恳谈要经如下程序：一是人代会召开前要引入民主恳谈机制，让人大代表、协会、社团、各界代表和村民对预算报告进行初审，人大财经各专门小组负责汇总意见，形成预算初审报告。二是人大民主恳谈，镇人大和政府召开联席会，讨论预算初审报告和人大代表的意见建议，形成预算修改方案交大会分组审议。三是人大主席团审查人大代表联名提出的修正案，将可行议案提交人代会全体会议表决。镇政府根据人民代表大会表决通过的预算修正议案再进行修改，形成预算报告（修正稿），并提交人民代表大会表决。这一审议→修改→再审议→再修改→再审议表决的过程，被称为“两上两下”，也称为“三上三下”的讨论制度。② 如此严密细化的程序机制在协商民主恳谈中较为少见。

由于两个镇的总体思路和做法比较一致，所以又具有共同点：第一，将民主恳谈财政预算与人大制度结合起来，这有利于制度化和法制化，既为协商民主正名，又使民主恳谈获得可持续发展。如新河镇2005年和2006年的财政预算恳谈会，都与人大代表相关，一次是新河镇第十四届人大代表第五次会议，另一次是新河镇第十四届人大代表第七次会议。又如泽国镇财政预算民主恳谈会让民意代表与人大代表互动，使之更具合法性。第二，强调制度化、程序化、法制化建设。不论是新河镇还是泽国镇，它们的民主恳谈财政预算都是有章有法、程序严格、实施规范，这是取得成效的关键。第三，创新性与指导性。两个镇都是在借鉴西方协商民主理论和方法的基础上，结合具体实际进行制度

① 李凡主编：《2005中国基层民主发展报告》，知识产权出版社2006年版，第66页。

② 贾西津主编：《中国公民参与：案例与模式》，社会科学文献出版社2008年版，第188—189页。

创新，泽国镇恳谈程序的设置，新河镇财经小组制度和“两上两下”程序的设置，都很有代表性。第四，都格外重视人才引进和培训工作，这是民主恳谈能在高平台进行高效运行的关键。近年来，温岭镇参与式预算又有新进展：预算全口径、参与全方位、监督全过程，从而形成公民有序参与的体系机制。[①] 这是一个制度不断被完善的过程。

（二）成都彭州等地“社会协商”民主对话制度

浙江温岭的民主恳谈始于社会问题的磋商，但后来却转向政府财政预算协商。比较而言，成都彭州的协商民主内容虽然丰富，但立足点即在县、镇、村多元联动的架构中，着力解决广大人民群众最关心的社会问题。这是彭州“社会协商”的要义所在，也反映出对于“社会协商”的重视程度。如“镇协商会议议题为涉及本镇范围内群众切身利益和群众关心的事项”，村民议事会在保持原有决策权的基础上，又增加了对于村民关切事务的协商职责。因此，成都彭州社会协商的主要内容是公共事务的协商与解决。像九尺镇这个“板鸭之乡”，在汉彭路沿线设置的“保笼柜”销售板鸭，极不卫生。为了进行规范，2013 年镇协商会对此进行讨论，最后达成共识，拆除原有的58 家“保笼柜”，业主投入500 多万元重新改造，实现了坐店经营。又如葛仙镇于2013 年开始建立“牡丹园”，因为牵扯到土地流转、补偿、劳务用工等问题，矛盾比较强烈。后由镇协商会成立了“牡丹园社会协商对话小组”，经协商采取建劳务公司、再由劳务公司管理牡丹园的办法，这样既实现了专业经营，又化解了矛盾。磁峰镇也是如此。该镇2013 年成立社会协商对话会，其议题也是“加大对土溪河水环境整治力度”“加强对磁峰镇产业发展扶持力度”。[②] 重视社会问题的治理是彭州市镇村协商民主的重点。

---

① 浙江海上温岭市人大常委会：《温岭市参与式预算的做法与成效》，2016 年6 月3 日，全国人大网（http：//www. npc. gov. cn/npc/bmzz/llyjh/2016 －06/03/content_ 1991009. htm）。

② 彭州市社会协商对话制度联席会议办公室：《关于2013 年构建社会协商对话制度的工作总结》，2014 年2 月19 日；中共彭州市磁峰镇委员会：《充分发挥基层民主协商职能　汇聚基层民主建设强大正能量》。材料来自“基层治理与民主建设”创新组编《成都市调研资料汇编》，2014 年3 月，内部资料，由当地政府提供。

除了彭州外，成都还有不少地方也注重社会协商民主建设，像温江区金马镇2011年实行的旧场镇改造，“改不改”和“如何改”都由协商方式解决。“改不改”，通过固定联系的方式，让群众自主自决；“如何改”，理事会让群众明白商议，遇到“钉子”，邻里说事让群众参与公开解决。这样，通过意见收集—讨论—反馈—问题解决—再收集—再讨论—决策等程序，达到了解决群众难题、化解矛盾纠纷、维护群众利益的目标。另一个例子是，成都郫县2012年在示范村建设中所采用的议事会协商制度。在新型社区怎么建的问题上，大家产生统规统建还是统规自建的分歧。经过激烈讨论和协商，29名议事会成员最后通过投票方式决定以公开招标、统规代建（统一规划，村民联合寻找资质公司进行修建）的模式，进行安置房建设。另外，项目实施得好不好，由议事会成员监督保证，建设效果如何，也由议事会牵头评判。如筒春村的村民议事会定期组织群众代表对拆迁、方案拟定、安置房建议等环节进行满意度测评，针对原方案拟用青铜瓦盖农房一事，议事会走访村民，结果有不同意见：有的村民因价格太高表示反对，建议用便宜的机制瓦；有的则认为还是用青铜瓦，因为它经久耐用、美观大方。针对这一情况，党支部书记召开村民议事会，经讨论协商，最后达成共识：修房是一辈子的大事，要修就修好一点，不能只从经济上考虑。最后通过投票，定下用青铜瓦而不用机制瓦。[①] 这也是社会协商在乡村实施的典型例子。

（三）广东等地民主选举“观察员”协商

一般来说，协商民主是对民主选举的补充，是选举的民主参与出现问题后，所进行的适当调整。浙江建德市对此早有认识，2010年，乾潭镇在村级换届选举中创新“民主观察员制度”，全面审查村级换届选举人选资格。2011年，建德政协还出台《关于政协组织在村级组织换

---

① 中共成都市温江区委组织部：《发挥“两会”作用　又好又快推进旧场镇改革》，第55—60页。中共郫县县委组织部：《示范村如何建　议事会说了算》，第91—94页。参见中共成都市委组织部《成都市基层治理机制典型案例集（一）》，2012年11月。内部资料，由成都市委提供。

届选举中发挥协商民主作用的通知》，其目的是“选对人”“选成功”“选和谐”，以便有效发挥选举民主与协商民主相结合的作用。针对选举中存在的各种不正当竞选行为，政协委员走村入户做细致工作，找自荐人和村民谈话，进一步了解情况和耐心协商，以达到不让参选人拉票、贿选的目的。在2011年换届选举中，120名政协委员参与观察村级选举和民主协商活动，占观察员总数的52.2%。[①] 最有代表性的是，广东省在村委会选举中实行由政协委员担任的“观察员”制度。具体做法是：在2011年换届选举中，广东省各级民政部门共选派观察员2785名，对2100个村的选举进行全程跟踪。这些观察员有应届法律本科毕业生、离退休干部、人大代表和政协委员。在村委会选举过程中，观察员严守“不表态、不评论”原则，以默默观察为主，最后填一份包括70项内容的《选举观察表》，如是否召开选举大会、投票人数是否过半、得票是否违规等。表格一式三份，分别交村、乡镇、县及省民政厅备案。[②] 可以说，这是让“协商”参与民主选举的一次覆盖式“观察”，极大改善了村委会选举中的事前监督，使整个程序更加规范和科学。

（四）湖南临澧“板凳夜话”

协商民主对于乡村治理至为重要。一般来说，乡村协商民主方式比较正规，是一种甚至有些神圣感的仪式与活动。所以，它往往是由上级尤其是乡镇指导、引导，由广大村民和村干部参与，有正式场所和时间安排。这当然是有意义的，但其不足在于，受具体时间、地点、程序等限制，它容易失去灵活性、创造性和草根性。湖南临澧村民创造的“板凳夜话”就弥补了以往协商民主的不足。2012年，针对村民白天忙、开会难的状况，湖南临澧县熄火乡农泉村担粮组的24个农户，向村支部书记提出要求，希望利用晚上农户在家时间，由党支部就与本组有关

① 李宏：《协商在票决之前——浙江省建德市政协探索推进协商民主记事》，《杭州日报》2011年7月22日第A1版。

② 李凤荷：《广东首创村委会选举观察员制》，《人民日报》2005年7月27日第10版。

的村务到超市协商。4 月 9 日晚，全组户长到齐，大家坐在农家板凳上，就招商引资、村务公开、农村低保、乡村环保等进行协商，经过热烈讨论，最后达成共识。村支书以为，这种协商方式非常适合农村实际，既不影响农忙，又不受天气和条件限制，还能保证村民权利，更能营造自由、随意和协商的气氛，因此称之为“板凳夜话”，并在全村推广。因农泉村实行了“板凳夜话”，家家通上自来水，各村民小组都取得突出业绩，广受村民好评。这种模式很快得到县民政局重视，并将“板凳夜话”协商模式在全县全面推广。“板凳夜话”的具体程序包括四步：一是提议，即由村支书或村民小组组长提出议题，包括道路建设、村部修建、堰堤和水渠硬化、财务收支、农村低保、惠农资金、合作医疗、文明农户等内容。二是商议，指与会者充分发表意见，进行认真协商，贡献计策。三是决议，以举手表决方式、按少数服从多数原则，确定结果。四是施议，根据决议实施。[①]“板凳夜话”源于广大村民的自我创造，又与当下协商民主的发展趋势相适应，它比其他形式更方便、更符合广大人民群众的意愿，也比较实用和自由。当然，比较而言，“板凳夜话”可能不大适应非常重大、严肃细密、范围更广的民主协商，因为后者需要更完整的设计、规范以及严肃的气氛，它更适应一般的村庄事务，尤其是与广大农村干部群众息息相关的具体事务，这样可达到短、平、快的效果。但不论怎样，湖南临澧能创出“板凳夜话”的新模式，是颇有价值的。它丰富了当下的协商民主形式，还为农村协商民主提供了一个新的路径与理念。

（五）浙江临海沿江镇的“民主协商议事日”

以往的中国乡村治理有各式各样的形式创新，其中，将制度时间化，尤其给予节日式的制度规定，是一个突出特色，这极大强化了制度的重要性与神圣感。如“民主理财日”“民主日”等都很有代表性。但将协商民主节日化还比较少见，以前较有影响的是“民主议政日”，如

① 文湘平：《板凳夜话——基层协商民主的临澧模式》，2014 年 7 月 11 日，常德民政局网（www. cdsmzj. gov. cn. ）。

河北省2004年在六届五次全会通过的《关于推进农村小康社会建设若干重要问题意见》中提出："全面推进村级民主决策，村村都要建立和完善'民主议政日'制度，凡是涉及集体资产管理、公益事业建设等与农民利益息息相关的重要事项，都必须经群众讨论通过。"[①] 像宁夏同心县的预旺镇就比较重视"民主议政日"工作，它提出："根据民主议政日活动中群众普遍反映的突出问题和调研中掌握的情况，建立了党委班子成员联系点制度和党建工作例会制度，领导干部每人包抓一个重点村，镇党委每月召开一次例会，及时排查和解决基层组织建设中存在的问题。"[②] 在宁夏吴忠市利通区板桥乡巷道村，也是每月举行一次"民主议政日"，进行党务、村务公开和民主评议村干部。不过，直接将协商民主时间节日化的，当属浙江临海沿江镇的"民主协商议事日"。2014年5月22日，沿江镇召开基层民主协商工作部署动员大会，随后成立各种组织，其中的镇协商会成员范围较大，它包括村两委班子成员、非公经济人士、企业家、党代表、人大代表、政协委员10人，党外知识分子、老干部代表等二三十人。同时，各村统一搭建"同心会客室平台"，镇统一制作会客室图标上墙，有条件的村搭建"网络互动平台"，大部分村以公布建言电话为主。至6月中旬，全镇46个村已有36个确立了议事会成员，并召开第一次协商会，还制订了村级年度民主协商计划。更有意义的是，沿江镇将每月28日定为"民主协商议事日"，各村根据自己的实际情况，让民主协商制度牌上墙，从而形成协商民主的"沿江速度"和"民主日"规定。[③] 由此，沿江镇"民主协商议事日"虽没有以"协商民主日"命名，但提法与内涵非常接近，这也是将"协商民主"以时间和节日固定下来的尝试。

当然，乡村协商民主还有其他创新模式，从而显示出丰富性、灵活

① 《民主议政日制度》，2005年7月22日，新浪网（http：//news. sina. com. cn/o/2005－07－22/09156500388s. shtml）。

② 刘建军：《搞好"民主议政日"活动 促进农村社会和谐稳定》，2012年1月11日，宁夏党建网（http：//www. nxdjw. gov. cn/zglt/201201/t20120111_ 1046120. html）。

③ 屈扬帆：《问政于民——沿江基层协商民主实践之路》，2014年7月14日，临海新闻网（http：//lhnews. zjol. com. cn/lhnews/system/2014/07/14/018197334. shtml）。

性和草根智慧。通过对于乡村协商民主创新的梳理，既有助于寻找其内在规律，又有助于深入了解当下的农村现实，还有助于认真看待当下乡村治理水平和未来走向。

五　乡村协商民主价值及其未来发展

在中国实行协商民主意义重大而深远，在中国广大乡村实行协商民主更具有革命性质。这不仅因为改革开放四十年来因中国发展速度很快带来不少矛盾冲突；还因为可以确立这样的理念和目的，即中国一直没有脱离现代民主发展的总体轨道和格局，任何否定中国民主发展进程的看法都是站不住脚的。这就需要站在科学发展观视野，以新时代眼光审视中国乡村协商民主的成败得失，并对未来发展提出有价值的思考。基于此，有必要将协商民主与中国农村政治文化生态联系起来。

与中国城市协商民主相比，农村还处于初级阶段，特别是政治文化生态并未建立起来。这是因为：第一，专制主义在相当长时间内成为奴役国人尤其是广大农民的政治镣铐。第二，封闭、狭窄的生活环境，单一的生活生产方式，家族式统治的利己主义，导致集体主义和公民意识比较淡漠。于是，政治生活与文化生活在中国农民身上多付阙如。第三，改革开放促使村民自治快速发展，中国农民的政治意识和觉悟显著提高，但“包产到户”责任制和村级治理的“经济至上”追求，促使农民功利主义思想膨胀，而政治诉求与现代的公民意识不彰，直到今天这些方面仍成为困扰乡村治理的症结所在。所以，有必要在乡村实行协商民主，以突破摆在人们面前的困局，逐步确立乡村政治发展的维度、向度和力度，尤其要改变中国乡村的政治文化生态。

（一）农民参与度和民主治理能力水平明显提高

长期以来，《村民自治组织法》对于村民如何参与村治事务都有明确规定，这从整体上改变了传统农村治理格局。但由于规定不够细致具体，村民的知情权、参与权、决策权和监督权往往很难落到实处，有时甚至被抑制，即本该“由民做主”的事情却变成乡村干部的“代民做主”。协商民主的价值在于，直接要求村民参与协商活动，就乡村重大和重要事务进行协商，这是一个通过上下、左右、前后进行联动和反复协商的过程。可以说，村民成为主体，并以巨大热情和高参与率充分发挥聪明才智和创造性，这是乡村协商民主的要义所在。如浙江海宁斜桥镇提出自己的协商理念：“民主协商的过程，也是宣传沟通、理顺情绪，让群众理解和支持的过程。通过各种会议、宣传橱窗、村务公开栏、镇报村报、农村广播等，广泛宣传民主协商工作的目的意义，及时总结推广好的经验和做法。”如今，海宁的96345个社区将协商民主辐射延伸到镇三个分中心平台，邀请社区干部、群众代表、业主代表参加协商，进一步激发群众参与民主协商工作的积极性。[①] 广东清远石滩镇下围村建立“民主商议、一事一议”村民自治制度，在立足于“还权于民”的前提下，让广大人民群众参与其中，这是一种乡村协商民主的新模式。[②] 只有当广大村民真正成为协商主体，并充分发挥其创造性，乡村善治才能获得巨大发展动力。

（二）通过协商民主可破解乡村治理困局

中国广大乡村有着独特的地理、历史和政治，这就决定了治理方式的松散、自为、自在状态。新中国成立后，国家对乡村社会进行大规模调整和控制，乡村也成为国家行政体制的重要部分，乡村关系得到明显改善。随着“包产到户”、村民自治和取消农业税等政策实施，乡村关系在获得更大张力与活力的同时，又出现了新矛盾和新问题，导致不少地方干部群众关系紧张甚至对立。如一些地方政府领导违背国家法律和村民意愿，随意撤换和指定村干部，引起村民不满；有的地方政府仍用行政命令手段开展工作，简单粗暴；还有的地方政府观念比较落后，政

---

① 斜桥镇联络委：《海宁市斜桥镇推进基层民主协商工作的主要做法》，2013年4月8日，海宁政协网（http：//hnszx. gov. cn/Article/201304/2013 - 04 - 08/20130408144352_1405. html）。

② 中共石滩镇党委、人民政府：《落实依法治国　规范议事规则——石滩镇下围村实现村民自治的探索与实践》，2015年2月12日。参见“基层治理与民主建设”创新组编《广东清远调研资料》，2015年10月，内部资料，由石滩镇政府提供。

务信息不公开，村民参与渠道缺失，政府决策难以满足其需求。协商民主正可破解这样的难题。

一是充分发挥政协委员的作用和政协协商的功能。政协是个特殊组织，它的每个委员都可发挥自己的独立性和主体性，都有自己的表达权，这是一般组织很难做到的。比较而言，政协委员无明显偏向，不代表当事人任何一方利益，往往以平等、公正、协商方式开展工作。政协委员比较了解国家政策，问题意识、忧患意识比较强，有处理和解决问题的能力，同时又了解国情、民情、人情，社会关系和人脉也比较广。基于此，政协委员下基层和构建乡镇政协平台，对于乡村治理意义重大。

二是搭建有助于改善各级关系的乡村“民主协商”平台。与以往相比，改革开放以来的乡村关系不是变简单了，而是愈加复杂化了。这在村民与村民、村民与村干部、村与村、村与乡镇、乡村与县市等关系中，都有突出表现。诸如分层化、竞选、利益分配、干部腐败等都很有代表性。因此，当前广大乡村社会的矛盾、隔膜有加重之势，群体性事件也有增无减。协商民主则是一味良药，将不同层级，特别是村民和村干部放在同一平台上，有利于打通乡村内外关系，起到导线似的传导功能。这样，乡村各层级关系就会由原来的分散、隔膜甚至对立，变为容易沟通和更加集中协调起来。

三是做出重大决策前必须进行协商是乡村善治的关键。协商民主的要点是不能一个人说了算，尤其不能由政府干部“为民做主”，要通过协商制度限制和抑制腐败，避免决策错误和失败。可见，协商民主对于乡村治理意义重大。

（三）以现代政治文化代替官本位思想

中国古代封建社会的主导性线索是专制主义，具体体现在“权力崇拜”和官本位思想极其严重。皇室与衙门威治天下，官民地位悬殊且产生难以填充的关系鸿沟。新中国成立和改革开放以来，各级领导干部本着“执政为民”宗旨，以“全心全意为人民服务”为行为准则，大大拉近了与人民群众的距离。但由于理论与现实的差异，也由于官本位思想难以得到根治，官民关系仍存在这样和那样的问题，有的地方甚至出现恶化趋势。这在乡村社会表现得最为突出和激烈。通过协商民主可建立现代政治文化，改变官本位思想，有助于解决乡村社会的复杂矛盾。其一，协商民主要求赋权于民，让广大村民广泛参与乡村重大和日常事务的讨论与协商，将原来的领导说了算，变成村民当家做主，广大村民可作为协商主体直接参与乡村治理。其二，乡村协商民主实践培育了广大村民的组织观念、公共意识、责任感和合作精神。梁漱溟曾说过，在中国传统社会，“中国人原来个个都是顺民，同时亦个个都是皇帝……参加团体众人之中，不卑不亢的商量，不即不离的合作，则在他生活中素少此训练（尤以士人生活及农人生活为然）”①。这里主要强调中国农民组织化程度低，合作精神缺乏，也强调“商量”与“合作”之价值意义。村民自治特别是协商民主在广大乡村兴起，加快了村民向公民的转化进程：村民可就共同关心的乡村利益和话题进行讨论、协商，在平等对话的基础上，又增强了参与者的议事决事能力，公共意识和合作精神大大提高，充分体现现代政治文化的核心内容和根本所在。总之，协商民主打破甚至颠覆了中国传统乡村的权力结构，真正地让村民成为乡村治理主体，这从根本上改变了乡村政治文化生态。

在承认协商民主给中国乡村带来巨变时，也不能无视其局限。一是乡村协商民主还缺乏足够的理性自觉意识，感性甚至被动的情况比较明显。这是自然的，因为毕竟从温岭的民主恳谈开始至今只有十余年，党的十八大提出的“基层协商民主”至今也不过数载。二是等级观念和官本位思想在中国具有长久的历史，这绝非短时间所能改变，更不能希望毕其功于一役。要真正用现代观念取代中国乡村的官本位影响，是一项长期、艰巨的工作。三是不少乡村的官本位思想正在被协商民主逐渐改变，但仍有很多地方较为严重地存在着，甚至以新的方式、手段露骨地呈现出来。还有的地方以“协商民主”之名，行“官僚主义”之实，于是“协商民主”变成官本位思想的通行证和护身符。更值得注意的是，还有的乡村将功利主义与官本位思想相结合，再披上协商民主的外

① 梁漱溟：《中国文化的命运》，中信出版社 2010 年版，第 36 页。

衣，这样更具有欺骗性。因此，在看到广大乡村因协商民主而产生的喜人局面时，也不能忽略其被严重异化的情况。那么，如何解决当下乡村协商民主中存在的问题呢？

第一，加强对各级干部尤其是乡村干部的精选、培训、优化，使其真正具有现代意识、公民意识和协商能力。

党的十八大以来，干部队伍建设被置于优先地位，于是反腐倡廉、增加党性、提高执政能力、增强服务意识，成为主要导向和追求目标。事实上，当前不少领导干部确实问题多多，较难适应时代发展、现代性诉求以及中国和世界巨大变革之要求。乡村干部也是如此，其当前存在的主要问题有：一是腐败成风，有愈演愈烈之势，有的甚至闹出荒唐的笑话。2014 年 8 月，湖南吉首一位村干部因贪污公款被查，他不仅没有反省，反而振振有词道："我当村干部不就是为了捞两个吗，这怎么还违法了？"[①] 表面看这只是一个法盲所说的胡话，但反映的是有些村干部素质之低，以及被利欲熏心后的无知无畏，更反映了在干部选举中存在的严重问题。二是村干部年龄结构老化，严重影响和阻碍了协商民主和乡村治理的现代化发展。村干部年龄结构老化的最大问题是，他们缺乏现代文化知识、思想观念保守、精力不济、难有长远发展眼光，让他们在老年协会发挥一定作用尚可，但要真正参与现代协商，共议乡村发展大计，恐怕就是勉为其难了。因为协商民主既要有传统互助合作精神，更要有现代民主意识。因此，应立足于培养年轻村干部，给乡村社会装上拥有现代智慧的大脑。三是当下乡村干部更重经济发展。以公共产品供给的选择为例，他们往往比较功利，更重眼前利益，所以容易选择那些"看得见、摸得着"的基础设施，缺乏长远发展眼光。这就从整体上限制了乡村的可持续发展。因之，应将重点放在对于乡村干部的精选、培训和优化上，以确保乡村治理的大脑中枢功能。以成都新都区村级议事会为例，随着城乡统筹发展战略的深入实施，村级公共服务和社会管理改革加快推进，每年村（社区）得到不少于 20 万元的专项经

---

① 何勇、侯琳良：《为"捞两个"当村官，不行了！》，《人民日报》2015 年 1 月 18 日第 1 版。

费支持，极大促进了农村基础设施建设和公共服务设施的配套完善。但是，原有以民主性为重点、以群众为主体的议事会，在议定诸如村庄规则、项目建设、合同签订等专业化事务方面则有所欠缺，特别是在对项目成本的控制、质量的把关和效果的实现等方面，均有不尽如人意之处。因此，针对村级公共事务项目中民主性强、科学性弱等问题，新都区在清流镇试点建立“村级议事会议咨询顾问制度”。这一措施一方面可有效发挥群众主体作用，又能推动民主性和科学性相统一，深化和完善乡村新型基层治理机制。① 这充分表明，一方面，村级议事会的议定、协商能力不足；另一方面，通过咨询顾问制度进行优化，大大提升了乡村协商民主能力水平。

第二，建立一整套规范、完善、科学、有效的协商民主制度机制，加强乡村协商民主制度化和法制化建设，使乡村协商有法可依，避免混乱和随意。

关于中国乡村基层协商民主，现已有不少规章制度，这在地方包括乡村都有一些制度创新，有的还是比较丰富和完备的。在此，依法行政的浙江省和协商民主比较突出的广东省最有代表性，它们在建章立制方面颇有建树。以广州市为例，它早在2006年就出台《关于加强人民政协工作的实施意见》，2009年又在全国率先推出《中共广州市委政治协商规程（试行）》，2012年正式实施该规程，并又出台了《中共广州市委关于加强人民政协工作的决定》（以下简称《决定》）。这些规定改变了原来的“要我协商”，而变成“我要协商”，也由原来的“可以协商”变成“必须协商”。这些规定对于保障“协商民主”制度，有着相当重要的意义。《决定》明确提出将政治协商纳入党委议事规则、政府工作规则，凡是规定协商之事，未经协商，一律不上会、不讨论、不决策，这就规定了协商民主的必要性、重要性和关键性，以及不可忽略的重要地位。此外，《决定》还提出：“构建人民政协深入联系群众的新机制”，

---

① 中共成都市新都区委组织部：《探索村级议事会议咨询顾问制度　在充分民主中体现科学性》，载中共成都市委组织部《成都市基层治理机制典型案例集》（一），2012年11月，第50页。

支持政协建立健全政协组织、政协委员和界别联系群众的制度；建立健全群众代表列席政协全体会议、常委会议、专门委员会会议等制度，满足公众通过政协平台实现有序政治参与的愿望。支持和组织委员开“微博”。①这些规定对广州农村基层协商民主的发展起到了制度保障和理论支撑作用。根据胡楼村“全民参与，全程协商”的管理协商办法，江苏沛县制定村级协商的“工作意见”和“实施细则”。2013年，彭州市出台《中共彭州市委关于构建社会协商对话制度的意见》《关于构建社会协商对话制度试点工作的实施方案》，决定在通济、九尺、葛仙山等镇开展构建社会协商对话制度的试点工作。为此，彭州市通济镇还制定了《关于构建社会协商制度的实施方案》《彭州市通济镇社会协商会议章程（草案）》《通济镇社会协商会成员学习制度》《通济镇社会协商会会议制度》《通济镇社会协商会工作制度》《通济镇社会协商会议议题办理制度》等一系列镇议事会及协商议事制度和规则。从市、县、镇的角度制定如此详细的协商民主制度规定，较为难得，也是颇有意义的创举。

但像浙江省、广州市、江苏省沛县以及四川彭州市通济镇这样重视协商民主法制建设的，在全国毕竟是少数，并不具有普遍性。当然，即使是这些典型的协商民主制度建设也并不尽如人意，还有不少局限和问题。这就需要从全国范围、以更加广泛和全面的方式，深入推进乡村协商民主的制度化和法治化建设。有以下几个方面值得注意。

其一，从国家层面对乡村协商民主进行立法，真正在乡村确立协商民主的合法性、权威性和法制化。党的十八大报告明确提出：“要健全社会主义协商民主制度，完善协商民主制度和工作机构，推进协商民主广泛、多层制度化发展。坚持协商于决策之前和决策之中，增强民主协商时效性。积极开展基层协商民主。”基于此，在短短数年间，协商民主在全国得到快速发展。问题的关键是，应尽快从国家层面制定关于乡村协商民主的专门性法律法规，以更有针对性和更加有效地指导乡村社会治理实践。

① 2013年6月26日，中国人民政治协商会议广州市委员会网站（http：//www.gzzx.gov.cn/zdjs/zxgz/201306/36906.html）。

其二，加强地方尤其是乡村基层协商民主的制度建设。时下，虽有不少省份和一些乡镇为协商民主建章立制，但并未形成规模，更不具有普遍性，即使现有建设也存在制度化、科学化和规范化程度普遍不高的局限，在这方面还有大量工作要做。当前，对于乡村协商民主的制度化建设，地方各级政府最紧迫的是重视组织创新、机制创新，尤其是监督制约和责任机制上的创新。这是因为缺乏强有力的监督制约和责任机制，乡村协商民主实践就会流于形式。同时，还要高度重视和加强乡村协商信息公开制度建设，因为“民主的兴旺发达倚仗其公开性——公众关心公共事务——对一般群众公开”①，将信息公开列为乡村协商民主程序建设的必要环节，加强协商前、协商中和协商后的信息公开力度，及时向公众公布协商的议题、时间和意见建议的办理情况，充分保障广大群众的知情权和监督权。

其三，通过学术研究推进广大乡村协商民主的法制化建设。当前，学者比较重视将西方的协商民主理论介绍到中国，但如何使西方理论中国化，真正建立有中国特色的社会主义协商民主理论，这是当前比较缺乏的。因为中国国情和农村实际决定了法治建设不能照搬西方的协商民主理论。可以说，从学术层面为中国乡村协商民主法制化建设奠基，既关乎学术，更是一个严肃的政治问题。

其四，在推进广大乡村协商民主法制的建设过程中，要将村民的主体精神放在首位。这既是“执政为民”思想的体现，又有助于充分发挥人民群众的主动性、能动性和创造性，还体现了群众的“满意度”。当然，不能忽略甚至无视中国乡村社会传统的制度资源，如《村规民约》《村民自治章程》等。只有将古今中外相结合，并进行现代性转换，乡村协商民主的法制化建设才是科学和健康的。

乡村协商民主的法制建设既要避免行政化倾向，增强民主性和民意基础；又要避免跟在民意后面，缺乏必要的顶层设计和长远发展规划。前者是针对许多乡村协商民主制度由领导干部制定和掌控，普通村民很难参与其中来谈的，这是一种“被干部协商”的制度建设；后者是针

① ［美］科恩：《论民主》，聂崇信、朱秀贤译，商务印书馆1988年版，第163页。

对过于强调民意甚至将民意作为绝对标准的做法而言的，因为民意也有短见和过于功利性的不足，不利于乡村协商民主的长远发展。其实，在乡村协商民主法制化建设中，还存在一个“协商”过程，即在各层级的协商主体之间，形成科学、民主、有序进行“协商”的机制。

第三，加强对广大干部群众的指导、培训、考评，整体提升其民主协商能力水平，并将之纳入基层政府绩效考评体系，这是实现协商民主长远发展的可靠保证。

目前，中国广大乡村的协商民主水平还很不理想，因为在中国乡村实行协商民主并非易事。另外，乡村协商并不只是做一个调解的“和事佬”，它还是一项现代政治诉求。不过，目前中国乡村干部群众的素质还不足以完成乡村协商民主的使命，很难适应协商民主的具体要求。所以，一般而言，乡村协商民主已具备政治、经济、社会、思想条件，但从现代协商的民主诉求看，中国乡村广大干部群众还处于较低的层次水平，还有很大的提升空间。因为没有合格的现代公民与领导干部，所有的协商民主都会走样甚至变味。

其一，政协委员自身素质需要提高。整体而言，政协作为国家治理的重要组成部分，获得了长足发展，也越来越显示出自身的重要性。不过，也要看到当前政协的问题所在，主要表现在队伍不纯，有的政协委员不能尽职尽责，有的达不到政协委员的要求和水平，甚至频现政协委员腐败案，这是需要反思和调整的。关于这一点，在地方政协中表现得更为突出。这直接影响到中国乡村协商民主的进展，也大大败坏了政协形象。这就需要把握好政协委员当选关，并整顿在任委员队伍，使之更加纯洁、干净、勇于担当。

其二，广大乡村干部群众对协商民主精神、程序与方法还缺乏足够的了解，需要进行教育、培训和提升，因为“参与的深度主要依靠人与思想的相互作用，而这种相互作用却要求特殊的智力方面的技巧。总起来说，这些技巧就是交流的艺术……培养交流思想的技巧应永远是民主教育一项中心的目的”①。还有学者提出运用交往权力进行协商的重要

① ［美］科恩：《论民主》，聂崇信、朱秀贤译，商务印书馆1988年版，第168—169页。

性："在发展协商民主中，交往权力和行政权力必须相互配合和牵制。目前交往权力处于弱势状态，要发展协商民主，行政权力的介入和支持是必要的。""另一方面，我们必须提防协商民主被操纵。例如，有人会利用专家，刻意搞出专家的中立性和公正性，其实专家在民主协商过程中有可能只为某个利益集团说话而已。在寻找行政权力和交往权力结合中，我们必须防止行政权力对交往权力的滥用。为此，发展交往权力是对行政权力的一种牵制。"[①] 可见，在乡村协商民主中，对行政权力、交往权力有一定限制和规约，需要加强对于广大干部群众的现代培训。实际上，浙江温岭民主恳谈在这方面进行了有价值的探索。在新河镇改革中，为使人大代表和广大干部群众在公共预算中发挥作用，当地政府专门举行预算知识培训会，使人大代表、恳谈代表、政府官员和相关人员都参与其中。[②] 只有对协商主体进行一定的限制和充分的培训，他们才能在知识、能力和观念上有所突破，适应快速发展、复杂多变的协商民主新局面。

其三，加大农村人才队伍的结构调整力度，尤其要注意吸收外来人才，提高协商民主的治理水平。一方面，应努力培训和提升乡村广大干部群众的协商能力；另一方面，要思考改变乡村协商主体的结构问题。这包括采取有效措施促使流失在外的村庄精英回流，将在外地工作的本土本籍名流吸纳回来，鼓励和吸引更多社会精英尤其是志愿者参与进来，以改变乡村协商主体的单一结构。实际上，一些地方在此做过探索，如让外出打工的成功人士参与协商民主活动。据报道，四川达州渠县、开江、大竹等政协，纷纷成立智力支乡机构，让乡友支持家乡建设。大竹县政协专门成立办公室，让专人负责联谊会工作，该县的乡友智力支乡联谊会还在全国各地成立分会。渠县通过联谊智力支乡会，从在外的乡友中成功引资 46 亿元，共建成 18 个项目。[③] 渠县的做法主要停留在经济发展上，其探索性和创新性思路对乡村协商主体建构具有启

① 何包钢：《协商民主：理论、方法和实践》，中国社会科学出版社 2008 年版，第 51 页。

② 贾西津主编：《中国公民参与：案例与模式》，社会科学文献出版社 2008 年版，第 190 页。

③ 钟振宇：《基层协商民主探索实践三启示》，《四川日报》2014 年 6 月 30 日第 2 版。

示意义，这是一种不断开拓协商民主主体结构的理念与方法。

中国农村协商民主必须建立现代的政治文化生态，而这又离不开两个主要路径：一是从知识和理论上进行提升，让广大干部群众获得现代思想意识和价值观，这是关系到协商民主精神的重要方面。二是从实践层面进行引导和推进，让广大干部群众在实践中掌握协商民主的理论与方法，这是许多理论很难达到的，也是更加切实可行和可靠的路径。

第六章　社会组织培育与乡村社会治理

中国社会组织尤其是农村社会组织自古有之，但由于各种原因，新中国成立后在国家整体建设的大背景下，其发展受到一定的抑制。改革开放以来，尤其是进入21世纪，包括广大农村在内的社会组织获得了快速发展。这与党和国家的政策方针与顶层设计是分不开的。如2007年党的十七大首次提出“重视社会组织建设和管理”。2013年政府工作报告明确提出“支持发展多种形式新型农民合作组织和多层次的农业社会化服务组织，逐步构建集约化、专业化、组织化、社会化相结合的新型农业经营体系”。2013年十八届三中全会首次提出创新社会治理的新理念。2015年6月习近平总书记在考察贵州时指出，“要高度关注基层政权组织、经济组织、自治组织、群团组织、社会组织发展变化的特点，加强指导和管理，使各类基层组织按需设置、按职履责”。2015年9月，中共中央办公厅下发《关于加强社会组织党的建设工作的意见（试行）》，对社会组织给予充分肯定，并提出进一步加强党建的具体要求。不过，由于社会组织的复杂性、特殊性，其间存在的问题也相当突出。对此，学界已有不少研究成果，但其局限也是较为明显的：一是往往将重点放在与外国社会组织对接，全力向国内介绍外国经验，对中国国情、立场和经验有所忽略；二是更看重城市社会组织，忽视中国广大乡村社会组织的培育和发展；三是多从经济学、社会学、管理学角度切入，政治学视角有所忽略甚至缺席，这就带来对于社会组织功能理解的偏向。因此，如何从细枝末节中跳出来，高屋建瓴地把握社会组织与乡村治理的深层关系，提出切实可行的建设性意见，是一项重要的工作。

一 全面理解社会组织

对于社会组织的概念、范畴和功能，不同的人有着不同的看法，也形成了不同的派别和倾向，但将之与政府、企业相区分，强调其非政府性、非企业性，是其共性特点。换言之，与政府组织、企业组织相比，社会组织更注重自身的独立性、公共性、公益性、民间性，是一个基于"社会"与"群众"利益的自主性组织。《关于加强社会组织党的建设工作的意见（试行）》规定，"社会组织主要包括社会团体、民办非企业单位、基金会、社会中介组织以及城乡社区社会组织等"。按学界看法，社会组织往往"可分为经济组织、政治组织、文化组织、教育组织、科研组织、群众组织和宗教组织等几种类型"①。比较而言，目前的社会组织比较重视经济、社会功能，而对其文化功能尤其是政治功能多有忽略，这是需要给予高度重视的。

（一）乡村外部的社会组织功能不均衡

整体而言，乡村外部的社会组织一直具有主导性，是具有强大影响力的重要部分。这是因为：与乡村内部社会组织相比，外部社会组织受到国外社会组织的影响更大，其实力也更为雄厚，在价值理念与主体精神方面更加自觉和成熟。就外部的社会组织在乡村产生的影响看，主要集中在社会民生和经济发展上，如扶贫、支教、环保、医疗、救灾、法律援助等。较为突出和颇有代表性的是基金会等社会组织。据载，在四川汶川地震中，近百家 NGO、基金会等社会组织发挥作用，它们在心理救助和灾后校园重建等方面用力最多。② 从 1987 年，香港乐施会就在中国大陆实施扶贫计划，到 2003 年年底，已在 18 个省市投放款项近 2

① 参见阎刚平《县域科学发展方法论》，中共中央党校出版社 2009 年版，"第一节：县域社会组织及其现状"。

② 郭勇：《NGO 参与乡村治理研究——以 NGO 参与汶川地震灾后重建为例》，四川省社会科学院，硕士学位论文，2012 年，第 11 页。

亿港元，开展了超过650个扶贫救灾项目。① 2015年，中国扶贫基金会共投入扶贫资金38.14亿元，项目覆盖全国31个省、900个县以及世界各个落后国家。“美丽乡村项目”在四川、贵州、陕西、河北四省开展扶贫，有7个贫困村6201人从中获益。② 2017年，中国扶贫基金会共接受捐赠5.8亿元，支出4.7亿元，发放小额贷款86亿元。③ 综上所述，由于这些乡村外部的社会组织有着巨大的经济优势和较强的行动力，所以在乡村社会发挥了较好的经济、社会和文化功能；不过，在政治功能上没有得到充分发挥，“去政治化”甚至“反政治化”倾向明显。但政治在中国乡村至为重要，它是乡村治理的要义所在，外部的社会组织面对乡村政治向度缺失、虚弱或消极，其社会组织经济功能等的发挥也不可能充分。这是目前乡村外部的社会组织功能发挥不全、主要偏于经济和社会功能的局限所在。

当然，在整体乡村外部的社会组织政治维度缺失的大背景下，也有一些外部的社会组织比较重视激发村民的政治热情，如邓小平所言，“调动积极性是最大的民主”④。这对乡村民主政治发展具有启示作用。阿拉善SEE生态协会较有代表性，它注重在扶贫中提高村民自我管理能力水平，一些项目不是自上而下安排好了，而是让农牧民自主选择，在项目资金使用上也通过村委会实行，这有助于农牧民积极参与政治生活，也有助于提高其自治能力水平，并了解自治程序和方式。⑤ 不过，来自外部的社会组织的工作重心还是放在扶贫以及社会民生和文化上，政治功能多是附带物，具有模糊性和随意性。安徽复兴学校是个外来的社会组织，它对当地乡村教育产生了巨大影响，并引起媒介和社会强烈

---

① 王燕萍、白冰：《香港乐施会：为内地扶贫救灾不遗余力》，2003年7月2日，新华网（http：//news.sina.com.cn/c/2003－07－02/2129308088s.shtml）。

② 张明敏：《中国扶贫基金会：2015年筹集款物46.57亿元》，《公益时报》2016年4月5日第6版。

③ 付丽丽：《2017年中国扶贫基金会资助贫困人口超419万》，2018年3月27日，人民网（http：//society.people.com.cn/n1/2018/0327/c1008－29891190.html）。

④ 《邓小平文选》第3卷，人民出版社1993年版，第242页。

⑤ 参见卢艳霞《社会组织参与农村扶贫研究——以乐施会在中国内地的扶贫实践为例》，中南大学，硕士学位论文，2012年，第6页。

关注。但后来志愿者内部及复兴学校与筹委会之间的矛盾与决裂，反映的却是政治觉悟和现代意识的极度缺乏。这与当地乡村的政治社会素养形成某种耦合，因为“当地不良的社会风气几乎完全掩盖了乡村的淳朴，也没有城市的法制规范，崇尚用拳头解决问题。不少劳力游荡在乡村，靠捡破烂、偷窃为生。复兴学校三次遭窃，稍稍值钱的高音喇叭和器材，甚至煤油灶与气罐都被偷空。小偷连亮灯的房间都撬，值班的唯一志愿者老师只能死死堵住房门，任由他们席卷教室”①。应该说，像安徽复兴学校这样来自乡村外部的社会组织，在重视其经济社会功能时，决不可忽略甚至缺乏政治功能，否则就不可能改变乡村政治文化生态，社会组织的政治功能就无法实现。也可以这样说，来自乡村外部的社会组织，如无政治意识，不能将现代政治维度输入乡村，所有努力都是有限的，也是被动和盲目的。对于乡村治理来说，如不能从根本上触及乡村社会政治模式，所有外来的社会组织也只是治标不治本的表面化行为而已。

（二）乡村内部的社会组织功能不均衡

乡村内部的社会组织具有草根性特点，它远无法与外部的社会组织相提并论。然而，在重视经济功能而忽略政治维度上，二者却并无二致。乡村内部的社会组织在“政治”功能上比较薄弱，一面包括以经济功能为主的社会组织；另一面也是指非经济功能的社会组织。如青岛市莱西的东庄头村老年协会，是一个以蔬菜批发为主的经济实体，后发展成全国最大的村级产地蔬菜批发市场，日成交量为300多万公斤。协会还自筹资金2200万元，兴办18个独立经济实体，这是由老年人创办的乡村社会组织。② 当然，这个村老年协会还强调“六自”和“五有”。所谓“六自”，是指自力更生、自食其力、自筹资金、自主经营、自负盈亏、自强不息；所谓“五有”，是指老有所养、老有所医、老有所

① 朱健刚：《行动的力量——民间志愿组织实践逻辑研究》，商务印书馆2012年版，第44页。

② 于钦东、黄忠伟、葛宁：《老年协会：破解农村养老难题的现实选择——以青岛市莱西东庄头村老年协会为例》，《全国商情·理论研究》2012年第35期。

为、老有所学、老有所乐。在此，强调的主要是经济功能与服务意识，主体性和自治性有之，但政治意识并不突出。又如四川省冕宁县复兴镇建设村在2013年进行分红，资金多达1300多万元，凡入股合作社村民人人有份，最多可得30多万元，最少也有万元，显示了乡村内部社会组织雄厚的经济实力。然而，除了由5—8户选出的股民代表参加决策外，股民很少参与经营管理，更不要说决策与监督。① 很显然，在乡村内部的社会组织中，“政治参与”被“经济利益”压制甚至覆盖的情况具有普遍性。

在乡村内部的社会组织中也有例外，它们既重经济功能又重政治功能。如山西省永济市寨子村的“农民协会”，在会长的带领下，充分发挥社会组织的多元化功能。为培育村民的现代公民意识和政治觉悟，寨子村“农民协会”采取如下措施：第一，在经济发展中培育村民的社会责任感、参与意识与合作精神；第二，通过民主管理和民主决策，提升村民的平等协商能力；第三，组织会员学习党的政策文章，积极参与村组织建设，监督村委会选举。② 广东梅州蕉岭县到2013年建立乡村社会组织510多个，它们包括村务监委会、水利协会、卫生保洁队、调解会、育才基金会、护村队、老人协会等。为更好地发挥其政治功能，在“依靠群众治天下”的理念下，各类社会组织的自管自治功能被激活。应该说，乡村内部社会组织有突出的政治功能者并非个案，但像这样得到显著发挥的却比较少见。因为在广大乡村治理中，经济发展更受人重视，政治意识却容易为人忽略甚至可有可无。这势必影响乡村内部的社会组织发展、壮大和走向成熟。

对于当前中国社会组织功能的不平衡状况，我们既要立足于乡村社会实际情况，紧紧抓住乡村社会的主要矛盾和核心问题；又要有顶层设计和长远的健康发展路线图。否则，社会组织就不可能在广大中国乡村产生根本性影响，乡村治理也就很难走向深入。基于此，有以下几点应

---

① 罗本平：《1311万现金分红背后的秘密》，《成都商报电子版》2014年1月16日第24版。

② 仵希亮：《农民协会发展探析——以山西省永济市蒲州农民协会为个案》，《三峡大学学报》2009年第2期。

特别注意。

1. 确立社会组织的经济发展优先地位

目前，学界有两种主要看法：有人认为乡村治理首在经济，这就产生“经济至上”论和“唯经济是从”论；还有人认为文化和政治至为重要，于是产生忽略甚至否定乡村经济高于一切的看法。这两种观点都有合理性，但都缺乏全局意识、辩证思考和战略构想，尤其是忽略了中国乡村实际。长期以来，党和国家一直将乡村脱贫作为战略任务来抓，现在所取得的成效也是历史性的。然而，直到今天仍面临7000万贫困人口的脱贫问题。因此，没有乡村经济的发展，就不可能真正解决民生问题，乡村社会就不可能和谐稳定，文化建设和民主政治也就难以实现。有人表示：“健全的民主要求健全的公民，社会成员如长期营养不良或经常生病，既有广度又有深度地参与公共事务是难以做到的。如果群众中大多无衣无食，或者疾病缠身，指望这样的群众实行真正的民主，那是幼稚的。”“因为经济水平很低时，完美无缺的平等也足以排除实行健全民主的可能性。”[①] 马克思主义者一直坚信经济基础的决定性作用，并将之视为民主政治的前提。对于中国广大农村注重发展经济也应作如是观，它是整个乡村治理的基础和前提条件。当然，也应充分认识到，从长远战略目标出发，在乡村社会只重经济、只靠经济也是不行的，经济虽是决定性因素，但却无法取代文化和政治。科学合理的理路应是：确立社会组织的经济发展优先权，在这个前提下，凸显其政治性功能，避免进行单向度的价值选择。

2. 通过切实可行的经济活动，让广大乡村干部群众获得政治自觉和现代意识

一般来说，忽略乡村经济的论者总认为：经济虽是基础，但它不是上层建筑；经济作为硬件，它远不是文化的“软实力”。因此，与经济相比，从文化、政治角度提升广大乡村干部群众的政治意识更为重要。其实，这是一种简单甚至肤浅的认识，它忽略了经济对于乡村的根本性

---

① ［美］科恩：《论民主》，聂崇信、朱秀贤译，商务印书馆2004年版，第110—111、119页。

意义。对于乡村社会组织来说：其一，要将经济、社会、文化和政治的发展目标区别开来，在重视各自独特价值的同时，凸显政治功能；其二，不可忽略各功能间的内在关联与合力作用，尤其要注意在经济生活中提升乡村广大干部群众的政治素质。目前，经济生活往往比政治生活更能激发村民的政治热情，因为在他们还没过上好日子甚至连温饱问题都没解决的情况下，令其热衷于政治，那几乎是不可能的。因此，发展经济之于村民来说，至为重要也更加迫切，通过经济活动培养村民的现代思想意识和能力水平，恐怕比在选举、决策、监督中的直接政治参与更有成效。当然，也要认识到，在经济活动中促进村民政治意识觉醒只是一个方面，它永远不能代替直接的政治参与和训练。所以，既不能让社会组织只重视经济发展功能，又不能追求“在政治上发展政治”，忽略“经济”中也包含更大的“政治”这一重要问题。以山东潍坊寿光东斟灌村合作社为例：它首先是一个经济合作社，包括土地股份合作社、果蔬专业合作社、资金互助合作社，从中获得了经济发展的内在动力。也是在这样的经济活动中，东斟灌村合作社围绕“群众的事自己办”这一基本原则，调动村民参与的积极性，提高其自我管理能力，发挥其主人翁精神。这是通过创办“三社”、落实“三权”、健全“三项制度”，实现经济发展与基层民主政治互促共进的典型样板。[①] 换言之，这是一个在经济型社会组织中，“让老百姓成为会议桌上的主角”的民主管理和治理模式。

3. 直接彰显社会组织的政治功能，使村民的民主自治能力水平快速提高

借助市场化及现代经济活动培育村民的政治觉悟，显然具有间接性、感性的特点，不过这有助于打开村民政治意识的闸门，在实践中操练和深化其民主意识和民主观念，因此社会组织尤其是乡村社会组织对此必须有清醒认识。因为当下中国乡村的多数社会组织为经济型，真正意义上的政治型社会组织还比较少。另外，村委会在乡村治理中虽具有

---

① 参见《群众的事群众说了算——东斟灌村民主建设与经济发展互融互促的探索与启示》，《山东省潍坊市调研资料汇编》，2014 年 9 月，由潍坊市东斟灌村提供。

政治职能，但在自治上往往很难做到规范、到位、有效，这就需要建立健全社会组织，并发挥其政治功能作用，以改变村委会的单一局面。从此意义上说，今后应加强政治性社会组织建设，以便使之直接发挥政治参与作用，这将有助于充分激励乡村社会组织的民间智慧，是一条更加可靠、可行的政治发展之路。以青岛莱西市为例，曾有 8 户三峡移民被安排在三教村，但移民却很难融入。村公益协会的成立，尤其是通过会员和志愿者帮助移民解决困难，很快形成村民自助互助的大好局面。大河村的村民管理协会与镇形成联动，大大提升了民主管理能力水平。其具体要求是，村级组织花钱必经三关，即村民理财小组审议关、管区干部考察论证关、镇长签字审批关，这就从根本上解决了村级村务管理难、花钱控制难、干部约束难等问题，开辟了一条民主管理、科学决策、共建和谐家园的新渠道。① 目前，像莱西这样政治性较强的农村社会组织在全国还不多，今后应从这个方向大加引导和全力培育。最有代表性的还有浙江宁波慈溪五塘新村的“和谐促进会”，自 2006 年成立至今，它为提高村级社会事务管理水平，探索新形势下和谐融合新机制，创新社会管理组织形式，做了大量工作并取得显著成就。其具体做法是：以活动促交流，搭建沟通平台；以参与促管理，搭建管理平台；以服务促融合，搭建服务平台。这样，新老村民、本地人与外地人都能感受到平等友爱、团结互助的和谐氛围，多元主体尤其是广大人民群众参与的管理治理服务体制体系得以建立。② 这是乡村社会组织政治功能得到充分体现的典型案例。总之，在乡村治理中，由于村委会有行政化倾向，村民的政治参与比较有限，这就需要加强社会组织尤其是农村内部的社会组织建设，以增强其政治意识与管理能力，弥补乡村治理的短板与缺憾。这是一项大有可为、颇有前景的系统工程。

4. 建立社会组织的经济功能与政治功能得到充分发挥的联动机制

强调社会组织具有各自的独特功能，并不等于说要将其割裂开

---

① 张桂花：《关于发展农村公益类社会组织的思考——以山东青岛莱西市为例》，《社团管理研究》2011 年第 4 期。

② 参见《五塘新村和谐促进会工作情况汇报》，载“基层治理与民主建设”创新组编《浙江宁波调研资料汇编》，2016 年 6 月，由宁波市五塘村提供，内部资料。

来，而是要注意分中有合，即让各个不同功能形成联动，在联系、互动与共振中和谐运行，这是未来乡村治理中的社会组织高效发展之关键所在。根据“创生”理论，师生在“课程实施的技术化、程序化被彻底消除了，课程实施不再是原初的课程计划按图索骥的过程或稍事修改的过程，而是一个真正的创造过程”①，这是在师生之间展开的互动与创造。社会组织不同功能间也应确立这样的制度机制，在联动与交融中实现创新，在经济、政治、社会、文化多功能协调中获得更大增值。如湖南长沙县从2013年引进北京地球村环境文化教育中心的“乐和”理念，到2015年先后建成145个“乐和互助会”，并通过“乐和联席会”、乡村公共平台、义工社工等形式，推进乡村治理中的经济、政治、文化、道德、思想等走向多元化。② 这是一种创新社会治理和政治发展齐头并进的有效尝试，其核心是充分发挥组织、社会、群众力量，引导群众进行自我管理、自我教育、自我服务、自我监督。

乡村社会组织不是单一的，它既包括面向农村的外部社会组织，又包括农村内部的社会组织；它既包括经济方面的功能，也包括政治、文化等方面的功能；它既需要发挥个体之独特优势，又需要发挥组织的协同作用，使之成为一种具有张力效果的动力源。只有这样，社会组织的作用才不至于被低估、弱化、消损甚至取消，成为一种只停留在概念、理论上的说教和演绎。

二 乡村社会组织的激励机制

对于中国志愿者来说，2008年北京奥运会具有界碑意义，它一改长期以来不被重视和发展迟缓的局面。党的十八大以来，中国志愿者队伍发展很快，2013年已建成志愿者组织43万个，志愿者服务站19万

① 参见彭亚《课程创生理论及其意义初探》，2009年5月6日，人教网（http：//www.pep.com.cn/kcs/kcyj/kcll/kcss/201008/t20100824_707643.htm）。

② 李津逵、武凤珠：《乐和乡村，从“善政”通向“善治”》，《城市化杂志》2017年第1期。

个，志愿者人数已达到5000多万。[①] 2015年，全国登记志愿者人数过亿，占全国总人口的7.27%。[②] 青岛市“爱心陪伴空巢老人”大型公益活动，自2013年开展以来的三年多时间里，成立志愿团队162个，有志愿者18000人，建“爱心陪伴志愿服务基地”109个，并开通96650“爱心陪伴”热线，有11000多位空巢老人受益。[③] 不过，我国志愿者队伍建设还处于初创阶段，远不能与世界高水平国家相比。如全世界各国志愿者平均参与率为10%，发达国家为30%，而美国、巴西、英国、新西兰、北欧、德国、加拿大等国的参与率更高，志愿者分别达到56%、50%、48%、48%、35%、34%、31%。[④] 更为重要的是，与世界发达国家城乡志愿者的均衡状况相比，我国志愿者主要集中在城市，且大学生所占比例较大，农村志愿者极少，这成为我国乡村治理的一个瓶颈问题。

中国尤其是广大乡村的志愿者不多，究其因主要有：与不重志愿者的历史传统有关；与改革开放以来过于强调个人利益有关。这就势必导致公益事业和志愿精神缺失，造成志愿精神的激励机制没有建立起来。目前，关于志愿者激励机制是有分歧的：一是强调志愿者的公共性、公益性和奉献精神，否定靠激励推进志愿活动。有人说：“如果把‘志愿者’和其考试成绩，授予毕业证书与否联系起来，那么这还是‘志愿者’吗？还是‘发自内心’吗？还是‘精神内涵’吗？‘志愿者’被责任化了。”“因为志愿者是NPO的内部成员，也应该是不营利的，不论是物质上的和精神上的，否则‘志愿者’不仅是贬值了，而且是变质了。”[⑤] 二是基于

---

① 史祎、李泽伟：《全国已建43万个志愿者组织　人数超过5000万》，2013年12月6日，新浪网（http://gongyi.sina.com.cn/gyzx/2013-12-06/102146743.html）。

② 《去年中国社会捐赠总量接近千亿元志愿者总量过亿》，2016年5月27日，中国新闻网（http://finance.ifeng.com/a/20160527/14432666_0.shtml）。

③ 《张继科在老家认亲，与空巢老人正式结对陪伴》，2017年2月2日，中华网（https://news.china.com/socialgd/10000169/20170202/30223941.html）。

④ 雷敏：《社区志愿者的成长困境及对策研究》，2013年2月8日，北大法律信息网—法律在线（http://article.chinalawinfo.com/Space/SpaceArticleDetail.aspx?AID=75514&AuthorId=144787&Type=1）。

⑤ 《威逼利诱的志愿者激励机制走向——我对志愿者激励机制的偏见》，2006年2月6日，李守雌的BLOG（http://blog.sima.com.cn|u|1234225810）。

中国志愿者的缺乏，建议建立健全志愿者激励机制，尤其将物质奖励、优惠政策视为志愿者所应得，对志愿者给予现实性和世俗化的理解。如浙江省自2014年开始实行《浙江省志愿者服务事业发展纲要（2014—2017年）》，提出“下一阶段，省直工委将重点探索适当有效的激励机制，争取为志愿者在升学、就业、使用社会公共设施等方面制定优惠政策措施。届时，志愿者们将会享受到一些实实在在的‘福利’”①。有地方和个人更加激进，将物质奖励与特殊待遇视为发展壮大志愿者队伍的有效手段。笔者认为，这两种倾向都有可取之处，也不乏偏颇，其不足是走极端化。正确做法应是：要辩证理解问题，中国国情和各地发展实际不可能缺乏奖励制度机制，志愿者精神和高尚文化品格又不能被功利化和世俗化。从短期目标和长远目标看，乡村治理中的社会组织建设尤其要把握好这个“度”。

（一）建立健全志愿者的激励制度机制

激励机制是世界志愿者发展之通则，只是激励什么、怎样激励、如何做到更加科学有效的激励，往往比激励本身更为重要。在中国广大乡村应加大力度建立健全志愿者激励制度机制，主要原因如下：其一，与世界规则与模式接轨，对优秀志愿者加大奖励和激励力度。如韩国将服务与教育联系起来，并将志愿活动列入中学生必尽义务，优秀志愿者当然可享受优质教育权利；泰国大学生要想找到理想工作，前提是必须在贫困山区做志愿者一年以上；法国将志愿者进行法制化管理；美国志愿者服务他人满1年可得到9450美元奖励，到联邦工作可免试；墨西哥要求大学生必须做志愿者6个月以上才能毕业。② 可见，对志愿者的激励机制已成为世界公则，也是可资借鉴的成功经验。其二，中国没有形成做志愿者的传统，如不重激励机制建设，仅靠自觉自愿，恐怕很难奏效。当然，在中国大地上也不乏志愿者甘于奉献甚至散尽家财，但能达

① 郑茜茜：《志愿者将能享实实在在的“福利”》，2014年3月5日，杭州网（http：//hznews. hangzhou. com. cn/chengshi/content/2014－03/05/content_ 5186326. htm）。

② 张田霞：《我国网络管理草根组织志愿者激励机制研究》，广西大学，硕士学位论文，2012年，第4—5页。

到这样的境界和高度的毕竟有限，更多的志愿者多少有些功利目的，因此，从中国国情出发，对志愿者实行激励机制，甚至加大物质奖励力度，既很现实也是非常必要的。四川大学青年志愿者协会曾进行调研：在志愿者服务期间，只有一成的人明确表示不要任何报酬；四成人认为，参加志愿活动，希望有适当奖励。看来，想让更多中国人尤其是青年人成为志愿者，如无激励机制，是相当困难的。美国哈佛大学詹姆斯曾提出，如无激励，一个人的能力只能发挥到20%—30%，若有适当激励，人能通过自身努力，将能力发挥出80%—90%。[①] 其三，广大中国乡村生活条件差、工作异常艰苦，要吸引来自都市的志愿者，如无激励机制，那也是不现实的。当前，城市志愿者多，乡村志愿者少，极有限的乡村志愿者根本无法满足地域辽阔的、需求量巨大的广大乡村，其对乡村治理所发挥的作用往往比较有限。所以，建立健全激励机制，激励城市精英尤其是青年人到乡村做志愿者，将现代科学知识和文化思想引进乡村，这是具有战略意义的国家长远发展大计。其四，基于中国乡村内部的社会组织很不发达，加之农民志愿者更少，因此应采取更有效的奖励和激励机制，以调动乡村干部群众的积极性。因为乡村内部社会组织主体毕竟主要靠广大乡村干部群众，这是一支更具潜力的志愿者队伍。与此相关的是，中国农民文化水平普遍较低、相对也封闭保守，功利思想和个人主义色彩较重，这就更需要强化激励机制，使他们愿意投身到志愿者队伍中来。

（二）确立志愿者队伍的精神高标

在我国广大乡村建立健全志愿者激励机制，一定不要将之推到极端，尤其要避免不加考虑地将志愿者与市场、奖金、工资甚至一系列特权绑在一起，从而将志愿者引向世俗化、功利化。那就会有违志愿者初心与志愿精神，更会损害社会组织的严肃性和神圣感，使公益事业和志愿精神受到异化和毁坏。如上海市在“志愿服务记录制度”中规定：

---

① 参见陈波《我国非营利组织志愿的激励机制研究》，西南交通大学，硕士学位论文，2006年，第42页。

有良好志愿服务记录、表现优异的星级志愿者，将会享受诸如升学、招聘优先录用、免费或优惠进入旅游景点、城市公交票价减免等优惠政策。[①] 在苏州昆山义工联中，鼎鑫电子会员有内部规定：凡企业员工义工服务时间累计达 10 小时，公司额外安排员工休息 5 小时，因此，做公益时间越长，可休假时间越多。[②] 该公司鼓励员工做志愿者的初衷值得肯定，但需要处理好义工与本职工作的关系。因为简单将做义工时间与休班时间长短画等号，既不合理也不现实。极端一点讲，如果员工都去做义工，公司如何获得效益和发展？浙江省的志愿者激励机制明显加大了“物质”的奖励力度。宁波团市委书记承认：“在优待志愿者方面我们也进行了一些探索。”宁波市公布首批愿为志愿者提供优惠消费的 72 家企业，涉及服务内容近百项。其中，志愿者到华慈医院看病，一律免挂号、诊疗费、注射费，并给予医药费 10% 的优惠待遇。台州玉环县对优秀志愿者实行优惠和奖励，这包括接受教育、进图书阅览室，还包括赠送培训券、免费看电影及外出考察等。[③] 因此，必须科学处理志愿者和物质奖励的关系，尤其是要处理好阶段性与长远性、手段与目标、灵活性与稳定性的关系，否则不仅医院、电影院和企业难负其重，更会影响公益事业和志愿者的崇高精神。因为将实惠尤其是物质重奖与志愿者工作简单挂钩，别的负面因素不论，一旦养成“为奖励而做志愿者”的惯性和路径依赖，那是很难消除的。

将激励机制放在一个有限范围和可控时空，就需要从以下方面处理好志愿者激励机制与无私奉献的辩证关系。

第一，在承认物质和功利在激励机制中的作用时，更应考虑影响个人成长的精神激励和社会荣誉感。对于乡村社会组织来说，将阅历、培训、升学、就业、提拔等，作为志愿者的激励内容，这只是一个方面；

---

① 钱蓓：《志愿者实习就业有加分　上海试点志愿者激励机制》，2012 年 12 月 4 日，东方网（http：//roll. sohu. com/20121204/n359395198. shtml）。

② 张振宇：《回报义工，不能限于“精神薪酬”》，《昆山日报》2012 年 12 月 19 日第 A2 版。

③ 施晓义等：《浙江一些地方探索建立志愿者激励机制》，2004 年 11 月 23 日，新浪网（http：//news. sina. com. cn/o/2004 - 11 - 23/09554320015s. shtml）。

同时更应重视社会、道德、文化、精神等方面的鼓励。因此，在乡村志愿者激励机制的设计上，不能过于偏重物质奖励，甚至将义工等公益事业与物质及市场直接挂钩，这就会生出很多复杂的社会问题，甚至形成积重难返和难以治愈的顽疾。如我们到乡村基层调研，有人反映说：原来人民公社时期，沟渠水库都是靠义务劳动修建而成；今天，有的公共场所和设施坏了，刚开始必须给钱，村民才参加，后来给钱也买不到村民的劳动了。这就是志愿精神在物质刺激下的萎缩和异化。

第二，在对乡村志愿者的激励机制中，应有时间的前后划分，不能将志愿者的激励机制作机械甚至固化理解。在目前情况下，广大乡村志愿者队伍尚未建立起来，这是需要加大激励力度，哪怕是物质的、直接的、功利的引导和鞭策，亦无不可。但随着乡村志愿者队伍的发展壮大，则应逐渐淡化功利诉求，使之回到公益事业和奉献精神，否则就达不到志愿者服务的目的，甚至会出现南辕北辙的情况。

第三，在全社会加大对乡村志愿者的宣传力度，使广大乡村志愿者成为人们尊崇的精神楷模。当前，社会各界还没有意识到乡村志愿者的重要性和价值意义，对其宣传也是远远不够的。如在电视媒体和互联网新媒体上，我们较少看到关于志愿者尤其是乡村志愿者的宣传报道，更少凸显那些为国家做出巨大贡献的乡村志愿者；相反，一些娱乐明星却在媒体上频繁亮相，这是媒介宣传的缺位与失职，是对作为社会主义核心价值观的重要传播平台的亵渎。

第四，对志愿者的成功经验进行研讨和总结，尤其是要研究和推广中国乡村志愿者的成功经验。虽然中国古代整体缺乏志愿者传统，但并不等于说没有互助友爱精神。新中国成立后，义工曾在一段时间内相当普遍，人民公社时期和学雷锋活动都涌现出数不胜数的志愿者。改革开放后，人们的功利心大增，但仍有不少志愿者甘于奉献，其中包括广大农村的一些义工。如湖南省宁乡县龙泉村农民就自创了“农民义工合作社”，这是中国首个农民义工组织，对乡村治理意义重大。[①] 长春市双

---

① 张黎、向建洲：《龙泉村：在农村合作组织建设进程中培育新型农民》，《中国乡村建设·秋之号》，红旗出版社 2009 年版，第 88 页。

阳区的农民志愿者超过8000人，组成了近800个志愿服务小分队。这些村志愿者，有的义务为村民维权和解决矛盾纠纷，有的义务为农民购买种子和化肥，有的免费为村民提供美丽花卉，还有的自动为村庄清理垃圾。2016年年初，双阳区有个村子的志愿者还召开了新年“工作会议”，商讨如何为村民开展义务服务。① 或许有人认为，这种义工活动微不足道，但对于现阶段的广大村民来说，这无疑是一次新的突破和发展契机，也是一个重要标杆和一次重要实践，标志着中国乡村志愿者有着广阔的精神发展空间和美好的未来。

激励机制是手段，精神高标是目的。在中国尤其是广大乡村社会组织尚未发育成熟的初级阶段，应如何具体、辩证地处理好物质激励和精神高标的关系，这是一个重要与核心命题。我们既不能陷入唯物质论的功利主义误区，也不能空谈精神高标，而是要在兼顾二者的前提下，结合具体情况，有针对性地采取有效策略。至于如何和何时由激励机制向精神高标转换与发展，这是一个更为重要也是相当复杂的学术命题和实践探索。

三　在内外协同中加强社会组织建设

社会组织和乡村治理的关系比较复杂，它很难凭借单一、笼统和匆促的方式解决问题，需要多种因素介入与统合起来形成合力。中国乡村的社会组织发展缓慢，我们可从许多方面找原因，但在处理内外关系时失当恐怕是主因之一。换言之，在处理社会组织对于乡村治理的外推力与内动力关系方面，我们一直缺乏辩证的理解和协同发展的理念。

（一）外力缺位

改革开放以来，我国乡村一直存在这样一种趋势：去政府行政化，转变政府职能。这在村民自治活动开展以来尤其是取消农业税后，表现

① 姚湜：《村民志愿者改变中国东北农村面貌》，2016年1月6日，新华社（http://news.xinhuanet.com/local/2016-01/06/c_1117688256.htm）。

得尤为明显。从某种程度上说，这自有其合理性和价值意义，但其最大问题是政府在乡村治理中职能的弱化、淡化甚至被消解，以至于出现两个结果：一是村庄干部群众着力摆脱乡镇政府等的领导，以所谓的“自治”作为民主与自由的理由和根据，于是各级政府被“放逐”甚至遭受“抛弃”；二是乡镇等各级政府自我放逐，在由原来的“领导”向“指导”转变过程中，自觉不自觉变成了“不管”和“不顾”。于是，有的村庄成为被遗忘的角落。关于这一点，在对待社会组织的态度上也有明显表现，即存在着政府管理的严重“缺位”情况。

第一，由于各级政府对于社会组织存在着认知误区，有的对之采取不管不问、得过且过的态度，有的则将之作为“对抗”甚至“敌对”的异己力量看待，因此登记难、不合作、故意作对和简单进行封杀，成为不少政府的粗暴态度和愚蠢做法。这是一种幼稚的政治麻木症和敏感症。当社会组织到江西农村扶贫，有研究者发现：县乡干部对扶贫资源向非政府组织开放很不高兴。他们甚至发问：为何把政府的钱给非政府组织？将本该属于他们的权力资源拱手相让，这让一些乡村干部很不理解。关于社会组织的“政治参与”，有人通过调研后发现：群众对于社会组织比较认可和支持，但村领导却在做无谓的争执。① 安徽利辛县曾由私人集资在当地创办不少“私学”，这些都没经过政府批准，是非法办学，但教育部门却一直采取不闻不问的态度。对于志愿者创办的安徽复兴学校，在媒体报道之前，县乡各部门也一直采取置之不理的态度，但当媒体介入并形成影响后，政府动心了，也愿与志愿者进行沟通交流，希望借力提升政府的教育政绩。这样，县领导开始转向，明确表示支持这个本来“非法”的社会组织。② 由此可见，一些地方政府对社会组织所持的复杂态度。近年来，党和国家充分肯定社会组织的价值意义，一些乡村政府才迈出艰难步伐，开始为社会组织正名，重视社会组织的发展，但破解地方政府困局，走出“缺位”状态，这是非常重要的。

---

① 贾西津主编：《中国公民参与案例与模式》，社会科学文献出版社 2008 年版，第 56、134 页。

② 朱健刚：《行动的力量——民间志愿组织实践逻辑研究》，商务印书馆 2012 年版，第 31、40 页。

第二，由于各级政府的失职失责和疏于管理，一些社会组织在乡村处于混乱状态，这既是乡村草根性社会组织多多的一个重要原因，也是宗教社会组织在广大农村无限蔓延和疯长的根源，还是各种社会组织在乡村处于杂乱无序状态的缘由。调研表明，主管部门对社会组织较少给予管理与指导，不经常或很少管理与指导的则占较大比例。[①] 有人曾统计，在被调研的农民中，大约有一半对农村社会组织缺乏认知，[②] 从中可见政府宣传和管理明显不到位。又如云南省思茅市（2007 年更名为普洱市）澜沧拉祜族自治县到 2006 年有 23 个乡镇、157 个村委会，其中有 15 个乡镇、37 个村有宗教活动场所。全县共有 116 个宗教活动场所，其中，基督教场所 85 个，佛教场所 25 个，伊斯兰教场所 6 个。越是贫穷落后的地方，宗教活动越活跃，并出现教徒比党员人数还多的情况。东回乡有 6 个村党支部、251 名党员，却有 6 个宗教活动点，信徒人数达 1775 名。更可怕的是，一些党员和党员干部抛弃了社会主义核心价值观，被宗教组织吸收，从而严重损害了基层党组织的公信力。有的邪教组织也乘虚而入，打着宗教旗号大肆散布异端邪说和反动言论。[③] 目前，中国基督教徒人数有 4000 万，70% 左右的基督徒在农村地区，人数接近 3000 万。[④] 这还不包括“家庭教会”，因为仅在陕西榆林地区，每个乡镇就有四五个教堂，家庭教会更多。[⑤] 由此可见，包括乡镇基层在内的各级政府对于农村宗教组织的放任自流，至少没有对之加以疏导、引导和教育。习近平总书记指出：“做好党的宗教工作，把党的宗教工作基本方针坚持好，关键是要在‘导’上想得深、看得透、把得准，做到‘导’之有方、‘导’之有力、‘导’之有效，牢牢掌握

---

① 鲁可荣：《城乡基层社会组织发展与管理状况调查分析》，《广西民族大学学报（哲学社会科学版）》2010 年第 2 期。

② 乔璐璐、周莹莹：《村民对农村社会组织发展看法的调查分析——以浙江省为例》，《时代金融》2010 年第 7 期。

③ 胡灵、庞文：《透视民族地区农村宗教热——以云南省思茅市澜沧拉祜族自治区为例》，《思茅师范高等专科学校学报》2006 年第 2 期。

④ 梁振华、李小云：《为什么现在农村那么多人信教?》，2016 年 8 月 10 日，中国农村发现网（http：//www. zgxcfx. com/sannonglunjian/89080. html）。

⑤ 于建嵘：《为基督教家庭教会脱敏——2008 年 12 月 11 日在北京大学的演讲》，2010 年 10 月 11 日，天涯论坛（http：//bbs. tianya. cn/post-no01 –423512 –1. shtml）。

宗教工作主动权。"[①] 如对照这个"导"字，乡村基层政府还有太多的工作要做，可谓任重道远。

（二）内生力不足

长期以来，中国社会组织发展缓慢，近年来国家给予高度重视，这一状况有明显好转。到2016年年底，全国共有社会组织70.2万个，比上年增长6%。各类基金会5559个，比上年增长16.2%。[②] 不过，在这个数量增加下面，仍包含着质量的问题，特别是内生力不足。目前，中国社会组织在数量的发展上还有较大潜力，内生力则需要有所开拓，而乡村社会组织的成长更为迫切。概言之，有以下三点应格外注意：一是组织机构涣散，制度建设严重滞后；二是开展组织活动和会议研讨不积极，也不够充分；三是组织成员的素质和能力水平亟待提高；四是缺乏管理，尤其缺乏严格的引导和监督机制。调研显示，在城市社区中，31.9%的社会组织成立了理事会，6.5%的社会组织成立了董事会，7.6%的社会组织成立了监事会，其比率相当低。与之相比，乡村在这方面的比例更低，几乎在萌芽和起步阶段。在社会组织开展活动上，城市社区为61.6%，乡村为36.4%（乡村还有14.4%的社会组织很少开展和组织活动），乡村的劣势非常明显。在文化程度上，城乡社会组织主要管理人员也有较大落差：前者高中以上学历为52.3%，后者高中以下学历为76.5%。[③] 据华中师范大学中国农村研究院调研发现，目前我国乡村现代社会组织呈多样化发展，但数量偏少，规模偏小，杂而不活，小而不强，发展也不均衡，亟须激发内生活力。[④] 这充分说明，乡村社会组织面临的根本困局：数量严重不足，

---

① 习近平：《发展中国特色社会主义宗教理论　全面提高新形势下宗教工作水平》，《人民日报》2016年4月24日第1版。

② 《2017年中国社会组织情况分析》，2017年11月14日，中国产业信息网（http：//www. chyxx. com/industry/201711/581996. html）。

③ 鲁可荣：《城乡基层社会组织发展与管理状况调查分析》，《广西民族大学学报（哲学社会科学版）》2010年第2期。

④ 《调研报告：中国农村现代社会组织数量偏少规模偏小》，2015年5月18日，人民网（http：//politics. people. com. cn/n/2015/0518/c70731－27019503. html）。

亟须快速发展壮大；质量更得不到保障，缺乏足够的底气与动力，与国家发展与乡村振兴目标极不协调，需要积极做出调整和确立战略发展目标、方式和方法。

作为中国第一所由志愿者创办的乡村公益学校，安徽复兴学校功不可没。除了它的探索性、奋斗精神和影响力外，还有默默奉献的实干苦干。不过，随着社会反响越来越大，尤其是媒体和公众舆论的全面介入，其内部矛盾、思想品质以及深层次问题逐渐暴露出来，有的方面甚至达到令人震惊的程度。在调查中发现：有志愿者纪律涣散、随意任性，根本不服管理；多数志愿者都未经过教育领域的专门培训，对农村文化亦缺乏理解；还有一些志愿者能力不足，经验不多。在这些志愿者中，真正适合做教师的只有50%。熊志是复兴学校创始人之一，他成了学校领导后，说过这样的话："我向来是不喜欢和成人世界打交道的，我和陈永很共同的一点是心理上都处在童年，不想把自己投入到成人世界中，获得所谓的成熟。而现在我们不仅要成为'大人'，而且必须要成为'领导'，去组织安排别人工作，去做成人们的人事、思想工作，所以一开始就不仅仅是所谓管理经验欠缺的问题了。"不要说别的方面，只从言说的无逻辑和拖泥带水，即可见这个社会组织的整体构成与素质，是不足以成大事的。如心智还不成熟，志愿者做公益的热情再高，也是无济于事的。更有甚者，学校一位担任班主任的志愿者，竟携带学生交来的3000元学费悄然离校外逃了。① 这种行为发生在志愿者身上确实令人百思不得其解，也暴露了社会组织缺乏制度建设，还反映了有的社会组织成员素质不高，至少是鱼龙混杂。安徽复兴学校是以大学生为主体，这样的社会组织尚且如此，广大乡村社会组织的素质水平就更可想而知了。

曾有人表示："如果一个国家的人民缺乏一种能赋予这些制度以真实生命力的广泛的现代心理基础，如果执行这些现代制度的人，自身还没有从心理、思想、态度和行为方式上都经历一个向现代化的转变，失

---

① 朱健刚：《行动的力量——民间志愿组织实践逻辑研究》，商务印书馆2012年版，第44、47、52页。

败和畸形发展的悲剧的结局是不可避免的。再完美的现代制度和管理方式……也会在一群传统人手中变成废纸。"① 显而易见，未来中国乡村的社会组织发展与乡村治理不会一帆风顺，它必须从"人才"这个根本的动力源上入手，以解决目前存在的难点和瓶颈问题。

（三）内外联动式合作治理

面对各种复杂状况与未来发展的高标准要求，要真正建设好乡村社会组织，有必要整合所有的制度资源，在内外联动、协同发展、标本兼治上下功夫。

随着改革开放的深入，社会组织发展成为党和国家的工作重点，也获得了新的转变。在党的十八大报告中，有这样的规定："要健全基层党组织领导的充满活力的基层群众自治机制。""发挥基层各类组织协同作用，实现政府管理和基层民主有机结合。"② 党的十八届三中全会决议将基层社会治理置于更重要的位置："促进群众在城乡社区治理、基层公共事务和公益事业中依法自我管理、自我服务、自我教育、自我监督。""加强社会组织民主机制建设，保障职工参与管理和监督的民主权利。""正确处理政府和社会的关系，加快实施政社分开，推进社会组织明确权责、依法自治、发挥作用。"③ 2013 年，民政部下发《关于加强全国社区管理和服务创新实验区工作的意见》，其中强调要从社区治理多元化、社区自治法制化、社区服务标准化角度，展开社会治理工作。这为社会组织建设提供了制度保障和发展方向。

未来社会组织的健全发展，离不开内外联动、共赢发展和自我创新。其一，应大力吸收文化精英进入社会组织，这是快速提升其现代化能力水平的关键。众所周知，中国现代化发展的一个明显趋势是，精英

---

① ［美］阿历克斯·英格尔斯：《人的现代化》，殷陆君译，四川人民出版社 1985 年版，第 4 页。

② 胡锦涛：《坚定不移沿着中国特色社会主义道路前进　为全面建成小康社会而奋斗——在中国共产党第十八届全国代表大会上的报告》，人民出版社 2012 年版，第 27 页。

③ 《中共中央关于全面深化改革若干重在问题的决定》，《中国共产党第十八届中央委员会第三次全体会议文件汇编》，人民出版社 2013 年版，第 49、70 页。

阶层不断流失，这在广大乡村表现得最为明显，可以说乡村精英阶层有不断萎缩之势。这突出表现在：城市精英不愿下乡，退休干部多留在都市，从乡村考出去的大学生毕业后少有回到故土的。加之农民纷纷外出打工，乡村干部千方百计往城里跑。这使得中国乡村面临前所未有的困局。浙江慈溪的“和谐促进会”即是一种多方精英参与的制度创新，对当下的乡村社会组织建设有启示作用。为改变多年来村庄治安差的困局，慈溪在47个村相继成立“和谐促进会”：在镇长、党委的指导下，由党支部、村委会、村经济合作社管理和协调，会员由村干部、优秀外来务工人员、社区保安、村民代表、出租私房房东、私人企业主等组成。最重要的是，“和谐促进会”要求外来务工人员人数与村民各占一半，副会长、片组长一般由外来务工人员担任。这是一个在充分调动本土多方人才的基础上，全面吸纳和外来工人员参与村庄治理的大胆尝试，符合本地实际情况。因为慈溪的外来务工人员多达60万人，有的村实行的是倒挂，即外来务工人员比本村人多，坎墩街道五塘新村有600位本村村民，但外来务工人员为3100多人。“和谐促进会”成立后，许多村没发生过一起治安事件，这是慈溪整合乡村精英的典型例子。① 其二，应将社会组织内在机制建设放在重要位置，除了相应的建章立制，现代化专业能力提高和管理方式的科学化与民主化至为重要，这是乡村善治的重要方面。广东云浮的乡贤理事会具有代表性，它建立在“组”“村”“镇”三级，即村民理事会、社区理事会、乡民理事会，形成多级联动、协同治理。理事会由有威望的退休干部、复退军人、经济能人、外来务工人员代表等组成，本着“民事民办、民事民治”原则，以村民自治和公共服务为主责，采取“一事一议”“三议三公开”，即理事会提议、理事走访商议、户代表开会决议、议案决议公开、实施过程公开、办事结果公开等。乡贤理事会的建立一改原乡村治理结构，将“村两委”变为“由社会组织和村民参与的多元治理”。② 可见，社

① 赵科、王迪：《村级和谐促进会助建新家园》，《宁波日报》2006年10月15日第A1版。材料来自笔者2015年在浙江宁波慈溪的调研。

② 徐晓全：《新型社会组织参与乡村治理的机制与实践》，《中国特色社会主义研究》2014年第4期。

会组织的内在机制建设及其联动作用至为重要。其三，让社会组织充分发挥“草根”性质，使之与村民、村两委、乡镇政府等多层级形成联动。在此，村委会和社会组织有很多事可做。如成都双流县彭镇羊坪村建立与社会组织的联动机制，通过村级公共服务项目外包，进一步鼓励专业技术人员领办或创办社会化服务组织，积极建立由村民广泛参与的治理协会或各类专业合作组织，参与供给基本公共服务，社会组织参与社会公共服务的作用得到充分发挥。目前，全县有148家动植物防疫、公共环境卫生、基础设施建设等社会组织和公司，积极参与村级公共服务供给。[①] 这虽是村委会与社会组织联动的一个案例，但显然有助于乡村治理民主精神和自治水平的提升。

四　以推广和创新促社会组织发展

在中国社会组织建设中，怎样处理“模式推广”与“制度创新”的辩证关系，也是至为重要的。因为没有模式就没有榜样的力量和可供遵循的范本，没有创新就会形成思维固化。目前，中国社会组织尤其是乡村社会组织虽有不少探索，在模式上也有一些推广，但在普及和推广、创新与发展上做得还是远远不够的。

（一）模式推广与制度推行之得失

制度建设要获得快速发展和产生巨大影响力，必经广泛推广，并以模式化方式获得更多认同感。社会组织建设亦如是，它要在中国乡村真正扎根和枝繁叶茂，当然离不开模式化推广与制度化复制。因为只有这样，制度与模式才能具有普遍性意义，获得全面、系统、广泛的发展动能。

1. 由外而内的影响力

这个“由外而内”，主要是指从外国到中国、自都市到乡村。长期

---

① 秦代红等：《成都市村级公共服务外包与社会组织培育发展研究》，《中共成都市委党校学报》2013年第1期。

以来，中国的公益事业和志愿者队伍并不突出，这在广大农村更显薄弱，这就为NGO等国外社会组织蜂拥进入提供了条件和契机。毋庸讳言，国外社会组织的经验模式较为成熟，于是被快速拿来指导中国社会组织发展，并进行广泛复制和大力推广。这种方式的优点在于，既快捷又省力、既顺势又熟悉、既可行又有效。影响较大的外国基金会、NGO等社会组织进入中国，既在抗震救灾、环保和扶贫工作中发挥了积极作用，在观念形态上也对中国人形成较大冲击，这是值得给予充分肯定的方面。以2008年四川汶川地震为例，海外NGO和志愿者在地震发生第二天，即到达第一现场开始救援，以至于很多人将青川县城NGO救灾人员误以为是受困的国外游客。据统计，到5月18日，进入四川灾区的国际NGO数量已超过10个，它们包括无国界医生组织、国际行动救援组织、国际小母牛组织等。① 与此相关的是，受国外NGO影响，中国的NGO发展迅速，所产生的影响日益增大。假若没有模式化推广和制度复制，社会组织很难在中国有着这样的快速反应能力。

2. 自上而下的推广作用

当前，中国社会组织不论在城市还是乡村都获得了较快发展，除各级政府重视和推广外，精英阶层的倡导和率先垂范也不可忽略。国家出台了不少顶层设计方案，各省市地级政府也为社会组织做了大量工作。2008年深圳市委政府下发《关于进一步发展和规范我市社会组织的意见》，在社会组织的登记管理体制方面有所创新。2009年北京市实行社会组织“一站式”服务，解决原来的登记难问题。2011年广东省提出，自2012年7月1日起，社会组织成立可直接向民政部门申请，这是我国首次取消社会组织“双重管理”的地方改革。2012年1月31日，北京市民政局首次提出，将探索推动社会组织业务主管单位向指导单位转变，工商经济、公益慈善、社会福利、社会服务四类社会组织在北京成立登记注册，不需再找业务主管单位，可直接向民政部门申请。2月1日，上海民政局决定探索通过“自律承诺”等方式，试行社会组织直

① 韩寒：《国际救援：国外NGO与志愿者在抗震救灾第一线》，《社团管理研究》2008年第5期。

接登记管理制度。因此，民政部领导表示，要推广广东经验，支持有条件的地方将社会组织业务主管单位改为指导单位。[①] 党的十八大以来，国家还颁布多个社会组织文件，包括《四类直接登记社会组织认定标准》《全国性社会组织直接登记暂行办法》《社会组织抽查暂行办法（征求意见稿）》等，极大促进了社会组织的发展壮大。可见，没有政府的参与和推动，中国社会组织很难获得高速发展。

但也要看到，这种模式推动和制度推行也有明显不足，即上传下达甚至跟从性有余，而创新性不足。这从各级政府对于国家层面制度的模仿与照搬可见端倪，有的省几乎完全是照本宣科，较少有自己的独创性。另外，对于国外社会组织的成功经验和做法，我们当然要学习、借鉴，但也要分析国情，尤其要看到中国广大乡村的实际，对具体问题做具体分析。如安徽复兴学校的实际情况恐怕相当复杂，是国外远远无法比拟的。以董事会为例，它一直希望学校按西方模式运作，却忽略了中国特殊情况，更没将志愿者、董事会、政府、媒体、学校和乡村间的复杂关系考虑在内。另外，由国务院扶贫开发办、亚洲银行、江西省扶贫开发办和中国扶贫基金会实施的江西省扶贫试点暨NGO招标，前后付出大量心血，也做了大量工作，但预想得还是过于简单。有人用"相关理论和国际经验：基于共赢的制度化有序参与"[②] 对之进行分析，显然脱离了国情，不接地气。这是因为，中国乡村扶贫远不是"共赢"理论能够解释的，而是要考虑经济利益、政治心理、文化观念的巨大差异。对于此次江西扶贫，当地村民表示："管委会的人都没有工资以及误工费，下次他们打算有什么事情轮流做，不会个个都耗在上面。""作为管委会的成员，我自己闲的时候就管一下，忙的时候就顾不上了。""随着非政府组织很快地撤出，我们管委会也就会随之解散，但五年项目周期内不会解散。非政府组织的人员告诉我们可以去登记注册个组织，这样就可以接受外来的资金援助。但是成

① 王亦君：《中国社会组织管理制度迎破冰期　三条例修订成关键》，2012年2月9日，中国新闻网（http：//www.chinanews.com/gn/2012/02-09/3654704.shtml）。

② 韩俊魁：《政府购买公共服务中的民间组织参与——以江西省扶贫试点为例》，载贾西津主编《中国公民参与案例与模式》，社会科学文献出版社2008年版，第73页。

立组织也是麻烦的事情，自己家里还有许多事情，总不能把所有的心思都扑在上面。”① 这里当然包括村民的“经济”诉求，但更多的是村民政治意识淡薄，甚至透露出对社会组织的冷漠与厌倦。问题的关键是，表态村民并非一般人，而是项目管委会成员，是社会组织的一员，这就更映射出社会组织在中国乡村开展活动的盲目性和形式主义。看不到社会组织建设的表面化和复制性，就不会注重其创新性、自治性和民主性，也就不会有远大和美好的前景。还有，像乡村各种经济合作协会、老年协会、文艺团体，虽数量多、覆盖面广、参与者众，但一个最为突出的问题是类同化、模式化和复制性，缺乏创新和个性，这是充满危机的深层原因。

（二）制度创新是组织建设之关键

当前，中国社会组织虽时有创新，但仍处于模式化、雷同化的复制阶段。一般而言，这些创新有被大量复制和遮蔽的情况，但能量和价值不可低估，它们是未来中国社会组织发展的希望所在。与作为模式和示范的国外社会组织相比，中国社会组织的创新意义更为重大深远。

1. 城市社会组织创新有助于打破国外模式带来的束缚，为乡村社会组织创新提供参照

一直以来，城市社区比较偏重行政功能，民主与自治功能较弱。为此，一些社区开始探索和建立社会组织。如深圳新安街道编制《新安街道社区自治意识调查问卷》，下发《关于开展新安街道“社区自治年”活动的意见》，出台《新安街道“社区自治年”活动实施方案》和《新安街道社区建设创新项目资金暂行办法》。在实施方案中，提出“以培育社区社会组织为重点打造自治平台”，以“义工＋社工”模式拓展社区志愿服务力量。新安街道还组织辖区 22 个社区工作人员深入居民群众开展社区人才摸查、推荐工作，深入挖掘各类人才，并对之进一步梳理、分类、编组，搭建交流平台；组织社区人才参加“新安社区人才达

① 韩俊魁：《政府购买公共服务中的民间组织参与——以江西省扶贫试点为例》，载贾西津主编《中国公民参与案例与模式》，社会科学文献出版社 2008 年版，第 67 页。

人秀”“新安百姓讲坛”等活动，发挥社区人才的辐射效应，吸引更多人才加入新安社区自治潮流，使社区自治真正回归由居民自我组织、自我参与，推动街道辖区的和谐与稳定。[①] 很显然，城市社区社会组织的制度创新基于国情、区情，使用更具体有效的策略和方法，以达到“四个民主”自治精神。这对于乡村社会组织的建立和发展具有启示意义。

2. 乡村社会组织的制度创新，有利于突破乡村社会组织建设的类同化

比较而言，乡村社会组织比较薄弱，且主要集中在经济和文化方面，如经济型合作组织、老年协会、用水协会，以及宗社、灯会、合唱团、艺术协会等，而政治性强的乡村社会组织并不多见，即使有往往也是创新性不强。近些年，政治性较强、有创新性的乡村社会组织开始涌现，在乡村民主自治上做出重要探索，开始引人注目。如湖北汉川市庙头镇中心台村建立“村级理事会”，直接将村民自治能力水平作为发展重点。要求全体党员和1/3 的村民都参加理事会。其具体程序为：村中大事由理事会提出，经村民代表大会表决通过，由村两委组织实施和落实。[②]“村级理事会”解决了长期困扰村治的困难问题，也让村民在自治活动中快速成长。作为社会组织的制度创新，理事会不仅可直接参与村民自治活动，弥补村委会和村民代表大会的不足，更是独立行使权力的村级组织，从而改变了村级组织的结构，有助于村庄决策的民主化和科学化。2007 年 12 月，广西金秀瑶族自治县大瑶山建立“村保护和发展协会”。协会是一个有别于村委会和村民小组的新型村民自治组织，负有环保宣传、项目交流、生态监测与保护、自主制定协会自治章程和社区共管公约等职责，真正实现了自我管理、自我教育、自我服务、自我监督的功能。协会还借鉴安徽岳西县腾云村的村委会组合竞选制经验，[③]

① 叶志卫、王娟娟：《宝安区新安街道探寻社区善治之路》，《深圳特区报》2014 年 6 月 30 日第 A8 版。

② 石守城、龚小平：《庙头中心台村推行村民自治新模式》，2013 年 10 月 10 日，汉川新闻网（http：//www. hc-news. com/e/action/ShowInfo. php？ classid = 4&id = 9816）。

③ “组合（阁）竞选制”是由安徽社会科学院辛秋水研究员在安徽岳西县莲云乡腾云村试验的一种村民委员会选举方法，强调村民委员会班子的整体优化组合，即由被选出的村民委员会主任自己组阁班子。

试行“组合竞选模式”。其主要内容有：村保护与发展协会的会长选出后，由会长提名副会长、会计、出纳候选人，交由村民大会再次选举。这种“组合（阁）竞选制”更适合社会组织的选举，对于民主、自由、科学化治理具有重要意义。[①] 创新性强的乡村社会组织还有一些，它们分别是广东云浮的“村级理事会”、宁波慈溪陈家村的“和谐促进会”、江西赣州的“新农村建设理事会”等。这些乡村社会组织较有个性，政治意识也比较强，在当下中国乡村治理中不可忽视。因为相对而言，它们超越了对国外和中国城市社会组织的简单模仿及亦步亦趋，更多从国情、民情和地情出发，从政治维度对社会组织外延、内涵进行探索，代表未来乡村社会组织的发展方向。

中国乡村社会组织建设还刚刚起步，需要处理好普及推广和制度创新的辩证关系，既要避免无创新的一味推广别国和他者经验，又要避免只讲创新但不重推广的所谓“为创新而创新”，因为任何制度建设都离不开继承和创新的关系。习近平总书记强调：“要处理好继承和创造性发展的关系，重点做好创造性转化和创新性发展。”[②] 当然，创新与推广是相互作用、不可分割的过程，只有在二者之间建立起一种科学转化与创新机制，才能最大限度地发挥其潜能和合力作用。

---

① 参见赵俊臣《一个新的农民自治组织是怎样建成的》，《中国乡村建设》秋之号，红旗出版社 2009 年版，第 131—137 页。

② 《习近平谈治国理政》，外文出版社 2014 年版，第 164 页。

第七章　公共产品供给与乡村治理

所谓“公共产品”，是与“私人产品”相对而言的。换言之，公共产品不具有私人性、竞争性和排他性，而是为所有人所共存、共有和共享。在西方国家，公共产品理论与实践兴起的时间较早，然而，在中国则是21世纪前后的事情。近些年，关于公共产品供给越来越得到学界的重视，并出现了不少研究成果，这为包括乡村治理在内的治国理政提供了重要的理论支撑与有益启示。但是，由于公共产品在我国尚属新事物，也由于社会实践对于公共产品供给的理解处于初始阶段，还由于研究者为视域和理论所限，因此，目前的公共产品供给研究还有不少短板，需要进行弥补和超越。尤其值得重视的是，在乡村治理中，公共产品供给存在的问题更多，需要站在更高层次，穿越纷纭复杂的现象，抓住问题的关键，以避免陷入各种误区和盲区。

一　以“精神性”突破公共产品供给的“物质性”

目前，对于公共产品概念内涵与外延的理解，可谓众说纷纭、莫衷一是。这既包括在国内外、理论与实践之间，就是在学界的不同学派内部也是如此。不过，强调公共产品的“物质性”，但忽略其“精神性”特质，却是共同的。于是，在理解公共产品及其实施供给的过程中，经济学尤其是财政视角被凸显出来。如自2009年，成都市、县两级财政为每个行政村提供20万元，作为公共服务和公共管理专项资金。为确保财政资金到位尤其是合理使用，成都市还制定和下发了《成都市公共服务和公共管理村级专项资金管理暂行办法》《成都市公共服务和公开管理村级融资建设项目管理办法》。到 2017 年，成都又出台了《关于加强基层服务型党组织建设的实施意见》，将村级公共服务资金最低标准提到每个村不低于 60 万元。此外，还建立议事会议事工作经费保障制度，将年度村级公共服务资金不超过 5%、年度社区公共服务资金不超过 10% 作为村（居）民议事会运行专项资金，每村（社区）每年不超过 3 万元，确保议事会正常运转。① 这种强调“财政支出”与“专项资金”的做法，显然是对物质性硬件的高度重视。有人提出：“在现代社会，尤其是公共部门，财政是公共体系运作的血液。要对整个公共体系进行改革，从管治血液入手最为有效。”“公共财政是政府有效提供公共服务的经济基础。公共服务的范围随政府的能力大小而定，但基本上都要包括基础设施建设、福利制度、公共交通、公共医疗、公共教育和公共卫生，等等。这些公共服务的提供是政府调控社会群体之间收入差异的制度性手段与机制。”② 从物质性刚需角度来说，这样的认识无可厚非，因为没有经济尤其是财政支持，农村公共产品供给就会变成一句空话。但同时也要看到，目前对于公共产品供给的“物质性”强调，远大于对其的“精神性”诉求。尤其是在中国乡村的公共产品供给中，我们较难看到追求“精神性”维度的理性自觉。

与“硬性”公共产品相对，也有学者提出“软公共产品”概念，突破了从“物质性”尤其是财政层面理解“公共产品”的局限。有人提出：“农村公共产品的各类很多，大体可分为直接促进经济发展的硬公共产品和间接促进经济发展的软公共产品。硬公共产品主要包括农村基础工程设施类公共产品，如江河治理、环境污染治理工程以及农村科教、医疗卫生等基础设施建设等。软公共产品主要包括公共服务类的公共产品，如农村义务教育、农村文化建设以及农村公共管理等。”③ 将

---

① 材料来源：笔者 2014 年 3 月 15 日在成都市调研座谈；2009 年 8 月 25 日，成都市政府信息公开网（http：//gk. chengdu. gov. cn/govInfoPub/detail. action? id = 29679&tn = 6）；罗向明：《机关干部要到基层服务一年以上》，《四川日报》2014 年 10 月 31 日第 7 版。

② 郑永年：《公共财政制度和中国政治改革》，2006 年 9 月 16 日，天涯社区网（http：//bbs. tianya. cn/post-no01 - 272640 - 1. shtml）。

③ 彭尚平、张涛、程嫱英：《城乡统筹下创新农村公共产品供给机制探析》，《学术论坛》2012 年第 4 期。

“软公共产品”从“硬公共产品”中抽离出来，强调“义务教育”“文化建设”和“公共管理”在公共产品中的重要性，这是颇有价值的研讨。但除“文化建设”外，这里的“义务教育”和“公共管理”仍有“硬公共产品”性质，或是介于“软”“硬”之间的公共产品。当然，提出“软公共产品”，并重视“文化建设”，这就大大超越了目前“硬公共产品”一边倒的状况：“物质性”已遮蔽甚至屏蔽了“精神性”公共产品供给的现实与理论状况。

近些年，党和国家以及学界开始重视从“文化建设”角度强调公共产品供给。但是，这一重视却仍然存在着一些缺项，甚至存在方向性偏颇，这主要表现在如下方面：第一，“文化建设”一直是作为“公共产品供给”辅助存在的，远未达到与物质性公共产品平等的地位。换言之，“文化建设”在物质性公共产品面前变得分量很轻，在有的地方甚至可有可无。第二，相当狭窄地理解公共产品供给中的“文化建设”，不少地方甚至将文艺团体建设和文化活动开展视为公共产品的“文化”供给。这是一种表面化、简单化和粗浅化的认识。第三，将文化下乡尤其是文艺演出类、知识普及类、政策宣讲类，等同于公共产品供给的“文化建设”，于是出现世俗化、功利化、行政化的“文化”下乡。第四，将公共产品供给中的“文化建设”，压缩在乡村民间文化遗产的保护上，于是在传统与现代的二元对立中，失去了“现代性”维度与观念，这样的“文化建设”也就失去了精神向度和价值选择。

文化不是一个简单概念，而是具有丰富、复杂和深刻的内涵；文化既是一个历史概念，又是一个现实概念；文化既有知识层面，又有精神品质。因此，我们在理解“文化”概念时，不能只从表面、外在化地进行理解，而应赋予其内在品格、思想深度和精神高度。当前，在广大乡村公共产品供给过程中，普遍存在“文化维度”缺失的情况，即使包括“文化建设”也多做表面的外在化理解，少有人从精神高度进行深度思考。

不可否认的是，在公共产品供给过程中整体缺乏“精神性”诉求的情况下，仍有人对“文化建设”给予关注，这在吴理财、潘泽泉、何慧丽、唐文玉等人的研究中有所体现。如唐文玉认为，改革开放以来，农民以家庭消费文化为核心的“私性文化”有了长足发展，而与城市公共文化设施相比，农村的公共文化设施日渐衰败，像唢呐、秧歌、皮影、戏剧、舞龙、舞蹈等不断萎缩，农村公共文化活动逐步退缩。① 值得一提的是赖拂飞，他的公共文化超越了知识层面，有思想和精神高度。他提出：农村社区公共文化作为新农村建设的一个重要方面，已不只是一种文化娱乐、文化设施，还影响和包含人们的行为规范、信仰观念、人际关系等。加强农村社区公共文化建设不仅有利于增进农村社区社会资本、强化社区认同感、增进地缘关系和人际关系，对于村民超越个体私利，形成具有集体责任感和归属感的农村社区，无疑具有重要作用。② 在此，作者虽仍站在农村社区角度谈公共文化，但价值观和责任感成为主要文化向度，有明显的公共性和精神性向度。不过，赖拂飞谈论“公共文化”时，较少以现代思想、观念、方法理解“文化建设”的深刻内蕴，更未从精神文化角度进行公共文化产品供给的思考与建构。

既然精神性公共文化产品如此重要，那么在中国广大农村对之加大推广力度，就变得非常迫切和必要。因为在短期内强调物质性公共产品供给，打好农村治理基础，这是无可厚非的；但要立足长远，让物质性公共产品供给发挥更大效力，就离不开精神文化产品的开拓与发展，这是更具内在性和长远性的战略发展目标。否则，不要说精神性公共产品难以生成，物质性公共产品供给也难以为继，成为一种不可持续的发展奢求。基于此，理想的农村公共产品供给应该有这样的发展理路与设计：在乡村治理初期，应以物质性公共产品供给为主。随着乡村治理的拓展，应该加大精神性公共产品供给力度，以提升农村公共服务能力水平。当乡村治理进入深化期，尤其是物质公共产品供给比较丰富和稳固，就应立足高远大力发展精神性公共产品，以进一步引领物质性公共产品供给，从而走向物质与精神公共产品的互动发展。只有将精神性作

---

① 唐文玉：《合作治理：从权威主导型到民主主导型——珠三角 N 镇农村公共文化建设研究》，中山大学，博士学位论文，2010 年，第 1 页。

② 赖拂飞：《农村社区文化建设的实证分析——经由社会资本的理论向度》，《湖南农业大学学报》2008 年第 5 期。

为发展引擎，乡村公共产品供给与治理才能实现跨越式发展。

要真正做到这一点，有必要从以下方面考虑精神性公共产品供给问题。

第一，党和国家以及各级政府应从顶层设计的战略高度、理性自觉地为乡村治理提供反映社会主义核心价值观的公共产品，以避免公共产品供给的低水平与混乱状况。虽然近些年广大农村公共产品供给持续推进、取得良好进展，但非理性因素明显存在，且在某些地方有愈演愈烈之势。其具体表现在：金钱崇拜、权力至上、道德滑坡、私心和功利主义思想膨胀，对广大农村思想行为和社会风气造成不良影响。要改变这一状况，必须从国家层面进行顶层设计，确立社会主义核心价值观，以彰显农村社会的正能量。如在包括广大农村在内的全国范围实行群众路线教育，尤其是开展反腐倡廉，就是一种精神性公共产品供给；另如让更多志愿者投身广大农村基层，开展各项帮扶活动，也是一种精神意义上的“公共产品”供给。近几年，党和国家开始站在社会主义核心价值观角度，重视“家风”建设。2015 年中共中央印发《中国共产党廉洁自律准则》，将“良好家风”列入其中。广大乡村各地也都开展家风教育宣传，有的甚至让“孝道”等文化上墙，这实际上就是一种精神性的文化产品供给，反映了农村公共产品供给的转向。2017 年，江苏太仓还编印了《家风》读本，其中包括名人家训篇、家风故事篇、百姓家规精选篇、获奖征文篇，成为奉献给广大干部群众的一个精神性文化产品。总之，只有国家及其各级政府将“精神性”公共产品供给作为乡村治理重点来抓，才能突破乡村公共产品供给的“物质性”瓶颈，从而实现根本性、历史性跨越。

第二，提升文化下乡与文化传播的精神性品质，以跨越“文化产品”供给过于重视知识普及甚至趋于世俗功利化的现状。就时下乡村的文化产品供给来说，其最大不足是文化含量低，难以进入形而上的精神层面。如不少文化下乡有以下不足：或是停留于普及知识，或是追求低俗不堪的娱乐，或是充满色情与挑逗的黄段子，或是空洞高喊的社会主义核心价值观，从而将“文化公共产品”供给变成一种“四不相”的怪胎。另外，许多媒体也是如此，我们看到的更多的是各类知识抛售、娱乐休闲与名人的鸡零狗碎生活轰炸，较难看到具有精神高度、能提升民族品位的优秀节目。还有，城乡基层的广场舞问题太多，不要说有的品位不高，充满低级趣味，就是那些积极向上的广场舞，往往也是惊天动地扰民，缺乏基本的公共道德，以至于形成不少负面的社会影响。2015 年，文化部等部门联合下发《关于引导广场舞活动健康开展的通知》，要求将广场舞纳入基层社会治理体系，这既反映了国家对于城乡广场舞的支持，也包含了希望提升其公共精神品质的希望。应该说，广大乡村的各类文艺活动与组织，对于避免吃喝嫖赌等不良社会风气是有益的，但如何提升文化精神品质，从娱乐性、世俗化、色情化、私利化中解放出来，是今后应该努力的方向。

第三，以现代观念审视乡村尤其是民间文化，这是公共产品供给过程中不可忽视的。作为乡村文化的重要组成部分，乡土尤其是民间文化自有不可代替的价值。但不是所有的乡土文化和民间文化都是有价值的，在乡村治理和公共产品供给过程中，不得不加以认真择取。而选择的依据即为现代思想观念意识。只有这样，才能避免陷入封建迷信思想难以自拔，也才能使公共产品供给达到增值之效。如不少地方让“二十四孝图”进村上墙，一方面，用“孝”治村，克服乡村不孝之弊，提高村民道德文化修养；但另一方面，人们很少看到“二十四孝图”的负面作用，即扼杀人的自由与个性的封建“愚孝”。鲁迅曾在《二十四孝图》一文中说，“其中最使我不解，甚至于发生反感的，是‘老莱娱亲’和‘郭巨埋子’两件事”。“正如将‘肉麻当作有趣’一般，以不情为伦纪，诬蔑了古人，教坏了后人。老莱子即是一例，道学先生以为他白璧无瑕时，他却已在孩子的心中死掉了。”如今，不少老人带孩子到街头墙上看“二十四孝图”，人们是否像鲁迅这样认识到其负面的消极影响？如果曾被鲁迅猛烈批判过的“二十四孝图”中的封建糟粕，未经我们筛选、批判就全部继承过来，那也是非常可怕的。成都市“爱有戏”社会组织设立义仓、义集、义学、义网、义坊，以起到互助、互爱、互尊、互信之目的。但这个“义”是建立于古代封建专制主义基础上的，与今天我们倡导的平等、民主、科学等现代理念有距离，这是需要注意的。如清代武训的“义学”虽然重视文化知识和富有奉献精神，但并没有摆脱有失人格尊严的“奴性”心理，所以才能靠“打一拳一个钱”“踢一脚两个钱”的赚钱方式筹办义学。如果成都“爱有戏”在宣传传统“义学”等积极作用时，能结合武训的办“义学”的负面影响，进行启蒙教育，就会有助于提升人们的现代思想文化水平，将“爱有戏”办成一个思想文化的“启蒙”基地。实际上，长期以来在乡村文化建设上，不少地方是缺乏现代意识的，有的甚至用封建的权力观和异化的金钱观来对待家乡的历史人物，这就造成这样的结果：许多文化名人不被重视，而一些有钱有权有势的人榜上有名；不以清正廉明为本，只要名气大影响广，哪怕不是清官良臣也被树碑立传。这势必影响社会良好风气的形成。

据统计，2016 年，中国脱贫攻坚成效显著，计划全年减少农村贫困人口 1000 万，这具有里程碑意义。一年来，中央财政专项投资 667 亿元，同比增加 43.4%；省级财政专项投资超过 400 亿元，同比增长 50% 以上。[①] 河南省 2016 年约有 110 万农村贫困人口脱贫，全年共投入各级财政专项扶贫资金 59.07 亿元，同比增长 36%，其中省级投入 12.42 亿元，市县级投入 18.34 亿元。[②] 由此可见，国家和各级政府在向农村投放硬性公共产品时所持的决心与力度。不过，我们认为，在乡村治理中更为缺乏也是至为重要的，是精神性公共产品的供给问题，这是根治乡村道德文化大幅滑坡、社会风气不正、价值观扭曲、社会主义核心价值观缺失的良方。

二　发挥政府主体性和重建运行机制

政府在乡村公共产品供给中应扮演什么角色，这是一个既简单又复杂的重要问题。因为政府在职能转变过程中，极易陷入这样的悖论和误区：一是政府还没走出行政命令的管控模式，主观性极强地向下推行公

① 赵建华：《2016 年中国脱贫攻坚首战告捷　预计全年减少千万以上农村贫困人口》，2016 年 12 月 20 日，中国新闻网（http：//news.huaxi100.com/qiye/20161220/3725.html）。

② 潘热新：《河南 110 万农村贫困人口脱贫》，《中国经济导报》2017 年 1 月 24 日第 A04 版。

共产品，“服务”意识和平等观念淡薄；二是政府过于依赖“服务”功能，有的简单将“服务”外包，于是政府进入管理“缺位”和无所作为状态。因此，政府如何在“管”与“放”、“领导”与“服务”之间取得平衡，充分发挥自身主体功能，建立科学治理运行机制，这是公共产品供给过程必须做到的。

（一）政府主体性是农村公共产品供给的坚实基础

在政府职能转变过程中，公共产品供给其实存在这样的悖论：“管也不行，不管也不行。”这就是人们常说的：“一抓就死，一放就散。”究其因，与政府尚未确立自己的“主体性”有关。当以管控的方式对公共产品进行“自上而下”的分配时，各级政府有整体感和宏观视野，但往往不了解地方实际，尤其不知道广大人民群众的实际需求，这就会造成决策的盲目性和判断失误。这也是为什么，政府常常抱怨：“我们全心全意为村民着想，为什么他们对提供的公共产品很不满意？”因为政府所给并非农民所急需。这就是“代民做主”的自以为是式的误区所在。加之，长期以来不少政府官员脱离群众、官僚习气严重以及不会与农民打交道，他们怎能知道农民之需？另外，有的政府这样理解职能转型：既然强调政府加强“服务”功能，去除家长管控作风，那就放手不管，“让农民自己管理自己”，遇到公共产品供给，就用购买“服务”去完成，甚至将许多政府该做的事让自治单位承担，于是政府成为完全放手不管的空架子。最为突出的是，取消农业税后，乡镇政府在农村的功能大大削减，于是一些地方与村治拉开距离甚至处于脱钩状态，这是对“服务型政府”的最大曲解，也是对政府主体性功能的莫大误解。其实，不论政府功能如何转型，如何由“行政管控型”向“服务型”转变，其作为公共产品供给的主体身份不能变，其指导、协调、监督、考核、服务的作用不能丢。如果说，“服务型政府”与以往“行政管控型政府”的最大区别何在，那就是由“代民做主”变成“由民做主”，即怎样以“服务”而不是“命令”身份显示其主体性功能。因为“创新政府管理方式，寓管理于服务之中，更好地为基层、企业和社会公众服务……健全社会公示、社会听证制度，让人民群众更广泛地参与公共事务管理”，这些方面是最重要的。[①] 对于政府来说，“服务型政府”的主体性不是下降或缺席，而是有更高目标要求，即强化政府的公共服务职能、建立“有限政府”和坚持依法行政。[②] 如云南开远市在城乡治理中，提出党委政府、农村集体经济组织、农民“三大主体论”。这三大主体论是各个主体都对应着相应的目标责任：党委政府负责公共职能，农村集体经济组织强调经济功能，农民要通过做自己的事、参与公共事务等实行自治。强调的是，党委政府需要强化“有所为有所不为”“支持但不干预”原则。[③] 可见，在服务型政府建设中，开远市对政府主体及其职责有着清醒的认识和理性自觉。具体说来，在农村公共产品供给中，开远市各级政府是从以下方面发挥主体性的。[④] 很显然，云南开远市在农村公共产品供给过程中，既强调服务意识，又没有忽略和放弃主体性，对自身的角色定位比较明确清醒。

1. 政府作为农村公共产品供给主体

2006 年 1 月 1 日，中国完全取消农业税。这既标志着政府对于农村管控的削弱，也标志着政府很难从农民那里获利。这项具有历史意义的重大举措，在减轻农民负担的同时，也对政府财政收入产生了不小的影响。最突出的是乡镇政府，在实行农业税之前，它经济雄厚、财源滚滚、权力甚大；农业税一旦取消，它就突然被釜底抽薪，财政一下陷入危机状态，有的地方干部甚至陷入工资无法保障的处境。因此，在地方政府财力有限的情况下，要往农村投入大量钱财，那几乎是不可想象的。然而，开远市政府却没有放弃自己的主体性和责任，全力为农村提供公共产品。开远探索建立工业反哺农业、城市支援农村的体制机制，促进公共财政向农村倾斜，公共财政对农村投入从 2005 年的 1.84 亿元增加到 2010 年的 11.4 亿元，增长近 10 倍，对农村投入占总支出的比

---

① 温家宝：《2005 年政府工作报告——2005 年 3 月 5 日在第十届全国人民代表大会第三次会议上》，2006 年 2 月 16 日，中央人民政府门户网站（http：//www. gov. cn/test/2006 -02/16/content_ 201218. htm）。

② 刘杰主编：《中国政治发展进程 2006 年》，时事出版社 2006 年版，第 109 页。

③ 高新军：《幸福开远建设——西部地区城乡统筹和制度创新的开远实践》，《城乡交响》2012 年第 1 期。

④ 关于云南开远市资料，主要来源于 2011 年 11 月笔者到开远的实地调研。

重从2005年的35%提高到2010年的56.3%，真正实现城乡“平分秋色”（中央财政对农村投入比为17.8%）。[①] 如此高额、高效、高比率的政府资金投入，如无作为主体性的理性自觉意识，开远市政府很难做到这一点。

2. 让广大农民成为创造主体

作为乡村治理和公共产品供给的真正主体，乡村广大农民常被置于被忽略的位置。果真如此，政府的主体性再强，那也无济于事，因为政府的主体性很容易被农民的非主体性消解。因此，政府的主体性除了加大投入力度外，使自身主体功得以发挥外，还要通过农民主体性的发挥得以显示。很难设想，当农民被排挤于公共产品供给和乡村治理之外，政府即使主观性再强，还会有多少主体性？这也是当下一些地方公共产品供给和乡村治理过程中的双重尴尬。在这方面，开远市的做法值得借鉴：在具体运行程序上，政府让农民自己做主。如政府为农民安装太阳能热水器一事，最初是想通过农民申请、走程序方式，逐渐审核办理。在农民交款时扣除政府补助的500元。对此，农民非常不满，也不赞成这一做法。因为除了程序复杂外，还容易导致暗箱操作等腐败问题，于是建议由农民自选，然后拿发票报销时得到500元补贴。政府觉得这个方案好，于是同意这样办。这一事情的处理方式反映了政府的服务意识，也显示了其主体性，更表明农民自身的创新性和主体性。

3. 在与农民互动中彰显政府智慧

一般意义上说，农村公共产品供给对于农民、农村、政府和国家都是好事。然而，事实远非想象得那么简单。最突出的问题是，有的地方不帮还好，一帮则惹是生非，而且出现越帮越穷、越帮越懒的情况。以帮助农民、农村脱贫为例，党和国家投入那么大的人力、物力、财力，结果不少贫困户、贫困村、贫困县不但不思进取、自强自立，反而形成等、靠、要、骗等恶习。有人这样概括说：部分地区存在“以贫为荣”现象。这个贫，即是贫困县的“荣誉称号”。只要被评为

---

① 中共开远市委、市政府：《开远市统筹城乡发展情况汇报》，2011年10月15日，内部资料，由开远市政府提供。

全国百个贫困县，中央和各级财政资金、项目、政策、资源就会源源不断而来。这就养成一些“懒汉”，也让有的地方将每年保住“贫困县”作为奋斗目标。① 有的成为“贫困县”后，还被视为“特大喜讯”，并招致各方的“热烈祝贺”。有人甚至公然说，作为贫困县，每年可进账五六亿元，“戴穷帽子”也值。这是一种没有羞耻感的扭曲心理和文化生态。目前，在国家扶贫过程中，存在的最大误区是，我们只顾给贫困户、贫困村、贫困县送钱和投入公共产品，却忽略了树立正确的贫富观，也缺乏建立科学有效的扶贫制度机制，以至于将“扶贫”变为“养懒”“纵恶”“倒胃”，造成新的不正之风。如果不能通过扶贫，确立广大农民和各级政府的正确荣辱观、创造主体性，那就会走向反面，不仅达不到经济扶贫目的，还会形成更大的贫困，即精神与人格的贫困。而后者则是贫困中最可怕的一种。开远市既注重财政大资金投放，更注重通过“输血”达到“造血”功能，即注重公共产品供给的原则、方式、方法，强调在高效中取得更大效果。这是由原来的政府“他种”向农民“自种”转变。开远市政府表示：“开远市的新农村建设让农民群众见到了真成效。这不仅表现在有限的投入让农村基础设施、村容村貌等发生了根本变化，而且体现在群众的参与性和自主性得到广泛提升上，体现在良好的资源配置和有效利用方式上，其核心就是政府搭台、老百姓唱戏。”开远市采取的办法是“以奖代补”，根据“谁积极、支持谁，谁主动，谁受益”的原则，令村民直接成为“决策主体、行动主体、受益主体”。政府每年还投入50万元，建立农业品牌奖励基金。与此同时，在农村公共产品供给中，开远还实行私人公共产品补助，只是越私人化的比例就越小。村路建设的资金补助为2/3以上，太阳能热水器的资金补助为1/3左右，村民农业发展的资金补助为1/5，农户改善自家住房条件的资金补助则不到1/10。还有，不论创业成败，也不论是个人或集体，政府都给予一定补助，以降低农民创业风险。这是一种政府加大、放宽支持力度，相当开放包容地发挥政府主体

① 胡剑峰：《等靠要思想才是最大的贫困》，2016年11月30日，未来网（http：//view.k618.cn/wlgcy/201611/t20161130_ 9605760.htm）。

性的制度机制。[①] 有学者提出："公共行政人员应当担负起促使名义上的公民成为真实的公民，被动的公民成为主动且充满活力的公民的职责。"[②] 因此，开远市政府获得了自己的主体性，也实现了由"行政管控"到"服务型指导"的转变。这在农村公共产品供给过程中具有参照启示意义。

（二）政府能力水平是乡村治理现代化的关键

随着乡村改革开放的不断深入，农村现代化和乡村振兴越来越受到党和国家的高度重视。但一个突出的问题是，长期以来各级政府治理能力水平并未得到根本改变和真正提高，更不要说适应世界一体化和国家高科技的快速发展要求了。有的地方政府不仅没有向"服务"转变，甚至还停留在行政命令的"管控"上。关于这一点，越到基层尤其是农村基层，治理能力水平越不能令人满意。政府治理能力水平的现代化，不只是指形而上层面的科学、平等、自由和民主理念，也包括在"服务功能"上的专业化知识、管理能力水平，以及具体操作程序中人的整体素质的发挥。就目前公共产品供给的理论与实践看，人们较少从这一层面切入，即思考政府官员本身如何"现代化"的问题，如何在世界化大背景下，在各国科学管理技术能力水平较高的情况下，更好更快地提升和完善自我，以避免站在传统管控模式中不着边际地推行所谓的"体制改革"。有人表示："农业税废除后，一些地方开始进行乡镇改革及合并村镇，其主要目的是减少财政供养人员，减少财政支出。而在这一过程中，为农村经济活动提供的政府服务性机构也属于改革之列，许多地方首先就是改革服务性机构。由此大大弱化了政府对乡土经济的服务性渗透能力，也使乡村治理面临新的问题。"[③] 这是一种非常敏锐的看法，但没有进一步探讨下去，即没有看到以官本位为核心所进

---

① 郑宝华：《"真"字当头建设新农村——云南省开远市新农村建设的经验与启示》，《城市交响》2012 年第 1 期，内部刊物，2011 年笔者在云南开远市调研时，由当地政府提供。

② 张颖伦：《公民资格、公民精神与公共服务供给》，《东南学术》2011 年第 3 期。

③ 徐勇：《服务下乡：国家对乡村社会的服务性渗透——兼论乡镇体制改革的走向》，《东南学术》2009 年第 1 期。

行的本末倒置式机构改革，是不可能提高政府管理能力水平的。因为在强调“服务型政府”时，政府却保留“行政机构”，撤销“服务机构”，这本身就是一种盲目甚至荒谬行为。还有，湖北咸安等地的乡镇体制改革也有这一特点，保留机构主要从政治、经济和社会管理角度考虑，公共服务机构保留得较少。[①] 近年来，有人依据西方理论探讨政府职能转变，并用新公共管理理论的企业精神希望重塑政府形象，用新公共服务理论让政府职能由“掌舵”变为“服务”。[②] 这些理论虽有不同，也有明显的倾向性，但强调政府治理能力水平是一致的。我们虽要避免西方理论崇拜，但以取长补短的方式，将之运用于农村公共产品供给上，也还是有意义的。当然，这需要结合中国各地实情，进行新的创造，尤其是要突破中国长期以来“官本位”思想等历史文化限制。如政府在吸收借鉴西方理论中的所谓企业管理方法时，不能忽视政府的宏观指导、顶层设计，更不能无视社会主义核心价值观追求，否则就会陷入政府和企业的矛盾冲突中不能自拔。

（三）理顺公共产品供给主体关系是当前亟须解决的问题

在公共产品供给过程中，供给主体及其行为当然最为重要。那么，如何发挥不同主体功能，这是至今被学界所忽略的问题。一般来说，多元主体共同参与被视为公共产品供给的要义所在，即包括政府、市场、社会组织多方共同参与。但一个更为重要的问题是，多元主体具有怎样的关系结构，才更有利于公共产品供给，而每个主体内部又需要建立怎样的关系？以政府为例，由于中国有着独特的国情，在国家、省市、县乡和村庄之间就有着上下级关系，同时又不乏其各自的特征与边界，所以要使各级政府充分发挥主体性，就不是单一性能够决定的，而是取决于各级政府形成的动态结构系统。不解决这个复杂主体关系问题，公共产品供给就很难顺利完成，更谈不上高速、高能、高效。如成都市给每

① 袁方成：《使服务运转起来——基层治理转型中的乡镇事业站所改革研究》，西北大学出版社 2008 年版，第 130—144 页。

② ［美］珍妮特·V. 登哈特、［美］罗伯特·B. 登哈特：《新公共服务：服务而不是掌舵》，丁煌译，中国人民大学出版社 2011 年版，第 3—7 页。

个村庄提供20万元专项资金，但在中间环节如何到达村庄，这中间是否经过市、县、乡镇政府，抑或是采取空投方式直接拨发给村庄，似乎没有相应的制度规定。另外，在资金使用上，乡镇等各级政府有无监管、考核、指导，也未做出相关说明。这就带来模糊性和不少变数，也反映了在公共产品供给中，作为政府不同主体的职责定位并不明确。有学者指出乡镇政府在公共产品供给中的重要性："农村税费改革后，农村治理体制将发生重大变革，这就是基层政府的职能要从管理为主向服务为主转变，农村公共服务不能弱化，相反应该进一步强化……这就需要通过乡镇体制改革，重新建立和完善乡村公共服务体系。""乡镇体制改革首先必须为乡镇政府'定位'，即建立以公共服务为主的基层政府体系。"① 另有人将目前的县乡关系说成是"压力型关系"模式，换言之，认为县政府往往采取行政命令手段，将各种任务下放到乡镇，于是乡镇在公共产品供给中失去主体性，由此希望对县乡政府职能进行改革。② 这些见解都是非常重要的，有助于为乡镇政府在公共产品供给过程中进行职能定位。

那么，各级政府在公共产品供给中如何发挥自己应有的作用，即如何界定和理顺关系，是当前亟待解决的重要问题。如需要对其责、权、利等进行明晰划分。按照现代社会管理的特点和要求，责、权、利不是相互分离甚至是矛盾的，而是一个相关联的统一体。没有只讲权利的不负责任，也无只强调责任担当的不讲权利。然而，在当下乡村治理的各级关系中，责、权、利不统一的情况较为突出，这就限制了公共产品供给的顺利、有序与高效推进。所以，要优化乡村公共产品供给，必须对包括乡镇在内的乡村各层级的责、权、利进行科学规范，以制度创新引领各个方面的工作。在这方面，江西省、湖北省的做法值得推广。江西省明确规定：要乡镇政府负责的工作，必须赋予其办事权，并提供相应的财力保障。属于县直部门的权责，不得以任何方式转嫁给乡镇，更不

① 徐勇：《服务下乡：国家对乡村社会的服务性渗透——兼论乡镇体制改革的走向》，《东南学术》2009年第1期。

② 苗树彬：《公共服务视角下的中国乡村治理研究》，华中科技大学，博士学位论文，2010年，第55—56页。

能将权留下，却将责任推给乡镇。对于从事服务工作的乡镇站所，必须给予人权、财权、事权。还有，乡镇考核要与职能相联系，对不属于乡镇职能的事项不得列入考核范围。另外，要彻底清理对于乡镇“一票否决”的事项和评比达标项目，坚决取消各种脱离实际的考核评比、“升级达标”活动，以便优化乡镇治理结构，加快政府职能转变。[①] 湖北咸宁的乡镇“七站八所”改革，着力理顺各种关系，本着“精简、高效、服务”原则进行改革，撤销乡镇原有的多数服务站所，根据“以钱养事”原则，向社会组织购买农民所需的公共服务。这种面向社会公开招标、实行合同管理、由农民签字考核、政府出钱“买单”的方式，大大改变了乡镇的责、权、利关系属性。[②] 崇阳县对县、乡镇、社会服务中心与自治组织进行责、权、利的明确划分：县主管部门负责“以钱养事”合同文本的制定，对农村公益性事业进行指导；乡镇政府与承担公益性服务的各类服务中心签订“以钱养事”合同，乡镇各服务中心再与承担“以钱养事”的个人分签合同；乡镇政府要与县主管部门共同制定公益性服务合同考核办法，并组成考核组进行考核，结果报服务对象认可，并将考核结果与服务费支付挂钩。[③] 咸宁市通过简政放权和转变职能，充分发挥市场和社会服务组织作用，对各级组织责、权、利进行细化规定，有利于农村公共产品科学化供给，是一项制度创新。

强调服务型政府的主体性和运行机制建设，还要注意对有些特殊领域的严格把关和掌控。这是因为不是所有的农村公共产品供给都可完全放开，投送给服务型社会组织，否则就会放任自流，也会带来不必要的风险与危害。以湖北咸宁咸安区将畜禽防疫和文体事业列为公开招标范围为例，希望通过市场运作减缓政府压力，更充分调动社会组织的积极性和创造性，这一做法一般来讲是没有疑问的，但从广大农村的特殊情

---

① 何剑锋：《解决乡镇权责不一致应明确职能　理顺关系》，2010 年 8 月 18 日，人民网（http：//news. sohu. com/20100818/n274306870. shtml）。

② 玛雅：《咸安改革的可复制性调查》，《三农中国》第 11 辑，湖北人民出版社 2007 年版，第 33 页。

③ 傅光明、田志廉：《“以钱养事”新调查》，《三农中国》第 11 辑，湖北人民出版社 2007 年版，第 32 页。

况、农村卫生防疫与文体事业的重要性考虑，就不能不引起人们的重视和警觉。这是因为，卫生疾病安全离不开国家政府掌控，不能太过相信市场和社会组织，否则就会造成不可想象的严重后果。长春长生疫苗事件的发生就很能说明问题。还有文体事业一向不为人重视，认为它不过是唱唱歌、跳跳舞、搞搞展览和开展比赛而已。其实，这是一种简单甚至错误的认识，它将文体事业做了窄化、肤浅、轻视的理解，没有充分认识其对于广大乡村道德、思想、文化、精神的巨大作用。市场和社会组织是难当如此大任的。因此，政府应处理好农村公共产品供给的多种关系问题，哪些该管哪些要放，需要做出通盘考虑和科学论证。

三　还权于民与未来发展趋势

成都农村公共产品供给大力提倡“还权于民”，但这样的案例在全国并不多见。相反，由“政府做主”向农村提供公共产品，还是主要方式。有人对近几年浙江慈溪9个乡镇（街道）的63个村委会进行抽样调研，以了解公共产品供给实施情况。最后结果表明：选“自上而下”的占80%，选“目前主要农村公共产品供给决策中发挥作用最大的是县乡政府”的占85%，选“村干部”的占15%，无一人选“农民”。另有87.62%的人选择“农村公共产品供给决策过程中存在腐败”一项，无一人选择“没有腐败”。[①] 作为乡村治理的标杆式代表，浙江慈溪的公共产品供给尚且如此，即根本做不到“村民做主”，而且其中问题多多，一些乡村治理的落后地区在公共产品供给上的表现更可以想见。由此可见，在全国农村公共产品供给中，“让村民做主”不是缺乏理性自觉，就是只停留在口号上，根本没法落实。

将公共产品供给“还权于民”，让村民说了算，自己决定公共产品的供给内容、方式，这对改变政府职能无疑具有探索改革之功，也有着理论和方法论意义。不过，较少有人看到问题的另一面，即过于强调

① 邱聪江：《创新农村公共产品供给的决策机制——以浙江省慈溪市的调研为例》，《国家行政学院学报》2010年第4期。

"让村民做主"决定公共产品供给所含的危险性。这主要包括以下几个主要方面。

(一) 急功近利思想易使农民偏重物质性公共产品

如果说乡村治理的核心问题，那无疑是经济发展。所以，改革开放四十年，乡村治理的最大功绩是经济增长与对民生问题的关切。像"联产承包责任制"、村民自治和"全面废除农业税"等重大措施就是从广大人民群众切身利益出发，充分调动其积极性和创造性。但与此同时，应该承认，在强调农民切身利益和经济功能时，也存在一些问题，于是集体精神、文化品质、道德诉求尤其是精神追求等形而上的方面，自觉不自觉地被忽略和放逐。这也是为什么，改革开放以来的经济发展突飞猛进、日新月异，但社会风气与道德诚信堪忧。在农村公共产品选择上，"让农民做主"也可略见其端倪：一面是以自身需求为目的，从而避免了农民不需要或不急需的公共产品供给；另一面是过于强烈的功利心使农民陷入短见甚至盲视。这样，在公共产品供给过程中，农民选择就暴露出其自身局限与短板。有研究表明："农民对乡镇政府的需求排序：第一位：发展经济。第二位：乡村道路、农田水利等公共建设。第三位：提供农业技术和信息。第四位：社会治安和公共安全。第五位：发展文化、卫生和教育事业。第六位：保障农民民主权利和经济利益。"[①] 可见，农民最重视经济等硬性公共产品，而文化、教育、政治诉求等软性公共产品则被置于第五、六位。如果在农村公共产品供给早期或较长一段时间内，这一选择还具有合理性；然而，到一定阶段，忽略软性公共产品供给的做法，一定是事倍功半甚至是南辕北辙的。

(二) 狭窄视域让农民在选择公共产品时易出偏差

农民的最大特点是与农业社会相连，与工业文明有着较大距离，这就带来其特殊性格。从优点上说，农民淳朴、自然、诚实、善良；从缺

---

① 苗树彬：《公共服务视角下的中国乡村治理研究》，华中科技大学，博士学位论文，2008 年，第 60 页。

点上说，他们视野狭窄、落后保守、自私自利。近现代以来，这一状况虽大有改变，但基本情况没多大变化。比如，在现代全球化进程尤其是新媒介时代，农民虽不断趋向现代化，但在思想观念、眼界上，他们很难与时代同步，更不容易站在时代的潮头具有前瞻性的谋篇布局。如2006年江西扶贫过程中，本来是扶贫组织为广大农村带来公共产品，但没想到却遭到县乡干部和村民的消极对待及抵制，结果导致项目流产。县乡干部表示："将我们的权力资源拱手相让，一些干部认为很失落，没有威风要了。"有村民表示："作为管委会的成员，我自己闲的时候就管一下，忙的时候就顾不上了。""随着非政府组织很快地撤出，我们管委会也就会随之解散，但五年项目周期内不会解散。非政府组织的人员告诉我们可以去登记注册个组织，这样就可以接受外来的资金援助。但是成立组织也是麻烦的事情，自己家里还有许多事情，总不能把所有的心思都放在上面。"① 这样的表述说明，乡村一些干部群众视野不宽、目光短浅，很难正确选择公共产品。

（三）专业知识匮乏令农民无法科学选择公共产品

现代社会的最大特点是分工越来越明确精细，专业化程序也越来越高。一个人如无专业知识，他不可能适应现代社会大生产的生活节奏和管理方式。公共产品供给也是如此，从大项目到小项目、从物质产品到精神产品、从制度建设到社会实践，都需要专业知识作为支撑。否则，就会因蛮干和乱作为给国家造成巨大损失，甚至会闹出笑话。成都新都区清流镇的一个"村民议事会"，在与承包商签合同时，因无专业知识被骗，造成较大经济损失。后来，成都市又为村庄拨款20万元，清流镇领导认为：再用原来的"村两委引导、议事会决策"模式，已无法解决问题，因为议事会成员缺乏专业知识。于是，建立了由乡镇企业家、退休人员、返乡大学生等本土专家组成的"村级议事会咨询顾问制度"，这是一个由"村（社区）两委引导、议事会决策、咨询顾问建

---

① 贾西津主编：《中国公民参与：案例与模式》，社会科学文献出版社2008年版，第56、65、67页。

议”的基层治理新架构。[1] 然而，在全国广大农村，更多的案例则是，因缺乏文化专业知识或对之重视不够，所导致的对于公共产品供给所做的错误选择。这是需要引以为戒和加以思考的重要问题。

当前，要解决公共产品供给中的两个重要问题：一是将农民视为被动承受者甚至被施舍者，政府高高在上地完全说了算，毫不顾及村民愿望；二是不加考虑地将“选择权”全交给村民，认为只要村民自己愿意，完全可自行决定。在这中间，第二个层次更容易被忽略，因为政府没有站在现代化的高度、以前瞻性眼光审视村民的局限。因此，科学有效的做法应是：既要“赋权于民”，让农民自己做主，决定公共产品供给的内容与方式；又不能忽略村民选择的局限，以便给予他们指导、帮助、审定、监督和调整。这就需要党和各级政府、专业组织等的主体性参与，及其各方的相互协同。因为没有前提的“村民做主”，很容易产生更大的问题，即缺乏前瞻性眼光、盲目选择、就事论事、违规犯错等。因此，在公共产品供给过程中，要避免走向两个极端：当由政府做主时，人民群众毫不知情；当让村民做主时，又忽视政府和专业组织的参与。显然，没有多元主体参与的协同共治，只让村民自己做主，就极易陷入这一困局：让村民自己的局限变成选择公共产品时的局限。

四　乡村公共产品的自我供给

加强公共产品供给近年来在中国已成大势所趋，这包括在城乡统筹下向广大农村提供公共产品。加之，学界对于政府和全社会的大力呼吁，希望政府在其间承担主要职责，于是形成这样的共识：似乎公共产品尤其是农村公共产品供给是国家、政府和社会的事。在这样的思想观念下，广大农村尤其是村民就容易形成等、靠、要的状况，难以发挥自身积极性，于是公共产品供给就成为一种被动式的外援模式，从而丧失

① 陈松：《钱咋花？“智囊团”参谋，议事会拍板》，2011 年 4 月 19 日，网易新闻（http：//news. 163. com/11/0419/07/7202QTEN00014AED. html）。

了内生动力和自强功能。我们认为，要真正使农村公共产品供给成为一种内生力量，应注意以下几个方面。

（一）在公共产品供给过程中，培育农民当家做主的能力水平，这既是手段更是目的

如果站在“等、靠、要”角度对待公共产品供给，广大乡村尤其是村民就会失去主体性，更会让整个过程变成简单的“供给”与“接受”，这就与公共产品供给的初衷与目标相背离了。其实，产品供给只是一个手段，而最重要的是通过供给过程培育广大村民自我决策、自我管理、自我监督的能力，有了这种能力才能使乡村治理走上健康可持续发展之路。换言之，只有通过实践，村民才能更快提升自己的公民素质与能力，成为乡村治理的主力军。目前已有不少成功例子，如山东寿光市东斟灌村实行的“三自”管理。近年来，东斟灌村党支部在村级事务管理中，用群众思维考虑问题，用群众观点看待问题，用群众方法解决问题，带领群众创造出“自主议事、自治管理、自我服务”的“三自”村级治理模式。在村务决策上，东斟灌村让权于民，对 30 多类重大事项实行票决制，按党支部提议、村“两委”商议、党员大会审议、村民代表大会以无记名投票决议“四个步骤”进行，集体的事办不办，群众说了算，真正做到让群众当家做主。村里成立的 3 个合作社，都是由村民表决通过的。在土地流转前，村里先后召开 14 次党员、村民代表会和 4 次村民大会，将流转方案发到每家每户，每个地块的流转价格都由村民表决。土地流转方案通过后，仅在 2 天时间就全部签订 4486 亩土地的流转协议。在自我服务方面，该村党支部先后组织成立斟都果菜、土地股份和资金互助 3 个合作社，通过村民的合作，解决村民在生产、资金和服务中的难题。其中的“资金互助合作社”先后有 350 户村民加入，共募集互助金 120 万元，给 26 户社员无息贷款发放 95 万元，方便了群众生产。① 在自我管理方面，该村坚持群众的事让群众自己

① 山东寿光市东斟灌村：《创新“三自”模式，深化为民服务》，2014 年 8 月 26 日，中国共产党新闻网（http：//qzlx. people. com. cn/n/2014/0826/c383356 - 25541546. html）。

管，从财务收支、土地补偿分配，到涉农补贴和最低生活保障费的发放等，都让群众全程参与和管理。在实地调查时我们得知，即使村里为村民购买鸡蛋这类很小的事情，因涉及村民利益，村两委也通过民主决策，最后采用招标的方式解决。[①] 据村民反映，近10年来，东斟灌村先后对50多项重大工程进行招投标，涉及金额600多万元，因实行村民自治管理，从未出现任何问题。再如，成都崇州市大划镇白果村在招聘村便民服务代办员时，有三名女大学生报名应聘。以往都是由村两委来定，这次则按议事会议定的公开招聘程序进行：召开村民代表大会，由45名村民代表对应聘者进行公开测试打分，请镇领导和司法所长全程观摩。于是，经过四个方面的考核：一是通过公开演讲，谈自己对工作的认识和受聘后的打算，占30分；二是提供一个能解决矛盾纠纷的案例分析，占30分；三是通过技能考核来测定打字、制表等水平，占30分；四是看在学校是否有突出的表现和奖励，占10分。对此，村支书感叹："这次公开招聘，再次让我感受到了民主决策的力量，说真的，事前这个岗位想过直接录用某个人，但经议事会讨论一致定下公开招聘的程序，我是坚决不能变的，也是必须带头遵守的。"[②] 当然，关于人才公共产品供给的选拔，其中最重要的还不是成功录取了有才能的便民服务代办员，而是通过民主程序培育干部群众的现代治理能力，这是一个质的飞跃。

（二）由"他种"变成"自种"，彻底改变农村公共产品供给的依赖型模式

有人提出：党和国家要重点扶持具有公益色彩的农村民间文化成长，将"送文化"与"种文化"结合起来。[③] 从外援型的公共产品供给来看，这无疑是一大跨越，它突破了只"送"不"种"的被动供给方

① 材料来自笔者在东斟灌村与村干部和村民代表的座谈记录。

② 中共崇州市委组织部：《"三变"架起"民心桥"》，见中共成都市委组织部编《成都市基层治理机制典型案例集（一）》，2012年11月，内部资料，第78页。

③ 全国农村文化联合调研组：《中国农村文化建设的现状分析与战略思考》，《华中师范大学学报》2007年第4期。

式，为广大农村“种”下了乡村治理的方式，亦即有了公共产品生长的“种子”和“根本”。不过，也应该认识到，不论是“送”还是“种”，那都是外来的、有限的、短期的，如果当地村民对这些“种”下的文化产品不会收获，甚至收获后不留种子，那将来又该如何？还不是依然依赖外在的“送”和“种”？因之，从根本上说，包括“送”和“种”在内的文化产品供给都是靠不住的，必须通过这种“送”和“种”培育起人民群众的“自种”意识、能力和方法。更重要的是，能让广大农民根据自己的本地实际情况，培育新的文化产品“良种”，从而形成属于自己的公共产品创生能力，这是一个更为重要、切实而又可靠的发展路径。据2008年发改委发布的《县域经济发展报告》统计，全国平均每个县的赤字为1亿元，全国赤字县占全国县域比重高达3/4，县财政基本上是“吃饭财政”，县乡政府的债务风险仍未得到根本控制。[①] 2017年，县域经济速滑幅度有所减缓，但以东北三省为代表的资源型和重工业型县域经济下滑幅度加大，成为总体发展的不确定因素。而大部分经济高速增长的县（市）均依靠外来投资企业数量的增长。[②]另外，我国农村公共产品供给情况令人担忧，也达到不可思议的地步。到2005年，全国还有83%的村喝不上自来水；13%的村不通公路，交通设施落后，距汽车站20公里的村占34%；53%的村没通电话，农村用电的电压不稳、电价偏高；尽管有93%的村能接收电视信号，但信号相当微弱；占全国人口70%的农村却只占有全国20%的医疗资源。[③]2015年全国农村自来水普及率达到76%，据“十三五”规划，到2020年，农村自来水普及率力争达到80%以上，[④] 从中可见目前农村的落后状况。这一状况当然有各种原因，但县、乡、村干部包括村民的不作为

① 国家发改委：《平均每县赤字约1亿 东西部差距拉大》，2008年4月3日，中国网（http：//www. china. com. cn/policy/txt/2008－04/03/content_ 14220738. htm）。

② 《〈中国县域经济发展报告（2017）〉在京发布》，2017年11月23日，人民网（http：//society. people. com. cn/n1/2017/1123/c1008－29664675. html）。

③ 刘炯、王芳：《多中心体制——解决农村公共产品供给困境的合理选择》，《农村经济》2005年第1期。

④ 于文静：《我国农村自来水普及率到2020年将达到80%以上》，2016年1月13日，新华网（http：//www. xinhuanet. com/energy/2016－01/13/c_ 1117754237. htm）。

和无能恐怕是主要的，当包括乡村干部在内的广大村民安坐“贫困”的“暖窝”，坐、等、靠、要之时，那么，外援型的公共产品供给再丰盛，也会坐吃山空的。在此，我们还可从正面举两个例子加以说明：一是青岛莱西东庄头村的老年协会。该协会创办于1992年，由一些退休在村的老干部组成。这些老干部并没有在家中安度晚年，而是将全部精力投入经济发展和社会服务中。他们成立了青岛东庄头蔬菜批发市场，经过20年努力，这个经济实体竟成为全国最大的村级产地蔬菜批发市场，日成交量高达300多万公斤。此外，协会还自筹资金2200万元，兴办了18个独立的经济实体，其中有13个是为市场服务的，2个是为农民服务的，3个是为老年人服务的。[①] 从骄人的业绩可见，农民有着多么深厚的创生力。更重要的是，这些老干部有自己的座右铭，那就是强调“六自”（自力更生、自食其力、自筹资金、自主经营、自负盈亏、自强不息）和“五有”（老有所养、老有所医、老有所为、老有所学、老有所乐），从中反映了他们积极的人生观和价值观。这是一种注重“自种”公共产品的乡村治理方式。另一例是云南开远市羊街乡卧龙古村委会下属的老燕子村民小组的“互助模式”。该村原是一个问题村、落后村、“口袋村”，为改变村庄落后面貌，村干部和党员户牵头自愿结队困难户，以混合搭配普通群众的原则，成立了互助建池组、互助建房组、互助农业生产组，实行村民互助合作。如在生产互助方面强调：“统一品种、统一机耕、统一用水、统一插秧、统一防治病虫害和统一销售。”通过互助合作，该村后来发展成为生态村、别墅村、富裕村、文明村，从而实现了根本性跨越。[②] 从老燕子村的互助合作来看，它不仅使村庄富裕起来，而且培育了村庄的互助合作精神，这是公共产品供给中“自种”方式的创新。所以，在公共产品供给中，广大农民无论条件如何，都不能怨天尤人、自暴自弃，而应借助于外援，从自己做起，有内生能力。只有这样，公共产品供给与乡村治理才能有广阔的

---

① 于钦东、黄忠伟、葛宁：《老年协会：硬解农村养老难题的现实选择——以青岛市莱西东庄头村老年协会为例》，《全国商情·理论研究》2012年第35期。

② 根据2011年11月笔者在云南省开远市老燕子村进行的调研记录整理而成。

发展前景和巨大空间。

（三）由“村民”向“公民”转变，尤其是要让村民成为具有现代思想意识的公民，这是充分发挥公共产品供给效能与作用的前提和基础

在外来的公共产品供给过程中，广大村民需要进行现代性选择，否则就会出现失误甚至闹出笑话。同理，在村民自我创造公共产品的过程中也是如此，没有现代性眼光、缺乏对世界发展大势的了解、对科技知识一窍不通，就无法做出正确判断，这是一个更具广度、深度的问题。以乡村公共文化资源为例，有许多民间文化遗产是相当宝贵的，需要加以传承和保护，如无现代意识及眼光，就会不以为意地将之弃如敝屣。这在中国城镇化发展道路上，过于重视城市而忽略乡村的整体格局中更容易如此。另外，有的地方不分青红皂白，亦不加甄别和判断，更无现代的批判意识，于是将古代的所有遗留都视为珍宝，包括对一些封建专制与迷信也加以宣传、夸大其功用。事实上，中国广大农村传统文化公共产品都值得保存和传承，但有一个基本前提必须明确：它们之间是有优劣、高下、雅俗之分的，这就需要进行理性的审视与评价，对于许多世俗尤其是传统文化的糟粕，要保持足够的清醒和警觉。还有，对于农村文艺团体作用的强调，这是一个很好的方向，它对时下过于重视物质尤其是金钱的乡土社会，无疑具有纠偏作用。不过，也要看到，目前的乡村文艺和文化建设过于世俗化，缺乏高尚的审美趣味，更缺乏参与国家建设的正能量和核心价值观。其实，我们完全可通过农村文艺演出，以群众喜闻乐见的形式提高村民的公民素质和思想境界。如山东莱州市通过吕剧演出“姐妹易嫁”，起到移风易俗之效。在新的历史时期，我们应站在更高层次以更高的审美品位，创造出更好的民间戏曲艺术，为广大农村种下更多更好的公共产品。

中国公共产品供给在取得巨大成就时，也面临很多问题，这在广大农村尤其突出。在解决这些问题时，既要关注当前人们探讨的热门话题与焦点问题，更要重视被人们忽略的重要问题，只有这样才能使农村公共产品供给在推动“城乡一体化”过程中发挥重要作用。

第八章　互联网与乡村治理的历史性变革

新时期尤其是21世纪以来，对中国乃至世界产生革命性影响的，恐怕非“互联网”莫属。它彻底改变了社会组织结构：自我的、家庭的、工厂的、大学的，等等。[①] 作为人口众多的发展中国家，中国在如此短时间里所受互联网的影响之大，用“势不可当”和“摧枯拉朽”形容亦不为过。据统计，1997年中国上网用户为62万，到2006年网民人数已达1.23亿，到2017年网民人数则为7.72亿，由此可见其惊人的增长速度。中国广大农村的互联网发展速度可能更快。如2006年，我国农村网民还不到2000万（占总数1.23亿的1.6%），2017年年底则为2.09亿，预计在2018年将突破2.4亿。[②] 这种增长速度是不可想象的。作为偏远地区的四川寻乌县，2016年，全县农村家庭平均每户拥有1.8台电视；全县农村家庭有网络电视的为1.5万户，占比19.8%；全县农村家庭有有线电视的为1.1万户，占比15.2%；农民人均手机为0.69台，其中智能手机占66.9%；农村互联网普及率为60%，超过全国平均水平的54.3%。除用手机浏览新闻、玩游戏、上社交媒体外，不少农民通过电商平台做生意。[③]

---

① ［美］J. 希利斯·米勒：《论全球化对文学研究的影响》，《当代外国文学》1998年第1期。

② 参见陈群等《网络中国》，兵器工业出版社1997年版，第48页；《第十八次中国互联网络发展状况统计报告》，2006年7月19日，人民网（http：//it. people. com. cn/GB/8219/68284/）和《第41次中国互联网络发展状况统计报告》，2017年3月14日，南方网（http：//tech. southcn. com/t/2017－03/14/content_ 166956164. htm）。

③ 《弘扬脱贫攻坚精神　推动农村物质文明和精神文明协调发展——寻乌扶贫调研报告》，中国社会科学院“百县调研”南江组编《四川省南江县调研资料汇编》，内部资料，2018年6月，第22页。

可以说，互联网对于广大乡村之深度影响，不管怎样强调都不过分。基于此，目前出现了不少研究互联网与中国乡村治理的成果，其价值意义不可低估。不过，这些成果有一个明显不足，即个案研究和现象分析较多，缺乏整体的富有学理性的梳理和研讨。因此，如何以历史眼光深入分析互联网之于中国乡村治理所产生的巨大影响，总结其成败得失以及其未来发展趋势，这将是一项十分重要的工作。

一　互联网顶层设计引领乡村治理变革

与世界互联网的早发相比，中国是较为迟缓的，而在乡村更是比较滞后。然而，中国融入互联网发展后，其动能、速度却令人难以置信。一般研究者较为关注近些年互联网对于乡村治理的影响，较少以历史眼光和发展态势看待这一问题，不少人甚至忽略和否认乡村治理中互联网的生长和演进。这就造成互联网在乡村治理研究中的静态化倾向和无根状态。其实，互联网在乡村治理中发挥巨大作用虽主要是近些年的事，但它有一个长久的发展演进过程。梳理这一变动方能清醒意识到，互联网是怎样一步一步渗进乡村治理的，以及作为政府和国家行为，它对于中国政治尤其是乡村治理的巨大动能和作用机制。

（一）孕育生成期（21 世纪初）

如果说世界互联网始于 20 世纪 60 年代，那么中国互联网的产生则要晚 20 多年，即是 20 世纪 90 年代的事情。互联网得到党和政府的高度重视，并对乡村治理产生重要影响，要从 21 世纪初算起。最有代表性的是 2000 年，身为福建省省长的习近平根据专家提议，做出建设“数字福建”的重大决策。这包括统一建设全省政务信息网，开展信息资源整合与开发利用，积极探索电子政务项目的统建共享，于是“数字化、网络化、可视化、智能化”成为其奋斗目标。[①] 那时的互联

① 本报评论员：《数字福建是数字中国的思想源头》，《光明日报》2018 年 4 月 23 日第 1 版。

网意识虽然并不发达，也没形成人们的普遍思想意识，但其精神主旨还是明确的，这成为数字福建的核心内涵，也成为影响其乡村治理的重要引擎。2002 年 11 月 8 日，江泽民在《全面建设小康社会　开创中国特色社会主义事业新局面》中强调："信息化是我国加快实现工业化和现代化的必然选择。坚持以信息化带动工业化，以工业化促进信息化，走出一条科技含量高、经济效益好、资源消耗低、环境污染少、人力资源优势得到充分发挥的新型工业化路子。"① 在此，虽没谈到互联网，也不是针对农村、农民而言，但对"信息化"的重视是显见的。2003 年，《中共中央、国务院关于做好农业和农村工作的意见》规定："实现农业现代化，必须推进流通现代化。连锁、超市、配送、电子商务等现代流通方式，有利于促进农业生产的标准化。"② 电子商务和流通现代化的出现，是针对农村和农业而言，离"互联网"比较近了。2004 年，《中共中央办公厅、国务院办公厅关于健全和完善村务公开和民主管理制度的意见》中有如下内容："规范村务公开的形式、时间和基本程序"，并希望"通过广播、电视、网络"等现代科学技术等有效形式，实行公开。③ 在此，"网络"概念的出现，成为乡村治理与互联网联系的关键，这与数年前"数字福建"的"数字化、网络化、可视化、智能化"形成了有效接续。不过，在国家文件中出现"互联网"这一提法，是在 2004 年年底颁布的《中共中央关于在全党开展以实践"三个代表"重要思想为主要内容的保持共产党员先进性教育活动的意见》中，文件规定："要搞好舆论宣传，充分运用报刊、广播、电视、图书、互联网等媒体。"其所面对的对象，除县及县以上党政机关和部分企事业单位，还有城市基层和乡镇机关，以及农村和部分党政机关。④ 2005 年 3 月 5 日，温家宝在《政府工作报

---

① 中共中央文献研究室编：《十六大以来重要文献选编》（上），中央文献出版社 2005 年版，第 17 页。

② 同上书，第 132 页。

③ 中共中央文献研究室编：《十六大以来重要文献选编》（中），中央文献出版社 2006 年版，第 123 页。

④ 同上书，第 422 页。

告》中指出："大力推进政务公开，加强电子政务建设。" 11 月 7 日，《中共中央办公厅、国务院办公厅关于进一步推行政务公开的意见》中强调，"加强政府网站建设，推进电子政务，逐步扩大网上审批、查询、交费、办证、咨询、投诉、求助等服务项目的范围，为人民群众提供快捷、方便的服务"①。这显然丰富了互联网在乡村治理中的内容，有利于将政策落到实处。同年年底，《中共中央关于制定国民经济和社会发展第十一个五年规划的建议》中有"建设社会主义新农村"和"推进产业结构优化升级"两节，其中规定："信息产业，要根据数字化、网络化、智能化总体趋势，大力发展集成电路、软件等核心产业，重点培育数字化视频、新一代移动通信、高性能计算机及网络设备等信息产业群，加强信息资源开发和共享，推进信息技术普及和应用。""加强宽带通信网、数字电视网和下一代互联网等信息基础设施建设，推进'三网融合'。"② 这一规定更加强调互联网的开放性、融合性、动态性和前瞻性，为在广大农村实行互联网式乡村治理打开了通道。同时，在《促进产业结构调整暂行规定》中有"加强宽带通信网、数字电视网和下一代互联网等信息基础设施建设，推进'三网融合'，健全信息安全保障体系"的规定。在《中共中央、国务院关于深化文化体制改革的若干意见》中规定，"发展数字广播、数字电视、数字电影、数字出版、动漫和网络游戏等，建立大容量数字化文化资源库"，"建设先进安全的现代广播电视传输网络，促进网络整合，更好地利用和发挥广电传输网络的功能"③。总之，2000 年后的五六年间，在国家和省政府的顶层设计中，虽没有形成直接的关于"互联网"的文件规定，但已向广大乡村理性和自觉地注入了"互联网"有关内容、概念和形式，并具有不断开放、丰富和深入的特点。这为"互联网"进入乡村治理奠定了坚实的基础，也孕育出了乡村治

① 中共中央文献研究室编：《十六大以来重要文献选编》（中），中央文献出版社 2006 年版，第 834 页。

② 同上书，第 1069—1070 页。

③ 中共中央文献研究室编：《十六大以来重要文献选编》（下），中央文献出版社 2008 年版，第 76、134 页。

理中“互联网”这颗种子。

（二）探索发展期（2007—2012 年）

2007 年是一个特殊年份，其标志为党的十七大的召开。而党的十七大的核心内容是，高举中国特色社会主义伟大旗帜，深入贯彻落实科学发展观，为夺取全面建设小康社会新胜利而奋斗。也就在党的十七大召开前一个多月，中共中央和国务院颁发《关于加强公共文化服务体系建设的若干意见》，其中提出建设“全国文化信息资源共享工程”，尤其强调要重视“农村文化信息资源共享工程建设”：“以数字资源建设为核心，以基层服务网点建设为重点。”“农村文化信息资源共享工程的建设要与广播电视村村通工程、农村党员干部现代远程教育、农村中小学现代远程教育和村村通电话工程相结合，实现共建共享。文化信息资源共享工程要不断提高信息化、网络化水平，做到资源互联互通。到二〇一〇年基本建成覆盖城乡的文化信息资源共享工程服务网络。”文件还规定，“以大中城市公共文化设施为骨干，以县、乡（镇）和社区基层文化设施为基础”，“建立健全公共文化设施网络”，“互联网的公共信息服务点和卫星接收设施公共服务管理系统等公共文化设施建设，优化社区和乡村公共文化资源配置，形成覆盖城乡、结构合理、功能健全、实用高效的公共文化设施网络”①。这是一个有长远计划、立足基层尤其是农村基层、重视文化工程建设、有着自觉建构意识的“互联网”式乡村治理方式。这也是科学发展观的集中体现。2008 年，胡锦涛视察“人民网”的“强国论坛”后指出：“网友们提出的一些建议、意见，我们是非常关注的。我们强调以人为本、执政为民，因此想问题、做决策、办事情，都需要广泛听取人民群众的意见，集中人民群众的智慧。通过互联网来了解民情、汇聚民智，也是一个重要的渠道。”②继胡锦涛与网民进行在线交流后，温家宝于 2009 年通过新华网与海内

---

① 中共中央文献研究室编：《十六大以来重要文献选编》（下），中央文献出版社 2008 年版，第 1134—1136 页。

② 《胡锦涛总书记通过人民网强国论坛同网友在线交流》，2008 年 6 月 20 日，人民网（http：//politics. people. com. cn/GB/7406621. html）。

外网民进行在线的文字和视频交流，这是中国总理首次与网民面对面交流，体现了中央领导对互联网的重视，以及通过互联网实现有序政治参与这一新形式的认可。[①] 李长春在《在新的历史起点上努力开创宣传思想文化工作新局面》中指出："现代科学技术日新月异、传播手段迅速发展，网络文化建设和管理的任务更加紧迫。"于是，他以强烈的忧患意识和历史紧迫感表示："当前，现代信息技术突飞猛进，带来了人类传播方式的革命性飞跃。互联网已成为覆盖广泛、快捷高效、影响巨大的大众传媒，成为思想文化信息的集散地和社会舆论的放大器。"所以，需要"切实把互联网等信息网络建设好、利用好、管理好，加快形成中国特色网络文化"[②]。这是站在文化高度，以历史的使命感，对互联网传播和管理提出了更高的要求，对于乡村治理也不无指导意义。后来，在《国务院办公厅关于搞活流通扩大消费的意见》和《国务院关于做好当前经济形势下就业工作的通知》两个具体文件中，又强调了互联网的重要性。在"健全农村流通网络，拉动农村消费"中，提出"推进'万村千乡'网络与供销、邮政、电信等网络的结合"；在"加快完善农产品流通网络"中，提出"健全农业市场信息服务体系，强化信息引导和产销衔接"；在"切实做好农民工就业工作"中，提出"加强农村劳动力转移就业服务信息网络建设，做好城市和县乡公共就业服务机构间的信息对接，建立全国联网的用工信息发布制度，及时提供有效岗位信息"[③]。2010 年，李长春在《扎实做好宣传思想文化工作》中，又以更加紧迫的理性自觉提出，"互联网的迅速发展和广泛普及，日益深刻影响社会生活和人们的精神生活"，并强调"特别是 3G 手机的应用，进一步推动了由固网互联网向移动互联网延伸，使人人、时时、处处上网成为可能"。该文还指出："积极拓展网络多媒体、移动多媒体、手机报、手机短信等新兴领域和新兴传播阵地，不断扩大主流媒体的辐射

---

① 上海社会科学院当代中国政治研究中心：《中国政治发展进程 2010 年》，时事出版社 2010 年版，第 283—284 页。

② 中共中央文献研究室编：《十七大以来重要文献选编》（上），中央文献出版社 2009 年版，第 175 页。

③ 同上书，第 816、862 页。

力和影响力。"[①] 这种用"静态"和"动态"、社会生活和精神生活对"互联网"进行细分的做法，对于包括乡村治理在内的国家治理具有指导性，从而打开了一扇明亮的窗户。同年，《国务院关于加强培育和发展战略性新兴产业的决定》进一步提出："加快建设宽带、泛在、融合、安全信息网络基础设施，推动新一代移动通信、下一代互联网核心设备和智能终端的研发及产业化，加快推进'三网融合'，促进物联网、云计算的研发和示范应用。着力发展集成电路、新型显示、高端软件、高端服务器等核心基础产业。提升软件服务、网络增值服务等信息服务能力，加快重要基础设施智能化改造。大力发展数字虚拟等技术，促进文化创意产业发展。"《中共中央关于制定国民经济和社会发展第十二个五年规划的建议》中强调"全面提高信息化水平"，"积极发展电子商务"，即"实现电信网、广播电视网、互联网'三网融合'，构建宽带、融合、安全的下一代国家信息基础设施。以信息共享、互联互通为重点，大力推进国家电子政务网络建设，整合提升政府公共服务和管理能力。确保基础信息网络和重要信息系统安全"[②]。这是在更高层次、更远目标、更科学理念、更深度融合、更现代意识的基础上，为包括乡村在内的国家治理确立的"互联网"思维能力水平。2011 年，《关于深化政务公开加强政务服务的意见》是一个以"互联网思维"深化政务公开的重要文件，对于乡村治理意义重大。文件规定："推广电位网、广电网、互联网等现代科技手段在政务服务中的应用，提高政务服务信息化水平。将服务中心信息化纳入当地电子政务建设总体规划，充分利用现有电子政务资源，逐步实现网上办理审批、缴费、咨询、办证、监督以及联网核查等事项。规范技术标准，推动不同层级服务中心之间实现网络互联互通、信息共享和业务协同。重视和加强政府网站建设，完善门户网站功能，扩大网上办事范围，及时充实和更新信息发布内容。"[③]

---

① 中共中央文献研究室编：《十七大以来重要文献选编》（中），中央文献出版社 2011 年版，第 377、385 页。

② 同上书，第 944、982 页。

③ 中共中央文献研究室编：《十七大以来重要文献选编》（下），中央文献出版社 2013 年版，第 403 页。

初看起来，此文件与2005年的《中共中央办公厅、国务院办公厅关于进一步推行政务公开的意见》有关规定相近，但显然更强调总体规划、互通有无、协同共享。习近平《在全国组织部长会议上的讲话》则以更加自觉的互联网思维和方法论意识，强调“各级党委要高度重视信息化发展对党的影响，做到网络发展到哪里党的工作就覆盖到哪里，充分运用信息技术改进党员教育管理、提高群众工作水平，加强网络舆论的下面引导”，“因为互联网的迅猛发展，对党的建设特别是拓展党建工作空间、创新党组织活动方式提出了新挑战新要求”①。应该说，与前一阶段相比，这一阶段更注重从探索性、创新性和前瞻性角度，对互联网进行丰富而开放的设计，也为乡村治理确立了理性和健康的发展方向。

（三）超越提振期（2013年至今）

党的十八大以来，以习近平同志为核心的党中央更加重视“互联网”建设，这对于乡村治理意义重大。2013年11月15日，习近平就《中共中央关于全面深化改革若干重大问题的决定》做出进一步说明，认为网络和信息安全关系国家安全和社会稳定，是新形势下面临的新挑战。2014年2月17日，在《中央网络安全和信息化领导小组第一次会议上的讲话》中，习近平又说：“做好网上舆论工作是一项长期任务，要创新改进网上宣传，运用网络传播规律，弘扬主旋律，激发正能量，大力培育和践行社会主义核心价值观，把握好网上舆论引导的时、度、效，使网络空间清朗起来。”“中央网络安全和信息化领导小组要发挥集中统一领导作用，统筹协调各个领域的网络安全和信息化重大问题，制定实施国家网络安全和信息化发展战略、宏观规划和重大政策，不断增强安全保障能力。”2014年7月16日，习近平在巴西国会演讲中提及互联网安全时进一步提出：“当今世界，互联网发展对国家主权、安全、发展利益提出了新的挑战，必须认真应对。虽然互联网具有高度全

① 中共中央文献研究室编：《十七大以来重要文献选编》（下），中央文献出版社2013年版，第690页。

球化的特征，但每一个国家在信息领域的主权权益都不应受到侵犯，互联网技术再发展也不能侵犯他国的信息主权。在信息领域没有双重标准，各国都有权维护自己的信息安全，不能一个国家安全而其他国家不安全，一部分国家安全而另一部分国家不安全，更不能牺牲别国安全谋求自身所谓绝对安全。国际社会要本着相互尊重和相互信任的原则，通过积极有效的国际合作，共同构建和平、安全、开放、合作的网络空间，建立多边、民主、透明的国际互联网治理体系。”这虽然针对的是国家安全问题，但对于乡村治理中的网络安全也有指导意义。2014 年 11 月 19 日，习近平向首届世界互联网大会表示祝贺：“互联网真正让世界变成了地球村，让国际社会越来越成为你中有我、我中有你的命运共同体。同时，互联网发展对国家主权、安全、发展利益提出了新的挑战，迫切需要国际社会认真应对、谋求共治、实现共赢。”这表明他对世界互联网大会以及互联网治理方式的信赖。也是在此次世界互联网大会上，李克强指出，互联网是大众创业和万众创新的新工具。

2015 年 3 月 5 日，李克强在政府工作报告中指出：“全面推进‘三网’融合，加快建设光纤网络，大幅提升宽带网络速率，发展物流快递，把以互联网为载体、线上线下互动的新兴消费搞得红红火火。”同时首倡“互联网 +”，认为“制定‘互联网 +’行动计划，推动移动互联网、云计算、大数据、物联网与现代制造业结合，促进电子商务、工业互联网和互联网金融（ITFIN）健康发展，引导互联网企业拓展国际市场”非常必要。这是关于互联网的一个战略发展思路，虽然较以往只多了一个“ + ”号，但却是根本性的跨越，对乡村治理也具有重要意义。2015 年 7 月 4 日，《关于积极推进“互联网 + ”行动的指导意见》出台，这是首个关于“互联网 + ”的文件，标志着互联网之于包括乡村在内的国家发展进入一个新阶段。文件首先阐述了其价值意义：“积极发挥我国互联网已经形成的比较优势，把握机遇，增强信心，加快推进‘互联网 + ’发展，有利于重塑创新体系、激发创新活力、培育新兴业态和创新公共服务模式，对打造大众创业、万众创新和增加公共产品、公共服务‘双引擎’，主动适应和引领经济发展新常态，形成经济发展新动能，实现中国经济提质增效升级具有重要意义。”值得注意的是，文件有"'互联网'＋现代农业"部分，从构建新型农业生产经营体系、发展精准化生产方式、提升网络化服务水平、完善农副产品质量安全追溯体系等方面，概括互联网之于农业现代化的价值。文件指出："利用互联网提升农业生产、经营、管理和服务水平，培育一批网络化、智能化、精细化的现代'种养加'生态农业新模式，形成示范带动效应，加快完善新型农业生产经营体系，培育多样化农业互联网管理服务模式，逐步建立农副产品、农资质量安全追溯体系，促进农业现代化水平明显提升。"另外，文件还重视"互联网＋"益民服务、"互联网＋"电子商务，这对于乡村治理大有益处。如在互联网发挥益民便民服务方面，文件明确规定："充分发挥互联网的高效、便捷优势，提高资源利用效率，降低服务消费成本。大力发展以互联网为载体、线上线下互动的新兴消费，加快发展基于互联网的医疗、健康、养老、教育、旅游、社会保障等新兴服务，创新政府服务模式，提升政府科学决策能力和管理水平。"在"积极发展农村电子商务"方面，明确规定："开展电子商务进农村综合示范，支持新型农业经营主体和农产品、农资批发市场对接电商平台，积极发展以销定产模式。完善农村电子商务配送及综合服务网络，着力解决农副产品标准化、物流标准化、冷链仓储建设等关键问题，发展农产品个性化定制服务。开展生鲜农产品和农业生产资料电子商务试点，促进农业大宗商品电子商务发展。"这些内容对于乡村治理无疑具有引领作用。2015 年 8 月，商务部等 19 家单位联合下发《关于加快农村电子商务的意见》，将"互联网＋农村电商"紧密联系起来。各省、市、地、县对这个"互联网＋"行动指导意见很快做出了回应，并纷纷出台实施意见，这对于更直接有效地推动互联网在乡村治理中的应用意义重大。如《广东省"互联网＋"行动计划（2015—2020 年）》，对于"互联网＋"政务服务、"互联网＋"社区等做了具体部署，同时整合各种服务平台，将面向群众公共服务事项纳入县、镇、村（社区）三级综合平台建设工作方案。2015 年 12 月 16 日，习近平总书记在第二届世界互联网大会开幕式上的讲话中，也强调"互联网＋"行动，他说："中国将大力实施网络强国战略、国家大数据战略、'互联网＋'行动计划，发展积极向上的网络文化，拓展网络经济空间，促进互联网和经济社会融合发展。”这是对“互联网+”更系统和更具战略性的一个概括要求。

2016年后，互联网建设越来越得到党和国家的高度重视。首先是国家领导人的倡导和重视。以2016年为例，习近平总书记先后于4月19日、10月9日、11月6日，三次发表关于互联网的重要讲话，这在以往是少见的。另外，2017年12月8日、2018年4月13日和4月20—21日，他又三次谈到互联网对于国家战略发展的重要意义，产生了较大反响。另如，在2017年10月18日党的十九大报告中，习近平总书记八次提到互联网，这包括：互联网建设管理运用不断完善；推动互联网、大数据、人工智能和实体经济深度融合；网络强国；加强互联网内容建设，建立网络综合治理体系，营造清朗的网络空间；网络教育；提高基于网络信息体系联合作战能力；网络安全；关于运用互联网技术和信息化手段开展工作。这样的顶层设计是全面、系统而又深入的，反映了党和国家的开阔视野和前瞻性眼光。

值得一提的是，对于互联网与乡村治理的关系，尤其是人民性立场与本位意识，习近平总书记给予了特别关注。2016年4月19日，他在《网络安全和信息化工作座谈会上的讲话》中提出：“互联网是一个社会信息大平台，亿万网民在上面获得信息、交流信息，这会对他们的求知途径、思维方式、价值观念产生重要影响。”①“让互联网成为我们同群众交流沟通的新平台，成为了解群众、贴近群众、为群众排忧解难的新途径，成为发扬人民民主、接受人民监督的新渠道。”②“网民来自老百姓，老百姓上了网，民意也就上了网。群众在哪儿，我们的领导干部就要到哪儿去，不然怎么联系群众呢？各级党政机关和领导干部要学会通过网络走群众路线，经常上网看看，潜潜水、聊聊天、发发声，了解群众所思所愿，收集好想法好建议，积极回应网民关切、解疑释惑。善于运用网络了解民意、开展工作，是新形势下领导干部做好工作的基本

① 《习近平谈治国理政》第2卷，外文出版社2017年版，第335页。

② 同上书，第336页。

功。各级干部特别是领导干部一定要不断提高这项本领。”① 如此贴近人民群众，从多个维度论述互联网的人民性，重视包括乡村在内的基层社会，这在国家领导人中颇有代表性。

其次，2016 年以来，党和国家先后出台的有关“互联网”的文件集中而细致，反映了“互联网 +”在国家发展和乡村治理中的价值得以凸显。较有代表性的有：《互联网金融风险专项整治工作实施方案通知》（2016 年 4 月 12 日）、《国家信息化发展战略纲要》（2016 年 7 月 27 日）、《关于加强国家网络安全标准化工作的若干意见》（2016 年 8 月 12 日）、《国务院关于加快推进“互联网 + 政务服务”工作的指导意见》（2016 年 9 月 29 日）、《关于促进移动互联网健康有序发展的意见》（2017 年 1 月 15 日）、《国务院办公厅关于全国互联网政务服务平台检查情况的通知》（2017 年 10 月 6 日）、《2017 年第四季度全国政府网站抽查情况通报》（2018 年 2 月 7 日），等等。关于互联网的制度机制建设在 2016 年显然加快了步伐，近两年更有所加快，并取得了实际进展和丰硕成果。

总之，作为一项顶层设计，互联网在中国近 20 年的发展，尤其是结合它对乡村治理的巨大影响，有以下几方面的规律可循。首先，它起点很高，一开始就确立了自己的正确站位与目标任务。试想，在世纪之交，互联网在中国还是个新事物，但它很快就被“数字福建”定位在政务信息网，“数字化、网络化、可视化、智能化”与当前的互联网发展方向一脉相承。近 20 年过去了，世纪之初的“数字福建”即使在今天看来也不乏创新性。其次，它的发展速度惊人。能在不到 20 年的时间里，将互联网发展到全国，且在广大农村有如此巨大的变革，这不能不说是一个“神话”。因为西方国家互联网比中国至少早了 20 年，作为一个追随者，中国在如此短时间内取得了如此巨大的成就，不能不令人叹为观止。特别值得肯定的是，自 2015 年“互联网 +”的提出、推动和发展，包括乡村治理在内的国家治理发生了翻天覆地的变化，如得神助。尤其是近两年，关于互联网的领导讲话和各项制度频出，极大地推

① 《习近平谈治国理政》第 2 卷，外文出版社 2017 年版，第 336 页。

动了乡村治理与国家治理的加速度发展。这是一个不断加速度发展的“互联网+”行动治理模式，对于乡村治理意义重大。再次，它逐渐走向开阔、丰富、系统、全面。关于互联网在中国的发展，其起点虽高，但那时还较为简略，主要是从信息化角度进行理解，互联网思维还没有真正建立起来；到2007年尤其是2013年之后，互联网的理论与方法逐渐清晰明确，也获得了更丰富的内涵、科学的发展以及细致的规范，而到2015年后的“互联网+”更是获得了无限增值的可能。一时间，“互联网”仿佛由世纪之交的少年，一变而成为顶天立地的巨人。乡村治理也就是在这样不断被丰富发展的“互联网”中，得以快速提升的。换言之，互联网就如同一个被打开的扇面，呈现出广阔延展和丰富多彩的世界图景，而乡村治理也在其间获得了创新发展的机会。最后，它不断走向规范、科学、细化。与前期的产生与探索不同，越到后来越注重规范化、科学化和细化，所以关于“互联网”的制度机制建设愈加突出和得到重视，这也是为什么2016年后呈现了制度层出不穷的局面。因为没有理性自觉的制度建设，即使是领导讲话也容易随着时间推移而弱化甚至失效。这也是近两年互联网建设的成功经验，是其发展演进的必然结果。只有在不断制度化的过程中，互联网才能为包括乡村治理在内的国家治理注入活力，并进行真正意义上的观念与方法塑形。

二　探索与创新乡村互联网治理模式

党和国家领导人的讲话与出台的各项方针政策，强调互联网的重要性及其运行机制，这对于乡村治理意义重大。它从根本上为乡村治理确立了大政方针和有效途径，也成为乡村治理的有力推手和坚强后盾。不过，从顶层设计到乡村治理实践还有很大的一个时空跨越，换言之，如无乡村实践作为探索创新，只有顶层设计，哪怕是再好的顶层设计往往也无济于事。因此，在顶层设计的理论和方法指导下，乡村治理如何运用“互联网”进行创新和发展，这也是需要进一步探讨的。这是因为如无乡村“互联网”治理的创新模式，顶层设计就会失去根基，也难以展示其政治优势、理论优势和方法论优势。

（一）山东潍坊农村社区用互联网进行“四务公开”民主管理监督

山东潍坊市寒亭区运用现代网络手段，完善深化村务公开民主管理制度。其最突出的成就是2006年3月建立开通了“寒亭区村务公开民主管理信息网站”，这是全国首家发布村务公开民主管理信息的官方门户网站。其具体做法有四：一是注重全面公开。充分发挥网络信息容量大的特点优势，进一步丰富细化公开事项内容。这包括救灾救济款物发放、村内“一事一议”、村干部报酬等与群众利益息息相关的事项，也包括后来的土地补偿及分配、新型农村合作医疗、种粮直补、农机补贴，还包括国家其他补贴农民、资助村集体的政策落实情况，以及党的农村政策、关于公开民主管理方面的各种政策法规文件、区内外民主管理工作动态等内容。真正做到了群众最关心什么、什么与群众利益最直接，就公开什么。二是注重公开的真实性。对于上网公开的事项，坚持区、乡、村三级联动和“谁采集、谁负责”的原则，严格落实责任和分口采集与严格把关，以做到信息真实可靠。特别是对于群众普遍关心的村级财务收支情况，公开前都必须经村两委和村民代表会议集体研究、理财小组审核、经管站核查、党政一把手签字同意。还有，为确保数据安全可靠，需要实行分级分区域管理，只有区村务公开民主管理领导小组才有权对网上所有数据修改、变更和调查。三是注重公开的长效性。四是注重公开的互动性。为方便群众查询和积极参与，在网上开辟“在线调查”，设立电子信箱、留言板，为群众反映问题和实施监督提供有效平台。对于群众提议，区村务公开民主管理小组定期梳理，及时反馈办理结果。对于乡、镇、村在网络公开中的优秀者给予考核奖惩，以确保责任和真公开、实公开。网站的开通，加快了电子村务进程，收到了良好效果，累计访问量已达260万人次。山东潍坊诸城市自2007年以来，为有效解决政府公共服务在农村相对缺乏的问题，将1249个村改成208个农村社区，形成“诸城模式”。为加强农村社区的现代化管理，诸城推行“四务公开”，并采取以社区简报、明白纸、广播、远程教育、手机短信等多种形式进行公开。还有，寿光市于2014年5月26日出台《关于推行网上阳光村务监督平台的实施意见》，旨在建立

“三公开、两承诺、一公示”的网上阳光村务监督平台：“三公开”指党务、村务、财务公开；“两承诺”指向群众公开承诺任期内目标任务和年度目标任务；“一公示”指村两委每季度对承诺工作目标任务完成情况公示一次。至于具体规范操作程序，由市里建的“网上阳光村务监督平台”，统一进行维护和管理。各镇负责公开信息的录入工作，可根据情况安排有关站所和科室的专人负责，每月 5 日前更新上月“三公开”内容，每年 1 月 10 日前更新“两承诺”内容，每季度第三个月 25 日前更新季度工作完成情况。村民可通过本人姓名、身份证号码登录本村平台，根据网站索引查看公开内容。其具体步骤分为五个，它们分别是信息整理上报、分级把关审查、乡镇审核录入、公开内容质询、跟踪监督落实，这有助于保证信息的真实可靠。① 与其他乡村互联网治理创新相比，潍坊显然更注重制度机制和规范化建设，尤其强调在虚拟互联网语境下的信息来源与传播的真实性问题。

（二）四川巴州白庙乡成为中国网上首个“全裸乡政府”

2010 年 3 月，四川省巴中市巴州区白庙乡在网上逐笔公开 1 月份公务开支账目，包括“财政预算公开”“政府机关开支公示”“民政兑现公示”等，这成为全国首个全裸乡政府。在公示的费用中，大部分是乡政府的招待费用，连招待上级官员的烟酒都公布了。还有乡人大机构人员的基本工资为 13152 元，津贴补贴为 21936 元，资金、社保及商品和服务支出同样精确到个位数。值得提及的是，最小开支是购买信纸的 1.5 元也被列出。这样，一个月里白庙乡政府支出公务费为 44 笔，共有 8240.5 元。其中，招待费为 5425 元，占总开支的 65%。为确保开支管理，在公示表格中，每笔开支都有乡纪委书记签字，同时还有三位证明人，这样支出才能报销。基于此，每笔开支都有时间、事由、金额，及经办人、证明人、审批人、安排人，然后全部在网上公开。还有，乡党委书记和乡长的月工资各为 2929 元与 3136 元，包

① 中国社会科学院政治学研究所“基层治理与民主建设”创新组：《山东省潍坊市调研资料汇编》，2014 年 9 月，内部资料。

括基本工资、级别工资、工作补贴等，像一个工资条一样都被晒在网上，极大增强了公开的可信性和透明度。白庙乡如此在网上“裸晒”乡政府开支和乡镇干部工资，这在全国尚属首例，很快受到30万网民的关注和热议。① 此后，白庙乡的许多制度规定都被挂到白庙乡网站，包括《白庙乡2009年财政决算情况说明》《白庙乡2010年财政收入项目表》《白庙乡2010年财政预算支出项目表》等。在这个“网晒”过程中，白庙乡自创“两表五步法”作为公费流程平台，将支出的流水账公开。所谓“两表”，一是指“巴州区白庙乡公务费统计表”，二是“巴州区白庙乡资金结算运行表”；所谓“五步”，是指从申请到经办、申报、公示、结算五个步骤。4月5日，巴州区举行“全区深入推进乡镇政务公开工作会议”，要求51个乡镇“裸晒”账本，拉开了全区政务网上全公开的序幕。7月，珙县罗渡乡公示政府公务接待费，成为继巴州白庙乡后全国第二个“晒账”的乡政府。这样，到2010年年底，成都市228个村（社区）也开始集体在网上晒账，推行“一村（社区）一网站”政务公开服务，使基层事务网上“全公开”。可以说，以网上统一平台为载体，为每个村（社区）开通独立网站，全面规范基层事务公开，这在全国范围内均属首创。到2011年3月，由于广泛推广白庙乡的经验，巴州区的“网裸”开支达到全区47个乡镇的799个行政村的全覆盖。其中，兴文镇的政务财务公开做得更为规范，有后来居上之势。巴中市制定的《乡镇政务公开实施办法》规定详细，是一份关于政务和财务公开的执行手册。不过，像白庙乡那样上网逐笔细致公开，还是少见也是极为难得的。② 很显然，白庙乡通过“网晒”政务、财务等细致内容，推动了巴州区、巴中市乃至成都市和四川省及全国的乡村治理，这是大功一件，也是靠互联网创新的一个经典案例。

---

① 邢世伟：《政府全裸公示开支　公款吃喝均有明细》，2010年6月18日，人民论坛网（http：//politics. rmlt. com. cn/2010/0618/5644. shtml）。

② 上海社会科学院当代中国政治研究中心：《中国政治发展进程2011年》，时事出版社2011年版，第167—168页；上海社会科学院政治与公共管理研究所：《中国政治发展进程2012年》，时事出版社2012年版，第128—129页。

（三）广东清远涉农互联网信息服务平台建设

由于广东清远以山区为主，农村人口居住分散，行政管理范围大，很难为其提供必要的公共产品。为此，2012年，清远市建立县、镇、村三级社会综合服务平台。通过联网办理、下放审批权限、实行代办员制度等措施，为农民提供8大类108项公共服务。全市共建起1100个社会综合服务站。服务站人员主要由原行政村、社区两委成员担任。具体来说，探索开展涉农服务平台建设成为清远市重要发展目标。目前，阳山、清新等5县已启动“农村淘宝”试点项目，其中阳山已建立“农村淘宝”村级服务站62家。全市率先实现农村信息直通车工程全覆盖，移动通信覆盖所有行政村；加快农村电商发展，形成农产品产业化、规模化销售的电商生态网；着力培育各县农村电商示范区，和养育大户加入电子商务平台“村村通商城”。目前，新会区筹划各方资源，组建新会农业信息综合网，实现政务服务、便民服务、金融服务、医疗服务、网上办事、在线教育等功能，使偏远地区村民可通过移动网络、App应用完成所需的日常服务，延伸和加强农村公共服务，不断改善农村社会管理服务的内容形式，提高服务质量水平。配合阳山、英德、连州等知名农产品基地供应链，配套特色中国馆、菜鸟下乡物流配送链、知名农产品生产基地，从而形成清远市独具特色的农村电商示范区。阳山县阳城镇畔水村的“淘宝村”级服务站被选为清远市团委村级服务站的试点，它和周边村建的农村电子商务一起，增强了农村网上购买力，拓展农村农副产品销售渠道，实现“网货下乡”和“农产品进城”的双向流通渠道。畔水村电子商务工作为乡村治理拓宽了道路。① 应该说，广东清远利用互联网大力推进乡村综合服务信息平台建设，这在广东乃至全国都具有创新性示范作用。

（四）江苏徐州梁寨等镇的“民情信息”动态管理网

从2013年开始，江苏徐州丰县梁寨镇以“一张连心卡、一辆流动

① 笔者于2015年10月到广东清远市调研，材料来自中国社会科学院政治学研究所“基层治理与民主建设”创新组编《广东清远市调研资料汇编》，内部资料。

车、一本日记本、一个信息网”为载体，开展“走百村、进万户、察民情、解民忧”活动。在此基础上，结合当地实际情况，梁寨镇逐步摸索形成了“五位一体”的乡村治理框架。这主要包括镇干部、村干部、党员、乡贤（大老执）、梁寨好人。所谓“民情信息网”，是指用现代互联网技术进行日常工作管理，这在全国具有领先示范作用。它具有数据管理、工作跟踪、网络传输、监督评估四大功能，分为法律政策、民情简报、活动新闻、办理反馈四个模块，将全镇1万多户农民的基本信息进行了数据化处理。全镇共有148名机关干部，他们每人有一个独立网络账号，给对接和联系的村民建立电子档案，将民情日记、工作心得和调研报告等上传，并通过信息平台进行交流。三年时间，梁寨镇干部在这一平台撰写民情日记10余万篇。梁寨镇百姓三年来反映问题为1827件，已有1530件得到妥善解决。另外，徐州铜山区投入300多万元建设面积150平方米的社会治理信息监察中心，安装36块46寸高清液晶显示屏，设置治安巡防车辆监控管理平台、社会治安视频监控管理平台、基层综治中心大厅视频监督管理平台、平安联动网指挥调度平台、基础数据分析研判平台。与此同时，开通镇、村及区相关成员单位VPDN专线358条、PC账号455个、手机账号387个，配备专兼职信息员1842名。围绕人、地、物、事、组织等数据资源，采取“目标化管理、项目化推进”方式，强化信息数据全面、准确、实时采集，拓展信息资源应用的广度和深度，加强矛盾纠纷、社会治安等涉稳与隐患的动态排除平台等科技手段，加大指挥、调度、督察力度，真正做到数据信息网上采集、决策指令网上响应，办事流程网上流转、工作过程网上监督、责任目标网上考核，从而实现信息一线掌握、矛盾一线解决、治安一线防控、便民服务一步到位。如2015年9月初，单集镇八湖村的网格员在排查矛盾纠纷时发现，部分农户议论单集镇农技站工作人员销售的种子和产地不符，导致当地200亩水稻绝收，76户农户准备集体上访。为此，网格员及时将这一情况录入综治信息系统。很快地，中心将这一情况向领导汇报，并召集多部门领导协商会办。经调研取证，最后找到水稻绝收的原因是稻瘟病没得到及时防治，与农技站销售的种子无关。这是一次通过民情信息动态网络管理系统解决村民问题的典型案例。通过树立“一点采集、多点对比、全网共享”的互联网工作理念，逐步打破部门间的信息壁垒，打造共建共享的综治信息“数据库”，让“群众小跑腿，数据多跑路”。[①] 由此可见，互联网为乡村治理的民情信息动态传播和科学管理注入活力，也改变了乡村治理思维方式。

（五）安徽“清风涡阳”微信平台反腐

在落实中央八项规定和加强反对四风过程中，安徽涡阳县纪委开通了“清风涡阳”微信平台，鼓励群众随时反映党员干部“违法违纪”情况。只要登录“清风涡阳”，在对话框中输入文字，添加图片、声音、视频等，就可直接向上反映腐败情况。这主要包括建设楼堂馆所、公款大吃大喝、公车私用、公款旅游、公款消费、大操大办婚丧喜庆，违规收送礼金、有价证券、支付凭证、商业预付卡，以及公款出国和个人或配偶子女经商办企业、私设小金库、滥发津贴等。“清风涡阳”微信平台由专人负责，收到信息及有关材料后，交有关部门查处，并及时将处理结果反馈给举报人，有效解决了以往人员缺乏、监督不力和效率不高的弊端。[②] 2013 年以来，“清风涡阳”微信平台共对 55 起事件 303 人次进行了通报曝光。自 2016 年始，涡阳县通过发放公开信、每周廉政短信等形式，对领导干部进行预防预警教育，在春节、中秋期间进行点醒，利用查处的违纪典型案例，在全县进行通报曝光。2017 年起，通过“清风涡阳”微信公众号，每年四次在全县党员中开展党纪法规在线知识测试，目前有 4 万余人参加了知识测试。[③] 2018 年 2 月 6 日，涡阳县纪委监委网站全面改版升级，并同步推出“手机站”，加上运行近四年的“清风涡阳”微信、微博，初步构建了以“两站两微”为主要载体的“2 +2”立体化网络宣传平台。改版后的涡阳网站从页面布

① 笔者于 2017 年 3 月在江苏徐州市调研，材料来自中国社会科学院政治学研究所“基层治理与民主建设”创新组编《江苏省徐州市调研资料汇编》，内部资料。

② 《安徽涡阳：“清风涡阳”微信平台开通　四风问题人人拍》，2014 年 11 月 20 日，求是网（http://www.qstheory.cn/CPC/2014-11/20/m_1113327595.htm）。

③ 郑亚君：《涡阳：搭建宣传平台　强化教育引领》，2018 年 3 月 27 日，涡阳县纪检监察网（http://www.gyxjjjc.gov.cn/article.php?MsgId=445580）。

局到后台管理、从栏目设置到功能开发、从色彩搭配到文字处理，都进行了全新的、科学的设计和调整。首页设置要闻动态、信息公开、新闻发布、信息联播、党风政风、监督曝光、巡视巡察、宣传教育、派驻工作、队伍建设、热线追踪等10多个栏目。其中，信息公开栏下设单位职能、领导分工、内部机构、派驻机构、巡察机构、办事指南六个子栏目。另外，还配置了视频、图说、党规法纪库、信访举报、网上展馆等栏目，并在显著位置设“清风涡阳”微信、微博和手机站二维码。与旧版网站相比，改版升级后的网站结构更合理、功能更完善、内容更直观。“手机站”是涡阳县纪委监委网站的精简版，其优势是能充分发挥新媒体优势，整体版式以纵向浏览为主，设置纪检要闻、新闻发布、宣传教育、党风政风等专题，主要以文字、图片等多种形式呈现，更方便用手机浏览。这是该县的又一有益探索，它主动顺应新媒体的发展需要，以互联网准确把握舆论宣传规律，增强反腐倡廉宣传教育工作的针对性和实效性。① 这是安徽涡阳以互联网思维不断创新乡村治理的一个典型案例。

（六）浙江浦江清溪村“互联网+乡村治理+公共服务”

2015年9月，浦江县委政法委和县委组织部联合在清溪村试点开展“互联网+乡村治理+公共服务”工作新模式，2016年年初这一模式在全县推广。这既是贯彻落实党和国家对于互联网的高度重视，也是创新农村基层社会治理的新举措，从而在短短时间里改变了一个村庄的面貌。为了改变村庄大、人口少、效率低的问题，村干部引进了互联网治理。首先，将手机引进村，建起“微信群”。针对当下不少年轻人都有手机，但许多老人没有，对手机也无多少兴趣的情况，清溪村党支部书记方东阳自掏腰包买来一些便宜手机，免费送给老年人使用，还教会他们使用方法。在此基础上，清溪村以党支部为中心、4个自然村为网络、10个支村服务团队为支撑，陆续建起10个“微信群”，几乎每个

---

① 《涡阳纪检监察风改版上线，全力打造“2+2”新媒体平台》，2018年2月6日，涡阳县纪检监察网（http：//www.gyxjjjc.gov.cn/article.php？MsgId=429512）。

家庭都有人参与其中。这样，原本松散甚至分散的村庄有了一条紧紧相连的网络纽带。其次，通过“微信群”加强了村民互动和互帮互助。因为有了“微信群”，同村人变得更加熟悉和亲切，相互间的隔膜得以消解。如有村民因摔伤致残，家境一下子陷入绝境。村干部知道这一情况后，马上在“微信群”里转发，号召人们互帮互助。有村民还专门在“轻松筹”上发布消息为他求助。结果一夜间，就募集到5万元。这里既有在村的村民帮助，也有在外村民捐助，还有陌生人施以援手。再次，用“微信群”进行乡村治理和便民服务。如村里有七旬老人不慎引发山林起火，他通过手机电话和“微信群”报警，于是数十位村民和消防员一呼百应，很快将火扑灭。为此，这位村民将检讨书发到“微信群”，还有乡镇村干部将野外用火的政策法规说明转到网上，从而使村民受到一次普法教育。老人在城里工作的女儿知道这一情况，也通过“微信群”向村干部和村民表示感谢，从而增进了村庄的感召力和凝聚力。还有，遇到村庄环境污染问题，有的老人就直接拍摄下来，将画面传到“微信群”，督促村干部整改。在“微信群”里，不论是在村里还是在村外的清溪人，大家可一起讨论村情民俗，人们的感情自然就变得亲近了。当然，“微信群”也起到了便民利民作用。党员干部既可通过“微信群”向村民提供各种服务，也可通知村干部开会或传达信息。如需开会，村干部在“微信群”里发送通知，参会人员就会马上接到。[①] 总之，互联网就如同一个魔棒，迅速改变了乡村面貌，使落后的清溪村一下子变成民主治理的优秀村。

（七）福建南安梅山镇灯光村的“智慧灯光”

在福建南安梅山镇有个灯光村，因互联网参与使其乡村治理发生了根本转变。这个村在全省首创“智慧灯光”模式，实现“美丽乡村”建设的新探索，也被提升到“互联网+”智慧新时代，获得各级政府的充分肯定并在全省推广。灯光村因此还入围2017年南安市“和谐村（社

---

① 吕玥等：《一个被网络改变的村庄——浦江县清溪村试点“互联网+乡村治理+公共服务”》，《浙江日报》2016年10月12日第11版。

区)”候选名单。因每个村民都有自己的一个账号，只要登录“智慧灯光”平台，许多问题可以迎刃而解。一是橘色小探头遍布村庄的重要区域，这不仅解决了长期以来的偷盗等社会治安问题，也为村民了解公共场所的使用情况提供了方便。有村民想外出打篮球，但不知道公共场所是否被占，通过“智慧灯光”平台，足不出户即可一目了然。二是有助于通过视频进行对话和管理，从而突破以往无法解决的时空阻隔问题。因为村民家中客厅的监控通过物联网和互联网技术，直接挂钩到联系户的村干部手机上，这样老人在家不管发生什么，村干部都能第一时间赶到。因为有了网络视频，留守儿童可通过手机与在外打工的父母直接通话见面。另外，离家较远的人也可远程监控煤气泄漏等，避免造成安全隐患。还有，互联网和大数据的介入，乡村水系治理和垃圾处理都可得到监督，村民也可随时将问题拍摄下来，以便传到网上示警。三是进行“智慧党建”和阳光村务，避免以往的低效与无效。灯光村用全新服务理念，构建基层党建全新服务模式，通过“互联网+智慧党建+服务”，既宣传了党的理论，也为党员干部提供线上服务平台。以前的村务、财务不透明，所以得不到村民信任。如今的村居模块将村务、财务、党务公开，村民只要通过手机等登录上网查询，村务就被呈现在阳光透明中。有人这样概括说：灯光村“智慧灯光”平台实现了电视机、手机、计算机及户外显示屏等终端全覆盖，可向用户个人提供多信息的服务；覆盖了老、少、中、青等各类群体，为在家、在外和关心灯光村的人们构建实时可视的沟通交流渠道；通过整合贯通覆盖了村务、财务、党务的公开平台，安防监控平台、智能健康平台、公共服务平台等，使各部门、各类资源、各应用平台实现了“无缝对接”与资源共享；最后是 Wi-Fi 的全覆盖，全村各个公共角落均可通过免费 Wi-Fi 上网，变“无线家庭”为“无线村庄”。福建“经济和信息化委员会”领导知道“智慧灯光”的建设后，认为“这样的农村智慧平台在福建是第一个，在国内甚至也可能是第一个，想不到基层能做得这么好”①。

---

① 黄耿煌：《南安梅山灯光村首创媒介、平台、群体、WIFI 全覆盖》，2016 年 2 月 22 日，东南网（http://qz.fjsen.com/2016-02/22/content_17380716.htm）。

省领导的评价不可谓不高，但一个灯光村能依据“互联网”进行如此全面深刻的创新，不能不说是个奇迹，也代表了乡村治理变革的能力水平。

（八）成都大邑县的“雪亮工程 + 微权力治理”

2017 年以来，大邑县创新工作方法，利用互联网和信托视频监控系统，在安仁等镇开展“雪亮工程 + 微权力治理”综合监管系统建设试点，充分保证群众的知情权、参与权、表达权和监督权，深受群众喜爱，并在全国产生较大影响。其具体做法如下：一是整合三类平台，以实现“微权力”运行的综合监管。第一类平台是基层公开综合服务监管，群众可通过互联网查看镇村的“微权力”信息公开情况，也可通过 V 网电视终端或智能手机 App 查看本村的“微权力”公开信息；第二类平台是农村集体“三资”监管，群众通过 V 网电视终端或智能手机 App 可点击相关栏目，足不出户就能查到本村集体资产、资源、资金使用的详细信息；第三类平台是公共资源交易和村议事会监管，群众可通过 V 网电视终端或智能手机 App，参与公共资源的交易、村级重大事项决策等“微权力”运行情况的监督。可以说，这三个平台，就等于直接将权力与方便的点击键交到村民手中，他们只需用举手之劳就可参与到乡村“微权力”的监督中，从而表现出强烈的主体性和主人翁意识。二是以五大栏目促使“微权力”在阳光透明下运行。这五个栏目包括：反腐倡廉宣传教育、智慧政务、基层公开、问卷调查、监督举报。通过如此细分，村民可有选择地确立重点关注和监督的方式，使网上“微权力”监督更有针对性和更加有效。如在监督举报栏目设有监督举报电话、“廉洁大邑”微信公众号等，村民可直接举报发生在身边的不正之风等腐败问题。三是突出“四大功能”在“微权力”多元联动治理中的作用。这四大功能包括平台宣传教育、群众参与、监督举报、大数据分析统计，更直观和有实效，从而将互联网式乡村治理落到实处。如有的试点镇安装智能高清监控探头 1000 多个、电视 V 网终端 16300 家，有 2 万多人使用手机 App，宣传各类先进典型事迹 20 余次，曝光“微腐败”典型案例 22 件，信息公开点击量 5 万多次，视频点击数6万余次，有4.8万群众参与问卷调查，使乡村治理走向深化。又如安仁镇通过构建县、镇、村（社区）“三级联动”政务服务体系，每年办结各类行政审批服务事项15万余件，办结率高达100%。安仁镇的裕民村还通过远程便民诉讼服务系统，使村民足不出户就能打官司，这在四川省尚属首次。还有，大邑县探索“六化”创建“微党校”，以更好地促进农村基层的党建工作。这“六化”包括：（1）远程教学升级化，用活用好远教站点。（2）布局全域化，使培训达到全覆盖。（3）师资力量多元化，提升培训质量。（4）课程微型化，以使之易学、易记、好用。（5）基地统筹化，以达到生动、鲜活、务实。（6）培训体系化，做到科学、规范、高效。这是一种充分利用“互联网”，通过远程培训教育，以贴近乡村实际的“微党校”方式，达到“微治理”目的。目前，大邑县有20个乡镇全面开展了“雪亮”工程建设，118个村（社区）建成并联网运行监控探头1129个，建成县“大联动、微治理”指挥中心1个、乡镇二级监控平台20个、村（社区）三级平台86个，监控视频入户20500余户、App安装使用7500余人。2017年，全县共立案刑事案件1311件，与2016年同期的1458件相比，下降了10%以上。为鼓励村民参与互联网的“微权力”治理，大邑县实施监控以查看统计奖励制度，对那些积极主动参与“微权力”监督的村民，给予精神和物质奖励。物质奖励有肥皂、洗衣粉、洗衣液、提货卡、充话费等。[①] 总之，成都大邑县充分发挥互联网的大联动、微治理特点，使乡村治理更加细化和深入，是一个特色鲜明、效果显著的制度创新。

以互联网推动乡村治理的创新模式远不止这些，从全国范围看，还有不少优秀案例难以一一举示。比如，影响较大的乡村互联网制度创新还有上海的“农民一点通”，即村民一点“涉农信息三大平台”，可方便使用电子政务、村务公开、“三农”服务等多个业务系统，极其快捷，无须进入复杂操作和输入程序。还有培育电商、厘清政商、扶持到

---

① 材料来自笔者2018年4月在成都大邑县的调研座谈。另参见中国社会科学院政治学研究所“政治发展与国家治理”创新组编《四川省成都市调研资料汇编》，2018年4月，内部资料。

位的浙江“遂昌模式”，以及“农民办事不出村”的湖北恩施的“巴东模式”，为村庄插上互联网翅膀的贵州黎平“铜关模式”。[①] 可以说，是一个个富有特色的探索与创新，汇聚成乡村治理与互联网融合的海洋，而所有这些又成为国家治理和社会发展不可或缺的伟大基础工程。

三 互联网乡村治理价值评估及展望

互联网对于乡村治理的价值意义巨大，但对于中国广大乡村而言，互联网毕竟是个新事物，它很难一下子彻底改变其惯性和面貌，仍存在局限与问题。

第一，互联网之于乡村治理的第一个重要作用在于，它打开和弥补了乡村社会的视野与短板，真正为广大乡村政治、经济、社会、文化发展注入了新鲜活力。

众所周知，由于长期以来一直存在的城乡差异，也由于中国广大农村地域辽阔和交通十分不便，所以要进行乡村善治是十分困难的。有的自然村很大，要联系群众甚至开个会都要费尽周折，更不要说在居住十分分散的山区，要取得联系和互帮互助，难上加难。这也是为什么党和国家要将那些居住分散、遥远偏僻的村庄，从大山中搬出来，在相对较好的地方建农村社区。还有的村由于远离城镇，不要说来往极为不便，物品无法交换，不能融入市场经济，就是要得到外面的信息就十分困难，更不要说享受城里人丰富多彩的文化生活了。然而，互联网的使用一下子解决了这些千百年来困扰着广大农村尤其是山村的难题：电商可轻易进行物流交换，各种物品再也不会因交通不便而无法运送；通过互联网信息，可直接让外面游客深入大山深处旅游；远程教育可迅捷到达，身在大山中也同样能通过互联网得到最优秀的培训教育；视频可直接与外面相连，享受身在现场的感觉；“微信群”可将距离哪怕是遥远的距离转化为零，让情感贴近与对话交流变得简便易行；即使坐在遥远

① 尹国伟、吴赟：《“互联网＋”推动农村治理能力现代化》，《农业网络信息》2017 年第 7 期。

的山村家里，也可通过互联网视频了解外面世界的精彩。可以说，因互联网的引入，一向封闭、落后、保守的中国乡村一下子变得开放、活跃、进步了。因电商和互联网物流的便利，广大农村开始脱贫致富，也开始从边缘走入中心，成为整个社会发展中的重要部分。如今，人们走进乡村，哪怕是远离都市的偏远乡村，都会感到现代化、信息化、市场化、智能化的深刻影响。浙江桐庐县用互联网发展旅游，2014 年就接待游客 516.4 万人次，同比增加 99.2%；创收 2.7 亿元，同比增加 103.7%；村民人均年纯收入为 19875 元。[①] 县的“互联网+旅游”就有如此大的潜能，全国广大农村的前景就可想而知。浙江遂昌的“互联网+电商”影响更大。早在 2005 年，遂昌就有个体商户开始尝试上网经营竹炭、山茶油、菊米等当地土特产。后在县政府支持下，于 2010 年成立遂昌网店协会。2013 年建起“淘宝网遂昌馆”，这是全国首家县级特色馆，免费为农户及网商提供产品展示及交易服务，帮助下岗工人、大学毕业生及农村青年就地创业就业。同时，依托“麦特龙分销平台”为农民电商提供供应链管理服务，包括统一采购、仓储、包装、物流等，网商只负责销售，这样做到了零库存、零风险、低门槛创业。截至 2014 年，遂昌县建成电子商务进万村工程村级服务网点 210 个，从事农村电子商务产业的人员超过 6000 人，网商为 1500 多家，其中网店协会旗下会员为 1300 多家（占全县网商的 86% 以上），拥有 110 多家网货供货商，10 多家第三方服务商，网上销售额突破 5.3 亿元，同比增长 73%。农产品电商销售额从 2010 年的 37 亿元，至 2014 年年末突破 800 亿元，年均增速达到 112.15%。2016 年 1 月 29 日遂昌成为农村电商创业小镇。[②] 这种通过电商改变农村经济、社会面貌的做法，其成功值得大书特书，也是超出人们想象的。

第二，互联网之于乡村治理的第二大变化，是治理内容和方式的改变，一种更具科学化的自我管理、自我决策、自我监督变得更加现实

① 高尚全：《互联网推动农村巨变》，《人民日报》2015 年 7 月 20 日第 7 版。

② 《从农村电商到特色小镇：遂昌产业化模式的价值与局限》，2016 年 3 月 4 日，搜狐网（http://www.sohu.com/a/61892784_265363）。

有力。

虽然以往的乡村治理比较强调村民自治，一些治理内容和形式都获得了现代思想意识的提升。不过，由于技术方法的落后，也由于条件所限，致使其民主化程度受到很大限制。以村民自治选举为例，由于许多地方的村民外出打工，遇到选举时无法保证参选比例，所以先是非直接选举，后是直接选举，再后来是代替性投票和电话投票，有的村庄为达到参选率，甚至花重金让外出打工的农民乘飞机回乡投票。但即使如此，参选人数一直是村民自治选举的一个难题。然而，互联网一下子将这个矛盾化解于无形，许多矛盾迎刃而解。只要选民动一动手指，点一下选举键，手机投票就能立即跨越以往参选率低的瓶颈问题。而互联网手机投票最大的进步是选民真正获得了自主性和民主性，是间接选举、代理投票等无法比拟的。另外，乡村选举以电子表决系统代替原来的数豆豆、写票、计票式方法，其最大优势是速度快，节约人力、物力、财力，也不易出错，这种更加科学有效的办法是一种历史性跨越和革命性进展。在这方面，浙江省率先在县级人代会上全面推行了电子表决系统建设，就是一个典型的革新例子。如浙江丽水缙云县建立人大工作“微信群”，18 个乡镇全部建成网上代表联络站，县乡人大还积极推进电子系统建设，启用电子表决。2016 年全国人大印发了《关于完善人大代表联系人民群众制度的实施意见》规定：“各省、自治区、直辖市人大完善人大网站，设区的市、县两级人大可以依托省级人大网站或者国家电子政务外网同级网络平台，建立门户网站或网页，搭建代表联系人民群众的网络平台。”也是在这一年，上海选民信息登记管理系统得以升级，开始用互联网手机末端处理问题。这套系统集选民登记、身份验证、资格转移、信息共享等功能于一身，通过网上、手机 App 或打电话等，都可完成登记，大大提高了工作效率。关于党务、政务和财务公开，以往的村民自治往往很难做到真公开，不是假公开就是有选择的公开，或者很不规范的公开，如公开时间过短等。互联网下的乡村治理公开，要求全面、完整、标准、具体、细致，这就令乡村干部的腐败无处遁逃，也难以上下其手和玩出各种花样。尤其是在广大村民的互联网监督下，如达不到公开标准或群众对公开不满意，乡镇干部是过不了关的。据统计，到2016年年底，仅由新浪微博平台认定的政务微博就有16万余个，其中政务机构官方微博为12万个，公务员微博近4万个。其中，县级及县级以下政府机构成为增长极。① 试想，广大村民可通过互联网随时随地查看公开内容，不断提出意见建议，并要求及时反馈信息，乡村治理的有关公开内容还能作假甚至瞒天过海吗？事实上，互联网给乡村治理提供了一个公开、公平、公正的平台，广大干部群众都是参与者和监督者，这是以往乡村治理很难达到，也是难以想象的巨大进展。

第三，互联网之于乡村治理的第三大功用，是它有助于加大反腐力度，是乡村干部腐败的预警网、过滤网和监督网。

腐败和反腐败一直是乡村治理的重中之重，因为“小官巨贪”与乡村治理发展同体共生，也成为乡村治理中的恶疾与死结。在传统治理方式下，乡村干部腐败具有隐蔽性、串通性、复杂性的特点，它很难得到清除和克服。然而，互联网则以其独特价值优势，对乡村干部腐败起到极大的抑制，甚至成为腐败的克星。有学者认为：“随着近年来信访举报工作法制化、技术化、信息化水平的不断提高，专用举报电话、网络举报、手机短信举报等新型信访举报方式在反腐工作中发挥了越来越明显的效用。”“随着反腐进入信息化时代，网络举报正成为举报工作的趋势和方向。由于网络举报的互动性强、保密性强，对保护举报人有利，因此网络举报的利用率也越来越高。”2007年，全国不少监察部门开通举报网站，有的县纪委也设立和开通网上举报，还开通手机短信举报。② 2009年10月28日，中纪委监察部统一开通全国纪检监察举报网站，后建立市、县级举报网站，这对于乡村反腐功不可没。2011年，中纪委、监察部已接受群众网上举报5万多件。辽宁省纪委监察厅、省政府纠风办创办的“民心网”成立7年来，已有1138人受过处分。其中就包括群众举报的骗取粮食直补和退耕还林补贴的村党支部书记。③

① 翟明浩：《2016年，各地政协协商计划有何新意？》，2016年5月7日，团结网（http://www.tuanjiebao.com/2016-05/07/content_60634.htm）。

② 刘杰主编：《中国政治发展进程2008年》，时事出版社2008年版，第398—399页。

③ 王笑梅：《民心网7年“网”住问题干部1138名》，2011年7月5日，和讯网（http://news.hexun.com/2011-07-05/131157664.html）。

事实上，通过网络反腐确实将不少腐败分子挖掘了出来，而在这些腐败分子中，乡村干部占较大比例。据统计，安徽省 2013 年查办的违纪案件中，80% 的是乡镇以下干部。2014 年 1—9 月，全国检察机关立案依法惩处贿赂犯罪案件中，县处级以下干部为 33025 人，高达 90% 以上。[①] 山东寿光自 2014 年以来在 975 个村全面推行“网上阳光村务”监督平台，因每村都有单独页面，村民可通过电脑和手机进入，详细了解村务情况，从而做到事前、事中、事后的全程监督。陕西省纪委构筑“大数据”分析监控模式，其具体做法是，确立“一竿子插到底”工作督察制度，统一造表和制定乡、县、市定期逐级报送制度，将全省 1312 个乡镇纪委、464 个乡镇办案协作区、112 个县纪委的办案情况纳入管理范围，以克服基层纪委容易出现的腐败问题。[②] 湖北运用互联网大数据，对 2014—2015 年全省 114 个县市区的农村低保、危房改造等 8 项惠民政策进行监督检查。只要输入有关数据，那些违规领取补助金者原形尽现，连每笔小额违规金也无处隐匿。所以，到 2016 年 8 月底，湖北已查出违规资金 6.02 亿元，不符合政策规定而领取补贴的 31.7406 万人，违纪违规党员干部 1.3504 万人，立案调查 5204 人，对 736 个基层单位进行问责。[③] 显然，互联网为基层尤其是农村基层反腐提供了极其重要的科技手段，突破了以往因各种条件限制所带来的不便和困局。

第四，互联网之于乡村治理的最大成就，还在于形成的互联网思维，这是从根本上改变乡村社会尤其是广大干部群众思想的一把密钥。

以传统纸媒或电话广播进行乡村治理，主要遵循的是线性方式。由于线式治理的距离感与时有中断的风险，所以为乡村干部群众带来巨大难题。然则，互联网的平台性、数字化、虚拟化、智能化为乡村治理打

---

① 《盘点 2014 年反腐报告八大反腐关键词　小官巨腐、海外追逃、塌方式腐败在列》，2014 年 12 月 27 日，观察者网（http：//www. guancha. cn/politics/2014_ 12_ 07_ 302676. shtml）。

② 王海鹰等：《基层反腐“三大宝”：大数据传压力标准化》，《经济参考报》2016 年 8 月 16 日第 5 版。

③ 金颂等：《湖北：运用大数据实施精准“拍蝇”》，《中国纪检监察报》2016 年 10 月 11 日第 3 版。

开了一个全新的天地，不论身在何处，只要动一下指头点击页面，所有的信息就会扑面而来，所有的未知都会变成有知，所有的陌生都会变为熟悉，所有的不可能都会变成可能。这就是互联网的魅力所在，也是互联网思维的神奇之处。尤其当“互联网+”成为乡村治理的一个思维变革，它就会获得无限增值的可能及效力。以浙江嘉兴姚庄镇为例，为更好地进行乡村治理，姚庄镇充分利用互联网的平台功能，建成了系统化、立体化的综合信息网络。这包括“四个平台”“六个一”“三个集中”。所谓“四个平台”，包括综治工作、市场监管、综合执法、便民服务；所谓“六个一”，即指一部手机、一个App、一条工单、一套班子、一个中心、一个平台；所谓“三个集中”，指工作数据集中流转、基础数据集中维护、信息源头集中嵌入。这种建立在“综合信息指挥室+四个平台+全科网格”的基层治理结构，是互联网平台化和智能化的充分表现，实现了从条线工作向全面统筹协调的革命性转变。另如，互联网思维的大数据观念至为重要，它能从根本上改变传统乡村治理的内容与形式。例如，一些地方的农业生产完全用互联网大数据控制，于是在浇水灌溉、温度湿度、防病虫害、高效高产等方面完全靠数字管理，避免了感觉式种植的局限与人力资源的高成本投入。也有地方用大数据对垃圾和环保进行管理，哪个地方不到位，有网上进行监控，还有手机随拍随传上网，以便起到警示作用和及时整改。还有的地方为了更好地治水，充分利用互联网、大数据技术，县、镇、村三级治水部门都可进入水系名录进行查询管理、日常治水办公、河道在线监测等工作。河道专管员、保洁员还能通过定位，迅速找到污染源、垃圾点。① 应该说，互联网思维已从根本上撬动了传统乡村治理模式，使其在一个新的起点、高度，以互联互动、直接快捷、智慧有效的方式实现了创新性发展。

当然，互联网在乡村治理中也有负面影响，尤其要看到它深含的隐患。不解决这些问题，互联网的正面效能就会受到限制甚至被抵消。我

---

① 廉维亮：《全国政协委员吴志明：互联网大数据让乡村治理更有效》，《人民政协报》2018年3月17日第5版。

们认为，有以下方面值得引起高度重视，并找到切实可行的解决方案。

第一，应将互联网安全放在乡村治理的“重中之重”加以考虑。

党的十八大以来，党和国家一直高度重视互联网安全，2014 年 2 月，成立“中央网络安全和信息化领导小组”，习近平总书记在会上强调，“没有网络安全就没有国家安全”，“没有信息化就没有现代化”。2015 年 12 月，在第二届世界互联网大会上，习近平总书记强调“保障网络安全，促进有序发展”。2016 年 4 月 19 日，习近平总书记又说，要“坚持政策引导和依法管理并举”，“加强网络立法进程，完善依法监管措施，化解网络风险”。由此可见，当前互联网所面临的安全问题十分严峻，也亟待解决。就目前乡村互联网的安全来看，主要有如下隐患：一是恶搞与黄赌盛行，即使社会道德水平下降，又破坏社会治安稳定。在互联网盛行之前，广大乡村虽然也有不健康风气存在，但都是局部或有限的；互联网风行一时，恶搞视频、线上黄色、网上手机赌博在不少乡村甚嚣尘上，形成恶劣社会风气。如 2018 年春节，陕西省公安厅对互联网乡村赌博进行严打，这些网络赌博以网络游戏、非法彩票、各类 App、“微信红包”等方式展开。如“微信红包”表面看是一种微信群的红包游戏，但事实是典型的网络赌博。其具体操作方法为，群里每人发一定数额的红包作为资金池，谁抽到特定钱数，就和群主分享资金池的红包。[①] 还有，网络直播与互联网各种不健康信息大肆泛滥，严重影响社会尤其是青少年身心健康。二是网络传教和迷信活动猖狂，社会影响和危害性极大。据统计，到 2018 年，有浓郁宗教色彩的中文网站多达 1040 个。它们有的设在国外和我国港台地区，有的隐蔽在内地。有的还通过网上教堂、网上弥撒、网上论坛、网上远程进香等方式，进行非法传教，这在中国广大乡村影响很大。[②] 三是网上信息的失真问题。互联网信息传播有其长处，但最大问题是容易失真，即上传的信息本来就不真实，这直接带来乡村治理的虚假性基础。如在不少乡镇通过

① 石喻涵：《我省公安机关严打互联网和乡村赌博》，2018 年 2 月 10 日，三秦网（http：//www. sanqin. com/2018/0210/341948. shtml）。

② 龚学增：《关于抵御境外势力利用宗教对我渗透的几个问题》，《当代中国民族宗教问题研究》2008 年第 3 集，第 114 页。

大数据查出不合标准的补贴冒领者，有的是干部群众串通案，这就为乡村治理带来巨大难度和风险。四是互联网信息的容易丢失问题。与互联网相比，纸媒有其劣势，但优势是易于长期保存，不像互联网信息会因机器失灵或人工操作失误丢失。这就为互联网安全提出另一问题：如何避免信息被意外消除就变得至关重要。那么，要考虑如何保证乡村互联网治理的安全运行。基于此，应加强对于包括乡村在内的国家网络安全的制度建设，尤其要加强互联网实名制、监督检查制度和诚信体系建设，使每个网民的行为都处在法制化、制度化规范中。除此之外，还要建立互联网信息的多种备份机制，尤其不能简单放弃传统资料的收藏与贮存方式，即应将互联网信息与传统信息的贮存方式相结合。

第二，加大关于乡村互联网制度建设力度，为“互联网+”乡村治理打下坚实基础和提供制度保障。

就目前情况看，国家已出台不少关于互联网的制度规定，这对于包括乡村治理在内的国家治理意义重大。但若站在农村基层看，至今国家还较少出台关于乡村互联网的专门制度，这就势必影响乡村互联网治理向广度和深度拓展。其实，对于广大乡村来说，互联网确是一个摧枯拉朽的革命性力量，它的引入和渗透彻底改变了乡村经济、社会、政治、道德、文化的固有格局；不过，也应看到其负面的破坏力量，这种影响或许更具隐蔽性和内在化。这是因为数千年的乡土文明有不少珍贵内容需要保护，乡村社会较低的文化水平却难抵制互联网的负面侵袭，在互联网冲击下的乡村社会还缺乏一种更具长远发展目标的建构能力。

因此，党和国家应在乡村振兴的前提下，深入研究互联网之于乡村治理的得失，从而找出解决问题的有效对策，尤其要重视制定和出台一系列针对农村互联网的制度，加强农村互联网治理的法制化建设。以乡村互联网文化传播为例，党和国家必须建章立制，对互联网在乡村进行文化传播的内容、形式、路径、方法、措施、监管等细节问题做出规定，以确保乡村互联网文化传播在社会主义核心价值观下运行，并保持高尚的审美品质和趣味，避免黄色、世俗文化对于乡村的侵害与污染。另如，应结合广大乡村人民群众的特点，以老百姓喜闻乐见的形式，制定关于乡村网络传播文化的有关制度，以突破简单将城乡直接联通后不加区分的文化传播方式。换言之，需要按以下方式建章立制：既要让乡村通过互联网接通国家文化发展，又要基于自身优势特点建设富有特色的乡村网络文化。另外，应从乡村互联网治理的具体问题、细节入手，建立有针对性和行之有效的专门规定，以突破从顶层设计角度对国家互联网所做的有关设计规定。当然，还应鼓励省、市、县，尤其是乡、镇、村制定适合自身互联网治理的具体制度，在制度创新的引导下，促进乡村互联网治理不断走向具体和深入。

第三，努力解决当前乡村互联网治理的失衡状况，应在强调重点的基础上，突破难点和要点，使互联网乡村治理获得全面、健康、高效的可持续发展。

当前，乡村互联网治理虽已在全国范围铺开，但真正做得好的并不多见，主要集中在广东、浙江、福建、四川、安徽、山东、贵州等有限省份。这就要求在继续扩大创新性省、市、县、乡、村外，做好互联网在乡村治理中的普及工作。一是加快加大落后省、市、县、乡、镇、村的互联网建设速度和力度，以便使互联网达到全国更大范围的覆盖面。二是加强省、市、县、乡、镇、村多层次的互联网治理联动，这不仅包括信息平台建设和共享，也包括加强统一领导、检查和监督，还包括乡村的横向互动与联通，以发挥其双赢共进效用。三是强化多部门、多领域、多项目以及多种形式的互联网治理合作，以突破单一甚至互相掣肘的不足。目前，乡村互联网治理成效较为显著的是农村电商，但在村务、财务、政务等的公开方面并不理想，让广大乡村干部群众在互联网治理中发挥更大的主体作用还有很长的路要走，乡村互联网治理形式还需加大创新力度，等等。四是乡村干部群众在互联网治理中还需进一步融通合作，以避免彼此隔膜和形成离心力，从而达到更好的匹配度和默契。这是因为，由于各种原因，目前广大乡村干部群众关系紧张，甚至出现仇视现象，乡村治理正可通过互联网使其建立一种互动对话关系，反过来亦可通过平等交流促进乡村互联网协调有序高效发展。以安徽涡阳为例，为解决新型城镇化问题，以发改委、规划委、国土资源局、住建委、环保局等部门的政务平台为基础，建立“多规”管理信息互通机制，建成全县统一的信息联动平台，以便实现部门间的信息资源共享。不过，由于政府出台的制度还很粗糙，风险补偿基金、贴息等政策只停留在纸面，无一项真正得到落实；土地承包权的电子信息数据库尚未建立，土地流转网上交易难以真正实现；风险补偿基金目前仍未落实到账，所以，平台建设还有很大的漏洞和缺失，致使各类信息共享只能停留在理论层面和初级阶段，离真正的全面、高效信息共享还有很大距离。① 总之，互联网在乡村治理的运用一定要克服失衡与短板状态，否则就很难获得整齐有序、互动共赢、积极协调的可持续发展。

第四，大力发展和快速培育乡村互联网治理人才队伍，既是一项基础工作和根本任务，也是目前最迫切和最大的挑战，还是未来奋斗的长远发展目标。

以往，我们总是大谈特谈乡村人才缺乏、精英流失、农民学历和文化程度较低，并因此影响了乡村治理现代化发展。在互联网时代，乡村人才的困境与瓶颈问题远比以前来得突出和急切。这是因为传统的乡村治理再缺少人才，也还有人可用，虽然层次低些，但仍可勉强维持；互联网乡村治理则大为不同，如无人才尤其是没有互联网人才，不要说创新性发展，就是简单操作都是不可能的。未来的乡村互联网治理将远不是如今的动动键盘、按按手机，就可完成任务的；只有互联网专家尤其是互联网前沿的高端人才，方能胜任。以互联网金融为例，如无这方面的优秀人才进入乡村治理，我们如何能实现“无人银行”和“智慧银行”？安徽省涡阳县的“金土地 + 柜面、ATM 机、手机银行”贷款方式更有代表性，如无互联网金融专业人员设计、管理，如没有对于农民的培训，它如何能达到这样的目的：自主发放、随用随贷、随时归还、循环使用，最大限度地方便客户，并降低成本。② 其实，乡村互联网治理所需人才巨大，也有着较高的专业要求，这是需要积极推进和进一步拓展的。一是通过优惠政策大量吸引优秀人才到乡村创业，像不少地方进行的特色小镇建设就是一个吸聚人才的好思路和好做法。二是培育当地

① 材料来源：笔者 2017 年 8 月在安徽省涡阳县政府的调研座谈。

② 材料来源：笔者 2017 年 8 月在安徽省涡阳县的调研座谈。另参见中国社会科学院政治学研究所“政治发展与民主建设”项目组编《安徽涡阳调研材料汇编》，2017 年 8 月，内部资料。

干部群众，使其更好更快适应乡村互联网治理的能力水平。因为外来人才再多，对于广大的中国乡村来说都是杯水车薪，只有立足于乡村内生性人才培育和成长，乡村互联网治理才能建立于坚定可靠的基础上。三是鼓励本地大学生和退休人才回乡发展创业，既可满足叶落归根的家乡情感，又可达到服务家乡社会的目的，还可使其所学与才华得到充分发挥。总之，应将乡村互联网治理人才队伍建设放在首位，这是实现根本突破和跨越式发展的关键。

未来互联网乡村治理在中国的发展一定会迅猛异常，甚至会超出很多人的想象。互联网将如一个支点一样真正撬动乡村治理的坚硬板块，使其产生翻天覆地变化。因此，我们应早做计划、统筹安排、立足长远、深入研讨，强调互联网在智能化和思维上的乡村大脑功能，从而改变当前整体上互联网在乡村治理中所具有的外在化的特点，赋予其内在动能与活力。因此，表面来看，互联网只是一项新技术，其实它最重要的是理念、思维、智慧，只有抓住这一点，乡村互联网治理才会有更加美好的未来。

第九章　考评制度与乡村优化治理

关于中国乡村治理的研究成果甚多。但比较而言，将考评与乡村治理联系起来进行研讨者，却相对较少。即便有之，往往也多是微观和简略的分析与勾勒，少有宏观、系统和高屋建瓴的深入探讨。何以会出现这一情况？恐怕主要有以下原因：第一，与其他制度相比，考评制度是后置的，不大可能在没有前面的制度规定与实施时，而先有考评制度设置。第二，在中国乡村治理的制度中，考评及其制度还处于初创期，许多方面都不完备，更谈不上成熟，这样极易成为研究盲点，也为研究增加难度。第三，缺乏坚实有效的理论支撑。随着考评理论的引进，包括乡村治理的不少领域都有所改善和推进。但比较而言，乡村治理的考评理论与实践，还是远远落后于城市，研究者从中获得资源的可能性也就大打折扣。实际上，考评在乡村治理中作用甚大，它既是一个评判标准，又自有其独特性，还是乡村治理中的重要组成部分。因之，站在更高层面，对改革开放以来的乡村治理考评做出梳理、思考和总结，无疑具有重要的价值意义。

一　乡村治理考评的历史性转变

在中国乡村治理中，考评一直是不可或缺的重要环节，这在改革开放以来最为明显。如在村民自治活动早期，就以示范村作为达标活动的标准在全国范围内推广，并形成较为系统和完备的考评体系，因而成为乡村治理此一时段的显著标志。后来，乡村治理虽然再没有开展示范达标这样的活动，但时代和形势的发展使乡村治理的考评多有变化，从而形成具有转型意义的新动向和发展态势。概言之，其历史转型主要表现在以下方面。

（一）由“经济至上”到重视民生服务

毋庸讳言，在改革开放以来的中国乡村治理中，经济发展一直是所有工作的重中之重，因为农村经济长期处于落后状态，没有经济的快速发展，就无法改善人民群众的物质生活，所有改革就会失去基础和动力。关于这一点，在改革开放初期就有所表现，到 90 年代较为明显。可以说，从中央到地方、再到基层以及广大村民，都认识到应把发展农业生产、提升农村经济水平，当成头等大事来抓紧。这在 20 世纪 90 年代开展的村民自治示范活动中表现得比较明显。如福建新罗区在 1993 年的村干部选举中，有相当比例的经济能人被选进村两委，个体工商户 2517 人，农民企业家 356 人，致富能人 3438 人，分别占村干部的 27%、3.9% 和 37.8%。① 这些指标均强调经济，显示了经济能力在村干部中的分量。美国学者指出：“我的调查研究和中国学者的研究表明，这些达标村看来多数是较富裕的示范村和拥有大量集体企业的示范村。在我参观的福建中西部的六个山村里，人均年收入在 1015 到 1280 元间，而福建省人均收入为 850 元左右。三明地区农村人均收入为 991 元，这些村中的每一个村都拥有富有活力、效益高的集体企业。”② 后来，经济发展在乡村治理中的比重不断攀升，有的地方甚至将之视为首要或绝对标准，于是“富人治村”成为乡村治理中的普遍现象与实践遵循，在很长一段时间内，“富人治村”影响颇大。2003 年，江苏射阳出台《中共射阳县委关于大力推进“双强”村干部队伍建设的实施意见》，将“双强”即“带头致富能力强、带领群众致富能力强”作为核心词和硬标准。一是本人有致富能力，有一两个致富项目，家庭年收入在 10 万元以上，且年增幅 8% 以上；二是能带动群众致富，村民人均纯

---

① 黄小晶：《总结经验、寻找差距、努力提高我区村级组织建设的整体水平》，1993 年 7 月 26 日，内部资料，1998 年笔者在龙岩新罗区调研时由当地政府提供。

② ［美］欧博文：《中国村民委员会组织法的贯彻执行情况探讨》，《社会主义研究》1994 年第 6 期。

收入年增幅要达到8%以上，集体资金年增10万元以上。文件具有强制性，规定“在选拔‘双强’村干部时，这两条‘木板上钉钉子——不动摇’”，而当时258个村的“一把手”，年收入10万元的只有18人，比例低于7%。为此，县领导表示：必须及时将不达标村干部调下来，腾出岗位让“双强”能人上岗，于是一大批“双强”富人进入村两委。射阳县258个村中有250个村配备了430名这样的村干部，担任两委领导的有160人，他们中有47人的资产达“千万元级”，“百万元级”有78人，至少不低于60万元。① 射阳县委还制定相关发展指标、考核原则与奖惩措施，其重心都紧紧围绕“经济”，是一个典型的“经济至上”评估模式。问题是这一现象并非个案，在全国不少地方具有普遍性，如浙江省2005年实行村委会换届选举，义乌新当选的761名村委会主任，有531人是经商和办厂的，占总数的69.99%。新当选的1545名村委会委员，有768名是经商和办厂的，占比49.7%。② 据统计，2009年浙江全省有2/3以上的村支书和村主任由企业家、工商户、养殖户等先富人群担任，有的资产甚至过千万元或者上亿元。③ 还有，“富人治村”渐成一种模式，成为不少地方进行乡村治理的典范。有调查称，“无论是走访的浙江等沿海经济开发区，还是山西关中、湖北、江西等内陆省份农村，富人治村已经成为乡镇力推的基层治理模式。如今的许多村干部身兼多职，其中个人致富创收成为主职，在村任职成为兼职。在新时代下，富人治村已经成为一股不可逆的潮流，但是这股潮流引人担忧”④。近年来，党和国家加大对于乡村扶贫攻坚的力度，因为到目前为止尚有不少农民处于贫困状态，所以“扶贫攻坚”成为乡村治理尤其是边远贫困地区考核的硬指标。如四川寻乌县“将考评攻坚工作考核权重提高到综合考评的70%，扶贫实效与干部使用挂钩，对

---

① 张根生：《江苏射阳制定标准　年收入达到10万才能当村官》，2003年9月10日，新华网（http://news.xinhuanet.com/newscenter/2003-09/10/content_1072861.htm）。

② 杨宏生：《探寻义乌农村富人的“治村冲动”》，《中国商报》2005年4月19日。

③ 商意盈、李亚彪、庞瑞：《浙江：“富人治村”引发争议　一个值得关注的新现象》，2009年9月13日，人民网（http://politics.people.com.cn/GB/14562/10042691.html）。

④ 余练：《富人治村的忧与弊》，2012年11月7日，观察网（http://www.guancha.cn/Rural/2012_11_07_108190.shtml）。

未能如期完成任务的主要负责同志‘一票否决’”[①]。湖南花垣县“从2016年开始，加重精准扶贫指标分值，其中乡镇200分，县直100分，着重考核贫困人口减少任务完成情况”[②]。由此可见，经济与富人在乡村治理中所占的比重和分量。

需要注意的是，随着乡村治理走向深入、党和国家对于新农村建设政策的调整，“富人治村”得到了一定程度的反思和纠偏，“经济至上”在乡村治理模式中也有较大改变，民生和服务的比重有所增大，这是一个具有本质性的观念变革和模式转换。温家宝在2005年政府工作报告中就表示，“要探索建立科学的政府绩效评价体系和经济社会发展综合评价体系”，这对确立乡村治理新的评估体系有着根本性意义。广西柳州出台《融安县行政村工作绩效考核办法（试行）》，其“权重比分”排序分别为：经济发展（3）、社会发展（3）、公共服务（2）和综合类（2）。[③] 这个考评方法同样强调经济发展，但比重有所均衡，只占到3/10，而加上了占比1/5的“公共服务”。天津市按“生产发展、生活宽裕、乡风文明、村容整洁、管理民主”的要求，提出社会主义新农村建设考评指标体系，包括5个方面28个评价指标，其中的经济发展仍被置于首位，且有较高的分值；但是，民生和服务受到重视和强调，显示了乡村治理考评的重要转向。如在“生活富裕”一栏中，它占的分值为27分，比占28分的“生产发展”只少一分。并且，生活富裕的内容很多、分类也细致，包括农民人均纯收入7分、恩格尔指数4分、住房质量指数4分、安全饮用水普及率2分、新型合作医疗参保人数所占比重4分、养老保险覆盖率4分、最低生活保障率2分。[④] 还有，山东

---

① 《弘扬脱贫攻坚精神　推动农村物质文明和精神文明协调发展——寻乌扶贫调研报告》，见中国社会科学院“百县调研”南江组编《四川省南江县调研资料汇编》，2018年6月，第36页，内部资料，由当地政府提供。

② 《县绩效办书面汇报材料》，见中国社会科学院政治学所“政治发展与民主建设”创新组编《湖南省花垣县调研资料汇编》，2017年7月，第2页，内部资料，由当地政府提供。

③ 黄余政、张敏哲：《激励机制好　村官干劲高——融安县绩效考核工作面向村级全面铺开》，2008年6月25日，柳州党建网（http：//lzdj. gov. cn/jcdj/NewsView. asp？id＝3529）。

④ 李树德、李瑾：《天津市社会主义新农村建设考核评价研究》，《农业技术经济》2006年第6期。

薛城张范镇改变了以往过于重视经济的局限，强化了民生建设和社会服务。如村镇建设、公共事务服务两项分值大幅上升，从原来的12分和5分提到20分和8分；传统农业和工业分值大幅下降，从原来的24分和17分降至18分和10分。[①] 成都市也大大加重社会管理和公共服务方面的考核，以往对于乡镇街道的经济指标考核权重占50%左右，服务功能被大大压缩。为改变这一状况，2010年6月，成都市出台《关于进一步加强乡镇和街道工作目标绩效考核指导意见（试行）》及考评体系参考样本，建立新的乡镇街道考核体系，增强乡镇的社会管理和公共服务比重，降低经济指标的考核权重。就乡镇的考核内容及权重来说，经济发展占20%、社会管理占15%、公共服务占15%、基层组织建设占10%和工作评价占40%，从中可见"经济"指标大大压缩，"社会管理"与"公共服务"占较大比重。还有，此处的"经济发展"并不是以往的主要指经济指标，而是包括农村产权制度改革、产业发展规划、特色产业发展等多项内容。[②] 海南省琼海市大路镇将"美丽乡村建设"纳入乡镇考评，将村路巷道硬板化、环境整洁、村容绿化美化亮化、文化室管理等纳入考核，考核结果作为各村年度综合考核的重要依据。[③] 2013年11月党的十八届三中全会通过《中共中央关于全面深化改革若干重大问题的决定》，其中明确规定要改变单纯以经济增长速度来评定政绩的偏颇，对一些特殊地区取消了生产总值考核。这样，不少省市降低或取消GDP考核。如湖南新宁不再以GDP论英雄，自2014年以来推出"负面考核"制度。规定在文明建设、安全生产等方面考核倒数第一的领导干部不得提拔重用。[④] 可见，乡镇目标考评改革已逐渐摆

---

① 张范镇：《张范镇注重"三个结合"　完善村级考核机制》，2012年4月26日，薛城网（http：//www. xuecheng. gov. cn/Artcontent. jsp？ artid＝45634）。

② 邓嗣华：《成都不再考核街道经济指标——对乡镇不再进行财政税收、招商引资考核》，《四川日报》2010年6月9日第1版。

③ 《大路镇2012—2016年工作总结和2017—2021年工作设想》，见中国社会科学院政治学研究所"基层治理与民主发展"创新组编《海南省琼海市调研资料汇编》，2017年10月9日，第3—4页，内部资料，由当地政府提供。

④ 孙彩红：《基层政府治理与改革的进展及其思考》，参见赵秀玲主编《中国基层治理发展报告（2015）》，广东人民出版社2015年版，第142—143页。

脱“经济至上”发展模式，注重管理和服务，尤其强调以人为本、科学发展，这是将乡村治理引向深入和不断提升现代化能力水平的大胆创新。

总体而言，中国乡村治理考评一直将“经济发展”放在首位，有的地方还将“脱贫攻坚”作为硬指标来完成。不过，与改革开放较长一段时期不同，近些年尤其是党的十八大以来，乡村治理考评开始摆脱“经济至上”论，加大管理、民生和服务比重，对环保、文化、道德等指标也较为重视，不少地方甚至对于环保实行一票否定制，不能不说这是一次巨大变革和进步。

（二）从行政考评到民主测评

改革开放使乡村治理发生巨变，一个突出特点是由原来的行政领导变为村民自治。当然，这是只是从发展大势而言，其实，行政命令式领导在乡村治理中一直存在，在有的地方还很顽固和很难根除。一方面，它具有外在化的直接的表现方式；另一方面，又具有隐性和内在化特点。这在乡村治理的考评中也同样存在。

在较长一段时间内，考评基本上是乡镇领导说了算，从而表现出“强行政”的特色。从自上而下的领导发动和宣传，到由领导制定相关考评制度，再到领导出面评比，以及由领导定调、审查、监督、劝诫和令其整改，都是以领导尤其是主要领导为主。一般领导甚至普通乡村群众较少有话语权和决定权。因此，乡村治理考核标准基本上是由主要领导来定，他们掌握着标准的制定权和解释权。前述射阳县领导干部的所言所行是最好的注释，这既包括制定的“霸王条款”，也包括说话的专横和不容置疑，还包括无视广大乡村干部群众的态度。如其组织部部长向记者直言：射阳县已确定农民人均年纯收入8%的增速，确保在2012年农民人均纯收入达标1000美元，全面建成小康县。他反问：“要实现这个大目标，靠以前那种‘管家型’村干部，能适应经济发展的需要吗？自己年收入没有10万元，要带领群众完成8%的增长速度，岂不是为难他们？必须大胆及时地将他们调整下来，腾出岗位让‘双强’型能人上岗。”[①] 在此，且不说县领导的眼界和水平，只这种命令口吻就是一种“强行政”方式。如果以这种标准进行考核，其结果可以想到。

当然，在乡村治理尤其是考评中，行政命令虽仍占压倒之势；但另一力量却在潜移默化生长，如今它已成为一股不可阻挡的正能量，这就是民主测评的发展与壮大。20世纪90年代，邓小平就将人民群众作为衡量一切事物的标准和尺子，即“把‘人民拥护不拥护’、‘人民赞成不赞成’、‘人民高兴不高兴’、‘人民答应不答应’作为制定各项方针政策的出发点和归宿”[②]。与此相关，乡村治理考评中的“人民本位”逐渐得到重视和推广。这包括：一是将“民意”作为村级考评的尺子，改变由乡镇说了算的惯性。2003年，浙江杭州余杭区实行“双述双评”考核制度，即“成绩村民评、报酬村民定”。其核心内容是，村干部既要向乡镇党领导又要向村民述职，既要接受干部又要接受群众评价。可以说，强调“民意”在考评中的分量是“杭州市余杭区农村基层民主政治建设评价体系”的主要特色。二是对乡镇领导进行考评时，加进“民意”这一矢量，这在以往极少见。2007年7月，成都市共有7.4万党员、群众代表直接参与民主评议全市220多名乡镇党委书记，主要采取“民意调查+大会评议”、全民评议和大会评议三种形式。参评代表共走访党员群众168.4万人次，收集意见建议1.1万条，这是乡镇干部考评最能体现“民意”参与的典型案例。[③] 2008年，成都市又出台《成都市乡镇党委书记民主评议试行办法》，对乡镇党委书记评议的时间、方式、参加人员、内容等都做出明确规定，民意在考评中更加得以彰显。2010年，成都市探索建立新的乡镇目标绩效考评体系，将“上评下”为主的单一评估变成“上评下”与“下评上”相结合的多元评估，建立以“民意”为导向的多元化目标绩效考评机制。尤其值得注

① 张根生：《江苏射阳制定标准 年收入达到10万才能当村官》，2003年9月10日，新华网（http：//news. xinhuanet. com/newscenter/2003 -09/10/content_ 1072861. htm）。

② 江泽民：《讲学习讲政治讲正气》，学习出版社1996年版，第296页。

③ 赵郁蒙：《成都乡镇书记受民主评议 仅两人满意率低于70%》，2007年8月9日，凤凰网（http：//news. ifeng. com/society/2/detail_ 2007_ 08/09/944043_ 0. shtml）。

意的是，委托第三方的专业机构或社会中介组织进行评估，以强化群众“满意度”。三是在县级干部考核中，让村民参与其间，使乡村治理的考评体系更加全面、开放和民主，这对以往是一个重大突破。遵义县石板镇八合村的杨天才书记作为代表被邀，参加县领导干部考评，他说：“农民可以给‘县官’打分，这简直就是闻所未闻的事情。”“以前我们不太了解县领导为百姓办了哪些好事，还存在什么困难。今天通过县领导的述职，我们对全县的工作有了一个全面的了解。同时，更主要的是，以前我们没有想过如何去监督县领导，现在有了一个考核评价的科学体系。而且，这种评价体系与我们农村的工作结合得十分紧密。由于对‘县官’政绩的考评都在阳光下进行，因而我们现在不但知道如何去监督县领导，而且我们还知道如何去监督评价。因此，这种做法对提高基层干部参政议政的能力有积极的意义。”① 一般来说，县级考核与乡村治理有较大距离，让村民和村干部参与进去，这有点不着边际甚至有些莫名其妙。其实，这对乡村治理考核是一个参照，也有助于村庄治理能力水平的提高。有人提出：“只有公民具有高度的公民精神才能实现管理的高效，即高公民精神与高职业主义，才能形成公民友爱与相互信任的有效管理的环境。”② 将村级治理与县级考评相结合，重视“自下而上”的民意，这种治理理念和方法具有方法论意义。

在乡村治理考评中，人民群众既是参与主体又是目的之所在，已逐渐形成一种新的理念和趋势，也是未来努力的正确方向。整体而言，现在还有不少农村没有突破“领导说了算”的考评，也未跨越建章立制多、所得实效少的局限，离“赋权于民”还有很大距离。不过，也要看到在不少地方进行了大胆探索，制定了以“民意”为基础的考评制度，民主测评成为不可或缺的重要一环，这对于乡村考评和乡村治理走出困境，具有相当重要的意义。

---

① 刘川云：《一位村支书看群众考评领导干部——我省县（市、区、特区）党政领导班子和领导干部考核评价试点工作正式启动》，《当代贵州》2005 年第 20 期。

② ［美］乔治·弗雷德里克森：《公共行政的精神》，张成福、刘霞、张璋、孟庆存译，中国人民大学出版社 2003 年版，第 98 页。

（三）自一元化到多元化考评

长期以来，乡村治理考评比较简单，多注重年底或事后考评，致使许多事情即使发现问题，往往为时已晚，想亡羊补牢也难。这种考评有静态化、单一化和固化的不足，致使考评之于乡村治理有滞后性甚至可有可无的特点。另外，由于考评制度不够完善，尤其缺乏具体性、必要的张力和弹性，从而导致许多考评流于形式，不能起到应有的监督惩治作用。近年来，在科学发展理念和全面发展观的指导下，乡村治理考评制度开始走出一元化，进入全面、多元发展的新局面。

第一，以前主要为“事后考评”，现在则强调事前、事中和事后的综合考评。事后考评的长处是与结果直接相关，但不足是缺乏预设功能、监管效用、纠错作用。一旦结果出错，尤其是无法弥补的重大错误，事后考评就会失去意义。因之，在考评中，加入事前、事中考评，就可避免单一的事后考评的漏洞和风险，使考评变成一个更具动态性的综合制度。河北曲周县创新月度考核、专项工作考核和年度考核相结合的制度。[①] 江苏宿迁蔡集镇出台《村级绩效星级考核实施意见》，采用“季考＋年考”的绩效星级考核法。[②] 这种打破单一的“事后考评”，重视事前、事中、事后的“综合考评”法，有助于乡村治理走向善治。

第二，将单一评价标准尤其是重视经济能力，变为全面能力要求和素质考评。江苏宿迁蔡集镇将经济发展目标变为“民强星、民富星、民风星、民生星、民主星”五个方面，共56个考核项目，大大拓展了考评内容，有助于乡村社会的全面协调发展。河北曲周县对农村干部的考评，除发展经济的能力，更突出思想道德、民主监督和公益事业发展等方面。《河北省大学生村官综合量化年度考核办法（试行）》既分类细致又重视综合作用，从而确立“一定量、七评价”考核机制。“一定量”是对大学生村官年度工作进行定量考核、量化打分。“七评价”是

① 姚晓伟：《河北曲周：实行绩效考核管理激发农村干部干事创业激情》，2011年7月7日，人民网（http：//dangjian. people. com. cn/GB/15099806. html）。

② 《江苏宿迁“季考＋年考”创新村级考核机制》，2009年3月20日，中国共产党新闻网（http：//dangjian. people. com. cn/GB/117100/9049973. html）。

从思想品德、能力素质、服务群众、创业发展、个人获奖、民主测评和基层党组织七个方面对大学生村官进行综合评价。[①] 这样的评价具有体系化特点，科学化和标准化程度较前有明显提高。

第三，由强调定性考评，变为定量与定性相统一的考评。能定量的考评就定量，实在不能定量也要使定性考核便于操作，避免定性考评的表面化和空洞化。如广西江南区对村两委班子和村干部的考评，将定性考评和定量考评相结合，取得了良好效果。[②] 定量考评有助于弥补定性考评的笼统与不确定性，反过来，定性考评又可以补足定量考评的刻板机械。

第四，将一刀切的统一考评，变为基于本地实况的多样性考评。长期以来，乡村治理考评比较强调统一性，不论是从全国、全省、全市、全县，还是整个乡镇，往往都注重寻找统一标准。这是一种基于宏观、全面、普及、集中的考量，有助于确立大的方向和价值尺度，避免各自为政、过于随意、逸出规范的倾向产生，也是乡村治理初期的正确选择。然而，当考评制度过于雷同化、类型化和统一化，就走向了另一极端，即抹杀了具有个性的考评，也容易忽略各地实际情况，变得不接地气。因此，如何在坚持统一考评标准的同时，考虑各地特点，实行有分别、有个性的考评，就变得非常重要。如浙江宁波瞻岐镇出台《村干部绩效管理分线考核办法》，确立共性、个性和分线三个考核方法。所谓共性考核，是指对各村有共性的工作实行的考核；所谓个性考核，是指对配合镇党委政府完成重点工作的村级进行单独考核；所谓分线考核，是指对村干部的单线考核。[③] 除此之外，瞻岐镇还有更详尽的考核区分。这一进行分类和细化考核的做法值得注意，是一种大胆创新，也具有启发性。江苏徐州柳泉镇将 18 个行政村划为三大类，分别是综合发展村、优化工业服务村、优化农业发展村，据不同特点和优势进行分类

---

① 郭文东：《河北建立大学生村官百分制综合量化考评机制》，2013 年 12 月 20 日，大学生村官网（http：//www. dxscg. com. cn/gdxj/201312/t1367870. shtml）。

② 周艳、李仕学、林涛：《关于在新农村建设中实行村干部绩效考评机制的实践与思考——南宁市江南区的经验借鉴》，《中共南宁市委党校学报》2009 年增刊。

③ 中共瞻岐镇委员会：《关于 2014 年度瞻岐镇村级干部绩效考核的实施意见》，2014 年 4 月 22 日，瞻岐人民政府网（http：//zhanqi. nbyz. gov. cn/art/2014/4/22/art_ 17059_ 366348. html）。

考评，克服了以往只从综合发展类进行考评的局限。涝泉村党支部书记说：按以往考核方式，仅土地流转一项，他村就落后不少，从工业发展角度考核，他村就可放开包袱，专门在工业服务上突破。相反，王林村是山区，党支部书记则表示：原来考核工业指标，本村没工业基础，压力很大，实行分类考核，本村可集中精力搞农业，突出自己的特色农业，就会同样干出成绩，不落后于人。①

总之，突破一元化甚至僵化的考核模式，强调考评的多元、变化、创新，这是近年来出现的新动向。有学者说："优化考核体系，变政绩考核'一刀切'为'多元化'，破解'一好遮百丑'问题。细化考核方法，变评价方式'单一考'为'全面评'。破解'群众难参与'问题。强化结果运用。变干部识别'平面化'为'立体化'，破解'一考定升迁'问题。"② 看来，这是一种新趋势，它在乡村治理考评中所占的位置是非常重要的。

目前，中国乡村治理考评体系是相当复杂的，其中充满各种各样的变数与特殊性，但有一个共同点就是现代性转型，不论是由经济到民生和服务的转变，或是从行政到民主的过渡，或是从一元化到多元化的发展，都是如此。这是中国乃至世界潮流的大势所趋。不过，应注意的是，这一历史转型很难找到逻辑节点，甚至不能将之与党和国家的倡导与文件对号入座，因为现实考评体系建设具有相对缓慢甚至滞后的特点。这也是为什么 21 世纪初服务型政府、民生就已进入国家发展大局，国家也因此制定了一系列方针政策，包括建立许多乡村治理的规章制度，但也要认识到，近几年仍存在不少非现代性的考评机制。不过，现代意识已外化和内化在乡村治理中，而考评机制也呈现出转型的动能。

二　考评体系与乡村治理深化

村民自治的主要内容包括民主的选举、决策、管理和监督，对考评

---

① 魏宁：《徐州柳泉镇村级分类考核　盘活镇域经济"整盘棋"》，2013 年 4 月 15 日，江苏农业网（http：//www. jsagri. gov. cn/xncjs/files/559944. asp）。

② 熊文琦：《科学考核评价领导干部的思考》，《四川党的建设》2013 年第 10 期。

体系的价值意义往往有所忽略。其实，评价体系不仅包括四个民主的内容，还有其特殊内涵与独特功用，是四个民主所不能替代的。一般人认为，考评体系与乡村治理关系并不紧密，往往认识不到二者密切相关，更难体会考评体系对于乡村治理的深层价值。只有理解考评体系之于乡村治理的深层影响，我们才能真正将考评体系放在一个非常重要的位置。

（一）考评体系为乡村治理设标定位，直接成为规范标尺与运行指南

与其他事物的产生和发展一样，乡村治理不可能是无源之水和无本之木，也不可能随心所欲，而是要有一定的规矩方圆，有其目的性和定位。乡村治理内容丰富、形式多样，尤其是它处于复杂的各种关系纠葛中，这就决定了它离不开考评体系的规范与制约。考评体系最大的价值是为乡村治理设标定位，并起到方向盘和指南针的重要作用。

1. 确定标杆

任何努力都离不开奋斗目标，没有目标不仅会失去前进方向，也会失去前进动力。乡村治理也是如此，在漫长的发展过程中，不同阶段需要确立目标，每个阶段中的诸多内容和方面也不可能没有标准，评价体系就是从不同角度、方式为乡村治理确定标杆的。湖南省花垣县考核指标紧紧围绕县委政府中心工作，突出重点工作、急难险重任务和民生方面的考核内容。具体来说，考核指标分为共性和个性指标两类。原则上每个考评的共性指标控制在3—5项，重视可操作性；个性指标要“量身定做”，突出主业，突出被考核单位本职工作的开展。花垣县政2017年确立“五个文明建设”纯净考核指标，对各单位年度完成情况进行考核评分，总分为800分，占总分1000分的80%。而平时考核指标与社会满意度各占10%。[①] 由此可见，湖南省花垣县虽将考核定位在“指

① 《花垣县2017年五个文明建设绩效考核管理实施方案》，见中国社会科学院政治学研究所“政治发展与民主建设创新组编”《湖南省花垣县调研资料汇编》，2017年7月，内部资料，由当地政府提供。

标考核”，但也兼备平时考核和社会满意度。另外，在乡镇考核体系中，花垣县将“一票否决”放在中心位置，这包括计划生育、社会治安综合治理、安全生产、信访等于内容。如果出现“一票否决”，这个乡镇其他指标无论怎么好，都不能评先进，乡镇主要负责人不能晋升，工资资金也会受到影响。[①] 四川南江县桥亭镇 2018 年 5 月确立如下考核目标：脱贫攻坚 37 分、党建 25 分、安全生产 10 分、纪检监察 10 分、安全住房 8 分、信访稳定 7 分。[②] 从分数的比重看，显然更重脱贫攻坚和党建两项，反映了考评的标杆高度。应该说，乡村治理的每一次进展都离不开目标的确定，这是考评体系的巨大功用。

2. 制定标准

乡村治理考评体系既需要总结经验，又需要有前瞻性眼光，这都牵扯到标准的制定问题。有的考核标准是具有共性的，有的则必须是个性的，二者缺一不可。没有共性，乡村治理考核体系就失去统一性、平衡感和连续性；没有个性，乡村治理考核标准就难有创新性、地方特色。所以，乡村治理考核标准需要考虑多方面因素。如民政部 1990 年发布的《关于在全国农村开展村民自治示范活动的通知》中，规定了村民自治示范村的标准：“（一）村委会干部由村民民主选举产生，村委会领导班子坚强；（二）村委会各工作委员会和村民小组健全，工作职责和规章制度明确，切实发挥作用；（三）定期召开村民会议或村民代表会议，实行村民民主参与制度，坚持村务公开、民主办理、群众监督原则；（四）经济发展，安定团结，公益事业办得好，村容村貌整洁；（五）村民依法履行公民义务，全面完成国家交办的各项任务。”同时，还为村民自治示范乡镇与村民自治示范县确立标准：“所辖村委会 85% 以上基本达到村民自治示范村标准，其余村委会班子健全，乡（镇）政府对村委会实施正确指导。”“所辖乡（镇）70% 以上达到村民自治

---

① 吉卫镇人民政府：《乡镇政权权力与责任匹配突出问题的几点浅见》，见中国社会科学院政治学研究所“政治发展与民主建设创新组编”《湖南省花垣县调研资料汇编》，2017 年 7 月，内部资料，由当地政府提供。

② 《桥亭镇 2018 年 5 月重点工作开展情况考核汇总表》，见中国社会科学院“百县调研”南江组编《四川省南江县调研资料汇编》，2018 年 6 月，内部资料，由当地政府提供。

示范乡（镇）标准。"[1] 这一标准的制定既考虑到以往村民自治的不健全，又着眼于未来村民自治的更好发展。正是在这一标准推动下，20世纪90年代村民自治示范活动才取得巨大成效。浙江余杭区在2008年确定了"量化法治"考核指标，让法治成为乡村治理可度量的考核指标。它被概括为"149"："1"指的是一个法治指数。"4"是指区的本级、机关部门、乡镇街道和村社区这四个"评估层面"。"9"是指向广大人民群众下发的九种调查问卷。总分设定为1000分，如不合法就倒扣分，这种依法考核的量化标准，在乡村治理考评中具有创新性。

3. 优化程序

在现代社会和现代管理中，程序被放在非常重要的位置，而对程序采取科学化方式，使之更加优化，就显得更加重要。有人甚至用"程序公正""程序正义"赋予"程序"以形而上的理解，"在纯粹程序正义中，不存在对正当结果的独立标准，而是存在一种正确的或公平的程序，这种程序若被人们恰当地遵守，其结果也会是正确的或公平的，无论它们可能会是一种什么样的结果"[2]。乡村治理考评体系也可作如是观：有现代的科学考评程序并严格进行遵守，乡村治理会在循序渐进中获得更好的效果，反之乡村治理则会受到干扰甚至破坏。2008年，江苏泰兴下发《关于在全市开展"村民直评村官"活动的指导意见（试行）》，其考评活动包括六个步骤："公示""探访""述职""质询""测评""改进"，主要采取现场集中质询评议和无记名填写测评表的方式，"满意"和"基本满意"率达到或超过85%的为优秀，达到或超过70%的为称职，低于70%的为不称职。[3] 如此细致的考评程序和分类较好地解决了规范化问题，有利于科学操作。黑龙江富锦市使用"五环工作法"，以"提、定、干、评、考"为核心，即"群众参与提建议、党委科学定决策、政府实施干实事、社会监督评优

---

① 民政部基层政权建设司编：《村民自治示范讲习班试用教材》，内部资料，第19—22页。

② ［美］约翰·罗尔斯：《正义论》，何怀宏、何包钢等译，中国社会科学出版社1988年版，第82页。

③ 朱旭东：《江苏泰州村民"直评"村干部》，2010年5月24日，人民论坛网（http：//politics. rmlt. com. cn/2010/0524/4832. shtml）。

劣、组织考核问实效”[①]，这是多元参与下的乡村治理考评程序。湖南花垣县对乡镇采取“听、查、看、访”等步骤进行考核，在程序上分为八步走，主要包括：第一，制定绩效考核指标，第二，日常督察，第三，自查自评，第四，年终考核，第五，加分与减分，第六，综合评分，第七，考核等次评定，第八，考核结果运用。在每一项中，又有具体细致的规定，以确保评估的落实。如在“加分项目”一栏中，就有加 15 分、10 分、5 分和 3 分的差距，并又有“加分实行封顶，总加分不超过 20 分”的补充规定。[②] 在乡村治理评估体系中，对程序做出如此系统、严密、细致的规定，反映了科学理性精神的提高，也反映出优化程序的进展。

需要说明的是，乡村治理考评体系还不止这三个方面，它包罗万象、丰富多彩、错综复杂，是一个多元交集的综合体。如考核原则的设定、等次的划分与评定、结果的应用等都是如此，它们是乡村治理中不可或缺的，与目标、标准、程序一起，成为乡村治理的规矩方圆。

（二）考评为乡村治理保驾护航

乡村干部腐败一直是乡村治理的痼疾，随着形势的发展，这一状况不仅没有得到改变，反而有新的腐败形式出现，从而形成“小官巨腐”以及“串腐”等情况。这也是为什么近年来加大了民主监督检查力度的重要原因。不过，如何进一步加大“防腐”力度，避免腐败甚至“巨腐”出现后的单一“惩治”理路，这是需要进行调整的。在此，加快考评体系建设势在必行，它有助于对乡村权力产生预防、监管和威慑作用。

1. 预防作用

随着乡村治理的深入发展，考评体系除了重视“事后”或“年终”

---

① 陈红太主编：《中国民主政治建设创新案例调研》，中国社会科学出版社 2010 年版，第 191—192 页。

② 《花垣县 2017 年度五个文明建设绩效考核管理实施方案》，见中国社会科学院政治学研究所“政治发展与民主建设”创新组编《湖南省花垣县调研资料汇编》，2017 年 7 月，内部资料，由当地政府提供。

考核，更强调“事前”“事中”和“年初”考核。这对于预防“事后”或“年终”出现巨大和无法挽回损失，具有重要作用。这也是“防病”重于“治病”的关键所在。某种意义上说，在乡村治理考核中加强“预防”，远远胜于无“预防”的亡羊补牢，更胜于不做“预防”的无法补牢。就“预防”的功用来说，有预防的乡村治理考核，如“提前”用一分力，有时胜过“事后”用力十分。这也是中国古人所说的“防患于未然”“未雨绸缪”的道理。江苏省盱眙县近年来实行村干部考核，首先实行“三定”，即确定村干部的责任主体、推进有关事项、完成时间，以确保工作的顺利进行和有效完成。关于完成任务的责任状和承诺书要在村务公开栏向群众公布，作为党员群众监督的依据。[①] 为保证更好完成工作任务，规定事前实行“双诺双述双评”，这包括“提”“审”“承”“践”“述”“评”六个方面。“提”是指“提诺”，即提出承诺事项；“审”是指“审诺”，即审核承诺事项；“承”是指“承诺”，即公开承诺内容；“践”是指“践诺”，即履行承诺；“述”是指“述诺”，即定期汇报承诺履行情况；“评”是指“评诺”，即评议承诺实施情况。[②] 可见，在事前、年前、事中等时间做出如此细致规定，并从多方面对承诺进行监督，既有利于约束村干部，将权力控制在有限范围，还会大大避免乡村治理过程中各种错误的发生，从而最大可能规避风险。

2. 监管作用

在村民自治活动中，民主监督是“四个民主”中至为重要的，它既具有监督“他者”作用，又具有自我监督之功，所以越来越受到党和国家以及各级政府的高度重视。不过，民主监督容易受到赋权难的限制，也不容易获得主体地位，致使其在许多情况下难以发挥作用。考评体系往往具有较大的自主权，又有更为广大、多元的监管主体、程序、措施，还有多种多样的有效手段及其修复功能，从而达到监管的网络式

---

① 《江苏省盱眙县：积极完善村干部考核激励机制》，2011 年 8 月 25 日，中国共产党新闻网（http：//dangjian. people. com. cn/GB/15509523. html）。

② 《江苏盱眙：坚持“双诺双评双述”推进村干部考核工作》，2011 年 4 月 28 日，中国共产党新闻网（http：//dangjian. people. com. cn/GB/14502225. html）。

全覆盖，所取得的成效也是显著和巨大的。江苏省盱眙县为了实行“事中”监管，采取“三问”制度，这有助于及时调整和改正乡村治理过程中的偏向与错误。通过“一问”，可对考核落后村实行“倒逼”式提醒和激励，对履职较差的村干部提出警示，问计其推进方法和策略。通过“二问”，乡镇党委可催问村干部动脑筋、想办法，拿出改革策略和措施。通过“三问”，向村干部问询富民成效，令其想方设法增加农民收入。[①] 应该说，“三问”是不断给村干部加压，推动其严肃、认真、高效行政。2014 年，陕西渭南大荔县在第一季度考评中，因有的地方污水处理进度缓慢、节能环保工作不力，被黄牌警告。然而，到第二季度则走出倒数第三名，第三季度考核时，则因整改有力竟得到红牌激励。[②] 这种通过事中考核使“后进”变“先进”的做法，显然离不开考评监管的巨大调整作用。

3. 威慑作用

强调事前、年前、事中甚至更早让考评介入乡村治理，这无疑是相当重要的，也具有根本作用，因为在尚未出现大错的情况下，将道路、方向甚至价值观进行调整，一定会收到事半功倍之效。但也应该承认，在整个考评过程中，事后、年终考核毕竟是最主要的，也是具有全局性的工作。因此，与事后和年终考核相比，提前、事中的考核都是为了最后的考核，所以它具有保证、调适和补充作用，都不能代替事后和年终考评。可以说，事后和年终考核是整个乡村治理考评的重中之重，它牵扯面广、千头万绪，面对的问题多而棘手，所承担的责任也非常巨大，这就决定了其考评需更加慎重。也是在此意义上，结果考评对于村干部来说，是最难过的一个关口。有人曾根据考评的新思路、新方法和新效果，让群众给干部“画像”，并表示：“这次考察干部整得很细，拿到表格一看就晓得怎样评价他们。这是真的整巴实了。”“让想干事的人一定会有机会，能干事的人一定会有舞台，干

① 《江苏省盱眙县：积极完善村干部考核激励机制》，2011 年 8 月 25 日，中国共产党新闻网（http：//dangjian. people. com. cn/GB/15509523. html）。

② 《陕西渭南：考核排末位　上台领“黄牌”》，2014 年 10 月 29 日，网易新闻（http：//news. 163. com/14/1029/08/A9NA112100014JB6. html）。

成事的人一定会有职位。"[①] 2012 年，安徽濉溪刘桥镇采取“群评群议”“公评公议”方式，对镇村干部年度工作进行考核。一方面，镇党委召开民主测评大会，让镇村干部述职，并在述职后进行民主测评。通过公议公评，既提高了干部群众参与的积极性，又有助于保证结果公平公正。这样的评议在全镇共开过 19 次，参与的党员和群众代表有 3000 多人。另一方面，镇党政领导班子组成 55 人的观摩团，到 17 个村的 22 个评估点听取村干部汇报工作，检查工作完成和项目落实情况。通过村民参与、村干部述职、镇领导和干部群众评议，将村干部考核分类评比。考核实行奖优惩劣办法，对 1 名“最佳机关工作人员”、2 名“优秀机关工作人员”、1 名“最佳内设机构负责人”、2 名“优秀内设机构负责人”、1 名“最佳村书记”、1 名“最佳村主任”、8 名“优秀村干部”、1 名“最佳站所长”、2 名“优秀站所长”分别给予重奖。对于被评出的最后一名村和“两委”干部，要扣除全年绩效工资。[②] 江苏泰兴创新“直评”村干部的考评机制，让更多人尤其是村民直接参与评议村干部。参与泰兴镇三阳村“直评”的村民多达 1065 人，是过去村民代表、党员代表总和的 20 多倍。[③] 可以说，广大人民群众成为考评主体，这是乡村治理考评体系的新变化，也是具有可信度的关键。

（三）考评提升农村基层民主自治能力水平

如果说乡村治理和乡村治理考评有何最终目标，那就是为了解决广大干部群众所急需以及他们的幸福生活。而衡量乡村治理和乡村治理考评的关键也是广大干部群众的参与度、满意度及其自治能力的提高。认识不到这一点，乡村治理考评就不可能有真正的突破，乡村治理也就无从谈起。因此，考评与乡村干部群众自治能力是相辅相成的：一方面，

---

① 黄英：《“群众满意是最大的政绩”——隆昌县综合考核评价干部“三创新”》，《四川党的建设》2007 年第 1 期。

② 郑万彬：《安徽濉溪刘桥镇：创新模式开展年度考核工作》，2012 年 12 月 27 日，中国共产党新闻网（http：//dangjian. people. com. cn/n/2012/1227/c117092 - 20036663. html）。

③ 泰兴市纪委监察局：《创新村民直评村官机制　破解农村民主监督难题》，2009 年 10 月 24 日，泰兴廉政网（http：//www. txlzw. com. cn/E_ ReadNews. asp? Param - 340. html）。

考评需要乡村干部群众的积极参与；另一方面，考评又会成为乡村干部群众民主自治能力的训练场。

1. 考评体系建设有助于乡村干部群众现代意识提高

比较而言，制度建设远比思想意识变革来得容易。因为前者比较具体，而且特征具体鲜明、操作性强；后者更加抽象、看不见、摸不着。这也是为什么近现代以来，我们在向西方学习物质文明、制度建设时，往往容易理解和接受，也便于参照和学习，但要接受其思想观念就并非易事，变得相当困难。乡村治理考评体系集物质、制度、思想与理念于一身，所以既对广大干部群众提出了较高的要求，又为其思想意识的提高创造了条件。通过考评制度建设，尤其是乡村治理考评实践，广大乡村干部群众就可以较好地理解现代民主理念，并将之转变为自身的观念形态。这也是为什么，通过考评体系建设，乡村干部群众的民主参与、平等意识、协商观念、公平正义原则以及协同合作理念，都获得了前所未有的提高。2008 年，江苏泰兴的“直评村干部”就是一个范例。开始，泰兴市纪委书记还担心，干部群众能不能接受“直评村干部”这一方式，因为不能突破乡村社会的“少数人的政治”，乡村治理考评体系就无法建立，乡村治理也就成为一句废话。所以他表示：“使看客成为配角，再成为主角，增强民众参与意识，农村基层社会就稳定了。不直接和老百姓面对面。那只能是自欺欺人的政治游戏。”① 广西乐业县全面推行农村党员星级管理“积分换星”考评新模式，以提升党员的参与意识、奉献精神。② 看来，只有在评估体系建设中，广大乡村干部群众才能逐渐获得现代思想观念的理性自觉意识。

2. 考评体系建设可让广大乡村干部群众熟知民主程序、制度、方法

一般来说，对于村民自治的理论方法，通过培训与学习也可得到相关知识，但要真正内化、将之变成切实可行的有效方式，显然离不开社

① 徐楠：《“村民直评” 让村官冒“冷汗”》，《南方周末》2010 年 4 月 8 日第 B09 版。

② 吴宗航：《乐业全面推行农村党员星级管理“积分换星”考评新模式》，2017 年 11 月 16 日，人民网（http://gx.people.com.cn/n2/2017/1116/c365146-30929379.html）。

会实践。考评体系建设正是一次让广大乡村干部群众有获得感的良机。以民主程序为例，从理论上讲，它是相当烦琐甚至是因地因人而异的，但在评估实践中，广大干部群众就会在自觉不自觉中将之化为自己的治理方式；另如民主测评尤其是“直评”村干部，我们很难给予理论上的定义与规范，但在村公共生活广场，面对广大干部群众，村干部需要一一述职，还要接受大家有针对性的提问，并做出一一回答，这样的实践很有现场感，更有利于民主参与、协商民主以及平等与公正理念的传播，还会在广大干部群众心中扎根。因此，这样的乡村治理考评实践会超越简单抽象的理论阐述，进入一个可复制、可操作性强的程序过程中，为今后的考评确立典范。2003 年，杭州市余杭区实行“成绩村民评、报酬村民定”的“双述双评”工作制度，这一制度经不断实践，至今已成为可操作性强、评议科学合理的一套理念方法。[①] 还有的地方将考评交给“第三方”进行，这与杭州余杭区的“双述双评”明显不同。因为通过“第三方”进行考评，虽有专业化强、公正合理、省心省事的优点，但其最大问题是，所需费用较高，尤其是将广大干部群众外在于“评价”建设之外，不利于其对现代民主程序的理解和操练。

3. 考评体系建设可锻炼广大乡村干部群众的民主自治能力

乡村治理考评体系建设离不开广大干部群众能力的快速提高，因为没有现代化认识，广大干部群众就无法理解现代化、创新性以及主体性等关键问题。这是因为考评体系建设是一项系统工程，其内涵相当丰富，而中国乡村治理又具有其历史性，要真正实现根本突破并非易事。不过，这并不等于说，广大乡村干部群众没有突破和跨越的可能。只有掌握了考评理论方法，再经过现实运用和探索创新，其能力也会得到快速提高。这包括乡镇、村干部与广大村民的协同能力，也包括民主参与、提答问题的方式和水平，还包括制定各种标准、目标与方法的专业水准，当然还有修德、廉政和管理能力，等等。可以说，乡村治理中的考评体系是

① 李严昌：《余杭、彭州两地基层协商民主制度创新的比较及启示——兼论我国基层协商民主发展的前景》，载赵秀玲主编《走向基层治理现代化——以成都为个案分析》，广东人民出版社 2014 年版，第 42 页。

一个广大的练兵场，它能使每个新战士成为真正的、名副其实的老兵，形成和发挥巨大合力。贵州瓮安通过“上评下”“下评上”以及“相关部门干部及各界人士代表考评”三个环节，对全县科级干部进行科学考评和民主监督，提高了干部群众责任意识和服务意识，以及现代民主参与管理水平。尤其是通过“下评上”，乡村广大干部群众的现代化能力提高最快，最容易培养其主体性和主人翁意识。[①] 看来，考评体系建设对于乡村干部群众能力的提升至为重要，有助于将乡村治理引向深化。

三　乡村治理考评体系存在的问题与对策

我们既要看到中国乡村治理考评体系的优势，又要看到其不足。因为这些局限必须克服，否则乡村治理考评就很难具有超越性意向，建起健全和可持续发展的体系，更好地服务于乡村治理。因此，有以下几个维度和方面应给予高度重视。

（一）突破考评的随意、重复和零散，更加强调严格、系统、创新的维度

乡村治理的考评体系至今虽较为丰富，但一个明显不足是：缺乏统一的规范和要求，有各自为政、遍地开花的特点，而这其中又有千人一面之感，具体表现为复制性强、创新性不足。如全国各乡镇的考评制度较多，但从国家以及省市层面为乡村制定考评制度却相对较少。缺少来自顶层对于乡村治理评估体系的设计，各乡镇的评估就会碎片化，难以发挥效用。又如，乡村考评往往都将“德、能、勤、绩、廉”五项作为重要内容，这当然说明其统一性要求，也与国家考核体系相统一，却显得过于类同，创新意识不足。因此，就整体乡村治理评估体系而言，表面看来丰富多样，实则是重叠或重复部分甚多，真正有创意和个性者较少。因此，在与国家精神保持一致的情况下，如何建构符合广大农村

---

① 《贵州瓮安吸取群体事件教训创新干部考评体系》，2009 年 7 月 13 日，中国网（http：//www. china. com. cn/news/local/2009 - 07/13/content_ 18122779. htm）。

各地实际的考评体系，将是未来乡村治理的方向之一。

1. 法治化建设是乡村治理考评体系需要强化的短板

一般来说，法治化是村民自治一直不断加强的方向，这在“以法治国”的国家大政方针确立下来后更是如此。这也是为什么不少地方在乡村治理中不断强化“法治”创新，并表现出强劲的发展势头。不过，从严格意义上说，乡村治理尤其是乡村治理考评体系的“法治化”并未引起人们的足够重视，更未得到根本解决，在不少地方仍处于弱势甚至可有可无的状态，一些地方忽略甚至无视法治的情况也明显存在。因此，如何以法律形式将乡村治理考评体系固定下来，使之成为更具合法性与可靠性的文本，避免其随意性、非科学化与无效性，这是应该给予高度重视的。另外，要让乡村治理考评体系更具有法治精神，使之有法可依、合理合规、具体细致有效，减少人治人为的内容和形式，这是相当重要的。如目前《村组法》对乡村治理考评虽有规定，但主要附着于其他条款，主体性、独立性不强。这就需要以“法治”精神，根据乡村治理实践，结合各地实际情况，对考评条款进行相应的补充和修订，尤其要体现考评体系在乡村治理中的独特价值。与此同时，国家尤其是民政部门应为乡村治理考评出台专门性法规，这有助于推进其法制化进程，也有助于法治精神的内化与具体化。

2. 地方各级政府应为乡村治理考评体系建设保驾护航

乡村治理和乡村治理考评体系建设的关键是地方各级政府，在这其中尤其应强调乡镇政府的关键性作用。这不仅因为乡镇政府与乡村治理和乡村治理考评体系直接相关，还因为它就是治理主体与实施主体。然而，现实的情况往往是，乡镇政府未被赋权，而省、市、县等政府又远离甚至游离于乡村治理与乡村治理考评之外，这就造成不接地气和两张皮的现象：该负责的没有权力，需放权的地方又管得太多。目前的乡村治理考评体系建设在地方基层有以下明显不足：第一，省市出台的文件较少，也较为笼统，多为共性的方面。第二，县级越位情况较为明显，常常弱化甚至无视乡镇政府的主体性。第三，乡镇政府评估体系建设往往多行政色彩，缺乏科学精神和赋权于民思想。第四，人民群众的主体性尚未得到真正发挥。要改变这一状况，除了充分发挥地方各级政府的合力作用外，还要确立不同层级地方政府的职责边界，凸显乡镇政府的主体地位作用，使其成为乡村治理考评体系建设的主力军。与此同时，让人民群众在乡村治理考评体系建设中发挥更大作用，以修正一些乡镇政府的“强行政”甚至命令式角色所带来的局限。

3. 让广大干部群众成为乡村治理考评体系的主体

近些年，“民主评议”越来越成为乡村治理考评体系的重要内容，也因此开始逐渐改变乡村治理和乡村治理考评的内涵与方向，这对于克服以往的“由领导说了算”的治理逻辑与考评方式不无益处。但也要承认，“民主评议”在乡村治理考评中仍处于弱势，许多地方仍是领导说了算。还有，即使是将“民主评议”带进乡村治理考评的地方，其“民主”的成分与精神也存在疑问。比如，在考评体系制定过程中，有多少不是由领导说了算，而由民主形成的，甚至是由人民群众参与制定的？在考评实施过程中，虽然有“民主评议”，但能否改变最后由领导说了算的根本局面，这仍是一个问题。因此，从根本上说，“民主评议”对于“一切由领导说了算”的乡村治理考评体系，是一大进步；但要“由民做主”乡村治理考评体系建设，还是目前难以跨越的一个瓶颈问题。所以，未来乡村治理考评体系建设应实现真正的超越，即变“领导说了算”为“人民群众做主”。一是让人民群众自始至终参与考评体系的制定、实施、评议和监督，以改变其被随意选择的状况。二是人民群众为主角，成为“说了算”的主体，以改变作为领导“配角”的装饰作用。三是发挥人民群众的创造性，使其成为考评体系建设的主力军。四是让人民群众起到监督作用，以避免考评体系名为“民主评议”，但仍在行“领导意图”之实。

总之，要改变当前乡村治理考核体系的随意性和外在化特点，既要体现地方各级政府的协同参与，又要强调乡镇和人民群众的主体性与创造性，更要注重法制化建设，这样的乡村治理考评体系才是可靠的和具有长远发展前景的。

（二）将考评体系的激励机制和公民意识结合起来

乡村治理考评体系的一个重要功能是确立奖惩制度，以达到激励作用。虽然在全国各地的奖惩机制各有不同，甚至会有较大差异，但其奖惩目标与方向几乎是一致的。某种程度上说，通过奖惩机制强化考评体系的功能化特点，这并无可厚非；但是，对考评奖惩机制的副作用也要有清醒意识。换言之，在某种程度上强化乡村治理中的奖惩机制是必需的，但过于追求这一方式和目标，就会产生消极效果。因此，既要强调物质利益刺激，又不能忽略精神作用，即从公民素质、奉献精神等方面提升考评机制的水平，这是更具长远意义的方式、方法。

1. 乡村干部要处理好职责操守与奖惩机制的关系

通过奖勤罚懒提高乡村干部的积极性和创造性，这是考评制度之于乡村治理的重要作用。因为激励和惩罚机制将干部工作分出优劣等级，直接与经济收益甚至奖惩挂钩，这是最为直接有效也相对公平的方式、方法。也是在此意义上，干部多劳多得、少劳少得、不劳不得，从而打破“大锅饭”，将那些不作为、少作为甚至懒政干部自然淘汰出局。但也要注意，不能将奖惩看成唯一和绝对标准，更不能让干部感到没奖励就没动力，从而置其应该坚守的职责于外。2007 年，广东梅州大埔县虽财力十分紧张，但却拿出 400 万元建立奖励工作机制，对每月考核达标的乡镇长、书记奖励 1000 元。[①] 对于乡镇领导来说，做好工作是其本职要求，在工作上“达标”是最基本的，那么有什么理由将其奖金提升到月工资水平？在农村基层调研时我们发现，不少干部逐渐养成一种奖励路径依赖，本该属于自己的工作职责，结果却为有无奖励而工作，如无奖励就没有工作的积极性。对于惩罚也是如此，本应大胆接受和努力做好的工作，因为考核制度规定的一票否决，怕失去资金和丢了职位，采取绕道走或不作为的方式。因此，在考评体系建设中，加强奖惩机制是必要的，但一定要看到其限度，尤其是从职业操守角度考评乡村干部，以突破简单用物质进行奖励的工作方式。

2. 以对公民尤其是党员领导干部的要求突破重奖考评机制

在乡村治理考评体系中设置奖惩，只是一种手段与方法，不能将之

---

① 《大埔建立绩效考核新机制》，2008 年 8 月 12 日，大埔县人民政府网（http：//www.dabu. gov. cn/index. php？ a = show&c = index&catid = 56&id = 3785&m = content）。

视为目的，更不能因奖惩产生过多负面因素，从而出现南辕北辙的情况。如不能从培育乡村干部的公民意识着眼，那么奖惩就会变相为功利主义导向；如不站在领导尤其是党员领导模范先锋带头作用角度思考问题，奖惩就会产生新的官僚主义或形式主义。如广东梅州大埔县对乡镇干部的考评，规定乡镇长、书记工作只要达标，每月每人奖励1000元，其他镇（场）班子成员每月总共奖励2000—3000元，村书记、村主任每月每人只有50元，而村民小组长则为20元。[①] 从这个奖励数字可见其天壤之别，乡镇主要领导拿的资金竟分别是村两委主任和村民小组长的20倍和50倍。这一奖法不仅不利于乡村治理，还会产生新的官本位意识，毁掉乡镇领导干部在人民群众心目中的形象。因此，乡村治理的考评体系建设，既应加强考评奖惩设计，又要强调干部尤其是党员领导干部的先进性和模范带头作用。否则，所谓重奖只是领导干部特权和腐败的借口，成为影响干部群众关系的重要原因。

3. 用公益心和奉献精神跨越时下考评的功利性局限

重视乡村治理考评体系建设的激励机制，甚至用一定的物质奖励刺激广大干部群众的积极性，这是必要也是有一定作用的。但是，不可将物质、金钱、晋升等作为乡村考评体系的价值旨归，否则就会导致乡村治理的趋利倾向，从而无视民主自治和公益精神的高标。当前，将重奖和重罚作为乡村治理考评的激励与限制措施，在不少地方比较突出，甚至形成一种趋势，而对自治、服务、奉献、公益等多有忽略，这就必然降低了考评体系的高度。这也是为什么“一票否决”令不少乡村干部群众产生畏惧心理和惰政情绪，一些地方将重奖视为乡村治理考评的方向与方法。当乡村治理考评体系建设失去了大情怀、大境界、大品质和公益心，只靠重奖刺激和严罚惩戒，它既不可能立志高远也不可能真正走远。事实上，近年来有不少乡村干部群众已开始投身于公益事业，而作为党和国家的领导干部却要以“重奖”作为刺激与激发干劲的筹码，这样的考评体系在理念与方向上是有问题的，需要做出调整和修正。

---

① 《大埔建立绩效考核新机制》，2008年8月12日，大埔县人民政府网（http：//www.dabu.gov.cn/index.php? a = show&c = index&catid = 56&id = 3785&m = content）。

（三）通过“软性”考评指标突破“硬性”考核的局限

目前，在乡村治理考评体系中，比较注重“硬性”指标，忽略“软性”指标。这具体表现在：第一，强调物质奖励、经济收入，但政治、社会、法制指标被弱化；第二，基础设施、社会保障、环境卫生、计划生育普遍被看重，而思想、文化、道德建设有所忽略；第三，关于思想、文化、道德的考核指标有外在化特点，内在性特点不彰；第四，像幸福指数等难以量化的方面，在考评体系中往往得不到体现。因此，如何突破当下乡村治理考评体系过于“硬性”的局限，多从精神性、内在化方面进行“软化”，就变得非常重要和迫切。

1. 将生态环保作为乡村治理考评的重中之重

在较长一段时间里，乡村治理考核的总目标是发展经济，对于生态环保既无理性的自觉意识，更无特别重视和强调，许多地方甚至以破坏生态环境为代价发展经济。这也是为什么会形成这样的悖论：不少乡村变得富裕了，但环境却被彻底破坏了，许多地方变得满目疮痍、臭气熏天，污染相当严重。近年来，生态环保受到党和国家高度重视，考核体系也将之视为重点，有的地方甚至出台关于生态环保“一票否决”的考核规定，从而显示了科学健康的发展势头。不过，也应承认，要想在短期内改变乡村治理考评中忽略甚至无视生态环保的局面，并非易事，还需要一个不断调整和努力的过程。以安徽岳西县头陀镇 2017 年规定的村级考核为例，在 1000 分的总分中，脱贫攻坚为 180 分，党建为 270 分，包组工作为 300 分，村内其他工作为 100 分，而社会事业管理和生态建设共占 150 分。在这 150 分中，环境保护只占了 7 分，美丽乡村建设与文明创建（含农村环境综合整治）为 20 分。由此可见，生态环保所占比例极低，低于 2%。[①] 与环境生态的内涵与外延相去甚远。某种程度上说，环境生态最基本的是清理垃圾与污染，它还包括青山绿水、

---

① 《关于印发〈头陀镇 2017 年度村级工作考核办法〉的通知》，附《头陀镇 2017 年度村级工作考核办法》，2017 年 6 月 27 日，岳西县头陀镇长人民政府网（http：//www. yuexi. gov. cn/html/xxgk/tudiliyongzongtiguihua/201706/90011_ 1006. html）。

物种多样性、人与自然和谐相处、美丽乡村等多个层面与维度。任何简单化地理解环境生态都不利于乡村治理。未来乡村治理考评体系建设应加大环境生态比重，同时从深层和理论高度来理解生态环保，在这方面今后还有很多工作可做。

2. 加大乡村文化遗产保护在考评中的分量

由于城镇化发展在全国已成声势，所以改革开放以来中国乡村面临的最大问题是乡村消失，且是以加速度消失。这其中就包括乡村文化遗产的失于保护、快速损失乃至于消亡。这里既包括村庄文化，也有一些古老的建筑，还有千年百代流传下来的民间记忆、民俗与手艺，它们都随着城镇化而濒临拆毁和灭绝的命运。之所以中国广大乡村有这样的结果，与乡村治理理念包括乡村治理考评对于文化遗产的忽略直接相关。由于长期以来西方现代化的冲击，也由于学界对于西方的盲目崇拜，还由于身在中国数千年的古老文明中而不自知其珍贵，致使乡村文化遗产一直被作为现代化与乡村治理的负资产来看待，考评体系对于乡村文化遗产的忽略与无视就在情理之中。目前，乡村治理考评体系建设还没形成重视文化遗产的观念与实践，致使乡村治理和乡村治理考评一直迷失方向，偏离乡村振兴的主线。未来在这方面有很多工作要做，这既包括真正确立乡村文化的价值尊崇，也包括在乡村治理和乡村治理考评中高度重视乡村文化保护和发展的分值，还包括全国上下都形成保护和发扬乡村文化的具体实践。只有当乡村文化在考评体系建设中成为一个不可忽略的“亮点”，并成为乡村治理的特色指标，乡村文化遗产才能发放出耀眼的光芒。2007 年《浙江省非物质文化遗产保护条例》让人眼前一亮，2011 年浙江成立的企业民间文化遗产保护促进会令人振奋，习近平总书记也就农村文化遗产保护发表重要讲话，这都充分说明未来乡村治理考评将会在文化遗产保护方面迈出坚实步伐，从根本上改变目前的困境与盲目状态。

3. 将人才培养当成乡村治理考评体系的根本目标

衡量乡村治理考评的科学化程度，最重要的因素往往不是其他方面，而是人才，是能够使乡村治理达到善治的现代化人才。但事实上，在乡村治理考评体系中，人的考核指标却并不显要，往往只笼统地被称为“德、能、勤、绩、廉”，而这个“能”又主要是指经济能人。过于看重工作业绩，过于强调经济发展，忽略乡村人才尤其是乡村文化人才的培育，考评体系就会出现偏差甚至南辕北辙的情况。在此，乡村人才在考评体系中应得到应有的重视和强调：第一，全面培养乡村人才，这既包括乡村领导干部，也包括乡村文化精英，还包括乡村教育人才，这是一个乡村人才的集大成者。第二，注重年轻乡村人才的培养，这既包括文化精英，也包括现代新型青年农民，还包括青年学生，从长远和根本上说，乡村青年优秀人才方是未来战略发展的目标，也应成为乡村治理考评体系建设的主力军。第三，加大乡村人才培训力度，而且以现代化的观念、思维与方式对乡村人才进行培养，以突破只从农业技术角度培训乡村人才的陈旧考评方式。从此意义上说，未来中国乡村治理考评体系建设应“以人为本”，以乡村人才尤其现代年轻人才培养为中心，突破简单以经济标杆和外在的经济能人进行考评的局限。

4. 将深层思想文化道德作为乡村治理考评体系的重要指标

思想文化道德一直是乡村治理考评体系的一个指标，并占有一定分值，这是应该给予肯定的。但与经济发展、组织建设、维稳安全、计划生育等硬指标相比，它并不是最重要甚至有时是可有可无的软指标。另外，在考评指标设置上，思想文化道德也往往被赋予“硬指标”特性，而其中的“软指标”即深层文化内容却付之阙如。以乡村治理考评中的“乡风文明”为例，它的主要内容包括如下“硬指标”：教育入学率、计算机普及率、刑事案发率和文化体育场所指数，但却没有乡土文化、道德风尚、村民素质以及幸福指数等这些更重要的“软指标”，这就必然使考评变得简单和肤浅，失去了思想文化道德的精神内涵和高度。山东莱州新农村建设中的考评创新具有代表性，可资借鉴的方面也多。如金城镇打造一批富有特色的道德文化景观：滕北村的百米道德文化墙、草坡村的道德街巷、红布村的幸福长廊、曲家村的“好戏连台”戏曲文化展示墙等，都颇有创意也深受村民喜爱。另外，以该镇为代表的整个莱州成为以“孝道”和“长寿”为核心的美丽幸福农村典型。[①] 因此，未来乡村治理考评体系建设不仅要加大思想文化道德之分值，还要超越简单化、表面化和硬性的理解，以现代理念和人性高度进行深度思考和价值选择。

当然，中国乡村治理考评体系建设还要注意另一些问题。例如，在考评指标体系中，一般将乡村党组织与村民自治组织统一考评，标准上不加区别，这就容易模糊二者之间的职能差别，不利于各自角色作用的发挥。又如一些领域需要进一步开拓和研究，像乡村考评体系与城市基层考评的关系、与外国尤其是西方乡村治理的异同，都是值得深入探讨的。

① 姜乾：《美丽乡村　幸福资金城——莱州市金城镇乡村文明建设喜结硕果》，《烟台日报》2013 年 8 月 5 日第 4 版。

第十章　智库建设与乡村振兴

改革开放以来，中国乡村治理获得了长足发展，但也面临不少难解的瓶颈问题。其中，最重要的是，如何将原来的发展模式进一步更新，对还处于较低级别的版本进行升级再造。随着国家智库建设的扩展与加强，广大乡村也迎来了新的发展机遇，获得了巨大的创新动力，催生了现代化发展进程。不过，对于中国乡村治理中的智库建设，至今的研究成果甚少，尤其缺乏全面、系统和深入的研究。本章拟站在智库建设视角，来考察中国乡村治理近年来产生的新变，以及需要进一步调整的方向和解决的重要问题。

一　乡村治理亟须获得智库引擎

对于中国乡村治理，长期以来一直存在两种不同甚至对立的思维：一是将之看成国家整体发展的一部分，于是注入国家设计与政府推力；二是将之简化为村民自治，于是反对外在干预，强调所谓的独立自主性。其实，任何事情都不可能孤立存在，在中国特色社会主义建设中亦是如此。目前，中国乡村治理亟须启动智库这一引擎，它是进行跨越式发展的根本所在。

（一）乡村智库建设是整个国家智库建设不可分割的一环

乡村治理是中国治理的一部分，并且是相当重要的一部分，也是在此意义上，习近平总书记将乡村看成国家的基础、细胞、地基。他曾对县委书记说：“乡村处在贯彻执行党的路线方针政策的末端，是中国共产党执政大厦的地基，在座各位可以说是这个地基中的钢筋。”① 2014年10月，他强调指出智力资源对一个国家和民族的重要性，提出我国智库建设的成就与局限，提出“把中国特色新型智库建设作为一项重大而紧迫的任务切实抓好”，“形成定位明晰、特色鲜明、规模适度、布局合理的中国特色新型智库体系”②。2015年1月，中央和国务院办公厅印发《关于加强中国特色新型智库建设的意见》，将智库建设放在国家战略高度：“当前，全面建成小康社会进入决定性阶段，破解改革发展稳定难题和应对全球性问题的复杂性艰巨性前所未有，迫切需要健全中国特色决策支撑体系，大力加强智库建设，以科学咨询支撑科学决策，以科学决策引领科学发展。”③ 其虽没有直接谈及乡村智库建设，但顶层设计的精神主旨是一致的。这是因为，如无乡村智库建设，就不可能有全国范围的智库建设，更不能为国家层次的智库建设提供实践与理论支撑。从此意义上说，国家智库建设的重要性和急迫性，既对乡村智库建设发出了呼唤，也为其指明了方向。

（二）乡村智库建设是中外历史发展的必然要求

“智库”是一个现代概念，它与“思想库”“咨询机构”等意思相近；但从历史尤其是中国历史上看，早就有智囊、幕僚、军师、门客等称谓。最著名的是春秋战国时期的孟尝君，他有门客三千，有冯谖这样有远谋的智者，能使“孟尝君为相数十年，无纤介之祸”④。一部小说《三国演义》，也形象刻画了中国智谋成就伟业的复杂历程：刘备在得到诸葛亮之后，即改变了被动挨打的局面，且有了三分天下的战略布局与成功结局；袁绍和袁术兄弟，之所以由强变弱，很重要的原因是不能知人善用，于是天下谋士非死即去；相反，曹操父子由弱变强，最后能

---

① 《习近平总书记在河北、兰考两地调研指导党的群众路线教育实践活动报道集》，人民出版社2014年版，第16页。

② 《习近平主持召开中央全面深化改革领导小组第六次会议强调　学习贯彻党的十八届四中全会精神　运用法治思维和法治方式推进改革》，《人民日报》2014年10月28日第1版。

③ 《关于加强中国特色新型智库建设的意见》，2015年1月20日，中央政府门户网站（http：//www. gov. cn/xinwen/2015 -01/20/content_ 2807126. htm）。

④ 吴楚材、吴调侯编选：《古文观止》，中国言实出版社2001年版，第144页。

统一天下，靠的就是有强大的智囊团队以及珍爱和重用人才。明太祖朱元璋文化知识不多，但他却靠善用智囊著称。如在攻打婺源久攻不下的情况下，朱元璋微服私访了隐士朱升，结果得到“高筑墙，广积粮，缓称王”的劝告。毛泽东称之为“九字国策定江山”，而其“深挖洞，广积粮，不称霸”也是在此基础上提出的。[①] 当然，我们不能忘记冯梦龙著的《智囊》，这是中国古代智慧集大成的一本名著。可见，在中国历史上，智囊具有不可忽略的重要作用。同理，以美国为代表的西方国家之所以能在数百年内崛起，一个很重要的原因是对智库的高度重视。据2015年规模最大的一次全球智库排名《全球智库报告2014年》统计，目前全球共有6681家智库，其中美国有1830家，中国只有429家。美国作为传统智库的强国，共有6家入选全球十大智库。[②] 很显然，历史发展决定了在中国乡村治理中，高度重视和大力发展智库的重要性。

（三）乡村变迁与社会转型迫切需要加强智库建设

中国古代乡村治理基本采取的是乡绅政治，即由乡村精英治理。[③] 加之祖先崇拜和叶落归根观念，许多官员和知识分子退休后回归乡里，成为新的乡绅。于是，乡村社会实际上成为精英的一个蓄水池。这也是中国古代乡村治理不乏精英的关键所在。然而，近现代以来，由于乡村社会的巨大变迁，精英流失严重，尤其是祖先崇拜意识与叶落归根观念的淡化，流出的精英很少愿意回归，于是造成乡村精英的不断减少。更重要的是，改革开放以来，农民工的出现从根本上抽空了乡村精英，以至于不少村庄只剩下“三无”（无生活来源、无劳动能力、无法定抚养义务人）人员，以及留守“三代”（留守老人、妇女、儿童）。面对乡村社会人才缺乏的问题，如再不加强智库建设，那乡村治理很难有所深化。另外，如今的中国乡村治理远非古代可比，因为它处于现代化的发展格局中，如果没有相应的管理能力与水平，广大农村干部群众如何应

---

① 参见马木《毛泽东“九字国策”稳江山》，《老年教育：长者家园》2007年第7期。

② 《全球顶级智库排名出炉　中国7家智库上榜》，2015年1月22日，人民网（http://finance.ifeng.com/a/20150122/13451819_0.shtml）。

③ 赵秀玲：《中国乡里制度》，社会科学文献出版社1998年版，第258页。

对和解决错综复杂、千变万化的形势？以成都市新都区清流镇九龙村为例，2010年在筹建议事会咨询顾问制度时，聘用了一直在外工作的建筑业老板黄新基和郭启富。前者经勘测，要求将容易溢水的沟堤增高20公分，加长600米，这就避免了盲目加高和增长的计划，大大降低了成本。后者经查勘，提出将道路和路边的灌溉渠一起修理，避免了以往的一会儿修路一会儿修渠的矛盾，除节约资金5万元，还提高了效率，避免了隐患。① 这只是乡村治理的一个细节，可以设想，如遇到重大的治理问题，不懂科学技术、没有长远的眼光，那是不可想象的。

乡村治理必须与国家智库建设对接，也必须建立适合乡村实际的智库，还要让各种智库进入不断创新的良性发展之中。只有这样，才能顺应国家发展战略，为国家智库建设提供支撑，也可以改变因乡村人才流失所形成的困境，形成新的发展态势。不站在这一高度进行审视，乡村治理很难不断走向深化，并支撑起国家战略发展的大厦。

二　乡村智库类型

对于乡村智库，目前人们虽有不同理解，但认为主要应是“面向农村而提供的所有智力和智慧支持”。如结合现代社会发展的特点，乡村智库更倾向于有一定组织性、规定性、科学性，是一个集知识、行动、思想与精神的现代储存。不过，也应该看到，由于缺乏足够的研究，至今对于乡村智库的认识还比较模糊，尚停留在初级阶段，未能进行科学、理性的细分和研讨。我们认为，当前乡村智库主要包括以下类型。

（一）外援型乡村智库

由于中国社会发展的特殊性，包括村民自治在内的乡村治理从来都

① 材料参见《清流镇议事会咨询顾问典型案例》和《吸引土专家　组建智囊团　实现议事民主与科学的有机结合》，载中国社会科学院政治学研究所“基层治理与民主建设”创新组编《成都市调研材料汇编》，2014年5月，内部资料，由当地政府提供。

不是封闭的，而是开放性的一个整体，即与国家及其各级政府的推动是分不开的。没有外力的积极支持，只靠乡村内部力量，乡村治理不可能得到快速发展。因此，简单地将乡村治理看成一种纯粹自治的行为，既不现实也不可能。乡村智库建设也是如此，外部援助既可提供整体的政策导向支持，又可提供人才反哺与培训，还可成为智力与智慧的压舱石。这是一个具有方向性和支撑性的决定性力量。

1. 首个乡村发展智库平台

长期以来，在国家各级政府及其社科院和高校系统，一直比较重视乡村问题研究。不过，由于各种原因，这些研究单位没有明确的智库意识，其主要停留于传统的学术研究上。近年来，这一倾向有所改变，不少研究单位开始致力于农村智库建设，并提出具体可行的长远发展构想。较有代表性的是“苏州市现代农业生物技术研究中心”，其由苏州市政府与常熟理工学院于2010年12月合建，其目标是希望成为农村的“智囊”。还有清华大学中国农村研究院，它于2011年12月29日成立，其明确提出建设“一流智库”。[①] 最值得注意的是华中师范大学中国农村研究院借助现代信息技术，于2015年成功打造了首个农村发展智库平台。[②] 与清华大学中国农村研究院的智库建设相比，华中师范大学中国农村研究院（之前为“中国农村问题研究中心”）自2006年始，对全国301个村和5000多农户进行跟踪观察，积累大量第一手资料，并以影像形式将乡土社会正在消逝的传统习俗记录下来。更重要的是，华中师范大学中国农村研究院利用互联网和大数据对60万个村进行数字化，通过模型计算与管理、预测热点事件和突发情况，建立乡村发展智库。[③] 为此，它还于2015年6月和11月举办了两次中国农村发展智库平台会议，对全力推动农村智库的战略发展进行了研讨。显然，农村智

① 《清华大学中国农村研究院简介》，2013年12月24日，清华大学网（http：//www.cirs.tsinghua.edu.cn/nyyjjto/20131224/84.html）。

② 李佳、陈岩：《华中师范大学启动农村发展智库平台》，2015年3月24日，新华网（http：//www.xinhuanet.com/edu/2015-03-24/c_127614060.htm）。

③ 韩小玲、陈岩：《华中师大建成农村发展智库平台》，《湖北日报》2015年3月24日第9版。

囊尤其是智库建设的理性自觉和现代意识，在此获得了一个超越性发展。

2. “科技特派员”和“科技小院”智囊团

科技发展和农业创收是乡村治理的基础和关键，许多农村都以此为工作重点。因此，科技下乡成为乡村治理的重要智力和智慧支撑。早在1999年，福建率先推出“科技特派员”制度，并很快辐射全国。有人这样表示：科技特派员的主要职责是价值再造，通过实用科技技术将生产力向乡镇下沉，向田间地头转移，并培养新型农民。目前，我国科技特派员已多达70万人，是2010年的5倍。如陕西省已实现县级贫困村科技服务全覆盖，全省92个县（区）的5928个贫困村都有科技特派员。福建省2018年持续推出科技特派员进行精准服务“三农”，力争实现科技特派员在全省所有乡镇全覆盖。① 还有吉林梨树县的“科技小院”，它是2009年由中国农业大学师生为农民致富提供的“大智慧”。其模式是师生都住在农村开展科研和科技创新，从而通过“科技小院+推广站+农户”三位一体模式实现高产。以至于当地人表示：“科技小院”让科学家成了农民，让农民变为科学家。② 除此之外，河南等地也通过“科技小院”开展“惠农送智”活动，因为农村和农民更需要科技。

3. 青年发展现代农业“智囊团”

在中国广大农村，青年是中坚力量也是未来的希望所在。因此，某种程度上说，谁抓住了农村青年，谁就抓住了农村治理的关键及其未来发展。在这方面，广东省所做的工作较有代表性。2010年10月29日，来自广东农业科学院、华南农业大学、仲恺农业工程学院、广东海洋大学等高校的33名教授，被聘为首批广东青年发展现代农业专家团专家。其目标是依托科技大力发展现代农业，提升农村青年科技素质，帮助农村青年致富成才，推进农业领域产、学、研结合。为了有效开展工作，广东省组织编写出版了《广东青年发展现代农业实用技能丛书》，并免

---

① 《科技特派员：打通科技兴农“最后一公里”》，2018年3月21日，中国新闻网（http：//www.chinanews.com/sh/2018/03-21/8472566.shtml）。

② 高楠、郭翔：《吉林梨树：科技小院：农民的“智囊团”》，2016年7月11日，（http：//www.xinhuanet.com/ttgg/2016-07/11/c_1119199349.htm）。

费发给农村特别是3409个贫困村的青年，用于指导和帮助其创业、致富、成才。与此同时，专家团还为全省农村青年提供各式各样的服务，以便提升其生产经营与就业能力。[①] 可以说，“青年”与“现代农业”是未来乡村治理的关键词，广东省做出了有益的探索。

4. “一会联一村”智囊团

2006年8月，浙江余姚市科协组织19个市级学会（协会）与24个村结对。学会（协会）4000多位专业人才成为乡村建设的智囊。在这一过程中，各学会（协会）主要有四项任务：一是促进农村经济发展，帮助农民创收。二是组织技术培训，提高农民科技致富能力。三是开展科普宣传。四是帮助农民解决实际困难。[②] 这种科协与村庄的联结方式，既讲究对口衔接，又富有针对性，还切近村民的实际需求，克服了一般意义上的笼统帮扶的局限。

5. 在农村建“网络智囊团”

当今，新媒体在人们的社会生活中起到越来越大的作用，电脑网络也由城市向乡村普及，这无疑成为乡村治理非常重要的智力支撑。许多地方政府在农村大力推广电脑网络技术，以此来提升乡村治理的能力水平。较有代表性的是宁夏永宁县委在全县建成农村党员干部现代远程教育站点92个，有10多万农民受益。这样的站点集农村党建、教育和公共服务于一体，农村党员干部只要登录“宁夏农村综合信息网”“中国农业网”等网站，即可为群众查阅实用技术资料。2011年至2013年，永宁县通过农村党员干部现代远程教育网络，上传惠农信息6000多条，举办专家视频课堂460余场次，为农民解决农业生产难题约1400件。不少农户学到了政策法律、市场信息和科技知识。远程教育站点已成为村民致富的“智囊团”和有效载体。[③] 可以说，党和国家尤其是各级政

---

① 共青团广东省委：《首个广东青年发展现代农业“智囊团”在广州成立》，2010年10月29日，广东农村共青团网（http：//www. gdcyl. org/qnb/ShowArticle. asp？ArticleID＝90855）。

② 龚宁、叶初江：《一会联一村建设新农村：余姚四千专家成为新农村建设智囊》，2007年5月5日，中国宁波网（http：//news. cnnb. com. cn/system/2007/05/05/005282016. shtml）。

③ 高菲：《“致富快车”再提速　永宁10万农民坐拥网络“加油站”》，2012年6月18日，中国民族宗教网（http：//www. mzb. com. cn/html/Home/report/309409－1. ht）。

府为农村建设的电脑网络远程教育平台，是一种极为方便、快捷、实用的智力服务，为乡村治理提供了新的理论与方法。

6. 村长助理“一元年薪”智库

在农村智库建设中，有不少外援是需要经济投入的。有的还向国外高薪聘请专家，如山东牟平将意大利双孢菇领域专家穆罕默德和德德玛聘来，先后引进高校毕业生和各类专业技术人才共200多名，仅2007年就引进国外农业技术专家26人次，攻克技术难题16个，帮助培养农村专业技术人员800多名。① 许多乡村智库建设都采取这种双赢模式。但是，还有一种智库建设新模式，即无须高薪甚至不用多少花费也可聘到专家，这就是珠海斗门区莲洲镇西滘村开创的“一元年薪”聘请博士担任村长助理。2014年4月，西滘村一天就聘任了9名村长助理，其中包括北京师范大学珠海分校教授孟子敏、中山市东风人民医院曹晓哲和来自企业的金圣鹤与贾永清四位博士。这被称为“借外脑打造农村智库”。之所以只有“一元年薪”，从村庄来说，是缺乏经济基础，高薪聘请外脑的可能性不大，且有创新治理思维的考虑；从博士们的角度说，这也是有意义的一件事情，可通过农村这个平台将理论和实践结合起来。如孟子敏表示：从国外经验看，大多数社会管理经验都只适合大城市，真正适合农村的经验非常少，适合中国广大农村的治理经验更少。她希望能从经济学和管理学角度，对西滘村的整体改造提出一些策划和建议。② 通过义务式为农村提供智力服务，四名博士站在更高的精神高地，为乡村治理提供了一个新的范式。

（二）内生型乡村智库

目前，乡村智库建设主要是外援式的，而内生型智库则比较缺乏，尤其是缺乏具有创新性和发展潜力的内生型智库。一方面，这与乡村智库建设的初级阶段性质有关；另一方面，也与乡村内部缺乏创新动力有

① 邢俊、栾旭波：《牟平新农村有了“智囊库”》，《烟台日报》2007年9月2日第6版。

② 邓媛雯、陈彦儒：《珠海打造农村智库　4名博士1元年薪应聘村长助理》，2014年4月21日，中国新闻网（http://news.ifeng.com/gundong/detail_2014_04/21/35930949_0.shtml）。

关。当然，如细加研讨，其中也还有一些值得概括和总结的内生型农村智库典型。

1. 强村书记“智囊团”

为改变落后村面貌，浙江兰溪市委组织部于2014年选取10位治村优秀的“强村书记”，成立智囊团，到37个软弱落后村进行“巡诊号脉”，并对各种“疑难杂症”实行“一村一策”治理。为进一步扩大战果，2015年兰溪又实施强村智囊团“2.0版”升级工程。这主要表现在：第一，扩大强村智囊队伍建设，由原来10人的“强村智囊团”扩到28人。第二，推行“五本账”工作法，这“五本账”包括党建责任清单、晋位升级清单、村级发展项目清单、小微权力清单、村民幸福生活清单。第三，改“巡诊”为“问诊”。所谓“问诊”，比“巡诊”更细致和更具针对性，通过走门串户、聊家常，找到问题症结，并开出具体解决问题的方子，定期上门支招。① 这种强村书记“智囊团”具有内生性的特点，主要依靠的是乡村尤其是村支书资源，其创新性强，值得大力推广。

2. 农村党员“智囊团”

中国有八千多万党员，他们在治国理政中发挥着不可替代的作用。乡村治理也是如此，党的建设不仅被置于首位，广大党员还成为带领人民群众向现代化迈进的先锋队。因此，不少乡村都将党员智囊团建设作为一项相当重要的工作来抓。江苏省启东市士清村于2013年成立党员智囊团，充分发挥全村130名党员的积极性和创造性。仅一年时间，士清村党员就协助村党总支解决道路修缮、土地承包等疑难事30多件，化解各种矛盾纠纷50多起。② 四川省荣县过水镇的党员智囊团有60多人，年初党委集中征求一次建议，日常建议收集由镇党委办负责，每年定期开展1—2次建议办理巡视活动，各项活动全是义务性质，③ 比较有

---

① 王莹：《浙江兰溪实施强村智囊团“2.0版”工程》，《金华日报》2015年12月3日第A1版。

② 黄晓燕：《士清村：村里有个“智囊团”》，2014年9月11日，启东新闻网（http://www.qidongnews.com/html/2014-9/201491183331.htm）。

③ 蒋兵：《过水镇有支“党员智囊团”》，《四川农村日报》2014年11月18日第3版。

代表性。

3. 村干部沙龙智库

作为乡村治理的主体，村干部的数量巨大，也是基层中的基层。某种程度上说，乡村治理及其智库建设的好坏，村干部是关键。因此，在村干部层级建立智库是十分重要也是非常迫切的。如河北景县各乡镇创办了“村干部沙龙”，通过村干部相互交流学习，达到取长补短、集思广益之效。其具体做法是：以乡镇为单位、以乡镇党校为阵地，每月开办一次，主要采取摆出问题找方法、安排先进讲事迹、邀请专家教知识、组织观摩学经验和开通 QQ 群交流五种方式。各乡镇结合实际，灵活组织，并对问题的进展情况进行督导追踪。仅 2013 年，全县 16 个乡镇共举办“村干部沙龙”80 多场次，培训农村干部 2000 多人次，解决疑难问题 100 多件。[①] 这是一个切实可行、细致有效的农村智库创新形式。

4. 乡村“群英智囊团”

杭州市淳安县 2012 年组建了 469 个“群英智囊团”，以党员为主体，广纳各界人士参与，覆盖全县 425 个行政村，包括 7488 人，主要由乡、村两级组成。“群英智囊团”一般由乡和村两级党组织领导干部任团长，成员由入党积极分子、农村工作指导员、非公企业党建指导员、致富能手、大学生村官等参与。智囊团通过出谋划策、检查监督、绩效评估，全面参与村级治理，推动乡村社会健康发展。乡村“群英智囊团”很快提出建议 20000 条，帮助解决问题 3200 个，推动回乡创业特色项目 21 个。[②] 这是一种通过整合乡村内部人才资源所进行的大胆尝试。

5. 镇、村集中议事“智囊团”

面对长期以来乡镇与村庄治理的分离状态，尤其是在村民自治中乡镇的缺席，山东省文登市于 2009 年推出“镇村集中议事”形式。最早

---

① 孟凡玉等：《景县：“村官沙龙”成了解疑释惑的“智囊库”》，2013 年 8 月 29 日，中国网（http://finance.china.com.cn/roll/20130829/1769939.shtml）。

② 白丽媛：《淳安：乡村也建智囊团》，《浙江日报》2012 年 12 月 10 日第 2 版。

是在米山镇的44个村进行试点，后在文登市全市推广这一做法。其程序包括议事前、议事中、议事后三个方面。所谓“议事前”，是指由乡村干部实行提前调研，就乡村治理的大事、要事、难事进行摸排。所谓“议事中”，是指乡镇主要领导、与议题有关的领导、包片包村干部以及职能部门负责人不能缺席，现场办公解决问题。所谓“议事后”，是指确定村干部任期目标，对责任人、完成时限和效果进行监督，以便真正能够落实到位。关于议事方式，可根据各镇具体实际分层次、类别、专题进行，这样就避免了千篇一律的局限。在镇、村两级议事中，常会出现因议题不符合政策、法律以及专业知识，被乡镇领导取消。2011年，文登市的镇村议事“智囊团”工作成绩显著，集中议事6800项，解决问题1600个，规范欠考虑方案930个，落到实处的事高达96.5%。为此，山东省将之作为“文登经验”在全省推广。①

6. 乡村“智囊书屋”

近些年，“乡村书屋”建设成为一道亮丽的风景，这对农民最具吸引力。这是因为：第一，农村科技致富成为一股不可阻挡的潮流，而乡村书屋的科技类书籍直接可成为农民致富的“智囊”。二是乡间农闲季节，不少农民无事可做，但又不愿打牌赌钱，他们可到书屋读书和消磨时光。三是乡村精神文明建设促使农民读书，这对于提高其文化素养，尤其是处理好家庭邻里关系大有益处。如山东省聊城市东昌府区郑家镇的农民“智囊屋”，倡导“读一本好书，学一门技术，有一技之长”，引导各村青年农民向农家书屋靠拢，掌握致富本领，自主创业。② 又如甘肃高台县新坝镇农民利用“农家书屋”促春耕，通过读书致富。于是，“农家书屋”已成为全镇农民奔小康的“智囊库”、春耕备耕的“参谋部”。③ 再如济宁兖州小孟镇的“农家书屋”加大建设力度，配备大棚种植、特色养殖、瓜菜生产等农业适用型书籍和科技光盘，让村民

① 徐锦庚：《智囊团帮着村里解难题》，《人民日报》2011年7月8日第14版。

② 李政哲：《东昌府区郑家镇农民有了“智慧屋”》，2013年9月2日，聊城新闻网（sxz. lcxw. cn/wenhua/2013-09-02/478429. html）。

③ 朱诚玉：《高台县新坝镇农家书屋成春耕生产“智囊库”》，2014年4月2日，甘肃高台网（http：//www. gaotai. gov. cn/Item/9218. aspx）。

借助“农家书屋”这一智力平台，走向富裕。[①] 应该说，“农家书屋”看似一个静态智库，但因农民的参与，更由于农民将科技与致富等直接联系起来，所以具有巨大的发展潜能。

（三）内外兼备型乡村智库

除以上两种类型，还有一种乡村智库，那就是内外兼备，即兼具外援与内生两种类型的化合型。也就是说，很难用外援和内生进行区分，而是二者兼备的一种乡村智库。

1. 农村“双百”人才智囊团

山东省莒县由组织部牵头，整合县乡单位和农村人才，层层选拔100名县乡单位专业技术人才、100名优秀农村实用人才，让他们直接为农村服务。主要任务是：发展经济、增收创收、推广技术、转化科研成果、举行科技培训、提高农民科学文化水平以及经营管理能力。“双百”人才服务团将团员的服务卡发放给农民，上面有专业特长、服务处所、手机号，农民可通过电话、手机短信等形式直接向团员咨询，并享受“全天候”服务。围绕新农村建设，加强农村实用人才队伍建设。组织实施“百、千、万”培养工程，信托农广校、农函大、职教中心等培训阵地，通过开设远教频道、组织专家下乡讲课等形式，每年培养100名县级优秀农村实用人才、1000名乡镇级优秀农村实用人才，对10000名农村实用人才进行重点培训。实行“三位一体”农村人才工程，培养领军人才、打造创业创新团队、建设示范培训基地。依托县职教中心开展农村“双带头人”培养活动，信托县农广校创办了“阳光工程农民创业培训班”，信托日照电大实施“一村一名大学生”计划。[②] 这次“双百”人才是乡村外援与内生两股力量合作的结果。

2. 农村乡贤“智囊团”

当下中国乡贤虽不能与古代相提并论，但他们仍是一支重要力量，

---

① 张建华：《济宁兖州小孟镇：农家书屋成为农业管理的“智囊库”》，2016年3月24日，中国山东网（http：//jining. sdchina. com/show/3741700. html）。

② 日组宣：《莒县统筹推进各类人才队伍建设》，2011年9月16日，日照市人民政府网（http：//www. rizhao. gov. cn/ContShow. php？ aiticle_ id = 8107&category_ id = 185）。

成为乡村治理的稳固基石，也是一种不可忽略的智力保障。乡贤既有村庄的，也有乡镇的，还有县域甚至全国范围的；然而，因为家乡这一本土性，使不同层面的乡贤具有共同的向心力，聚焦在为乡村提供智力支持的共同目标下。2014 年 8 月，绍兴市提出以“乡贤参事会”为突破口开展工作，并在市、县两级制定出台《关于培育和发展乡贤参事会的意见》及《实施细则》。制度规定将乡贤提拔为村干部，这是一个重大突破。至 2015 年年底，绍兴市六成行政村建立了村级乡贤参事会，共有 1209 名乡贤担任村干部，其中 25 人担任村党支部书记和村委会主任。[①] 贵州省让“乡贤文化”在农村落地生根，这里既有从江县下江镇的在村人中树立乡贤典型，又有从息烽县整理和挖掘历史乡贤功绩，也有大方县的乡贤文化名人墙，另有印江县打造红光、黔江 2 个乡贤示范村，还有德江县和松桃县创新“村两委 + 乡贤会”，更有黔西南州在县级以上设乡贤文化馆、在乡镇设文化站、在村（社区）设乡贤陈列展的乡村治理模式。这是一次乡贤文化之集大成。[②] 广东潮州于 2016 年成立了拥有一千多名乡贤的咨询委员会，并改变了以往“出钱出力”的做法，将重心放在“出智”上，即让乡贤为家乡发展献计献策，以提高乡村治理能力。为此，潮州下发《关于探索建立创建“文明村居”咨询委员会的通知》，明确规定咨询委的入选标准：委员必须是籍贯、成长、工作以及姻亲关系在当地，同时是要有德有才、有威望、有影响的社会贤达。在一千多名乡贤委员中，有老党员、老干部、企业家，也有族老乡绅、社会组织负责人，还有年轻“创客”和专业人士。不仅如此，潮州乡贤会还鼓励与本地有关的县区机关领导干部，参与当地咨询委员会的创建活动。另外，不少村居还建起乡贤 QQ 群、微信群，这为更好地获得智力与智慧提供了更加广阔的平台。[③] 潮州的做法是在时

---

① 施宇翔：《给政策、给荣誉、给职位　绍兴打造乡贤参事会推进乡村治理》，2015 年 12 月 30 日，浙江在线（http：//zjnews. zjol. com. cn/system/2015/12/30/020972243. shtml）。

② 《让乡贤文化在贵州农村重要落地　绘就美丽乡村新画卷》，2016 年 4 月 28 日，中国文明网（http：//www. wenming. cn/syjj/dfcz/gz/201605/t20160503_ 3328999. shtml）。

③ 廖奕文等：《潮州 1015 个乡贤咨询委员会探路乡村治理》，2016 年 4 月 7 日，南方网（http：//cz. southcn. com/content/2016 – 04/07/content_ 145496733. htm）。

空与思维方式上的重要变革。

3.“三有”企业家农村顾问团

浙江省一直重视“农村经济顾问”建设，奉化市的280名企业家成为顾问，宁波市有1468名非公经济人担任顾问，到2007年，全省共有2800名民营企业家成为“农村经济顾问”。[①] 2015年3月3日，浙江省东阳市发出《关于建立“三有”企业家农村顾问团的通知》，让各村都聘任企业家作为乡村治理“顾问”，以发挥智囊、参谋和助推作用。所谓“三有”，即“有精力”“有能力”“有基础”，而这些“企业家”既包括本地本乡的，也包括在外打拼的，其关键是“各村以‘亲情、乡情、友情’为纽带”。也就是说，只要是亲戚、本地籍、朋友的企业家，不论身在何处，都可以“亲情、乡情、友情”为纽带，充当“企业家农村顾问团”。这是一个用“三情”和“三有”将“外援”与“内生”高度结合的智囊团。为更好地发挥顾问团作用，通知规定建立具体工作机制，包括经常联系制度、情况通报制度、工作互动制度。[②] 浙江省“顾问团”制度可更好地起到内外沟通作用，在更广大的范围和更深厚的基础上为乡村治理提供智库服务。

4. 农村“网友智囊团”

2009年，河南省邓州市充分利用新媒体，在邓州网、邓州吧、邓州论坛等页面，开辟深入学习科学发展观专栏，面向全国举行“科学发展请你支招”活动。这一新“智囊”的建设方式立即受到邓州籍网友的普遍关注，他们组成“网友智囊团”为邓州发展积极进言，很快提出需要解决的问题356条、整改意见268条，内容涉及农业、工业、文化、城建等多个领域。对于网友意见，邓州市组织专人进行分类整理，后提交市委和市政府研讨，并结合工作实际进行整改。对于建设性的优秀意见，邓州市设立“金点子”奖项，以增强网友建言献策的积极性

① 李刚殷：《浙江2800余名民营企业家成“农村经济顾问”》，《工人日报》2007年10月24日第4版。

② 《关于建立“三有”企业家农村顾问团的通知》，2016年3月3日，东阳政府网站（http：//www.dongyang.gov.cn/dongyang/zfxxgk/xzjd/hlz/gkml/fgwj/）。

和创造性。[①] 这是一个立意于邓州籍网友，而又面向全国网友的智库建设，是将内生和外援更好结合起来的创新活动。

总之，目前中国乡村智库建设初见成效，不论在城市还是乡村，不论在国家层面还是乡村本土，不论在乡镇还是村庄，都有一定的创新。另外，就丰富性、实用性、创新性和有效性来说，中国乡村智库类型确实令人瞩目，是一个可供研讨的重要课题。

三　乡村智库建设特征及其价值

如何概括和评估当前乡村智库建设，并给予恰当的价值定位，这是不可忽视的一项重要工作。因为看不到乡村智库的发展趋势及其优势，就不会获得成熟经验，更不能找到自己的支点，也无从考量未来的发展方向。

（一）经济成为乡村智库建设的重中之重，为乡村治理奠定坚实基础

纵观中国乡村智库建设，一个最重要的特点是，经济成为支撑的圆点。不论是外援式智库，还是内生式智库，抑或是内外结合型的智库都是如此。由此可见，农村经济对于乡村治理的重要性，也反映了国家战略发展的整体布局与方向。乡村智库将经济作为命门，主要表现在以下方面。

1. 将科技致富作为农村智库建设的核心问题

不论是下派科技人员，还是聘请科技力量，抑或是农村书屋建设，往往都围绕“科技”二字进行。因为只有通过“科技”才能增产创收，将农村经济搞上去，真正使农民脱贫致富。舍此，乡村治理就是一句空话。就目前情况看，中国虽已成为世界第二大经济体，但考虑到人口问题及农村的落后状态，扶贫攻坚的任务仍十分繁重。这也是

---

① 阙爱民等：《邓州市有个“网友智囊团”》，2009 年 5 月 21 日，邓州社区网（www.dengzhou.org）。

为什么党和国家将农村脱贫七千多万，作为2020年战略目标的重点提出来的原因。[①] 也是从此意义上说，在农村智库建设中，“科技”就是一个罗盘针，它标示出发展的向度和指南。近年来，河南邓州涌现出大批种田专业户，为提高产量和质量，他们邀请专家当“种田智囊团”，并给专家一定报酬。文渠乡的种植大户刘二黑有100亩沙滩地，本想用来种麦，但“智囊团”专家经过取土测验，认为不适合种麦，建议种植铁棒山药，并保证亩产可达1.2万公斤。花生种植大户李天刚说，经“智囊团”老师指导，他的花生一季下来增产500公斤，每亩还节省了数十元农药费。至2007年，河南邓州有3000多种田大户与“智囊团”结下帮扶对子，亩产增收400元。[②] 还有的农村“智囊团”通过科技改变农村传统经营项目，也改变其农业结构。如通过科技培训，甘肃敦煌市郭家堡乡梁家堡的农民张建军说，“致富智囊团”教他嫁接骏枣新技术，产量比传统方法提高了很多。[③] 江苏灌南县早在21世纪初就与100多位高校、科研所的专家建立了密切合作关系。在“科技智囊”的帮助下，灌南县成功引进大棚蘑菇、温室花卉等新技术30多项，科技在农业中的贡献份额达到45%。其农业结构也有很大调整，像张湾的淮山药、三口蘑菇、李集蔬菜，不仅形成规模效益，且成为市场品牌。[④] “科技”就像一把利刃，它不仅斩断了农村农民的保守观念，更使其获得了先进生产力，大大促进了增产丰收。

2. 农村“智囊”改变了农民的传统经营理念，由此获得新的经济增长动能

由于农民受传统思想的深刻影响，在经营观念上不可能不趋向单一和保守，这就大大限制了其视野与眼光，也与现代经营存在不小的距离。以发展经济为例，传统意义上的农村主要靠农作物尤其是粮食生

---

① 参见聂振邦、元利兴《决胜“十三五”脱贫攻坚》，《当代山西》2016年第2期。

② 马小光、许光选：《邓州农民种田请“智囊团”》，2007年9月27日，邓州网（http://dengzhou.01ny.cn/news/dzyw/200709/6047.shtml）。

③ 张晓亮、周宏霖：《村里来了“致富智囊团”》，2015年1月1日，网易新闻（http://news.163.com/15/0101/11/AESBES8K00014AEF.html）。

④ 《专家教授当智囊　灌南农民喜洋洋》，2001年2月27日，中国蔬菜网（http://www.vegnet.com.cn/News/Detail_13213.aspx）。

产，而靠天吃饭和土地肥沃与否自然成为条件好坏和资源有无的关键，以至于不少地方竟守着美丽环境怨天尤人。习近平总书记提出青山绿水也是金山银山后，这一传统的农业观得到根本改变。也就是说，虽然农业自然条件不佳，但完全可以靠“青山绿水”获得经济发展动力，即使没有“青山绿水”也可通过别的方式脱贫致富。浙江慈溪市匡堰镇邀请同济大学、英国合乐集团等八所知名高校和研究机构专家学者充当“智囊团”，围绕乡村文化旅游发展、南部山区开发，从旅游资源调查、旅游交通布局、旅游发展总体思路等进行研讨。“智囊团”提出30多条意见，初步确定匡堰旅游业发展的总体思路，力争将岗墩等南部山区打造成集“山、水、瓷、梅”于一体，独具特色的“乡村大世界，城市后花园”。[①] 2007年，在湖北宜昌市点军街道办有3000多农民聘请“金融顾问”，为自己投资把脉。一些银行员工、从事经济发展与管理的干部成为农民的“抢手货”。金融等工作人员不计报酬，用金融知识、法律意识和经济防范理念，帮助村民寻找“让钱生钱”的致富门路，被农民称为“智囊”。塘上村农民陈华富举办的甲鱼垂钓园，每天游客200多人次，创收1.5万元，而这一生财点子就是点军街道办分管经济工作的雷元龙为他出的。某种程度上说，观念致富比技术致富更胜一筹。

3. 农村“智囊”为农民提供全面高质量服务，以确保经济利益最大化

以往，农民生产效益是较低的，风险也是巨大的，这是因为许多农民往往都是个体经营，缺乏联动性，也不太了解外面的信息与变化。因此，不要说农民难获丰收，就是有了好收成，往往也容易谷贱伤农。农村“智囊”的出现不仅为农民提供科技和改变观念，还在“服务”上打开了通道。这既包括信息服务，也包括政策服务，还包括风险把控，更包括销售服务。总之，许多农民有了“智囊团”，就再也不用担心生产和流通过程中的各种风险了。以海南省农村信用社2014年成立的

① 《匡堰镇引进“智囊团”破解乡村旅游发展难题》，2016年9月23日，慈溪政府网（http：//www. cixi. gov. cn/art/2016/9/23/art_ 14404_ 1334405. html）。

“三农”技术专家委员会为例，其共有来自省内外的业界专家、龙头企业负责人和业内成功人士 93 人。他们“给农民贷款、教农民经营、促农民增收、保农民还款、助农村繁荣”，真正起到服务农村的“智囊”作用。由于这些专家熟悉农产品的产、供、销、运等，所以对农民的帮助最大。为鼓励专家当好“智囊”，优秀专家享有贷款审批权、决策权和利息奖励获得权。海南农信社除了按照考核对专家给予 1 万—5 万元年度津贴外，对于做出重大贡献者还给予最高 100 万元的奖励。[①] 这一农村“智囊”服务与奖励机制，极有助于调动农民和专家的积极性与创造性，从而达到促动经济快速发展的目的。

（二）草根性是目前乡村智库的基本特点，其中蕴含着巨大的民间智慧

与国家战略发展等重大智库相比，乡村智库具有草根性，亦可称为民间智慧。虽然来自高校与科研单位的乡村智库也有理性的整体设计，并不乏智识阶层和科研队伍的制度安排与智慧投入；但整体而言，这样的智库并不多，也不占据主要地位，更多的则是草根性的民间智慧。其突出特点为：基础性、自发性、微小型、随意性、短期行为、多样化。也就是说，乡村智库往往根据广大农村的具体特点，以实用的理念与方式，更具体化地形成属于自己的特点与智慧。这也是为什么乡村智库多以“智囊团”和“智囊帮”等命名。如前文所说广东珠海西滘村的“一元年薪”聘请博士当村长助理，就有这样的特点：这种近于幽默风趣的乡村“智囊团”，除了其实用性外，更多的则是乡土智慧，一种具有奇思妙想的创造性思维。还有河北邯郸广平农村有个“老人智囊帮”，它是由回村的退休干部、原村两委干部、村里的老党员组成的，专门为婚丧嫁娶、婆媳矛盾、邻里关系献计献策。如广平县南韩村的退休干部王荣军遇到村里婚宴超标，他与其他老人帮成员一起予以制止，并为全村制定了一个统一标准，谁也不能改变。这为改变民风村貌起了

---

① 操戈：《海南农信社聘请“智囊”为金融支农献策》，2014 年 1 月 21 日，中国网（http：//finance. china. com. cn/roll/20140121/2139435. shtml）。

很大作用。另外，“老人智囊帮”还参与宣传党的方针政策、辅导村民学习报刊、帮助村两委开展工作、监督村级财务，因此成为广大干部群众喜爱的“香饽饽”。[①] 还有内蒙古通辽市的奈曼旗，依靠“天地人三网”，将农村致富能人聚集起来，形成“农村智囊团”。其主要内容包括：其一，设“天网”，将有形的农村人才市场和无形的信息网络进行结合，将有线电视和无线教育统合起来。其二，建“地网”，使专业养殖村、大棚生产示范村、林果示范基地相统一。其三，重“人网”，组建以科技特派员、“土秀才”为主智囊，并充分发挥旗农人才市场、苏木镇劳动保障所、嘎查村劳动服务站作用，形成覆盖全旗农村人才市场的科技网络。奈曼旗还通过培训村干部、农村劳动力，形成旗、苏木镇、职业教育学校、嘎查村四级培训链。2013 年，全旗有 90% 以上的农村干部受训，75% 以上的农民掌握了一门以上农业新技术，万人成为农民技术员。[②] 显然，这是结合奈曼旗自身特点，充分发挥农村经济社会人才优势，并具有地方创造性的一项乡村“智囊”建设。当然，以上例子并不具有绝对代表性，但从一个个侧面反映了乡村智库的丰富性，尤其是包含其间的民间智慧。

（三）“外援”与“内生”的衔接互动，成为乡村智库的主要特色

由于中国广大农村地处偏远，物质资源和精神资源相对贫乏，这就决定了其经济、社会、文化发展的困难。在智库建设上也是如此，它远远无法与国家智库相提并论，因为不论从何角度说，国家智库都可轻易调动各方面的积极性与创造性，甚至在极短时间以极高效率集合攻关某一研究，从而获得智力与智慧的支撑。如南海争端的应对即是如此，面对国际社会的巨大压力，我国非常成功地形成有效的反制力量，其中就离不开速度惊人的智库建设。乡村智库虽不然，但它也有自己的建设理路与方法，其中最突出的是联动机制，即“外援”与“内生”的相互

① 李艳庆等：《河北广平：村里人喜欢的“智囊帮”》，2015 年 6 月 26 日，搜狐网（http：//www. sohu. com/a/20209722_ 105561）。

② 王阳：《贫困村里来了“智囊团”》，2017 年 11 月 20 日，奈曼新闻网（http：//www. naimanwang. com/html/2017/localnews_ 1120/21743. html）。

衔接与共赢共生。就大的方面来说，广大乡村基层不断向“外”借力，以便能“借壳生蛋”，不论是技术的还是知识的抑或是理念与方法的，都是如此。也是在此意义上，乡村智库将大学与科研单位引进来，甚至将国外科技吸纳进来。以新疆呼图壁县为例，它与中国农业大学通过“院县结对”建立教授工作站，从而形成专门指导农业项目申报等的“呼图壁县农业智囊团”。2015 年，该站为呼图壁县农业局争取重大农业项目给予指导和设计，并取得资金 3000 万元的玉米杂交制种项目。在项目设计过程中，智囊团将农业项目的目标任务与呼图壁县现代农业发展的瓶颈问题紧密相连，从而达到了较好的结合点与共建圈。于是，其方案得到评审专家的一致好评。[①] 由此可见呼图壁县借力用力的智慧。还有充分调动乡贤、在外就读大学生等的积极性和创造性，为家乡建设服务。更值得一提的是，浙江兰溪利用“强村智囊团”的优秀村支书为落后村诊断和升级，这是一种从村庄来说的“外援”与“内生”的对接，具有十分重要的示范作用。其主要价值有四：一是可避免乡村社会对于政府投入的过度依赖，强化其内生性力量。“强村智囊团”打破乡村社会外来力量的固定模式与思路，让“强村”书记发挥作用，既节约了资源，又激发了农村社会自身活力，还使其乡村治理可持续发展。二是有利于打破农村社会区域边界，以及地方主义、保守主义倾向，更有利于培育公共精神等现代意识。三是由于“强村”书记更了解当地实际，避免了外来“智囊团”的隔膜与空谈状态。四是可增强“强村智囊团”书记的自豪感、自我价值实现感与模范带头作用。总之，乡村智库建设是一个在地域、层级、部门等方面具有更多相关性的多元集合体，任何单一的努力都难以形成合力，也很难成功。在此，乡村智库实现了多方面的“对接”“互动”与“共赢”，而“外援”与“内生”的联动尤其具有代表性。

乡村智库建设还有其他特点与作用，这主要表现在运用“微治理”方式达到更好的效果。像“一对一”“一帮一”的扶贫、教育、培训方

---

① 刘鑫承等：《呼图壁县农业智囊团指导农业项目顺利申报》，2015 年 6 月 4 日，亚心网（http：//news. iyaxin. com/content/2015 -06/04/content_ 4888506. htm）。

式是如此，有针对性的具体而微的科技致富、道德提升等亦是如此。换言之，乡村智库往往由大处着眼，但从小处入手，更讲究具体有效，尤其是从与老百姓息息相关的物质生活利益开始，进行“指导”与“培训”。如宁夏彭阳通过“微课堂”培训农村“智囊”，采取的是“手把手”指导、“面对面”传授、现身说法等方式，并编写通俗易懂的“乡土教案”，共培训农村实用人才4000多人次，达到了较好的效果。① 应该说，乡村智库建设中有更多的规律可以梳理、更多的经验可以总结，这既有助于乡村治理，对于国家智库建设与长远发展也具有重要意义。

四　乡村智库建设的局限与设想

应该承认，与美国等先进国家的智库相比，我国智库尚处于初建阶段。而与整体国家智库相比，乡村智库更是刚刚开始，远未引起人们的高度重视。其实，作为国家治理的基石，乡村智库建设至为重要，它既关系到乡村治理的内动力与“软实力”问题，又与国家智库建设与国家长远发展不可分割。就目前情况看，乡村智库建设主要有以下几大薄弱环节，需要进行调整和推进。

（一）乡村智库有经济至上倾向，对于政治、道德、文化多有忽略。未来应确立均衡发展理念，以突破时下“经济”型乡村智库的瓶颈问题

目前，经济发展成为乡村智库建设的重点与目标，某种程度上讲，这是对的。因为我国有不少农村还比较贫困落后，脱贫攻坚是农村工作的关键和奋斗目标，否则一切工作都会偏离前进的方向。也是在此意义上，乡村智库建设的着力点与重心主要放在脱贫致富上，由此出现各式各样的“智囊团”。对于广大乡村农民来说也是如此：最有吸引力、最能调动其积极性也最有发展潜力的是科技，这是看得见、摸得着、抓得

① 丁建峰：《彭阳“微课堂”培训农村“智囊”》，2015年4月9日，宁夏新闻网（http://ningxia.mofcom.gov.cn/article/sjdixiansw/201504/20150400936690.shtml）。

住的实惠。以乡村智库人员为例，其智囊人物多是经济型人才，而少政治、道德、文化型人才。不过，如果乡村智库忽略政治、道德、文化等维度，其后果也是不可想象的：一是影响农村社会政治文化生态，形成物质主义和功利主义倾向，弱化乡村治理能力水平。因为没有政治信仰，就不可能有精神支撑，甚至会失去正确的发展方向；没有道德品质，就会形成不良社会风气，甚至形成乡村社会的腐败现象；没有文化软实力，就会变得目光短浅、缺乏发展后劲。“软实力”是美国学者约瑟夫在《美国定能领导世界吗》一书中提出的，他将经济、科技、军事等称为“硬实力”，而将文化和意识形态等称为“软实力”。“硬实力”和“软实力”都不可或缺，二者都相当重要；不过，在信息时代的“软实力”正变得比以往更为重要。习近平总书记认为：“核心价值观是文化软实力的灵魂、文化软实力建设的重点。这是决定文化性质和方向的最深层次要素。一个国家的文化软实力，从根本上说，取决于其核心价值观的生命力、凝聚力、感召力。要切实把社会主义核心价值观贯穿于社会生活的方方面面。要通过教育引导、舆论宣传、文化熏陶、实践养成、制度保障等，使社会主义核心价值观内化为人们的精神追求，外化为人们的自觉行动。要利用各种时机和场合，形成有利于培育和弘扬社会主义核心价值观的生活情景和社会氛围，使核心价值观的影响像空气一样无所不在、无时不有。”① 由此可见，没有政治信仰及文化“软实力”作为后盾，乡村治理就不可能走得太远。二是使用乡村经济发展不可持续也难获得强劲动力。一般来说，乡村经济发展需要高度重视和直接推动，但真正的经济腾飞则必须有政治、道德和文化底蕴，这是由马克思主义的辩证思维决定的。因为乡村经济的快速、稳定、长远发展，最终取决于广大干部群众的政治素质、现代化管理水平和道德文化品质。如果乡村智库建设过于偏向经济而忽略文化“软实力”等其他方面，经济发展也很难实现真正的突破。因此，未来乡村智库建设在高度重视发展经济的同时，应强化政治、道德、文化等“软实

① 《习近平：使社会主义核心价值观的影响像空气一样无所不在》，2014 年 2 月 25 日，新华网（http：//www. xinhuanet. com//politics/2014 - 02/25/c_ 119499523. htm）。

力”建设，这是深化乡村治理的关键所在。

（二）乡村智库建设层次不高，尤其缺乏现代智库的鲜明特征。未来应在专业化、理论性、科学性上下功夫，避免停留在业余性、经验性、随意性状态

所谓现代意义上的智库，按世界著名智库创始人弗兰克·科尔博莫的说法，它就是一个“思想的加工厂”，是奇思异想的“头脑风暴中心”，更是一个充满智慧与挑战的“战略思想中心”。现代智库强调的是“专业、独立、前瞻和多元”①。因此，当前中国乡村智库的短板非常明显，这主要表现在：第一，专业化程度不高。就目前情况看，不少乡村智库缺乏专业性人才。就经济方面人才而言，不少“智囊”是由当地经济能人组成，缺乏细致的分工，离现代意义上的专业亦有较大距离，因此，乡村智库经济方面人才专业化水平并不能令人满意；就其他专业人才来说，乡村智库人才更是缺乏，像环保、林业、监管、政治、文化、安全等人才方面都存在巨大的空缺，难以发挥“智囊”作用。不少乡村智库主要由县乡镇退休干部、前村两委班子成员、大学生志愿者、文艺爱好者组成，专业化程度不一，也缺乏现代管理能力水平。在农村现代化过程中，需要更多学有所长的专业人才加入“智囊”，这是乡村智库建设的关键所在。第二，文化思想水平不高。广大农村根据实际情况，充分利用地方资源进行智库建设，这无疑是件好事，也是强调内生力的长远之计。不过，如果只限于乡村，不能立足高远，那么，乡村社会的人才局限就会成为智库的局限。这是因为乡村干部群众的文化知识水平和思想能力是有一定限制的，他们无法与受过更高层次文化教育、有着深刻思想的学者相比，也就不可避免地影响乡村智库的文化与思想含金量，不是真正意义上的思想库和智囊团。以新疆伊宁县建立的“乡土人才库”为例，已出台的《关于选拔市级乡土人才的意见》《关于建立乡土人才库的通知》，将重点放在农村乡土“实用人才”培养上，明确提出乡土人才的选拔范围、条件、方式和程序，建立市、职能

---

① 参见林文生、林海莘《建设“汕头智库”　借外脑助发展》，《潮商》2010年第5期。

部门、乡三级乡土人才库以及业绩档案，选拔出州级乡土人才30名、市级乡土人才450名、乡镇级乡土人才600名。[①] 这种做法从乡村经济发展角度说，意义重大。不过，过于强调“实用人才”，不重“文化与思想”水平提升，“乡土人才”就难以成为有思考能力和文化远见的开放性人才。事实上，当前乡村智库最缺乏的不是技术，也不是知识，而是文化远见和思想创新，这是限制乡村治理深化发展最突出的瓶颈问题。

（三）乡村智库还处于单一散漫状态，缺乏多元联动机制。未来需要形成统筹兼顾、互相协调、全国一盘棋的整体格局

现在的中国乡村智库建设，犹如无数颗珍珠散落于地，有的则落入泥土，难见其光彩。这种单一、零散和孤立状态是初创期之必然，也是进一步提升的起点。不过，未来中国乡村智库建设尚有很长的路要走，有的甚至是观念性和前瞻性的。这就要突破乡村智库的狭小格局，进入多元互动发展的整体布局之中。第一，将乡村智库与国家智库联结起来，这是互相助益、协同发展的关键，尤其对于乡村智库来说更是不可或缺。国家智库与乡村智库建设各有特点：一个是重视和强调宏观、顶层设计、战略发展，其眼界高、政策性强、规范化程度高、高效有力；另一个是丰富多样、灵活快捷、有草根智慧、可操作性强。二者若能做到取长补短、互相增益，那是一种双赢共进的局面。作为乡村智库，它需要从国家智库那里获益，突破自身的局限与困局，突破碎片化与封闭性。第二，在乡村智库之间形成一种联动状态，避免其各自为政局面。就目前情况看，乡村智库主要有“外援”和“内生”两部分。其中，也有一些层级的联动，如高校组建的乡村智库与村级联动，乡镇与村级联动建立智库，还有村庄与村庄之间建立智库等，都是如此。不过，在乡村智库的各层级之间尚未建起一种紧密、有序、高效的联动机制，这就影响乡村智库的资源共享与相互促进。以华中师范大学这一“首个农

---

① 张扬：《伊宁市搭建立“舞台”让乡土人才各显其能》，2009年12月23日，网易新闻（http：//news.163.com/09/1223/08/5R72K0CU000120GU.html）。

村发展智库平台”为例，它注重与村庄进行对接研究，并用互联网与大数据对村庄进行数字化管理，还举办“中国农村发展智库平台”会议，可谓功不可没。但其最大不足在于，与县、乡镇等层级智库缺乏有效对接和联络，对村级智库建设重视明显不够。又如村干部沙龙智库和强村书记“智囊团”，虽然在村与村之间有关联，但它们与乡镇、县以及更高层级也应建立密切联系，以提升其层次水平和思想品质。第三，在乡村智库与政府之间建立互动关系。目前，各级政府成为乡村智库建设的大力支持者与重要推手，这是毋庸置疑的；不过，如何保持乡村智库的独立性以及智力优势，这是乡村治理应该给予认真考虑的。因为如果乡村智库只是被动顺应政府领导，政府仍在强行政的驱动下建立乡村智库，那么乡村智库就很难获得长足发展，也不可能成为乡村治理的“智力”与“智慧”支撑。因此，乡村智库与政府之间既要保持相对独立性，又要有紧密的关联性，这种互动关系才是良性健康的。

总之，智库建设为中国乡村治理注入了活力与动能，使其在“智力”与“智慧”两个方面向前推进，这是现实的进一步跨越，更是未来发展的希望所在。国家智库具有高屋建瓴的作用，它为乡村治理定规建制、做出顶层设计；高校与科研院所智库面向乡村，为其增加了学术、技术和思想元素；乡村内部智库则立足于本地实际，创造性地为乡村治理披荆斩棘、开拓进取。问题的关键是，未来如何进一步加大力度、增强合力、凸显特色性创新，尤其要向现代智库转型，这是乡村智库的努力方向，也是乡村治理的希望所在。

第十一章　制度创新与乡村治理的未来

如果将中国改革开放以来四十年的伟大成就概括为几个关键词，那么“制度创新”必为其一，而且是相当醒目的一个。在中国乡村社会亦然，“制度创新”仿佛是一把火，它一下子将乡村治理这堆干柴点燃了，并产生了广泛影响。与此相关，乡村治理中的制度创新研究，也取得令人瞩目的成就，这些成果当然也成为乡村治理的重要组成部分，并反过来补充甚至指导了乡村治理的创新实践。不过，目前对于乡村治理的“制度创新”研究还有明显不足：一是孤立研究多，缺乏整体性把握和关联性研究；二是有“唯制度创新论”倾向，对制度创新的负面作用及存在的问题缺乏足够的重视和警觉；三是视野受到一定限制，缺乏更广大的时空维度，未能在历史、现实、未来以及古今中外的参照中进行考量。要克服这些局限，就要以历史、发展、融通的眼光，辩证的思维，动态的逻辑，反思的精神，对待中国乡村治理中的制度创新问题。

一　制度创新为乡村治理之要务

众所周知，在中国的现代化进程中，许多重大改革和制度创新都发生在农村，从而带来乡村治理乃至国家治理的巨变。最有代表性的是“包产到户”责任制、村民自治、取消农业税等，它们从根本上改变了农村和国家的结构，也改变了政治、思想、文化生态，从而与中国古代、现代以及新中国成立后较长一段时间有了本质不同。至于海选模式、民主恳谈、监督委员会等，这些起于农村，并对全国政治社会生活都产生过巨大影响的制度创新，更是不乏其例。当然也应该看到，面对中国广大农村，尤其是有着数千年历史的古老文明，再多再好的创新也是远远不够的，更何况目前的乡村治理制度创新还处于初创阶段，有很长的路要走。这就为我们提出了一个“创新永远在路上”的要求：对于乡村治理创新的必要性和急迫性要有充分的认识和正确的理解。

（一）国家创新性发展战略对乡村制度创新提出更高要求

“创新”作为一个永恒主题，早在中国古代就被提出来了。先秦时期，就有创新的说法：“日新之谓盛德。”（《周易·系卦上》）“苟日新，日日新，又日新。”（《大学》）只不过它并未上升为理论层次。作为一种理论表述，“创新”被赋予现代意义，则始于美国哈佛大学教授熊彼特1912年撰写的《经济发展概论》，其重要观点是“创新是指把一种新的生产要素和生产条件的‘新结合’引入生产体系”①。经过一个世纪，尤其是新媒介的快速发展，“创新”比以往具有更丰富多义的内容，也产生了更巨大的影响力。

“制度创新”的产生较晚，最早是1971年美国学者诺思和戴维斯在《制度变革与美国经济增长》一书中提出的。随后，制度创新理论的研究著作不断出版，形成一股新的研究热潮。制度创新理论强调“制度”的优越性和价值作用。

以往我们也重视“创新”和“制度创新”，但往往对之强调不够，更未上升到理论层面，所以有创新之实而乏理论概括和总结之名。以毛泽东、邓小平等老一辈国家领导人为例，他们的一生实际上是不断创新的一生，且在许多场合都强调“创造”“改革”“发展”之价值和意义，只是较少用“创新”和“制度创新”这样的表述。有人说，“1992年10月，江泽民在中共十四大的报告中首次提到了‘创新’问题”②，其实，早在1991年5月，江泽民就提出“创新”问题，他在中国科学技

① 参见娄亚香《关于经济管理创新的思考》，《现代企业教育》2012年第18期。

② 宋先锋、张俊峰：《创新永远的接力——重温毛泽东邓小平江泽民关于科技和创新的论述》，《创新科技》2006年第2期。

术协会第四次代表大会上说："要逐步建立引进、应用、推广、创新相互结合、相互促进的科研机制。"与此相关，江泽民还在不同场合进一步阐述了"创新"的重要性，如1995年5月，他说："创新是一个民族进步的灵魂，是国家兴旺发达的不竭动力。如果自主创新能力上不去，一味依靠技术引进，就永远难以摆脱技术落后的局面。"这里的"创新"和"自主创新"非常重要。他还谈到"创新机制""创新意识""创新能力""创新工程"等重要概念，并提出"把科技进步和创新放在更加重要的战略位置"[①]。应该说，尽管此时的江泽民主要站在"科技"角度谈"创新"，但从国家"更加重要的战略位置"，从多个方面将"创新"作为一个有机体进行论述，是值得给予高度重视的。他在2001年庆祝中国共产党成立80周年时，还强调"创新主要是指理论创新、制度创新和科技创新"。这至少从国家层面开辟了"创新型"发展的新模式和新篇章，亦可视为开启了乡村治理的创新之门。

进入21世纪本身就具有全新的划时代意义，这与国家"创新""制度创新"一起构成了中国发展的引擎。值得一提的是，中央编译局、中央党校和北京大学中国政府创新研究中心，于2000年联合举办的"中国地方政府创新奖"拉开序幕，这是包括乡村基层在内的国家与地方实行的一项关于"创新"与"制度创新"的重大举措，具有划时代意义。这项活动每两年举行一次，至今已成功举办了七次。尤其值得肯定的是，这项活动与乡村治理创新关系密切，所产生的效果和影响也是值得肯定的。如江苏昆山张浦镇党委政府的"经济发达镇行政改革与流程再造"、成都市农村产权制度改革、吉林安图县群众诉求服务平台等，均获得优胜奖。另外，胡锦涛任中共中央总书记的十年间，以科学发展观为指导，积极推动国家的"创新"和"制度创新"，可谓功不可没。胡锦涛沿着江泽民的"自主创新"思路，在党的十七大报告中指出："提高自主创新能力，建设创新型国家"，认为这是"国家发展战略的核心，是提高综合国力的关键"，并把它置于首位加以强调。可

① 参见孙业礼《创新是民族进步的灵魂，是国家兴旺发达的不竭动力：学习江泽民同志关于科技创新的有关论述》，《党的文献》2000年第1期。

见，“创新型国家”是一个创新性概念。还有，在2012年全国科技大会上，胡锦涛对“创新型国家”做了美好的展望和设想，这为中国发展提出了一个新的维度，他认为：“到2020年，我们要达到的目标是：基本建成适应社会主义市场经济体制、符合科技发展规律的中国特色国家创新体系，原始创新能力明显提高，集成创新、引进消化吸收再创新能力大幅增强，关键领域科学研究实现原创性重大突破，战略性高技术领域技术研发实现跨越式发展，若干领域创新成果进入世界前列；创新环境更加优化，创新效益大幅提高，创新人才竞相涌现，全民科学素质普遍提高，科技支撑引领经济社会发展能力大幅提升，进入创新型国家行列。”很显然，这不仅仅是一种理想的顶层设计，更是一种对于国家创新发展的高度重视和积极参与。也正因此，不少制度创新均发生于21世纪第一个十年前后，如2010年创办的“中国社会创新奖”、2011年创办的“中国社会管理创新奖”、2012年创办的“全国社会治理创新最佳案例评选”等。而且，“中国社会创新奖”和“中国社会管理创新奖”与乡村制度创新关系较大，前者偏重弱势群体、社会公益、生态环境等六大领域，后者关注城镇化过程中农村治理创新问题。

党的十八大以来尤其是以习近平同志为核心的党中央在坚持以往“创新”思想的基础上，更加重视“创新”和“制度创新”，并将之推进到一个新高度，其具体表现为：一是习近平总书记高频率谈到“创新”，据统计，在党的十八大以来他公开讲话的报道中，竟出现了千次之多。① 二是涉及的创新面非常之广，几乎无所不包，如有科技创新、宣传领域创新、人才创新、文艺工作创新、军事创新、新闻工作创新等。三是强调制度创新、实践创新、理论创新、文化创新，从而在全面、科学的发展中，进行国家治理创新。这是对于“创新”和“制度创新”的进一步扩展、丰富和补充。四是进一步提升“创新”层级，将其战略高度稳定下来。他说：“创新是一个民族进步的灵魂，是一个国家兴旺发达的不竭动力。”这是将创新视为更为内在的发展动力源。同时，在党的十八届五中全会、“十三五”以及更长时间内，“创新”

① 李贞：《习近平谈创新》，《人民日报（海外版）》2016年3月1日第9版。

被放在国家治理的首要地位，即创新、协调、绿色、开放、共享这五大发展理念。如果说在改革开放之初，“开放”最为重要，那么，未来的中国发展则以“创新”为第一要务，而“开放”则位居第四，这种微妙变化形象地说明了我们国家战略重心的转移。五是对于基层创新的论述。由于习近平总书记对包括广大农村在内的基层相当熟悉，也充满感情，所以在谈到创新时，他没有忽略基层。他说：“宣传思想工作创新，重点要抓好理念创新、手段创新、基层工作创新，努力以思想认识新飞跃打开工作新局面，积极探索有利于破解工作难题的新举措新办法，把创新的重点放在基层一线。”① 如此重视基层一线的创新，这实际上是对基层创新最有分量的定位和指导性意见。

纵观国家对于“创新”和“制度创新”的整体设计和要求，一个明确的线索是：从20世纪90年代开始进入理性自觉和倡导期，于是国家治理和乡村治理进入了一个新时期；进入21世纪尤其是第一个十年，国家治理和乡村治理这一大机器全面开动，也大大提升了创新规模和动能，并产生了自主创新和创新型国家的新维度；党的十八大以来，以习近平同志为核心的党中央全面推进创新，更注重从多元协调、共赢互动、健康自然的制度机制入手，立足于基层这一中心，进行制度创新。可以说，这是一个不断继承、发展和超越的制度创新探索过程，反映了国家治理现代化创新的内在规律性。在前两个十年中，由开局到布局，国家治理创新打好了基础，进入第三个十年（即21世纪第二个十年），尤其是“十三五”启动后，这就为包括乡村制度创新在内的制度创新提出了更高要求。因此，“创新”和“制度创新”已成为乡村治理中一项艰巨的任务。

（二）乡村社会转型与变革要求相应的制度创新

按照马克思的历史唯物主义理论，中国社会的每次变动都决定着人们的思想行为变化，有什么样的社会物质基础就会有怎样的社会结构、

---

① 习近平：《在全国宣传思想工作会议上的讲话》，2013年8月20日，中国政府门户网站（http：//www.gov.cn/jrzg/2013－08/20/content_2470777.htm）。

思想道德、政治制度和文化艺术。由先秦到秦朝、由清末到民国都是如此，中华人民共和国的成立更是发生了翻天覆地的变化。到新时期改革开放更是如此，原来的社会物质基础松动了，随之而来的是社会关系、政治制度、思想道德等的全面变动，于是中国进入了一个前所未有的变局，其中的制度创新最为引人注目。

1. 经济体制变革

中华人民共和国成立之初，国家将私有制变为公有制，这是一项伟大创举，因为它彻底改变了千百年来中国的所有制形式，从而调动了广大人民群众的积极性和创造性，于是国民经济发展迅速、国家政治形势稳定、人民生活幸福。但是，随着公有制的强化，尤其是集体主义的人民公社慢慢被形式主义所取代，加之政策的偏误，“大跃进”和“文革”给中国尤其是广大农村带来深重的灾难，以至于经济衰退到了崩溃的边缘。为改变广大农村极危险的状况，在不改变国家公有制的基础上，将责任田承包给农民，从而达到自创自收、多劳多得的目的。这一经济体制的变更，一下子将广大人民群众的积极性和创造性调动起来，从而形成令人难以想象的新局面。早在20世纪70年代末80年代初，万里就支持安徽肥西县“包产到户”和“包干到户”的做法，在僵化的体制上打开了缺口。而国家直到1982年才正式承认“包产到户”的合法性。有趣的是，从1956年到1978年的22年间，全国人均粮食产量没多少改变，1956年是310公斤，1960年是215公斤，1978年为320公斤。但到1982年年底，全国已有80%的农民实行了包产到户，粮食产量增长9%。[①] 1978年至1985年，全国粮食收成达到新中国成立以来的最高点。从中可见，经济制度创新是基于人民公社时期给广大农民所带来的经济极度贫困所做出的制度抉择。当然，“联产承包”责任制并不是一成不变的，经过数十年的实施，尤其是它已渐渐不能适应新形势的变化要求，所以又开始出现新的土地制度改革和创新，那就是在坚持农村土地集体所有权不变的情况下，促使承包权和经营权相分离，从而形成所有权、承包权、经营权这三权的分置，以及经营权流转的格

---

① 张志勇：《包产到户，万里第一》，《中国中小企业》2015年第8期。

局。与此相关的是，在2014年举行的中央全面深化改革领导小组第五次会议上，对《关于引导农村土地承包经营权有序流转发展农业适度规模经营的意见》《积极发展农民股份合作赋予集体资产股份权能改革试点方案》两个文件进行了审议。[①] 虽然这次农村土地制度创新不能与数十年前的“包产到户”相提并论，但它显然也是根据农村出现的新变化采取的切实可行举措，其创新性是显见的。

2. 政治体制变革

当人民公社制度进入后期，人心开始变得涣散，加之“包产到户”责任制对于集体经济和合作意识的消解，于是广大农民进入相当无序的状态，从而形成一系列社会问题。这就需要有相应的体制变革来弥补人民公社解体后出现的真空状态，于是村民自治以及相关的制度创新应运而生。如中国第一个村委会广西合寨村就很有代表性。由于合寨村地处三县交界，又是少数民族居住区，尤其是实行“包产到户”后，农村原有的“以队为基础、三级所有”的体制不复存在，治安状况严峻，并出现“六多一少”现象，即赌博闹事多、偷牛盗马多、乱砍滥伐林木多、唱流氓山歌多、放浪牛浪马多、搞封建迷信活动多、管事的人少。[②] 只是赌博一事就令人惊诧，每天来合寨村赌博的人少则二三百，多则达到八百。[③] 逐渐富起来的村民处于极度恐慌中，于是人们自发建起“治安联防队”，后又通过村民自发选举，产生第一个村民委员会组织，并制定了《村规民约》。还有吉林梨树县北老壕村的“海选”，它发生在《村民自治组织法》（试行）颁布后，起因也是村庄矛盾突出：1986年，北老壕村是全县有名的后进村，原村委会主任主持村务17年，不仅有经济问题，村干部也不团结，群众意见大。经民意测验，80%的村民要求民主选举村委会主任。后来，经村民直接提名候选人并通过预选确定正式候选人，并选出村委会主任孙国清及其他村干部。这

① 李秀中：《习近平定调农村土地制度改革》，《第一财经日报》2014年9月30日第A03版。

② 朱昌敏：《村民自治开先河　樟香溢远结硕果——中国第一个村民委员会成立35周年综述》，《河池日报》2006年1月6日第2版。

③ 金宝生：《村民委员会建设》，广西人民出版社1988年版，第2页。

种未经指定而直接以“海捞”方式进行村委会干部选举的办法，被称为“海选”。[①] 这个发生在东北村庄的选举创新案例，后来成为全国村民自治及其基层治理的重要模式，是政治制度创新的典范。当然，关于民主决策、民主管理、民主监督方面的制度创新，在民主选举后也层出不穷。

3. 社会制度创新

改革开放以来的中国乡村社会结构发生了巨变，这既表现在城乡关系的封闭状态被打破，也表现在乡村社会新兴阶层崛起，新的社会矛盾增多。最突出的是农民工大量进城务工、富人成为乡村社会的精英、村干部权力越来越大、流民和群体性事件增多等，所有这些都是传统乡村社会结构难以涵盖和承载的。这就需要建立新的社会制度，以确保变化后的社会结构得以安全运行和稳步发展。有人提出，以往中国整体上仍为传统农业社会结构，“中国社会结构真正发生历史性的变化是在1978年的改革开放以后，经济体制和社会体制改革大大加快了由农业社会向工业社会、农村社会向城市社会、传统社会向现代社会的转型，由此中国社会结构发生了深刻变动”[②]。如海口市龙华区的“外来工之家”就是针对不断增加的外来工人员建立的社会组织。[③] 又如浙江“义乌市职工法律维权中心”的成立，其目的就是为解决外来工维权成本高、维权渠道不畅、劳资矛盾突出等问题。[④] 这都是关于农民工制度创新的典型例子。在维护社会稳定方面，山东新泰市汶南镇于2006年成立“平安协会”，因为这个镇身处三县交界，又是矿、库、山、城交汇之地，人口多而又关系复杂，夜间偷盗案件频繁，且屡打不绝。“平安协会”是一个经民政部门登记的非营利自治社会团体。[⑤] 值得注意的是，随着社

---

① 白钢、赵寿星：《选举与治理》，中国社会科学出版社2001年版，第156—160页。

② 陆学艺：《我国社会结构的历史性变化》，《中国社会科学院院报》2006年1月19日第3版。

③ 俞可平主编：《中国地方政府创新案例研究报告》（2003—2004），北京大学出版社2006年版，第158—161页。

④ 肖立辉：《中国基层民主创新研究》，人民出版社2009年版，第157页。

⑤ 参见韩旭《新泰市“平安机制”的建构与社会治理法治化》，载赵秀玲主编《中国基层治理发展报告》（2016），广东人民出版社2016年版。

会发展，乡村矛盾不是减少了，而是增多了，于是社会制度尤其是社会组织创新就变得愈加急迫和重要了。

就如同一部重型机器，乡村社会转型和变革既改变着乡村内部结构，又直接影响着城乡关系结构，而且以其复杂性、矛盾性和多元化不断地加速度运行。如果不在制度层面进行变革和创新，那是不可想象也是非常危险的。可以说，是乡村社会变革的车轮推动着乡村这辆创新列车前行，否则它就会被甩出时代的轨道。

（三）乡村治理主体建设迫切需要制度创新

在乡村治理中，主体建设至为重要，可谓重中之重。因为没有治理主体，任何法律法规、制度设计都会缺乏基础，也会失去意义。总的来说，乡村治理主体在乡村社会中的变数最大，它要成为乡村治理的引擎，必须进行制度创新，否则很难突破旧有体制的惯性制约及束缚。

1. 乡镇治理主体改革

乡镇是一个特殊层级，它是中国整个行政体系的最底端，又是县级以上层级与广大乡村联系的纽带和桥梁，因此表面上看乡镇干部位低职小，但其实际作用和意义却不可低估。在行政化管理时代，乡镇可谓国家政治、经济、思想、道德、文化等的命门，它“麻雀虽小”但“五脏俱全”，是国家向农村行政的直接代表。所以，村干部往往由乡镇政府直接任命，农村生产也直接由乡镇管理，村民税粮往往也由乡镇政府代收，因此，说乡镇政府握住了村庄的咽喉亦不为过。然而，随着“包产到户”政策的实施，村民自治活动的开展，尤其是“农业税”的免除，许多乡镇的行政命令一下子事出无因，其财政来源受阻，于是乡镇干部出现松懈惰政的情况。为克服这一问题，国家和各级政府采取了一系列针对乡镇政府的改革创新举措，最有代表性的是对乡镇部门进行精简、乡镇党委书记和镇长直选。如 1999 年，广东省深圳市龙岗区大鹏镇进行了“两推一选”的镇长选举方式改革。基于此，深圳市发展远景规划有这样的设计：2003 年，全面推开“两票制”选举镇长；2010 年前，区长产生要经过“三轮两票”民主程序，同时全部进行镇长直选。到 21 世纪中叶，我国基本实现社会主义现代化时，可在全国试行直接民主选举。[①] 还有，针对在乡镇干部中存在的“走读”现象，即“走读干部”成风，严重影响乡村治理的情况，湖南省湘潭县于2014年出台《关于纠正乡镇领导干部“走读”现象的若干规定》，对乡镇干部的外出、考勤、值班、住宿、请假、业余生活等都做出了详细规定。[②] 这对于监管乡镇干部意义重大，是一种制度创新。由此可见，乡镇治理主体的情况变了，有关制度创新必须跟上，否则乡镇治理就会出现严重的滞后状态。

2. 村干部制度创新

改革开放前的村干部结构比较简单，基本上是在党支部领导下的上下级关系。这样直接、垂直的领导和被领导关系，虽强调的是行政命令，但既容易定位又便于实施。为改变这一行政命令式体制，通过村民自治选举村委会干部成为一种制度创新。在村两委关系中，虽然也强调党的领导，但从职能上看，二者显然是平行的，是各司其职的。后来，由于村两委关系的难以相处，更因为村民代表会议等较难真正发挥决策、监督作用，于是有的地方又进行新的制度创新，即在村两委之间增加一个议事、决策机构，这就是“村民议事会”的诞生。如2008年，成都市双流、邛崃、彭州等地为改变村庄权力结构，创立村民议事会，到2010年在3343个村（社区）下发《成都市村民议事会组织规则》（试行）、《成都市村民议事会议事导则》（试行）等文件，全面规范村民议事会的人员组成、职责权限、运行机制等。按照规定，先由村民选举产生村民小组议事会成员，再由每个小组推选3—5名组成村民议事会。村民议事会在村民大会或村民代表会议授权范围内负责村务决策、监督、议事，是村民自治事务的常设议事机构，并接受村民会议的监督。[③] 在此，“村民议事会”与原来的村两委并置，成为村级治理中具

---

① 参见黄卫平、邹树彬主编《乡镇长选举方式改革：案例研究》，社会科学文献出版社2003年版，第215—216页。

② 《关于纠正乡镇领导干部“走读”现象的若干规定》，2014年4月21日，中国湘潭县网（http://www.xiangtan.cn/zt/html/2014people/2014-4-21/MjAxNDQyMTEwMDIxOA==.htm）。

③ 赵秀玲主编：《走向基层治理现代化——以成都为个案分析》，广东人民出版社2014年版，第9页。

有独立权的一级。

3. 关于广大村民的制度创新

村民作为乡村治理最重要的主体，其所面临的变化也是巨大的。如农民工进城打工具有漂浮无着的特点：对于广大农村来说，他们已身在城市，即便有家人在村在家，与农村也有渐行渐远之感，因此乡村治理也就成为有距离的存在；对于繁华的都市来说，他们虽为之付出辛苦与汗水，但往往很难融入，甚至有着无法言说和排除的距离感和隔膜感。为解决这一问题，许多地方进行了制度创新：除了让农民工参与城市治理，使他们拥有选举权、决策权、监督权外；农村也为农民工提供了参与机会，为他们融入乡村治理进行制度创新。如安徽六安新安镇通过四举措，创新农民工党员返乡参加村级换届选举：一是建立台账，加大摸排力度。通过细致的走访了解，进村入户调查，动员亲属联系等，做到“四摸清、三掌握”，即摸清流动党员姓名、联系方式、从事职业和工作单位、家庭情况，掌握流动党员所处位置、思想状况、参选意愿，为农民工参选做准备。二是创新形式，做好宣传发动工作。采取向流动党员寄发或由亲属代发等方式，给所有农民工党员寄发统一印制的《致流动党员的一封信》，告知流动党员换届选举的纪律要求、工作程序、时间安排等，邀请他们返乡参选。同时，通过打电话、发短信、网络交流平台、电子邮件等多种途径，加强与流动党员的交流互动，确保他们参与换届选举的各个步骤与环节。三是创造平台，实现联络的全覆盖。建立外出党员登记卡，实行一人一卡登记制度。对于不能返乡的流动党员，通过发专函向所在单位请假、寄信、打电话、发电子邮件等方式，进一步动员流动党员回乡参选。四是抓好落实，确保参与到位。根据流动党员返乡时间不一，在家逗留时间较短等原因，提前谋划，创新投票方式，选择较适宜的时间进行投票选举，确保不漏一人、不漏一票。①这是一种针对农民工党员特殊群体所进行的制度创新，既有利于乡村治

① 张绪梅：《新安镇四措并举助力农民工党员返乡参与村级换届选举》，2014 年 8 月 1 日，新安镇信息公开网（http：//xxgk. yuan. gov. cn/DocHtml/2/14/08/xxgk_ 5Y0R8N6YO0. html）。

理又有利于农民工成长。又如山东寿光东斟灌村为改变原来“党员一边看，群众靠边站”的情况，努力拆除“隔心墙”，创新出“三自”治理模式。[①] 所谓“三自”是指农民自主、自治、自我服务，全面提升农村综合治理水平。其中的村庄治理“五事工作法”最有代表性：一是民主提事，即村内事务每月 1 日到 5 日“民主提事”；二是联席议事，即在 15 日由党员和村民代表“联席议事”；三是票决定事，即公示结束后进行“票决定事”；四是集中办事，即在每周一“集中办事”；五是制度监事，即建立完善各种制度后的“制度监事”。更为重要的是，村里重要或重大事务都由村民做主、村民办理、村民同意和村民监督。[②] 这是村民制度创新的成功尝试。

中国是一个农业大国，虽经过多年的城镇化发展，但农村在中国仍处于相当重要的位置，其中所存在的问题也是不可低估的。随着改革开放的深入发展，一些根本矛盾不是有所缓解，而是变得越来越突出。这就需要在各方面进行制度创新，这对于从根本上解决问题具有重要价值意义。乡村治理理应契合国家制度创新大局，从自身特殊性出发，充分调动各个治理主体的创造性智慧，如此制度创新才能成为可能。

二　乡村治理制度创新的特点

随着中国改革的推进和深入，“创新”和“制度创新”越来越引起党和国家的高度重视。就“创新”一词出现的频率而言，据笔者查阅和统计，在党的十七大报告中有 57 多次，在党的十八大报告中有 57 次，在 2015 年政府工作报告中有 27 次，在 2016 年政府工作报告中有 61 次。由此可见，“创新”一词成为党和国家重要报告的关键词或核心概念。值得注意的是，“大众创业，万众创新”被写进 2015 年政府工

---

① 参见洛城街道东斟灌村党支部书记李新生《自主、自治、自我服务——全面提升农村综合治理水平》，据中国社会科学院政治学研究所“基层社会治理与民主建设”项目组 2014 年 9 月 22—28 日赴山东潍坊调研的材料。

② 东斟灌村联合调研组：《农村社会治理方式的有益探索——潍坊市寿光东斟灌村调研报告》，《中国社会科学报》2014 年 8 月 29 日第 B2 版。

做报告。为此，国务院还让“发改委”牵头，建立推动创业和创新的部际联席会议制度。这标志着“创新”进入一个新的阶段和高度，用“我们已进入一个创新时代”来概括亦不为过。然而，与全国上下的创新热潮相比，学术研究还处于相当的滞后状态，尤其是对于乡村治理创新的研究尚未进入规律性探求，更缺乏理论的总结和概括。事实上，改革开放以来的乡村治理制度创新一定有自己的特点，这在与城市社区以及国家治理制度创新的比较中表现得更加明显。

（一）乡村治理制度创新丰富多样

乡村治理创新的范围非常广泛，它包括经济、政治、社会、思想、文化等各个方面。为便于分析，我们偏重制度层面，尤其是政治制度，并且主要以在全国获奖的制度案例为中心。这样既考虑面的广度，又不失重点和重心，从而使研究建立在可信的基础上。

国家和地方制度创新往往多是纲领性文件，城市社区制度创新往往有单一性、雷同化甚至复制的特点，这与乡村治理中制度创新的丰富多彩形成鲜明对比。其具体表现在以下方面。

1. 就地域分布状况看，乡村治理制度创新在全国各省开花结果

就目前全国所设大奖来说，有中国地方政府创新奖、中国社会创新奖、中国社会管理创新奖、全国社会治理创新最佳案例评选等。其中，涉及乡村治理制度创新者几乎涵盖了全国所有省份，现将入选省份按照“次数”做一排列和说明。

首先，在八次“中国地方政府创新奖”（优胜、提名、入围）中，入选排名顺序分别是浙江（8次）、四川（6次）、河北（5次）、陕西（4次）、广东（3次）、江苏（3次）、湖北（2次）、新疆（2次）、安徽（2次）、吉林（2次）、北京（2次）、广西（2次）、江西（2次）、山东（2次）、贵州（1次）、重庆（1次）、宁夏（1次）、内蒙古（1次）、河南（1次）、湖南（1次）。

其次，在三次“中国社会创新奖”（优胜和提名）中，入选排名顺序分别是四川（2次）、陕西（2次）、上海（2次）、北京（1次）、江西（1次）、重庆（1次）、云南（1次）、河南（1次）、宁夏（1次）、

福建（1次）、广西（1次）。

再次，在三次“中国社会管理创新奖”中，入选排名顺序分别是浙江（4次）、四川（4次）、山东（2次）、广东（1次）、江苏（1次）、重庆（1次）、山西（1次）。

最后，在四次“全国社会治理创新最佳案例评选”中，入选排名顺序分别是广东（5次）、江苏（4次）、四川（3次）、山东（3次）、重庆（3次）、贵州（3次）、云南（3次）、山西（2次）、浙江（2次）、吉林（2次）、陕西（2次）、黑龙江（2次）、山东（1次）、安徽（1次）、云南（1次）、天津（1次）、河南（1次）、江西（1次）、辽宁（1次）。

如将以上四次重要奖项入选次数相加，可得出各省“乡村治理制度创新”总数，现按由多到少排序如下：四川（15次）、浙江（14次）、广东（9次）、陕西（8次）、江苏（8次）、山东（7次）、河北（5次）、重庆（5次）、吉林（4次）、贵州（4次）、江西（4次）、云南（4次）、安徽（3次）、河南（3次）、广西（3次）、北京（3次）、山西（3次）、湖北（2次）、新疆（2次）、宁夏（2次）、黑龙江（2次）、上海（2次）、内蒙古（1次）、湖南（1次）、福建（1次）、天津（1次）、辽宁（1次）。

由上所知，全国除西藏、青海、海南、甘肃四省无乡村治理制度创新奖项，其他28个省、直辖市均有进项，只是多少不同而已。如按获奖多少可画出一个制度创新地图，其重心在“西南部”和“东南部”形成的这条宽带上；如按前四名排序来看，基本构成一个十字：从四川（15次）到浙江（14次），从广东（9次）到陕西（8次）；如按5次以上标准，可大致画出一个不规则的四边形：四个角分别是“四川”（15次）、“广东”（9次）、“浙江”（14次）、“河北”（5次），陕西（8次）、山东（7次）、江苏（8次）处于两个边上，其侧重点是“南部重、北部轻”。一般人可能认为，乡村治理制度创新偏于中东部经济发达地区；但据我们的统计分析，这种说法大致不错，但却是在“西南部”与“东南部”这两个区域。如四川、重庆、云南、贵州四省就占了28项，浙江、广东、江苏三省就占了31项。

2. 就获奖内容看，乡村治理制度创新亦是山丰海富

我们仍以全国重大或重要奖项为例，说明其丰富多彩。概括起来主要创新有五个方面：第一，关于整个农村。这里有财政支农方式，有农村合作养老制度，有农村卫生管理体制，有农村宅基地换养老制度，有推动农村社区公众参与制度，有农民议会，有农村村落社区建设，有农村公共平台建设，有乡村素质教育公益服务体系项目，有立人乡村图书馆项目，有生态小农平台项目，有农村产权制度改革，有农村社会本土化模式，有农村社区金融教育培训项目，有乡村老师培训项目，等等。第二，关于乡镇层级。这里有乡镇干部公推直选，有乡镇行政管理体制，有乡镇人大代表制度，有乡镇参与预算，有技能型乡镇政府建设，有乡镇外国人口社区融入与发展，有经济发达镇行政改革与流程再造，有镇卫生院新农合报销制度，有中心镇权力规制，等等。第三，关于村级。这里有村支书两票制，有村务公开，有村民委员会“海选”，有村民集中诉求会议制度，有村级公共服务和社会管理，有村级社区发展循环资金项目，有农事村办服务机制，有村级社区发展循环资金项目，有政府直审村干部模式，等等。第四，关于农村妇女。这里有妇代会直选，有妇女维权和反家庭暴力，有农村妇女脱贫助力计划项目，等等。第五，关于其他。这里还有民主恳谈、留守儿童长效机制、基层组织和社会组织协同治理、群众诉求服务平台建设、“政社互动”实践、健康村镇项目、外来青年农民工人文素质教育项目、孝行天下社会养老服务项目，等等。

乡村治理制度创新内容广泛，涉及不同层级的各个方面，可谓包罗万象、不可胜数。但就其主要方面来说，集中于乡、镇、村选举制度改革，民生问题，农民权益和农村文化建设等方面。

3. 就形式来说，乡村治理制度创新也表现出花样翻新的特点

其一，在乡村选举中，有的用“公推直选”，有的用“两票制”，还有的用“三轮两票”，以及“直选”和“海选”。其二，在乡村协商民主中，有的用“恳谈”，有的用“参与式预算”，有的用“村民集中诉求会议制度”，有的用村中“农民议会”。其三，在乡村治理创新方式上，媒体平台尤其是新媒体成为一种日新月异的新形式。如山东寿

光市“网上阳光村务监督平台”，全市975个村（社区）都设置有单独页面，凡是寿光居民，输入姓名、身份证号，24小时均可通过电脑或手机登录查看和发帖问询。[①] 又如安徽南陵县首创“三会四自一平台”治理模式：靠“议事会议事、理事会干事、监事会察事”的建管运行机制，让村民成为“自选、自建、自监、自受”的治理主体，然后在“美好乡村建设这一平台”合力演好“一台戏”。为此，南陵入围“全国第八届（2015—2016）中国政府创新最佳实践”项目。[②] 又如吉林安图县建立“四位一体、三个平台、一个频道”的全流程、全覆盖诉求服务网络。所谓“四位一体”，是指行政接访、法律援助、民事民议、纪检督查；所谓“三个平台”，是指评理平台、说事平台、建言平台；所谓“一个频道”，是指《安图民声》频道，对群众诉求案件进行跟踪报道和全面点评，形成一个全景式、全覆盖、全程跟踪录播的电视媒体监督网络。[③] 再如内蒙古开鲁县嘎查村的“532”工作法，即在村级重大事项的决策管理和组织实施过程中，严格履行“五道程序”、依次通过“三次审核”、坚持实行“两个公开”。所谓“五道程序”是指，党支部提议、两委商议、党员大会审议、村民代表或村民会议决议、两委共同组织实施。“三次审核”是指，镇成立村务协调指导小组，对嘎查村商议、审议和财务进行把关。“两个公开”是指，决议前后两次向群众公开。[④] 在乡村治理制度创新中，用“数字”进行特点概括者不在少数，这在其他层级中比较少见，从中可见其形式的丰富多样。

---

① 《山东寿光市：建设网上阳光村务监督平台给群众明白》，2014年12月17日，中国共产党新闻网（http：//dangjian. people. com. cn/n/2014/1217/c391504 – 26225122. html）。

② 刘光等：《南陵县首创“三会四自一平台”治理模式　谱写农村新篇章》，2015年12月8日，中国文明网（http：//mt. sohu. com/20151208/n430206732. shtml）。

③ 《吉林省安图县委县政府：群众诉求服务平台创新》，2014年1月13日，凤凰资讯网（http：//news. ifeng. com/exclusive/lecture/special/difang/content – 4/detail _ 2014 _ 01/10/32912576_ 0. shtml）。

④ 《通辽市嘎查村务管理“532”工作法》，2014年5月29日，内蒙古民政网（http：//neimenggu. mca. gov. cn/article/mzyw/sqjs/jyjl/201405/20140500646142. shtml）。

（二）乡村治理制度创新的草根智慧

新时期中国乡村治理虽只有40年，但其制度创新却层出不穷、丰富多样。一般来说，这些制度创新缺乏整体感和有序性，较为随意甚至有些混乱；但综合起来观察和分析，繁复多样的制度创新又有某些共性特点，显示了中国人尤其是广大农民的伟大智慧，这是内蕴了蓬勃生命力的草根智慧。

1. 自发性与自生性

与其他任何事物一样，中国乡村治理绝非一种因素所能决定，而是多种力量共同作用与合力生成的结果。以《村组法》为例，它经过一个较长时段，由中央到地方、政府到社会、学界到民间，是多种力量参与、推动的结果。只修改就大费周章，经过几轮后才颁布试行法。民主治理也是如此，它开始经由向西方学习、借鉴有关概念与理论方法，尤其是受益于其程序训练，这是中国乡村治理快速走向正规的关键。不过，也要清醒认识到，中国乡村治理并非西方的产物，更不是用西方概念、逻辑和理论方法衍生的结果，而是来自自下而上的大胆探索，从而表现出自发性和自生性的特点。1980年，第一个村委会在广西一个小山村自发诞生，当时的生产队长韦焕能将其他队长请到家里，发表自己的意见：村里一些事没人管，只能自己管。他的倡议得到大家赞同，于是选出村委会领导班子，建起《村规民约》和《封山公约》。[①] 当时，中国农村处于新旧交替之际，新的制度尚未建立，旧的制度还在发生作用，农民韦焕能等人却能靠自己，以自发方式成立村委会，反映了农民的内在潜力和创新能力。事实上，在村民自治实行好长一段时间后，许多地方仍然处于观念和实践的滞后状态，有的甚至令人颇为费解。如据调研，到1989年，山东某县竟有60%的乡镇领导不赞成村民自治。[②] 从1980年到1989年，像《村组法》（试行）这样的全国法规已经颁布

① 米有录：《静悄悄的革命从这里开始——寻访中国第一个村委会》，载米有录、王爱平主编《静悄悄的革命——中国村民的历程》，中国社会科学出版社1999年版，第212页。

② 何包钢、郎友兴：《寻找民主和权威的平衡——浙江省村民自治选举经验研究》，华中师范大学出版社2002年版，第123页。

和实施，民政部还下发了《关于贯彻执行〈中华人民共和国村民委员会组织法〉（试行）的通知》，竟然还有半数以上乡镇领导与村民自治保持对峙。两相比较，更显示出广大农民有着强烈的自发意识和超前意识。“海选模式”也是吉林省梨树县北老壕村农民的自我创造：当时，民意强烈，80%的村民要求自主选举，“不定调子”和“不划框子”，由村民推选候选人，这是“海选”的萌动。关于“海选”一词，最早的灵感也来自村民。1992年，干部群众在一起闲聊时，有村民说，我们的村民选举像“大海捞针”一样，捞上谁是谁。县委副书记费允成表示赞同，说：“那就叫它‘海捞’吧！”但村干部认为，“海捞”这个词不雅，于是费允成将之改为“海选”。[①]“海选”最后由县领导定调，但发明权应归村民，是农民智慧的闪现。这是“海选”模式的自发性特征。浙江村民自治的许多制度创新都起于基层，而领导对此往往采取较宽容的态度。浙江省领导让人民群众充分发挥自主性和创造性，对新事物坚持“三个有利于”标准：不搞无谓之争，不着急表态，不忙下结论，让实践检验。对暂时看不准的，允许试、看、改；看准的，充分肯定，及时总结，大胆推广；对不完善的，因势利导，进行规范和提高。这为乡村治理的自发自主制度创新提供了坚实基础。[②]有人说，浙江基层民主从来就不是官方有意为之的“计划性产出”，而是发轫于民间经济、自发无序生成的。[③]这是对浙江村民自治制度自发创新的最好概括。

马克思主义者坚信，历史是人民创造的，正是因为有人民群众的积极参与和伟大创造，数千年的中华文明才能熠熠生辉，具有长久的生命力。关于这一点，在乡村治理中表现得最为突出。尽管从宏观上看，许多制度创新虽离不开党和国家的各项规定和顶层设计，也离不开各级政

---

① 费允成：《“海选”的探索和实践》，载梨树县民政局编《梨树县村委会建设资料汇编（二）》，1995年，第406页，内部资料，当地政府提供。

② 沈立江：《从温州模式到浙江现象的理性思考》，《中共浙江省委党校学报》2000年第6期。

③ 章敬平：《浙江发生了什么——转轨时期的民主生活》，东方出版中心2006年版，第12页。

府的大力推动、指导和支持，但不可否认的是最初往往都由农民启动，创意也主要来自民间智慧，这是制度创新来自民间、扎根民间、富有生命力的可靠保证。中国农村山丰海富，其间蕴藏着广大农民无穷无尽的智慧，这是村民自治制度创新不断涌现的关键所在。

2. 具体性与实用性

制度创新的目的非常明确，那就是为更好地解决当前存在的迫切和棘手问题，因为长期形成的惯性思维和僵化模式必然限制其新的发展。乡村治理制度创新也是如此，一个新的制度出现往往都伴随着横亘于前的巨大阻碍，不搬掉这一“拦路虎”，一切工作就无从谈起，更谈不上飞跃发展了。因此，如何避免空谈、花架子、不接地气的所谓创新，以更具体有效和实用的态度对待问题，是乡村治理制度创新的最大亮点。浙江余杭的“自荐海选”内容就很有代表性，它的制度创新充分体现了具体性和实用性原则。第一，简化程序和降低成本。以往有候选人的“海推直选”程序繁琐、成本过高，一般需要开 6 次村代会，至少经过两次投票，双溪村有一次共投票 4 次，花费 12 万元。后经过改革，“自荐海选”大大降成本，只开 2 次村代会就能完成选举。第二，实用高效。以往的“海选”虽重民主程序，但容易导致无目标、选票分散、一次很难成功等问题，更会产生违规拉票等暗箱操作。“自荐海选”有助于克服这些不足，实现了实用高效。2005 年，余杭区 262 个村全都实行“自荐海选”，一次成功率高达 77.48%。还有江苏太仓市的“一票制”，将原来的“两个直接”选举变成“一票”决定，这是一种无候选人的选举，最大优点是简便易行和快捷高效。进入 21 世纪，乡村治理开始转向，原来较重“选举”，现在更重“管理和监督”，因此村务公开和民主管理的制度创新明显增多。为鼓励乡村治理中的管理监督制度建设，近年国家专设各种“制度创新奖”。这些奖项有一个共同点，就是都强调有效破解村务公开和民主管理中的症结问题。如重庆开县麻柳乡的“八步工作法”，让村民全程直接参与并监督乡村决策、实施和管理，而村干部管事不管钱，这就克服了村干部的低效、腐败问题。湖北通山县创新“村干部岗位及工资票决制”，让村民代表根据村干部述职进行考核，以确定其优劣和工资待遇，让不作为和腐败干部无处容身。河北武安市建立村级"'一制三化'制度"，一面规定村党支部的领导地位，一面强调支部工作规范化、村民自治法制化、民主监督程序化，有效解决了村两委的职权关系，也细化了村务民主管理的运作程序。贵州遵义红花岗区建立"村务点题公开制度"，规定由群众以口头或书面形式，要求村委会公开有关内容，村干部必须当面或限期答复，这就避免了村干部公开过程的避重就轻等问题。

注重实用、追求效果，是中华民族的优秀文化传统，有人概括说："中国传统政治文化表现出与人的政治行为紧密结合和追求实用的倾向。""中国传统政治文化特别注重实际，是求实务实的典型。这种观念促使人们讲求实事求是，反对空洞和虚幻。"① 这也是为什么，孔子的儒家思想讲实用、诚信，毛泽东、邓小平等党和国家领导人都重视"实事求是"、求真务实。乡村治理的制度创新重在一个"实"字，只要能做到富有成效，不管它们的名字好不好听，方法如何直接粗犷，实践是不是贴近理论，都不那么重要。宁夏中宁县的"五牙子章"村务管理创新，② 命名有些不可思议，但它实用、有效，还获得了国家制度创新提名大奖。

3. 地域性与民间性

中国乡村地域广阔，它几乎覆盖了东西南北不同地区的不同状貌。这就决定了乡村治理不能恪守一个模式，而要结合本地的实际情况采取不同的治理方式。只有这样，才能打破模式化、类型化、形式化的局限，获得符合各地实际的长久生命力。目前，全国范围的乡村治理制度创新也有一些普及，像"海选模式"可能是最具广泛性普及的选举方式，浙江温岭的"民主恳谈"也具有普及特点，它们甚至成为党和国家制定相关制度规定的有力参照。不过，更应该看到，更多制度具有地域化和民间性特点，它们与本地文化紧密关联，从而显示了本土化、民

① 朱瑞华：《中国传统政治文化对建设社会主义政治文明的积极影响》，《社会主义论坛》2003 年第 12 期。

② 所谓"五牙子章"，是指将一块印章分为五瓣，分由村民理财小组成员 5 人保管，在每月定期对本村财务收支票据进行审核后方可盖章有效，而且缺一不可。因每块形似一颗牙齿而得名。

间性特色。因此，乡村治理制度创新呈现出纷繁多样、多彩多姿的图景。以山东村级组织的“建章立制”为例，“莱西经验”主要强调“三配套”“四特色”和“十项制度创新”，而这十项制度创新又有非常具体的细则。这些繁多细致的制度规定与山东作为儒家文化的发祥地不无关系，从中也透出礼仪之邦和“中规中矩”的文化底蕴。“海选模式”的出现也多少与东北人的粗犷豪放性格有关。浙江人有“敢为天下先”的创造精神，在乡村治理制度创新中也就自然充满锐气、个性和探索性。浙江农村工作办公室曾坦承：“浙江省农村在规模、经济实力、村务工作量等方面差异较大，对村务管理、村务监督的要求客观上也相差悬殊，村民自治模式要因村而宜、因时而宜、分类实施、讲究实效，不能强求一律、搞一刀切。”① 温岭民主恳谈会的制度创新也是如此，这与当地经济、商业尤其是民营企业发达，需要与之相关的谈判和协商精神直接相关。制度创新的地域性和民间性，使全国各地的乡村治理各具特色，成为不可代替的“这一个”。从文化生态角度看，因为各不相同的制度创新是独特的“这一个”，才使得全国各地富有创造活力，才是健康可持续的，也是富有希望和未来的。

概言之，与国家层级的制度创新往往重视战略高度、顶层设计和长远发展不同，乡村治理制度创新重在自我生成性、多样化生态、实用具体、可操作性、贴近地气，这是一种蕴含于乡村民间的草根智慧。因此，它直接影响和决定了乡村治理的本质和趋势，也成为国家治理的坚定磐石和智慧支撑。看不到这一点，甚至对乡村治理制度创新不以为然或大加指责，都是有失公允也是难以令人信服的。

三 乡村治理制度创新困局及其跨越

对于中国乡村治理制度创新的判断与评价，应确立正确的标准，也应具有实事求是的科学态度。这需要有两个基本前提：一是以历史的发

---

① 浙江省农村工作办公室：《依靠“一个机构 两项制度”创建村务公开和民主管理新机制》，2005 年 12 月 20 日，内部资料，由当地政府提供。

展眼光进行审视，避免非历史主义的随意性与印象式，形成简单甚至武断的结论；二是将之放在更大范围，以更高标准来要求，以避免“只见树木不见森林”的封闭性与盲目性。就前者而言，对于改革开放以来的中国乡村治理制度创新，无论给予怎样的高度评价都不为过，因为许多制度创新多源于此，且产生了巨大而深刻的影响，有的甚至直接改变了国家变革与治理之根基。就后者而言，目前中国乡村治理制度创新还有不少问题，需要以更大勇气进行更深入的探索和提升。这主要包括以下方面。

（一）创新性不足

一般意义上说，中国乡村治理中的制度创新丰富多彩，这是可以成立的。但以国家创新和世界创新的眼光，尤其站在现代意义的“创新”角度考察，这些创新性就会大打折扣，存在明显的不足。

1. 由开始的先锋性到后来的滞后性

改革开放之初，乡村治理制度创新具有开拓性甚至革命性，它一改陈旧、保守、封闭的观念，进行了具有超前性的大胆探索，不少创新明显走在国家前面。像第一个村委会的成立即是如此。然而，随着改革开放的深入，乡村治理制度创新开始淡化，有的甚至停滞不前。近些年来，乡村治理制度创新明显缺乏内动力，有落后于国家整体设计的倾向，原有的一些制度创新甚至出现了退步迹象。比较典型的是村两委关系，原有的村委会自治性质现在不少地方被淡化，代之而成为“党支部书记”两委“一肩挑”的情况。如 2009 年 10 月底至 2010 年 8 月底，北京市村党组织和村委会进行了换届选举，村两委书记和主任“一身兼”比例较前明显提高，高达近 10%。[①] 如将其作为一些贫困落后村的治理整顿，是可以采取这种非常规做法的；但如将之视为一种普遍甚至常态做法，那就有待反思与调整了。改革开放之初的创新性探索，不能简单地被忽略甚至否定。有学者提出这样的观点：“在五大行政区划层

① 《村书记、主任一身兼　比上届提高了近一成》，2010 年 12 月 10 日，凤凰网（http：//news. ifeng. com/gundong/detail_ 2010_ 12/10/3435220_ 0. shtml）

级中，乡镇政府创新呈现衰减趋势。对五届获奖项目的行政区划层级分布比例研究表明，县级、地级、副省级、省级行政区的创新活跃程度均呈现递增趋势，县级政府在政府创新中唱主角，地级市在政府创新中表现亮丽，副省级城市、省级行政区政府创新日益增多，唯独乡镇政府创新项目所占比例逐步下降。”① 这与改革开放之初，中国基层治理制度创新的层出不穷形成较大反差。看来，如何保持改革开放初期的创新活力与动力，以探索性精神走在国家与时代前面，引领和支撑国家制度创新，是今后乡村治理制度创新的关键。

2. 有简单化、复制性和因袭性之弊

现代意义上的“创新”必须具有几个主要特点：开创性、独特性、开放性、科学性。就目前乡村治理制度创新来说，有些制度确实具有开创性，如村委会的成立、海选村委会、麻柳“七步工作法”、河南“监督委员会”、成都“议事会”等都是如此。但是，更多的则很难达到这样的标准和要求，而多停留在单一、重复、经验层面。这也是为什么各地的制度创新有大同小异和类同化倾向，也难以固定下来成为一种真正的模式，更达不到普遍意义与理论概括的高度。有学者认为：“多年来，地方政府一直致力于在政府治理或社会治理方面搞‘创新模式’，学术界也特别热衷于‘发现模式’，如此一来，各种‘模式’不断出笼。但绝大多数所谓的模式，不出几年，甚至不出数月，就不再被提起。……所谓的模式根本不是什么模式，只是实践案例，具有不稳定性和过渡性的特点。”② 话说得严苛了一些，但基本判断是对的，即地方政府尤其是基层治理制度创新的低水平和低层次，这种创新较多是为政者功利主义思想的考虑，不能上升到模式和理论的概括反而被生硬拔高，大大降低了“创新”的程度和质量。如在“全国村务公开和民主管理制度创新获奖项目”中，就有如下创新项目：江西的“农村村落社区建设”、山东潍坊寒亭区的“运用现代网络手段深化村务公开民主管理”、江苏

① 何增科：《中国政府创新的趋势分析——基于五届“中国地方政府创新奖”获奖项目的定量研究》，《北京行政学院学报》2011 年第 1 期。

② 周庆智：《基层治理创新模式的质疑与辨析——基于东部基层治理实践的比较分析》，《华中师范大学学报》2015 年第 2 期。

省高淳县的“村干部廉洁自律体系建设”、宁夏回族自治区中宁县的“村级财务管理‘五牙子章’制度”等。这些命名显然没有经过理论的概括和提升，不能显出个性特色和文化品质，既不典型又让人记不住，是一种基于实践经验的随意性表达。因此，如何在农民实践经验基础上进行理论提升，将是今后深化中国乡村治理制度创新的关键。又如，关于乡村治理创新的命名也可作如是观：不少地方喜欢用“地名”，如河北“青县村治模式”、江苏太仓“政社互动”、浙江温岭“民主恳谈”；更多的则是以“数字”来表示，像重庆麻柳“八步工作法”、福建平和的“四会一体”、湖南石门的“四位一体”、上海浦东新区合庆镇的“1+1+x”、广东浮云“组为基础，三级联动”、江苏连云港海州区的“三会村治”、河南省的“4+2工作法”、新疆察布查尔县的“1+6”模式、山东寿光东斟灌镇村治“三自”工作法，等等。这样的命名过于千篇一律，其最大问题是含糊、类同、世俗化，缺乏独特个性、理论提升和高度概括，不能反映现代意义的“创新”点。从中亦可见乡村治理制度创新的表面化，理论性、现代性与科学化程度不高。

未来中国乡村治理制度创新既要提高科学化水平，又要“以人为本”。然而，四十年来的乡村治理制度创新却较少考虑于此，除了“海选模式”和“莱西经验”等较为系统外，其他不少制度创新的科学化程度不高，“人性化”更是不被重视。因此，中国乡村治理制度创新要获得真正突破，必须以“人性化”前提，在科学、有序、高效等原则下进行，尤其是要提升现代化科技水平。这是因为，“科学发展观，第一要义是发展，核心是以人为本，基本要求是全面协调可持续，根本方法是统筹兼顾”①。在乡村治理制度的创新上，我们必须信守这样的原则。

（二）不均衡问题

尽管从全国范围看，乡村治理制度创新全面开花，具有普遍性与整

---

① 胡锦涛：《高举中国特色社会主义伟大旗帜　为夺取全面建设小康社会新胜利而奋斗——在中国共产党第十七次全国代表大会上的报告》（2007年10月15日），人民出版社2007年版，第15页。

体性，但其失衡情况不容忽视。这主要表现在：

1. 地域的不平衡

以获奖为例，四川和浙江、广东位列前三名，而海南、青海、西藏则处于末三位。就四川、浙江和广东三省而言，其情况也并不均衡，像成都、杭州、广州等市要比其他城市更加突出一些。再以山东省为例，获奖较多的市有青岛、潍坊、烟台等，而其他地方相对较弱。如山东青岛市“阳光救助”工程获第二届（2003—2004）“中国地方政府创新奖”优胜奖，山东烟台乳山市“全面推进党内民主”获第四届（2007—2008）“中国地方政府创新奖”，山东青岛市“多样化考官机制”和山东枣庄市“财政支农方式创新”入围和获得第五届（2009—2010）“中国地方政府创新奖”，山东潍坊寿光市“寿光民声”获第六届（2011—2012）“中国地方政府创新奖”提名奖，山东淄博市淄川区“政府直审‘村官’模式”获第七届（2013—2014）中国地方政府创新提名奖，山东潍坊市寿光“东斟灌镇村治模式”获2015年全国社会治理最佳案例奖。这种地域的不平衡说明，不要说那些落后地方，即使那些多次获奖地区，其未来的发展空间也是巨大的，前景也是广阔的。

2. 内容的不平衡

从全国范围看，乡村治理制度创新内容在各省都有不同的重点，从中既反映了其各自的独特性，也反映了不平衡性。如吉林省以梨树县“海选”著称，山东省以“建章立制”的莱西经验和章丘经验著名，四川省以遂宁等地的乡镇长直选闻名，浙江省以温州“恳谈会”等民主协商名世，广东省以顺德的“咨询委”影响深远，江苏省以太仓的“政社互动”知名。当然，就各省市来说，也存在乡村治理制度创新内容的失衡问题。如同为浙江省，除了温州的“民主恳谈”，还有浙江绍兴新昌诞生的首部“村民自治法”——《石磁村典章》，而像四川的直选乡镇长在浙江就弱一点。再以山东村民自治为例，早在20世纪90年代，章丘县埠村镇埠西村全体村民举手表决通过了《村民自治章程》，这在全国尚属首创，之后全国各地村委会才纷纷仿效建立自治章程，并被称为村里的“小宪法”。随后，章丘县埠西村又制定了《村务公开制度》《村民会议制度》《村民代表会议制度》《村级财务管理制度》等。

莱西县因推行民主选举受到中央重视，早在1990年就被确定为全国村民自治经验交流会地点，2007年10月，莱西县首推《莱西市第九届村民委员会换届选举规程》，这是全国首个突出合法性、指导性、可操作性和前瞻性的规程，促进了换届选举工作的系统化和规范化。[①] 同样，山东省在“建章立制”方面在全国范围内都具有代表性，像山东章丘县和莱西县这样的村民自治创新内容，在全国更具有典范作用。不过，在乡村基层协商民主等方面，山东省还要向浙江省多多取经。当然，山东省还有不少县市，在建章立制方面处于落后状态，需要奋起直追。另外，就目前情况看，乡村治理制度创新在民主选举、民主协商、民生、经济发展等方面比较重视，但在民主监督、弱势群体、社会组织、民间文化等方面有所忽略，需要在今后给予高度重视。尤其值得强调的是，未来中国乡村治理制度创新内容要由经济等硬件，向文化等软件建设转向，从而将创新提高到一个新高度和新境界。

（三）继承和坚守被忽略

制度建设尤其是制度创新是党和国家的法宝与生命线。乡村治理也是如此，只有在创新性制度建设这一坚实基座上，其他工作才能充满希望。不过，也应该看到，制度创新并不是万能的，它必须建立在“坚守和继承”的基础上，否则，所谓的“创新”既不可能，即使成功了也不会得到根本的和长远的发展。董仲舒认为：“道之大原出于天，天不变，道亦不变。”（《贤良对策》）[②] 钱穆则表示：“一阴一阳之变即是常，无穷绵延，则是道。有变而消失，有常而继存。继存即是善，故宇宙大自然皆一善。”[③] 因此，长期以来，人们对于改革开放以来乡村治理的制度创新，往往只站在“变”和“创新”的维度观之，忽略了其守常与继承的重要性。这就造成盲目追求创新，而不顾原有制度的继承，也忽略了对创新制度的坚守，更不重视新旧制度的有效衔接、共存

---

① 韩强：《改革开放以来山东村民自治考察与反思》，《山东行政学院学报》2009年第6期。

② 《汉书》卷56，《董仲舒传》26，中华书局1962年版。

③ 钱穆：《晚学盲言》（上），广西师范大学出版社2004年版，第80页。

与效果问题。这就容易造成创新制度不能更好地发挥作用，原有制度被随意忽略甚至抛弃，从而形成在不断创造“新”的过程中又不断抛弃“旧”的现象。与此同时，在新旧之间所造成的混乱情况也在所难免。以《村民委员会组织法》为例，其中在第二章第七条规定：“村民委员会根据需要设人民调解、治安保卫、公共卫生与计划生育等委员会。”成都在推进农村产权改革时创设“村民议事会”，根据《成都市村民议事会组织规则》第一章“总则”中第二条规定，村民议事会“是指受村民会议委托，在其授权范围内行使村级自治事务决策权、监督权、议事权，讨论决定村级日常事务、监督村民委员会工作的常设议事决策机构”。这就带来一个问题：作为与村两委并列的一个常设议事决策机构，“村民议事会”与“村两委”尤其是村委会是什么关系？如何避免二者的权力重叠？因为《村组法》第一章“总则”第二条规定：“村民委员会是村民自我管理、自我教育、自我服务的基层群众性自治组织，实行民主选举、民主决策、民主管理、民主监督。”既然都有决策、管理和监督之责，那么在关键时刻，成都的“村民议事会”与村委会以哪个为主？还有，据我们调研发现，有些地方在村民代表会议的授权程序上缺乏具体规定，从而造成一个村庄内部村民代表会议、村民会议和村民议事会并存，职权界定不清的情况。可见，“村民议事会”与村民自治组织的一些功能虽有一定差异，性质却较为相似。那么，为什么在旧的制度上另有“创新”，二者的区别何在？其设置有何依据？这都需要研究和说明，否则就是不必要的制度重叠，也是一种资源浪费。这就牵扯到如何处理好制度创新和制度常态化的关系问题。

其实，在“坚守与继承”中，也同样可获得发展动力，并达到乡村善治。如广西合寨村在20世纪80年代成立全国首个村委会后，制度创新的力度不够，不要说与那些新出现的制度创新模式相比，就是自身也没多少进展和超越。对此，学界基本对后来的合寨村持否定态度，认为它不仅落后于时代，也固化在自己曾创建的模式中难以自拔。从不断保持创新活力，继续引领乡村治理的角度来说，这无疑是有道理的。问题是我们不可能要求一个村子不停创新，这既是困难的，也是一种苛求。我们还要从另一角度思考问题，即当制度创新之后，它的实行情况如何？这一制度创新对于乡村治理是否有效？合寨村的优点是，在建立首个村委会后，积极主动抓落实，强调制度的连续性、稳定性，并使之真正成为乡村治理中有效的制度。在村两委的坚强领导下，合寨村广大干部群众依法自治、关系融洽、保护生态、社会安定有序，35 年来全村没有发生一起治安刑事案件。[①] 应该说，在建立和创新乡村治理制度后，严格按制度办事，使之可持续、有效、和谐发展，这是合寨村多年来走出的一条成功经验。我们要避免一味地探索创新制度，但却不注意有效实施和长期坚守，致使为创新而创新，但制度创新却未能给乡村治理带来真正的实效。所以，某种程度上说，制度创新不是目的，它只是推进乡村治理健康发展的手段和动力。我们应树立制度的创新和坚守的辩证关系。

（四）广大村民“被创新”

如何处理基层政府与乡村治理的关系，长期以来众说纷纭，也是在具体实践中常常面对的难题。有两种观点应当注意：一是认为政府干预太多，限制了乡村治理的民主化程度，希望政府将“自治权”完全交给村民。二是认为村民素质太差、水平不高，各级政府应更多地参与乡村治理，于是加强管控和限制成为主导声音。其实，这两种观点都是错误的，因为离开了国家参与、引导和指导的乡村治理，一定会失去正确方向，也很难获得更大发展。这是因为中国数千年“封建专制的传统较多，民主法制传统很少”[②]，有学者称：“在民主化进程中，不能简单地将国家力量和政府行为视为消极物，在一定的条件下，它会起到不可替代的积极作用。特别是对于发达的国家组织系统在历史上长期延续下来的中国来说，民主化进程应该充分利用国家力量和政府行为。”[③] 如不考虑中国国情，只站在西方民主角度观察，那不可能找到中国乡村治理

---

① 朱昌敏：《村民自治开先河　樟香溢远结硕果》，2016 年 1 月 8 日，人民网广西频道（http：//gx. people. com. cn/n2/2016/0108/c369008 - 27499162. html）。

② 《邓小平文选》第 2 卷，人民出版社 1994 年版，第 332 页。

③ 徐勇：《民主化进程中的政府主动性：对四川达州市村民自治示范活动的调查与思考》，《战略与管理》1997 年第 3 期。

的制度创新之路。但与此同时，也要看到国家过度参与乡村治理制度创新的弊端与危害，即许多创新制度并不是来自广大村民的创造，而是领导干部甚至某几个领导干部决定好的，然后让村民形式主义地参与一下，这就形成广大村民“被”创新的状况。实践证明，群众主体作用的有效发挥，也有利于干群关系的改善，进而促进政府与农民的良性互动和合作，因为“这两种力量充分参与合作，才是一条可持续的农村发展路径”①。因此，在乡村治理制度创新中，如何在政府大力引导、指导和广大村民积极参与之间形成一个良性机制，就变得至为重要。

在此，广东云浮市的农村治理制度创新很有代表性，它就是被称为“政民”互动合作的“云浮模式”。有学者认为：“云浮在改革实践中，强调政府主导，但更加重视群众主体。现在许多地方在推进新农村建设过程中基本上是政府包办，没有重视群众的主体作用。结果是，政府出力、出钱帮农民做事，但是不讨好。云浮很重要的一条改革经验，就是通过创新激励机制，把群众的主动性和积极性调动起来，突出群众的主体性作用”②，从而形成“决策上是共谋，发展上是共建，建设上是共管，成果上是共享，形成了这四个机制”。还有山东寿光东斟灌村的治理方式也是如此：100多页的《村级事务制度汇编》户户都有，它成为村民说话办事的尺子，是“村规民约”的百科全书。它重视的是发展特色高效农业合作社，强调的是党的领导，依据的国家法律法规，遵循的是民主自治原则，宣传的是正能量和以道德力量办事，并将决策权还给广大村民，从而形成村庄治理的“五事工作法”。这种由领导引导、指导，广大村民参与的“共治”方式，成为东斟灌村的主要民主形式，是由“干部当家”向“群众做主”的根本性转变。③ 值得注意的是，要避免广大村民“被创新”，就要对“民主政治”有一个充分认识：既要

---

① 温铁军主编：《中国新农村建设报告》，福建人民出版社2010年版，第66页。

② 黄振华等：《“云浮模式”的特点与价值》，2011年6月28日，中国改革论坛网（http：//www.chinareform.org.cn/Economy/Agriculture/Forward/201106/t20110629_114364.htm）。

③ 资料主要来自2014年9月笔者在潍坊寿光东斟灌村调研。另参见东斟灌村联合调研组《农村社会治理方式的有益探索——潍坊市寿光东斟灌村调研报告》，《中国社会科学报》2014年8月29日第B2版。

理解它是一个较长的历史发展过程，又要对集体与个人有一种“信心”，因为“民主国家的公民必须相信他们的集体有能力管理好自己”，“民主所要求的信心并不意味着对群众的智能怀有绝对的信任……它是一种意向，愿意相信人民从长远来说能管理好自己的事，能依靠自己的能力改正自己的错误，解决他们自己的问题”①。任何抱定“民主政治是片面”的观点都不利于乡村治理制度创新的长远发展。

中国乡村治理制度创新还要考虑其他方面，如发展动能和可持续发展、继承传统政治文化资源、以现代性眼光烛照传统、提升广大乡村干部群众的现代管理水平，都是如此。可以说，这是一个复杂的系统工程，需要在多元合力的情况下，更好地发挥乡村治理潜能，以形成制度创新的全面和深入推进格局。

① ［美］科恩：《论民主》，聂崇信、朱秀贤译，商务印书馆1988年版，第92—93页。

主要参考文献

一

《马克思恩格斯全集》，人民出版社 1995 年版。

《毛泽东选集》（1—4 卷），人民出版社 1991 年版。

《邓小平文选》（1—3 卷），人民出版社 1993、1994 年版。

《邓小平年谱（1975—1997）》（上、下卷），中央文献出版社 2004 年版。

习近平：《之江新语》，浙江人民出版社 2007 年版。

《习近平谈治国理政》，外文出版社 2014 年版。

《习近平谈治国理政》（第 2 卷），外文出版社 2017 年版。

习近平：《干在实处　走在前列——推进浙江新发展的思考与实践》，中共中央党校出版社 2006 年版。

《彭真文选》，人民出版社 1991 年版。

《中共中央关于全面推进依法治国若干重大问题的决定》，人民出版社 2014 年版。

《中共中央国务院关于“三农”工作的一号文件汇编》（1982—2014），人民出版社 2010 年版。

《中国共产党廉洁自律准则　纪律处分条例　党内监督条例　巡视工作条例　问责条例》，中国法制出版社 2018 年版。

本社编：《中国共产党第十八届中央委员会第三次全体会议文件汇编》，人民出版社 2013 年版。

本社编：《中国共产党第十八届中央委员会第四次全体会议文件汇编》，人民出版社 2014 年版。

中共中央党校教务部编：《十一届三中全会以来党和国家重要文献选编》（1978 年 12 月—1997 年 9 月），中央党校出版社 1997 年版。
中共中央文献研究室、国务院发展研究中心编：《新时期农业和农村工作重要文献选编》，中央文献出版社 1992 年版。
中共中央文献研究室编：《十八大以来重要文献选编》（上、中），中央文献出版社 2014、2016 年版。
中共中央文献研究室编：《十六大以来重要文献选编》，中央文献出版社 2005、2006、2008 年版。
中共中央文献研究室编：《十七大以来重要文献选编》，中央文献出版社 2009、2013 年版。

二

《基层协商民主典型案例选编》，人民出版社 2015 年版。
《中国农村基层民主政治建设年鉴》编委会：《2001 中国农村基层民主政治建设年鉴》，中国社会出版社 2002 年版。
白钢：《选举与治理——中国村民自治研究》，中国社会科学出版社 2001 年版。
白钢：《中国政治制度通史》第 1 卷，人民出版社 1996 年版。
白钢、赵寿星：《选举与治理——中国村民自治研究》，中国社会科学出版社 2001 年版。
陈大斌：《重建合作》，新华出版社 2005 年版。
陈芳：《公共服务中的公民参与——基于多次层制度分析框架的检视》，中国社会科学出版社 2011 年版。
陈红太主编：《中国民主政治建设创新案例调研（一、二）》，中国社会科学出版社 2010、2016 年版。
陈吉元、陈家骥、杨勋主编：《中国农村社会经济变迁（1949—1989）》，山西经济出版社 1993 年版。
陈家钢编著：《协商民主与政治发展》，社会科学文献出版社 2011 年版。

陈家钢选编：《协商民主》，上海三联书店 2004 年版。
陈瑞莲等：《破解城乡二元结构：基于广东的实证分析》，社会科学文献出版社 2008 年版。
陈奕敏主编：《从民主恳谈到参与式预算》，世界知识出版社 2012 年版。
程同顺：《当代中国农村政治发展研究》，天津人民出版社 2000 年版。
程同顺：《农民组织与政治发展——再论中国农民的组织化》，天津人民出版社 2006 年版。
党国英：《中国农业、农村、农民》，五洲传播出版社 2006 年版。
方江山：《非制度化政治参与——以转型期中国农民为对象分析》，人民出版社 2000 年版。
房宁：《中国的民主道路》，中国社会科学出版社 2014 年版。
费孝通：《乡土中国》，生活·读书·新知三联书店 1985 年版。
费孝通：《乡土重建》，载《民国丛书》第三编 14，上海书店 1949 年版。
韩冬梅：《西方协商民主理论研究》，中国社会科学出版社 2008 年版。
韩俊主编：《调查中国农村》，中国发展出版社 2009 年版。
韩俊主编：《中国农民专业合作社调查》，上海远东出版社 2007 年版。
韩延龙、常兆儒编：《中国新民主主义时期根据地法制文献选编》第 1 卷，中国社会科学出版社 1981 年版。
何包钢：《协商民主：理论、方法和实践》，中国社会科学出版社 2008 年版。
何包钢、郎友兴：《寻找民主与权威的平衡——浙江省村民选举经验研究》，华中师范大学出版社 2002 年版。
贺雪峰：《乡村治理的社会基础——转型期乡村社会性质研究》，中国社会科学出版社 2003 年版。
赫广义：《城市化进程中的农民工问题》，中国社会科学出版社 2007 年版。
胡荣：《社会资本与地方治理》，社会科学文献出版社 2009 年版。
黄辉祥：《村民自治的生长：国家建构与社会发育》，西北大学出版社 2008 年版。

黄卫平、邹树彬主编:《乡镇长选举方式改革案例研究》,社会科学文献出版社 2003 年版。
黄晓勇主编:《中国民间组织报告 2009—2010》(蓝皮书),社会科学文献出版社 2009 年版。
贾西津主编:《中国公民参与——案例与模式》,社会科学文献出版社 2008 年版。
姜长云:《乡村振兴战略:理论、政策和规划研究》,中国财政经济出版社 2018 年版。
蒋旭峰等:《抗争与合作——乡村治理中的传播模式》,浙江大学出版社 2011 年版。
金成、党国英:《城镇化战略》,学习出版社 2014 年版。
景跃进、张小劲、余逊达编:《理解中国政治:关键词的方法》,中国社会科学出版社 2012 年版。
郎友兴:《发展中的民主:政治精英与村民选举》,西北大学出版社 2009 年版。
李凡主编:《中国基层民主发展报告》(2002),西北大学出版社 2003 年版。
李凡主编:《中国基层民主发展报告》(2005),知识产权出版社 2006 年版。
李凡主编:《中国基层民主发展报告》(2006—2007),中国水利水电出版社 2007 年版。
李凡主编:《中国选举制度改革》,上海交通大学出版社 2005 年版。
李连江主编:《村委会选举观察》,天津人民出版社 2001 年版。
李培林:《村落的终结——羊城村的故事》,商务印书馆 2004 年版。
李小云、赵旭东、叶敬忠主编:《乡村文化与新农村建设》,社会科学文献出版社 2008 年版。
李小云、左停、叶敬忠主编:《中国农村情况报告(2008)》,社会科学文献出版社 2009 年版。
梁漱溟:《梁漱溟全集》,山东人民出版社 2005 年版。
梁漱溟:《中国文化的命运》,中信出版社 2012 年版。

林尚立：《制度创新与国家成长——中国的探索》，天津人民出版社2005年版。
林尚立等：《中国协商民主的逻辑》，上海人民出版社2016年版。
陆学艺：《当代中国农村与中国农民》，知识出版社1991年版。
陆学艺：《当代中国社会阶层研究报告》，社会科学文献出版社2002年版。
麻宝斌：《中国社会转型期的群体性政治参与》，中国社会科学出版社1999年版。
米有录、王爱平主编：《静悄悄的革命》，中国社会出版社1999年版。
民政部基层政权和社区建设司：《全国村委会选举情况分析会论文集》，2005年，内部资料。
民政部基层政权建设司农村处编：《农村村务公开工作资料汇编》，1997年，内部资料。
莫光辉：《同心共建与乡村治理——基于广西两岸村的实践经验》，知识产权出版社2017年版。
钱穆：《国史新论》，九州出版社2011年版。
钱穆：《湖上闲思录》，九州出版社2011年版。
钱穆：《晚学盲言》（上下），九州出版社2011年版。
钱穆：《中国文化精神》，九州出版社2011年版。
荣敬本等：《从压力型体制向民主合作体制的转换——县乡两级政治体制改革》，中央编译出版社1998年版。
石义霞：《中国农村公共产品制度研究》，中国财政经济出版社2011年版。
史卫民：《乡镇改革：乡镇选举、体制创新与乡镇治理研究》，中国社会科学出版社2008年版。
史卫民、潘小娟等：《中国基层民主发展报告》，中国社会科学出版社2008年版。
苏力：《法治及其本土资源》，中国政法大学2004年版。
谈火生、霍伟岸、何包钢：《协商民主的技术》，社会科学文献出版社2014年版。

陶学荣等：《走向乡村善治——乡村治理中的博弈分析》，中国社会科学出版社 2011 年版。
田改伟主编：《马克思　恩格斯　列宁　斯大林论民主》，中国社会科学出版社 2015 年版。
仝志辉：《乡村关系中的村庄选举》，西北大学出版社 2002 年版。
王宽让：《传统农民向现代化农民的转化》，贵州人民出版社 1994 年版。
王铭铭：《村落视野中的文化与权力》，生活·读书·新知三联书店 1997 年版。
王巍、牛美丽编译：《公民参与》，中国人民大学出版社 2009 年版。
王锡江：《冲突与治理：中国群体性事件考察分析》，人民出版社 2013 年版。
王勇兵：《党内民主的制度创新与路径选择——基于基层和地方党内民主试点的实证研究》，中央编译出版社 2010 年版。
王禹：《村民选举的法律问题研究》，北京大学出版社 2002 年版。
王振耀：《中国村民自治理论与实践探索》，宗教文化出版社 2000 年版。
王振耀、白钢、王仲田主编：《中国村民自治前沿》，中国社会科学出版社 2000 年版。
王仲田、詹成付：《乡村政治——中国村民自治的调查与思考》，江西人民出版社 1999 年版。
吴理财：《从“管治”到“服务”——乡镇政府职能转变研究》，中国社会科学出版社 2009 年版。
吴理财：《当代中国农民文化生活调查》，知识产权出版社 2011 年版。
吴毅：《村治变迁中的权威与秩序——20 世纪川东双村的表述》，中国社会科学出版社 2002 年版。
项继权：《集体经济背景下的乡村治理——南街、向高和方家泉村实证研究》，华中师范大学出版社 2002 年版。
项继权：《乡级民主建设》，中国社会出版社 2001 年版。
项继权：《中国农村社区建设研究》，经济科学出版社 2016 年版。

肖立辉：《中国基层民主创新研究》，人民出版社 2009 年版。
肖唐镖、邱新有、唐晓腾：《多维视角中的村民直选——对十五个村委会选举的观察分析》，中国社会科学出版社 2001 年版。
肖唐镖主编：《社会稳定研究：城乡之间》，学林出版社 2011 年版。
辛秋水主编：《中国村民自治》，黄山书社 1999 年版。
徐湘林等：《转型期的政治建设与政府治理》，社会科学文献出版社 2011 年版。
徐旭初：《中国农民专业合作经济组织的制度分析》，经济科学出版社 2005 年版。
徐勇：《乡村治理与中国政治》，中国社会科学出版社 2003 年版。
徐勇：《中国农村村民自治》，华中师范大学出版社 1997 年版。
徐勇、吴毅主编：《乡土中国的民主选举——农村村民委员会选举研究文集》，华中师范大学出版社 2001 年版。
徐勇、项继权主编：《村民自治进程中的乡村关系》，华中师范大学出版社 2003 年版。
徐勇、徐增阳主编：《乡土民主的成长——村民自治 20 年研究集萃》，华中师范大学出版社 2007 年版。
徐勇等：《中国农村与农民问题前沿研究》，经济科学出版社 2009 年版。
徐勇主编：《中国农村调查 2011 年卷》，中国社会科学出版社 2011 年版。
王艳成：《城镇化进程中乡镇政府职能研究》，人民出版社 2010 年版。
杨雪冬：《地方的复兴——地方治理改革 30 年》，社会科学文献出版社 2009 年版。
叶齐茂编著：《发达国家的乡村建设——考察与政策研究》，中国建筑工业出版社 2008 年版。
于建嵘：《岳村政治——转型期中国乡村政治结构变迁》，商务印书馆 2001 年版。
于建嵘、翁鸣、陆雷等：《农民组织与新农村建设——理论与实践》，中国农业出版社 2007 年版。
于水：《乡村治理与农村公共产品供给——以江苏为例》，社会科学文献出版社 2008 年版。

余逊达主编：《参与式地方治理研究》，浙江大学出版社 2009 年版。
俞可平：《治理与善治》，社会科学文献出版社 2000 年版。
俞可平主编：《政府创新的中国经验》，中央编译出版社 2011 年版。
俞可平主编：《中国地方政府创新案例研究报告》（2005—2006），北京大学出版社 2007 年版。
俞可平主编：《中国地方政府创新案例研究报告》（2007—2008），北京大学出版社 2009 年版。
俞可平主编：《中国地方政府创新案例研究报告》（2009—2010），北京大学出版社 2010 年版。
俞可平主编：《中国地方政府创新案例研究报告》（2011—2012），北京大学出版社 2014 年版。
俞可平主编：《中国地方政府创新案例研究报告》（2013—2014），北京大学出版社 2015 年版。
原宗丽：《参与式民主理论研究》，中国社会科学出版社 2011 年版。
詹成付主编：《2005—2007 全国村委会选举工作进展报告》，中国社会出版社 2008 年版。
詹成付主编：《村民自治案例集——民主监督》，中国社会出版社 2005 年版。
詹成付主编：《全国村务公开民主管理工作进展报告》中国社会出版社 2009 年版。
张厚安、徐勇：《中国农村政治稳定与发展》，武汉出版社 1995 年版。
张厚安、徐勇、项继权等：《中国农村村级治理——22 个村的调查与比较》，华中师范大学出版社 2000 年版。
张静：《基层政权——乡村制度诸问题》，浙江人民出版社 2000 年版。
张良：《乡村社会的个体化与公共性建构》，中国社会科学出版社 2017 年版。
张学明、吴大器等编著：《温岭探索——地方人大预算审查监督之路》，上海财经大学出版社 2016 年版。
赵树凯：《农民的政治》（增订版），商务印书馆 2012 年版。
赵秀玲：《村民自治通论》，中国社会科学出版社 2004 年版。

赵秀玲：《中国乡里制度》，社会科学文献出版社 1998 年版。
赵秀玲主编：《中国基层治理发展报告》（2015），广东人民出版社 2015 年版。
赵秀玲主编：《中国基层治理发展报告》（2016），广东人民出版社 2016 年版。
赵秀玲主编：《中国基层治理发展报告》（2017），广东人民出版社 2017 年版。
郑杭生：《当代中国农村社会转型的实证研究》，中国人民大学出版社 1996 年版。
郑欣：《乡村政治中的博弈生存》中国社会科学出版社 2005 年版。
周庆智等：《乡村治理：制度建设与社会变迁》，中国社会科学出版社 2016 年版。
周少来：《乡村治理：结构之变与问题应对》，中国社会科学出版社 2018 年版。
左停主编：《变迁与发展：中国农村三十年》，中国农业出版社 2009 年版。

三

近几年，中国社会科学院政治学所“基层治理与民主建设”等创新组，对农村基层进行广泛深入的实地调研，积累并编辑了多部调研资料。本书的不少材料来源于此，将这些资料列示如下。

《云南开远市调研资料汇编》（2011）
《重庆市调研资料汇编》（2011）
《山东潍坊调研资料汇编》（2014）
《四川成都调研资料汇编》（2014）
《广东清远市、广州市调研资料》（2015）
《湖南岳阳调研资料汇编》（2015）
《安徽涡阳县调研资料汇编》（2016）
《浙江杭州市、浦江调研资料汇编》（2016）

《浙江宁波市调研资料汇编》（2016）
《海南琼海市调研资料》（2017）
《湖南花垣县调研资料汇编》（2017）
《江苏徐州调研资料汇编》（2017）
《浙江温岭市、临海市调研资料汇编》（2017）
《成都市大邑县调研资料汇编》（2018）
《四川南江县调研资料汇编》（2018）
《浙江嘉兴市调研资料汇编》（2018）

四

[爱尔兰] 瑞雪·墨菲：《农民工改变中国》，黄涛、王静译，浙江人民出版社 2009 年版。

[澳大利亚] 约翰·德雷泽克：《协商民主及其超越——自由与批判的视角》，丁开杰译，中央编译出版社 2006 年版。

[德] 尤尔根·哈贝马斯：《交往行为理论》，曹卫东译，上海人民出版社 2004 年版。

[法] 孟德拉斯：《农民的终结》，李培林译，社会科学文献出版社 2010 年版。

[法] 让·皮埃尔·戈丹：《何为治理》，钟震宇译，社会科学文献出版社 2010 年版。

[法] 托克维尔：《论美国的民主》，董果良译，商务印书馆 2004 年版。

[美] B. 盖伊·彼得斯：《政府未来的治理模式》，吴爱明、夏宏图译，中国人民大学出版社 2001 年版。

[美] J. 米格代尔：《农民、政治与革命——第三世界政治与社会变革的压力》，李玉琪、袁宁译，中央编译出版社 1996 年版。

[美] 阿历克斯·英格尔斯：《人的现代化——心理·思想·态度·行为》，殷陆君编译，四川人民出版社 1985 年版。

[美] 爱德华·格莱泽：《城市的胜利》，刘润泉译，上海社会科学院出版社 2012 年版。

［美］达尔：《论民主》，李凤华译，中国人民大学出版社 2012 年版。

［美］德鲁克基金会编：《未来的社区》，魏青江译，中国人民大学出版社 2006 年版。

［美］杜赞奇：《文化、权力与国家——1900—1942 年的华北农村》，王福明译，江苏人民出版社 1995 年版。

［美］傅高义：《邓小平时代》，冯克利译，生活·读书·新知三联书店 2013 年版。

［美］加布里埃尔·A. 阿尔蒙德等：《公民文化——五个国家的政治态度和民主制》，徐湘林等译，东方出版社 2008 年版。

［美］卡罗尔·佩特曼：《参与和民主理论》，陈尧译，上海人民出版社 2006 年版。

［美］科恩：《论民主》，聂崇信、朱秀贤译，商务印书馆 1988 年版。

［美］莱斯特·M. 萨拉蒙：《政府向社会组织购买公共服务研究：中国与全球经验分析》，王浦劬译，北京大学出版社 2012 年版。

［美］莱斯特·M. 萨拉蒙等：《全球公民社会——非营利部门视界》，贾西津等译，社会科学文献出版社 2002 年版。

［美］李侃如：《治理中国：从革命到改革》，胡国成、赵梅译，中国社会科学出版社 2010 年版。

［美］罗伯特·D. 帕特南：《使民主运转起来》，王列、赖海榕译，江西人民出版社 2001 年版。

［美］曼塞尔·奥尔森：《集体行动的逻辑》，陈郁等译，上海三联书店 1995 年版。

［美］塞缪尔·亨廷顿：《变革社会的政治秩序》，李盛平等译，华夏出版社 1988 年版。

［美］文森特·奥斯特罗姆、罗伯特·比什：《美国地方政府》，井敏、陈幽泓译，北京大学出版社 2004 年版。

［美］西摩·马丁·李普塞特：《共识与冲突》，张华清等译，上海世纪集团 2011 年版。

［美］约·埃尔斯特：《协商民主：挑战与反思》，周艳辉译，中央编译出版社 2009 年版。

［美］约翰·克莱顿·托马斯：《公共决策中的公民参与》，孙柏英译，中国人民大学出版社2010年版。

［美］约翰·罗尔斯：《正义论》，何怀宏、何包钢、廖申白等译，中国社会科学出版社1988年版。

［美］詹姆斯·M. 布坎南：《公共物品的需求与供给》，马珺译，上海人民出版社2009年版。

［美］詹姆斯·N. 罗西瑙主编：《没有政府的治理》，张胜军、刘小林等译，江西人民出版社2001年版。

［美］詹姆斯·斯科特：《农民的道义经济学》，译林出版社2001年版。

［美］珍妮特·V. 登哈特：《新公共服务：服务而不是掌舵》，方兴、丁煌译，中国人民大学出版社2010年版。

［南非］登特里维斯：《作为公共协商的民主：新的视角》，王英津译，中央编译出版社2006年版。

［英］A. J. 米尔恩：《人的权利与人的多样性——人权哲学》，夏勇、张志铭译，中国大百科全书出版社1995年版。

［英］约翰·密尔：《代议制政府》，汪瑄译，商务印书馆1982年版。

何俊志等编译：《新制度主义政治学译文精选》，天津人民出版社2007年版。

萧公权：《中国乡村：19世纪的帝国控制》，张皓、张升译，九州出版社2018年版。

五

John Gastil, Peter Levine, *The Deliberative Democraty Hand-book: Strategies of Effective Civic Engagement in the Twenty-First Century*, San Francisco: Jossey-Bass, 2005.

Kong Chuan Hsiao（萧公权）, *Rural China in the Nineteenth Century*, Beijing: Renmin University, 2014.

Oi, Jean, *State and Peasant in Contemporary China: The Political Economy of Village Government*, Berkeley: University of California Press, 1989.

Ping-ti Ho, *The Ladder of Success in imperial China Aspects Social Mobility*, 1368 – 1911, Columbia University, Press New York and London, 1962.

Shi, Tianjian: *Rural Democracy in China*, World Scientific Publishing Co., 2000.

六

浏览和参照的主要网站如下：

人民网（http://www.people.com.cn/）

新华网（http://www.xinhuanet.com/）

中国共产党新闻网（http://cpc.people.com.cn/）

中国农村村民自治信息网（http://cmzz.mca.gov.cn/）

中国社会组织网（http://www.chinanpo.gov.cn/index.html）

中国乡村发现网（http://www.zgxcfx.com/index.html）

中国知网（http://www.cnki.net/）

中华人民共和国民政部门户网站（http://www.mca.gov.cn/）

中华人民共和国中央人民政府门户网站（www.gov.cn）

后　　记

现在，时已入秋，农民开始收获。那是一年由辛苦兑换而成的饱满果实。

本书也是一次收获，不过它要困难得多，用时也更长。

从2011年中国社会科学院A类重大课题“科学发展观下的乡村治理研究”立项开始，到2014年年底课题结项，历时四载。其间，我不断地寻找研究的增长点、创新点。与此同时，我也感到自己不断地丰富起来，每天都有进步。

课题结项，至今又过去四年。在这段时间里，我开始认真修改、补充和打磨每一篇文章。力求更贴近乡村基层实际，也努力将理论和实践相结合，尤其是要找到解决中国问题的理念、方法与路径。

在本书写作和修改的过程中，使我最受益的是脚踏实地的乡村基层调研。我们足迹所至，带着泥土、露珠、晚霞和山风，也与广大乡村干部群众一起感同身受，每每都有收获，这是拘囿书斋一角所难体会到的。八年来，我们去过广东的广州和清远市、云南的开远市、山东的潍坊市、浙江的杭州市（还有宁波市、温岭市、嘉兴市、浦江县和临海县）、江苏的徐州市、四川的成都市（包括锦江区、温江区、彭州市、金牛区、成华区、武侯区及大邑县）、海南的琼海市、安徽的涡阳县、湖南的花垣县，等等。在调研中，我们得到各地领导和专家学者的大力支持和帮助，如四川省社会科学院社会学所的李羚研究员付出最多，在此一并深表谢意！

感谢中国社会科学院政治学研究所的领导对于本书的关心，特别要感谢科研处负责课题的张宁副主任，从立项、申报，到结项、出版，她都做了大量工作。感谢为本课题结项的专家袁达毅、卢春龙、周庆智、王炳权、孙彩红等，他们提出的建设性意见，有助于本书的修改和提高。

很荣幸入选“中国民主发展”丛书。感谢丛书主编房宁所长、丛书执行主编周少来研究员，感谢丛书提供的出版资金补助。

还要感谢中国社会科学出版社，感谢总编辑助理、重大项目出版中心主任王茵和副主任喻苗，以及王琪、马明编辑，他们非常重视此书，并为此书付出了心血。正因为有他们的敬业和奉献，本书才能不断完善，并与读者尽早见面。

自古及今，中国一直以农村、农业、农民立国，因此，乡村文化与乡村治理就显得尤为重要。在城镇化过程中，一方面，是乡村社会尤其是新农村建设的成效显著；另一方面，我们又遇到不少困惑及其瓶颈问题，需要进行观念创新，寻找新的乡村振兴之路。本书通过抛砖引玉，提出一些思考和建议，希望引起各位同人的热烈关注。

每本书都是一扇窗户、一只眼睛，难免有管窥蠡测甚至一孔之见之嫌。由于水平和视野所限，本书一定有这样和那样的不足，敬请方家批评指正！

作　者

2018年9月26日中秋夜于北京